늦깎이 천재들의비밀

늦깎이 천재들의 비밀

전문화된 세상에서 늦깎이 제너럴리스트가
성공하는 이유

데이비드 엡스타인 지음 이한음 옮김

열린책들

일러두기

• 이 책의 원제 〈레인지Range〉는 일반적으로 〈범위〉를 뜻하는 보통명사이지만,
  엡스타인은 이 책에서 〈폭넓은 경험과 관심의 범위〉라는 특별한 의미로 사용하고 있다.
• 각주의 경우, 옮긴이가 단 것은 〈옮긴이주〉로, 엡스타인 본인이 단 것은 따로 표시 없이 실었다.

이 책은 실로 꿰매어 제본하는 정통적인 사철 방식으로 만들어졌습니다.
사철 방식으로 제본된 책은 오랫동안 보관해도 손상되지 않습니다.

엘리자베스에게

늘 그렇듯이

그는 어느 한 분야에 특화되기를 거부했다. 어떤 한 부분이 아니라 전체 상황을 파악하는 쪽을 선호했다. (……) 그리고 니콜라이의 관리 방식은 가장 탁월한 결과를 낳았다.
　— 레오 톨스토이, 『전쟁과 평화』

어떤 도구도 만능이 아니다. 모든 문을 여는 마스터키 같은 것은 없다.
　— 아널드 토인비, 『역사의 연구』

로저 페더러 vs. 타이거 우즈

스포츠 세계의 이야기 두 편을 소개하는 것으로 운을 떼련다. 첫 번째 이야기는 아마 들어 보았을 것이다.

아빠는 아들이 뭔가 남다르다는 것을 알아챘다. 생후 6개월째에 아들은 아빠 손바닥 위에서 균형을 잡을 수 있었다.[1] 아빠는 아들을 손바닥 위에 세우고 집 안을 돌아다닐 수 있었다. 7개월이 되었을 때, 아빠는 갖고 놀라며 골프채를 주었고, 아들은 늘 퍼터를 질질 끌면서 보행기를 타고 돌아다녔다. 10개월째에 아들은 차고에서 아빠가 골프채를 휘두르는 모습을 지켜보다가 유아용 식탁 의자에서 기어 내려와서 자기 키에 맞게 잘라 놓은 골프채가 있는 쪽으로 아장아장 걸어가더니 아빠가 하던 대로 흉내를 냈다. 아들과 아직 대화를 할 수 없었기에, 아빠는 골프채를 손에 쥐는 법을 그림으로 그려서 보여 주었다. 훗날 아버지는 이렇게 말했다. 〈아직 너무 어려서 말을 잘 못했기에 공을 치는 법을 가르쳐 주기가 아주 어려웠어요.〉[2] 두 살 때 — 미국 질병통제예방센터의 유아 신체 발달 단계 목록에서 〈공을 차다〉와 〈발가락으로 서다〉 같은 행동을 할 나이에 — 아들은 전국 텔레비전 방송에 출연했다. 자기 어깨만큼 오는 골프채로 공을 침으로써 사회자인 밥 호프의 감탄을 자아냈다. 그해에 아들은 골프 대회에 처음으로 출전해 10세 이하 부문에서 우승했다.

이야기를 더 빨리 전개해 보자. 세 살 때 아이는 〈샌드 트왑〉*에서 공을 빼내는 법을 배우고 있었고, 아빠는 아들의 장래를 구상하고 있었다. 그는 아들이 골프를 위해 선택된 사람이며, 아들을 그쪽으로 키우는 것이 자신의 의무임을 알았다. 한 번 생각해 보라. 아들이 그 길로 갈 것이 확실하다고 느낀다면, 반드시 들이닥치기 마련인 결코 만족할 줄 모르는 언론 기자들을 대하는 법도 세 살짜리에게 가르치기 시작하면 좋지 않을까? 아빠는 기자 역할을 맡아 질문을 하면서, 아이에게 질문을 받으면 그 질문에만 맞춰 짧게 대답하고 그 이상의 이야기는 절대로 하지 않는 법도 가르쳤다. 그해에 아이는 캘리포니아의 한 골프장 9홀을 돌면서 11오버 파인 48타를 쳤다.

아빠는 아들이 네 살 때부터는 아침 9시에 골프장에 들여보낸 뒤 여덟 시간 뒤에 데려오곤 했다. 골프장에서 아이는 자신의 재능을 의심하는 어리석은 사람들에게 돈을 따기도 했다.

여덟 살 때 아들은 처음으로 아빠를 이겼다. 아빠는 개의치 않았다. 아들이 유달리 탁월한 재능을 지니고 있어서 그런 것이고, 자신이 아들을 도울 능력이 충분하다고 자신했기 때문이다. 그 자신도 예전에 뛰어난 운동선수였다. 게다가 엄청난 악조건에서도 뛰어난 실력을 보였다. 그는 대학 때 야구를 했는데, 대회에 출전한 유일한

* 샌드 트랩(모래 구덩이). 아직 발음을 제대로 못해서 그렇게 불렀다 — 옮긴이주.

흑인 선수이던 때도 있었다. 그는 사람들이 보이는 반응을 그러려니 하고 이해했고, 자제력도 터득했다. 그는 사회학을 전공했고, 미국 육군의 엘리트 부대인 그린베레에 들어가 베트남에서 복무했다. 그 뒤에는 사관생도들에게 심리전을 가르쳤다.[3] 그는 전 부인과의 사이에 낳은 세 아이를 키울 때에는 최선을 다하지 않았다고 후회하고 있었기에, 네 번째 아이가 자신에게 그 실수를 만회할 기회를 주고 있음을 알아차렸다. 그리고 일은 그의 계획대로 착착 진행되고 있었다.

스탠퍼드에 들어갈 무렵 아들은 이미 유명해져 있었고, 곧 아버지는 아들이 대단한 인물이 될 것이라고 자랑하고 다녔다. 아들이 넬슨 만델라보다, 간디보다, 부처보다 더 큰 인물이 될 것이라고 주장했다. 「그들보다 더 많은 이들의 주목을 받고 있어요. 아들은 동양과 서양을 잇는 다리입니다. 아들에게 한계란 없어요. 앞서서 개척하니까요. 앞으로 어떻게 될지는 정확히 모르지요. 하지만 아들은 선택받은 사람이에요.」[4]

이제 두 번째 이야기를 들어 보자. 아마 이 이야기도 들어 보았겠지만, 누구 이야기인지 금방 알아차리지는 못할 수도 있겠다.

그의 엄마는 운동 코치였지만, 그에게 이렇게 해라 저렇게 해라 한 적이 결코 없었다. 그는 걸음마를 떼기 시작했을 때부터 엄마와 공을 차면서 놀았다. 아이 때는 일요일마다 아빠와 스쿼시를 쳤다. 또 스키, 레슬링, 수영, 스케이트보드도 잠깐씩 해보았다. 야구, 핸드볼, 테니스, 탁구도 했고, 이웃집 울타리를 사이에 두고 배드민턴도

첬다. 훗날 그는 이렇게 다양한 스포츠를 접한 것이 운동 실력과, 손과 눈의 조화로운 발달에 도움이 되었다고 말했다.

그는 공만 있다면, 종목은 사실 상관이 없었다고 했다. 그는 이렇게 떠올렸다. 「공을 다루는 스포츠라고 하면 언제나 훨씬 더 흥미가 동했어요.」 그는 노는 것을 무척 좋아하는 아이였다. 부모는 아이를 운동선수로 키울 생각이 전혀 없었다. 그의 어머니는 훗날 이렇게 말했다. 「아이의 장래 계획 같은 것은 전혀 세운 적이 없어요.」5 부모는 아이에게 그냥 다양한 스포츠를 접해 보라고 북돋아 주었다. 사실 그럴 수밖에 없었다. 어머니의 말에 따르면, 오랫동안 가만히 있으라고 하면 아이가 〈도저히 견디지 못하기〉 때문이었다.

엄마는 아들에게 테니스를 가르치다가 도저히 못하겠다고 손을 들었다. 「나를 짜증나게 하는 짓만 골라 했다니까요. 매번 괴상하게 치려고 갖은 짓을 다 했어요. 한 번도 공이 정상으로 온 적이 없어요. 화가 나서 도저히 함께 칠 수가 없었지요.」 『스포츠 일러스트레이티드』의 한 기고가는 그의 부모가 밀어붙이는pushy 형이 아니라, 오히려 〈말리는pully〉 형이었다고 간파했다. 10대에 들어설 무렵 아이는 테니스에 좀 더 관심을 보이기 시작했다. 그리고 〈부모가 아이에게 무언가 권했다면, 테니스에 너무 심하게 빠지지 말라고 만류하는 쪽이었다〉.6 아들이 경기를 할 때면, 엄마는 친구들과 수다를 떨기 위해 자리를 뜨곤 했다. 아빠가 아이에게 강조한 규칙은 딱 하나였다. 「속이지만 마.」 그는 속이지 않았다. 그리고 정말로 뛰어난 실력을 발휘하기 시작했다.

10대 때에는 워낙 실력이 좋아서 지역 신문 기자가 인터뷰를 하자고 찾아올 정도였다. 어머니는 인터뷰 기사를 보고 깜짝 놀랐다. 기자가 테니스로 첫 상금을 딴다면 무엇을 사고 싶으냐고 물었을 때, 〈메르세데스〉라고 대답했다고 적혀 있었다. 어머니는 기자에게 녹음한 인터뷰 내용을 들려 달라고 했다. 녹음을 들은 어머니는 안도했다. 기자가 잘못 알아들었던 것이다. 아들은 스위스식 독일어 발음으로 〈메르 시디스Mehr CDs〉라고 했다.[7] 그냥 〈CD를 더〉 사고 싶다는 뜻이었다.

아이에게 승부욕이 있었다는 것은 분명하다. 하지만 테니스 강사가 더 나이 많은 이들이 속한 반으로 옮기자, 그는 친구들과 함께 치고 싶다면서 다시 원래 반으로 옮겨 달라고 했다. 강습을 마치고 음악이나 프로레슬링이나 축구 이야기로 친구들과 수다를 떠는 재미에도 빠져 있었기 때문이다.

그가 마침내 다른 스포츠들 — 특히 축구 — 을 포기하고 테니스에 집중하기로 했을 때, 또래 선수들은 이미 오래전부터 근력 코치, 스포츠 심리학자, 영양사의 도움을 받고 있었다. 그러나 늦게 시작했다고 해서 장기적으로 볼 때 그의 발전에 지장이 생긴 것은 아닌 듯했다. 전설적인 테니스 선수들조차도 대개 은퇴할 나이인 30대 중반에, 그는 여전히 세계 1위의 자리를 지키고 있었다.

2006년 타이거 우즈Tiger Woods와 로저 페더러Roger Federer는 처음으로 만났다. 둘 다 최고 전성기에 있을 때였다. 타이거가 유에스 오픈 경기를 보러 전용기를 타고 왔다. 그 때문에 페더러는 유달리 초조한 모습을 보였지만, 그래도 이겼다. 3년째 연속 우승이었다. 우즈는 샴페인을 들고 라커룸을 찾아가서 우승을 축하했다. 둘 사이의 연결 고리는 바로 그들만이 할 수 있는 것이 있다는 점이었다. 페더러는 나중에 그 만남을 이렇게 회고했다. 「자신이 무적이라는 느낌을 너무나 잘 아는 사람과 이야기를 나눈 것은 그때가 처음이었어요.」 그들은 금방 친구가 되었을 뿐 아니라, 누가 세계에서 가장 뛰어난 운동선수인가라는 논쟁의 대상이 되기도 했다.

그러나 페더러는 둘이 대조적이라는 점도 알아차렸다. 2006년 그는 전기 작가에게 이렇게 말했다. 「그와 나는 살아온 과정이 전혀 달라요. 어렸을 때에도 그의 목표는 대부분의 메이저 대회에서 우승해 기록을 깨는 거였어요. 내 꿈은 그저 보리스 베커를 한 번이라도 만나면 좋겠다거나 윔블던 대회에 나갈 수 있으면 좋겠다는 거였지요.」[8]

〈말리는〉 부모를 두었고, 처음에 운동을 그냥 가볍게 생각하던 아이가 자라서 그전까지 아무도 못했던 수준으로 세계를 제패하는 인물이 되었다니, 꽤 특이한 사례처럼 보인다. 타이거와 달리 로저에게는 조기 교육을 받아서 더 유리한 입장에 있는 또래들이 적어도 수천 명은 되었다. 타이거의 놀라운 양육 사례는 전문성의 계발을 다룬 수많은 베스트셀러 책들의 핵심에 놓여 있다. 타이거의 부친인 얼Earl이 쓴 육아 지침서도 그중 하나다. 타이거는 그냥 골프를 치고 있던 것이 아니었다. 그는 〈신중한 훈련deliberate practice〉을 하고 있었다. 현재 널리 인용되는 전문성 계발의 1만 시간 법칙에서 유일하게 고려하는 바로 그 훈련이다. 그 〈법칙〉은 어떤 분야에서든 간에 고도로 전문적인 훈련을 받으면서 쌓여 가는 시간의 양만이 실력 향상에

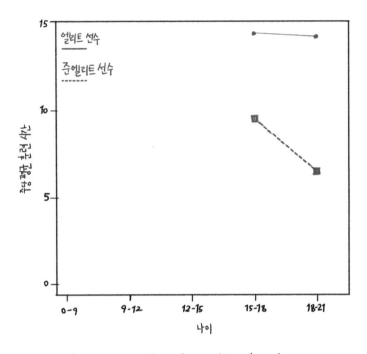

그림 1 : 15~21세 엘리트/준엘리트 선수의 훈련 시간 비교

기여하는 유일한 요인이라는 개념이다. 바이올린 연주자 서른 명을 조사해 그 법칙을 도출한 연구[9]에 따르면, 신중한 훈련이란 학습자에게 〈최상의 방법을 명확히 제시하고〉, 지도자의 개인 지도를 받으면서, 〈수행의 결과를 즉시 알려 주고 피드백을 하며〉, 〈동일하거나 비슷한 과제를 반복적으로 수행하는〉 것을 말한다. 전문성 계발에 관해 연구한 문헌들은 엘리트 운동선수들이 더 낮은 수준에서 한계에 도달하는 이들보다 매주 고도로 기술적인 신중한 훈련에 더 많은 시간을 쏟는다는 것을 보여 준다(그림 1 참조).

타이거는 신중한 훈련의 양이 성공 여부를 결정한다는, 따라서 가능한 한 일찍부터 훈련을 시작해야 한다는 개념을 상징하는 인물이 되었다.

일찍부터 집중적으로 훈련을 시킨다는 개념은 스포츠 분야 너머로도 뻗어 나간다. 세상이 더 복잡해지고 경쟁이 심해지고 있기에, 세상을 헤쳐 나가려면 모두가 더 전문성을 지녀야 한다는(그리고 그 전문성을 습득하는 일을 더 일찍부터 시작해야 한다는) 말을 우리는 종종 듣는다. 일찌감치 조숙함을 드러내고 일찍부터 전문적인 훈련을 받기 시작해 성공을 거둔 가장 유명한 상징적인 인물들을 꼽자면, 건반을 두드린 모차르트와 자판을 두드린 페이스북 CEO 마크 저커버그Mark Zuckerberg가 있다. 인류 지식의 양이 점점 방대해지고 세계가 점점 더 넓게 상호 연결되어 가는 상황에 대응해, 점점 더 좁은 영역에 초점을 맞추어 집중하라고 강조하는 분위기가 모든 분야에서 조성되는 양상이 벌어져 왔다. 종양학자의 전문 분야는 이제 암 전반이 아니라 어느 한 신체 기관의 암이 되고 있으며, 이 추세는 해가 갈수록 더 가속되고 있다. 외과의이자 저술가인 아툴 가완디 Atul Gawande는 의사들이 왼쪽 귀 외과의가 어쩌고저쩌고 농담을 하곤 했는데, 이제는 〈그런 외과의가 진짜로 없는지 확인해야 한다〉[10]라고 말했다.

영국 언론인 매슈 사이드Matthew Syed는 1만 시간 법칙을 다룬 베스트셀러 『베스트 플레이어Bounce』에서 영국 정부가 타이거 우즈가 갔던 흔들림 없는 전문화의 길을 본받지 않고 있다고 주장했다. 그는 고위 공무원들을 이 부서 저 부서로 이동시키는 것이 〈타이거 우즈에게 골프부터 야구, 축구, 하키까지 돌아가면서 하라는 것만큼 불합리하다〉라고 썼다.

수십 년째 지지부진한 성적을 내던 영국 하계 올림픽 선수단이 최근 들어 엄청난 성적을 내고 있는 것이 성인들에게 새로운 스포츠를 시도하도록 자극하고 대기만성형인 사람들에게 진출할 기회를 주기 위해 마련된 사업들을 통해 나온 성과라는 점만 빼면 말이다. 그 사업을 주도한 공무원 중 한 명은 내게 그들을 〈느린 오븐slow baker〉[11]이라고 했다. 그러니 엘리트 선수가 되고자 하는 사람에게도, 로저의 길을 따라서 다양한 스포츠를 경험하는 운동선수라는 개념이 그렇게 불합리한 것은 결코 아니다. 물론 자기 능력의 정점에 이른 엘리트 선수들은 준엘리트 선수들보다 집중적인 신중한 훈련을 하면서 더 많은 시간을 보낸다. 그러나 과학자들이 유년기 초부터 운동선수들의 발달 과정 전체를 살펴보자, 다음과 같은 양상이 나타났다 (그림 2 참조).

이윽고 엘리트가 되는 이들을 보면, 대개 초기에는 훗날 자신이 전문가가 될 바로 그 종목에서 신중한 훈련에 쏟은 시간이 사실상 더 적었다. 대신에 그들은 전문가들이 〈샘플링 기간〉이라고 부르는 시기를 거친다. 대개 체계적이지 않거나 체계가 엉성한 환경에서 다양한 스포츠를 경험하는 기간을 말한다. 그런 경험들을 통해 그들은 몸을 쓰는 기술들을 폭넓게 습득할 수 있다. 또 자신의 능력과 적성을 알게 된다. 그런 뒤에야 그들은 한 분야에 집중해 기술을 갈고닦을 준비를 한다.[12] 개인 스포츠 종목의 운동선수들을 연구한 한 논문은 제목에서 〈늦은 전문화〉가 〈성공의 열쇠〉라고 단언했다. 또 다른 논문의 제목은 이러했다. 「단체 스포츠에서 최고가 되는 법: 늦게 시

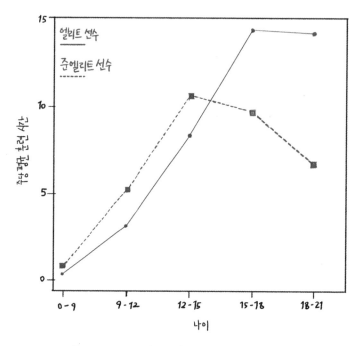

그림 2: 0~21세 엘리트/준엘리트 선수의 훈련 시간 비교

작하고, 집중하고, 단호해져라」.

　이런 연구들을 다룬 글을 쓰기 시작했을 때, 나는 사려 깊은 비판뿐 아니라 노골적인 반대 의견도 숱하게 접했다. 각 종목의 애호가들은 이렇게 말하곤 했다. 「다른 스포츠 종목에서는 그럴 수 있을지 몰라도, 〈우리〉 스포츠 쪽은 그렇지 않아요.」 세계에서 가장 인기 있는 스포츠인 축구의 팬들이 가장 강하게 반박하고 나섰다. 그런데 2014년 말에 딱 때를 맞춘 양, 한 독일 연구진이 막 월드컵에서 우승한 자국 대표 팀 선수들을 조사한 결과를 발표했다. 그 선수들은 대개 늦은 전문가들이었다. 즉 스물두 살이나 그 뒤까지도 아마추어

리그에서 뛴 것 말고는 더 체계적으로 축구를 배운 적이 없던 이들이었다. 그들은 유년기와 사춘기의 대부분을 체계적이지 않은 상태로 축구뿐 아니라 다른 운동들을 하면서 보냈다. 2년 뒤에 발표된 또 다른 축구 연구 논문에서는 11세 선수들의 실력을 파악하고서 2년 동안 추적했다. 그러자 〈체계적인 축구 연습/훈련에 더 집중하지 않은 채〉, 체계적이지 않은 방식으로 축구를 하고 다른 스포츠도 더 많이 하는 이들이 열세 살 때 실력이 더 향상되었다. 지금은 하키에서 발리볼에 이르기까지 아주 다양한 스포츠 종목들에서도 비슷한 연구 결과들이 나와 있다.

고도의 전문화가 필요하다고 공공연히 떠들어 대는 주장들은 스포츠뿐 아니라 많은 분야에서 엄청나게 잘 팔리고 있는 ― 물론 지극히 좋은 의도로 하는 말일 때도 있다 ― 마케팅 장치의 핵심 부품을 이룬다. 그러나 실제로는 타이거의 길보다 로저의 길을 통해서 스포츠 스타가 되는 이들이 훨씬 더 많다. 그런데 그런 이들의 이야기는 그다지 들리지 않는다. 누군가 한다고 해도 별 인기가 없다. 즉 독자는 그들의 이름은 알아도, 그들의 성장 배경이 어떠했는지 모를 가능성이 높다.

나는 2018년 슈퍼볼이 끝난 직후에 이 서문을 쓰기 시작했다. 그 해 슈퍼볼에서 직업 농구 선수에서 미식축구 선수로 전향한 쿼터백인 톰 브래디Tom Brady가 축구, 농구, 야구, 심지어 가라테까지 섭렵했으며 대학에 진학할 때 농구를 할지 미식축구를 할지 고민하기도 했던 쿼터백 닉 폴스Nick Foles와 맞붙었다. 같은 달에는 체코 운동선수 에스테르 레데츠카Ester Ledecká가 여성 최초로 동계 올림픽에서 두 종목(스키와 스노보드)으로 동시에 금메달을 땄다. 레데츠카는 어릴 때 여러 가지 운동을 했고(지금도 비치발리볼과 윈드서핑을 즐긴다), 학업에도 충실했으며, 10대 때 어떤 경기 종목에서도 우승하겠다고 안달한 적이 없었다. 그녀가 두 번째 금메달을 딴 다음 날 『워싱턴 포스트』에는 이런 기사가 실렸다. 〈스포츠 전문화의 시대에 레데츠카는 다양성을 유지하자는 복음주의자가 되어 왔다.〉[13] 그녀가 우승한 지 얼마 뒤에, 우크라이나의 권투 선수 바실 로마첸코Vasyl Lomachenko는 가장 적은 경기를 치르고 세 체급에서 세계 챔피언이 되는 기록을 세웠다. 로마첸코는 어릴 때 우크라이나 전통 춤을 배우느라 4년 동안 권투를 쉬었다. 그는 이렇게 회상했다. 「어릴 때 체조, 농구, 축구, 테니스 등 여러 가지 운동을 했어요. 지금 보면, 그렇게 다양한 스포츠에서 배운 모든 것들이 하나로 모여서 내 발놀림에 기여했다고 생각해요.」[14]

저명한 스포츠 과학자인 로스 터커Ross Tucker는 이 분야의 연구 결과를 한마디로 요약했다. 〈우리는 초기 샘플링이 열쇠임을, 즉 다양성이 핵심임을 안다.〉

2014년에 나는 첫 책 『스포츠 유전자The Sports Gene』의 후기에 스포츠에 늦게 뛰어든 이들을 조사한 연구 결과들을 조금 언급했다. 다음 해에 나는 의외의 사람들로부터 강연을 해달라는 초청을 받았다. 운동선수도 코치도 아닌 퇴역 군인들이었다. 강연 준비를 하면서 나는 스포츠 세계 바깥에서 전문성과 전직을 다룬 연구가 있는지 과학 학술지들을 뒤졌다. 나는 논문들을 읽으면서 놀라지 않을 수 없었다. 한 연구는 일찍부터 한 분야를 파고든 이들이 대학을 졸업한 뒤 더 먼저 자리를 잡지만, 늦은 전공자가 자신의 역량과 성향에 더 잘 맞는 일자리를 찾음으로써 늦게 시작한 사람의 불리함을 보완한다는 것을 보여 주었다. 기술 발명가들이 한 분야를 더 깊게 파고든 또래들에 비해, 여러 분야에서 경험을 쌓을 때 창의력이 더 향상된다는 것을 보여 준 연구도 많았다. 깊이를 조금 희생하더라도 적극적으로 폭을 넓히는 쪽이 경력이 쌓여 갈수록 더 실질적인 혜택을 제공한다는 것이었다. 예술 창작자들을 조사한 연구들도 거의 동일한 결과를 내놓았다.

또 내가 몹시 탄복해 마지않던 인물들 중 일부도 성장 과정이 타이거보다 로저의 사례에 더 가까워 보인다는 것을 알았다. 듀크 엘링턴Duke Ellington(어릴 때 그림과 야구에 집중하겠다고 음악 레슨을 빠지곤 했던)부터 마리암 미르자하니Maryam Mirzakhani(소설가를 꿈꾸었지만, 대신에 수학계에서 가장 유명한 필즈상을 딴 최초의 여성이 된)까지 다양한 인물이 있었다. 더 깊이 조사할수록, 나는 경험과 관심의 폭이 넓었음에도가 아니라, 넓었기 때문에 성공한 놀라운 이들을 더 많이 만나게 되었다. 한 CEO는 또래들이 은퇴를 준비하던 시기에 첫 직장을 얻었다. 한 화가는 다섯 가지 직업을 전전한 뒤에야 자신의 천직을 발견했고, 이윽고 세상을 바꾸었다. 자칭 전문화 반대 철학을 고수하던 한 발명가는 19세기에 설립된 한 작은 기업을 오늘날 세계에서 가장 많이 들리는 이름 중 하나로 바꾸었다.

나는 소규모의 퇴역 군인들에게 강연할 시점에는 더 다양한 직업의 세계에서 전문화 양상을 연구한 문헌들을 이제 막 훑기 시작한

참이었기에, 주로 스포츠 쪽 이야기만 했다. 그러다가 다른 분야에서 이루어진 연구들을 짧게 언급했더니, 청중의 관심이 쏠리는 것이 느껴졌다. 청중은 모두 늦깎이 전공자들이자 이직자들이었다. 강연이 끝난 뒤 차례로 자신을 소개할 때 들으니 모두가 적어도 어느 정도는 앞날을 걱정하고 있었고 뒤늦게 뭘 하겠다는 자기 자신을 좀 창피해 하는 이들도 있음을 알 수 있었다.

그들은 팻 틸먼 재단Pat Tillman Foundation의 주선으로 모인 것이었다. 미식축구 선수로 뛰다가 미군 레인저 부대에 들어갔다가 작전 중 사망한 틸먼의 정신을 기리기 위해 세워진 재단이다. 재단은 퇴직 군인, 현역 군인, 군인의 배우자에게 이직이나 학업을 다시 할 장학금을 주는 사업을 하고 있다. 청중은 모두 그 장학금을 받은 이들이었다. 교사, 과학자, 기술자, 기업가로 전직할 생각을 품고 있는 전직 낙하산 부대원들과 통역관들이었다. 그들은 열정이 넘치는 모습이었지만, 한편으로는 과연 잘될지 걱정하는 기색도 보였다. 그들의 링크드인 프로필에는 고용주들이 으레 원한다고 하는 특정한 직업을 향한 선형적인 경력 발전 양상이 보이지 않았다. 그들은 더 어린 (때로는 훨씬 더 어린) 학생들과 함께 대학원 과정을 시작하거나 동년배들보다 더 늦게 직업을 바꾸려 하니 걱정부터 앞선다고 했다. 모두 여태껏 남들이 흉내 낼 수 없는 삶과 리더십 경험을 쌓는 일에만 몰두해 왔기 때문이다. 자신들의 독특한 경험이 이점이 될 수도 있을 텐데, 웬일인지 그들 스스로는 오히려 취약점으로 여기고 있었다.

틸먼 재단에서 강연을 한 지 며칠 뒤, 전직 네이비실Navy SEAL 대원이라고 자신을 소개했던 사람이 전자우편을 보내 왔다. 〈우리는 모두 직업을 바꾸려고 하고 있습니다. 선생님이 떠난 뒤 몇 명이 모여서 이야기를 나누었는데, 모두가 선생님의 말씀을 듣고 몹시 안도했다고 했습니다.〉 역사학과 지구물리학 학사 학위가 있으며 다트머스와 하버드에서 경영학과 행정학 대학원 과정에 다니는 전직 네이비실 대원이 나에게서 자신이 택한 삶이 옳다는 확인을 받고 안도했다니, 좀 곤혹스럽긴 했다. 그러나 그 자리에 모인 이들이 다 그랬듯이, 그도 인생의 방향을 바꾸는 것이 위험하다는 말을 은연중에 또는 노골적으로 죽 들어 왔던 것이다.

강연의 호응도가 너무 좋자, 재단은 2016년 연례 총회에서 기조연설을 해달라고 나를 초청했고, 그 뒤로는 각 도시에서 열리는 소규모 모임들에도 강연 초청을 받았다. 매번 강연을 할 때마다, 나는 연구 문헌을 더 읽고 더 많은 연구자들과 이야기를 나누었다. 그러면서 개인적으로 직업적 레인지를 넓히고 계발하는 일이 시간이 걸리긴 하지만 — 더군다나 때로 남보다 뒤늦게 시작한다 — 그럴 만한 가치가 있다는 증거를 점점 더 많이 찾아냈다.

나는 고도의 자격을 갖춘 전문가들이 실제로는 경험이 쌓일수록 더 편협한 사고방식을 지니게 될 수 있으며, 그런 와중에 오히려 더 자신만만해지기까지 할 수 있다는 것 — 위험한 조합이다 — 을 보여 주는 연구들을 살펴보았다. 또 여러 인지심리학자들을 만나면서, 너무나 많은 놀라운 연구 결과들이 무시되곤 해왔다는 사실도 알게 되었다. 오래가는 지식을 쌓으려면 학습 자체가 서서히 이루어지는 것이 가장 좋다는 연구 결과들이 대표적이었다. 그 말은 설령 학습한 직후에 치르는 시험에서는 성적이 형편없게 나올 때도 있지만, 장기적으로 보면 그것이 중요하지 않다는 의미였다. 다시 말해 가장 효과적인 학습은 별 효과가 없는 양 보인다. 즉 뒤처지는 듯이 보인다.

중년에 새로 무언가를 시작하는 것도 그렇게 비칠 수 있다. 마크 저커버그는 〈그냥 젊은 사람이 더 똑똑하다〉[15]라는 유명한 말을 했다. 그러나 기술 기업 중 50세가 창업한 회사가 30세가 창업한 회사보다 대박을 터뜨릴 확률이 거의 두 배 높고, 30세 창업자가 20세 창업자보다 성공할 확률이 더 높다.[16] 노스웨스턴 대학교, MIT, 미국 인구조사국의 공동 연구진은 신생 기술 기업들을 조사했는데, 가장 성장 속도가 빠른 회사들은 출범 당시 창업자의 평균 연령이 45세였다.

저커버그는 그 말을 했을 때 스물두 살이었다. 당시 그로서는 그 메시지를 널리 알리는 것이 중요했다. 성공하려면 1년 내내 오로지 한 가지 운동에만 몰두해야 한다고 유소년 스포츠 리그를 운영하는 이들이 주장하는 것과 마찬가지다. 증거들이 정반대라고 말한다고 해도 무시해야 한다. 그러나 조기 전문화가 중요하다는 압력은 거기에서 그치지 않는다. 개인만이 아니라 사회 전체에도 영향을 미친다. 전문화한 각 집단이 커다란 퍼즐의 점점 더 작은 부분만을 보게 되기 때문이다.

2008년 세계 금융 위기 때 드러난 사실 중 하나는 대형 은행의 각 부서들이 지독히도 단절되어 있었다는 것이다. 그 위기는 많은 전문화한 집단들이 큰 그림 중 자신이 맡은 작은 부문의 위험 관리에만 몰두할 때, 전체에 어떤 재앙이 빚어지는지를 여실히 드러낸 사례였다. 설상가상으로 위기가 터졌을 때의 반응들은 전문화로 야기된 편협한 태도가 얼마나 어처구니없는 수준까지 치닫는지를 잘 보여 주었다. 2009년에 연방 정부는 쪼들리고 있긴 하지만 그래도 일부라도 대출금을 갚을 여력이 있는 주택 소유자들에게 월간 주택 담보 대출 상환액 비율을 낮추도록 은행들을 독려했다. 좋은 발상이었지만, 현실은 달랐다. 주택 담보 대출을 담당한 은행 부서는 주택 소유자에게 상환액 비율을 낮춰 주기 시작했다. 그런데 같은 은행의 압류 담당 부서는 주택 담보 대출자들의 상환액이 갑자기 줄어들기 시작했다는 것을 알아차렸다. 그래서 대출자들이 상환액을 체납했다고 판단하고서 주택을 압류했다. 한 정부 자문가는 훗날 이렇게 말했다. 〈은행 내부가 사일로silo*나 다름없었다니, 누구도 상상 못했다.〉[17] 지나친 전문화는 모든 개인들이 각자 가장 합리적인 방식으로 행동한다고 해도, 전체를 비극적인 상황으로 몰고 갈 수 있다.

고도로 전문화한 보건 의료 종사자들도 〈갖고 있는 것이 망치뿐이라면, 모든 것이 못처럼 보인다〉[18]라는 상황에 빠져들곤 한다. 심장 중재술 전문의들은 스텐트 ─ 좁아진 혈관을 넓히는 데 쓰는 금속관 ─ 로 가슴 통증을 치료하는 일에 너무나 익숙해진 나머지, 스텐트 삽입이 부적절하거나 위험하다고 입증된 수많은 사례에서까지 습관적으로 스텐트를 삽입한다. 최근의 한 연구에서는 심장 전문의들의 전국 총회가 열려서 심장 전문의 수천 명이 자리를 비웠을

---

* 곡식 저장고인 사일로처럼 부서들이 서로 협력 없이 따로따로 일한다는 뜻 ─ 옮긴이주.

때 입원한 심장병 환자들의 사망률이 사실상 더 낮다는 것이 드러났다. 연구진은 흔히 쓰이지만 효과가 의심스러운 치료법들을 덜 쓰기 때문일 수 있다고 주장했다.

세계적으로 유명한 한 과학자(이 책의 끝 부분에서 만나게 될)는 전문화 추세가 혁신 추구라는 관점에서 볼 때 〈나란히 판 참호들의 시스템〉을 만들어 왔다고 했다. 모두 자기 참호를 더 깊이 파는 데에만 몰두할 뿐, 일어서서 옆 참호를 내다보는 일이 거의 없다는 것이다. 문제의 해결책이 바로 그 옆에 있을 수도 있는데 말이다. 그 과학자는 미래의 연구자들을 탈전문화한 방식으로 교육하는 일에 앞장서고 있다. 그는 그 방식이 이윽고 모든 분야의 교육으로 확산되기를 희망한다. 그는 전문화의 압박을 받을 때조차도, 자기 삶의 레인지를 넓힘으로써 엄청난 혜택을 보았다고 했다. 그리고 지금 그는 사람들에게 타이거의 길에서 벗어날 기회를 안겨 주도록 시도하는 교육 프로그램을 설계함으로써, 자신의 레인지를 다시금 넓히고 있는 중이다. 그는 내게 이렇게 말했다. 「이 일이 내 인생에서 가장 중요한 업적이 될지도 모르지요.」

나는 이 책이 그 이유를 이해하는 데 도움이 되었으면 한다.

틸먼 장학금을 받은 이들이 이리저리 떠돌고 있다는 느낌을 받고 있고, 실수하는 것이 아닐까 걱정스럽다고 말했을 때, 나는 누구보다 그런 마음을 잘 이해하고 있었다. 나는 대학을 졸업한 뒤 태평양에서 과학 탐사선을 타고 일하다가, 내가 진짜 되고 싶은 것은 과학자가 아니라 저술가라는 확신을 얻게 되었다. 나는 과학에서 저술로 옮겨 가는 경로가 뉴욕시의 한 타블로이드판 신문사의 야간 범죄 담당 기자를 거쳐서 『스포츠 일러스트레이티드』의 선임 저술가로 이어지리라고는 결코 생각도 못 했다. 게다가 그 저술가 일을 나 스스로도 놀랄 만치 금방 그만두게 되리라는 것도. 나는 내가 한 직장에 오래 매여 있는 것을 못 견뎌 하는 떠돌이가 아닐까, 그러다가는 글을 쓰는 직업을 갖는다는 것 자체가 불가능해지지나 않을까 걱정이 들기 시작했다. 그랬는데 넓은 범위와 늦깎이 전문화의 장점을 깨닫기 시작하면서 나 자신과 세상을 보는 관점이 달라져 왔다. 그것의 장점을 보여 주는 연구 결과는 수학, 음악, 스포츠 분야의 아동에서 자신의 길을 찾으려 애쓰는 대학 졸업생, 인생에 변화가 필요하다고 느끼는 직장인, 이전 직장을 떠나서 자신에게 맞는 새로운 천직을 찾고자 하는 퇴직 예정자에 이르기까지, 인생의 모든 단계에 들어맞는다.

우리 모두가 직면한 도전 과제는 초전문화를 점점 더 장려하고, 심지어 요구하기까지 하는 세상에서 넓은 폭, 다양한 경험, 학제 간 사고, 지연된 집중 훈련의 혜택을 어떻게 유지하느냐다. 타이거의 조숙성과 명확한 목표 의식을 지닌 이들을 요구하는 분야들이 있다는 것도 분명한 사실이다. 하지만 복잡성이 증가할수록 ― 기술의 발전으로 세계가 점점 더 상호 연결된 드넓은 그물망으로 짜여 가면서 개인이 보는 영역은 점점 더 작아질수록 ― 로저의 길을 따르는 이들도 더 많이 필요하다. 애초에 폭넓게 시작하고, 성장하면서 다양한 경험과 관점을 받아들이는 사람들, 곧 레인지range를 지닌 이들 말이다.

차례

1장
조기 교육이라는 종교

　유럽에서 제2차 세계 대전이 독일의 무조건 항복으로 끝난 지 1년하고도 4일 뒤, 헝가리의 한 소도시에서 라슬로 폴가르László Polgár가 태어났다. 새로운 가족의 씨앗이었다. 그에게는 할머니도, 할아버지도, 사촌도 없었다. 모두 홀로코스트에 희생되었다. 부친의 첫 번째 부인과 그들 사이의 자녀 다섯 명도 그랬다. 라슬로는 커서 가정을 꾸리기로, 그것도 특별한 가정을 꾸리기로 결심했다.

　대학에 다닐 때 그는 소크라테스에서 아인슈타인에 이르기까지 전설적인 사상가들의 전기들을 탐독하면서 훌륭한 아버지가 될 준비를 했다. 그는 기존 교육 체제가 붕괴되었으며, 제대로 조기 교육을 시키기만 하면 자녀들을 천재로 만들 수 있다고 확신했다. 그렇게 한다면 훨씬 더 원대한 무언가를 입증하는 셈이 될 터였다. 어떤 아이든 어느 분야에서든 출중한 인물로 만들 수 있음을 증명하는 것이 된다. 그 계획을 함께 꾸려 나갈 아내만 있으면 되었다.[1]

　라슬로의 모친에게는 친구가 있었고, 그 친구에게는 클라라라는 딸이 있었다. 1965년 클라라는 라슬로와 선을 보러 부다페스트로 향했다. 라슬로는 솔직했다. 그는 처음 선을 보는 자리에서 자녀를 여섯 명 낳아서 훌륭한 인물로 키울 계획을 갖고 있다고 말했다. 집으로 돌아온 클라라는 부모에게 시큰둥하게 말했다. 〈꽤 흥미로운 사람〉[2]이었다고 했다. 그러나 그와 혼인한다는 것은 상상조차 할 수 없었다.

그래도 그들은 계속 편지를 주고받았다. 둘 다 교사였고, 라슬로의 표현에 따르면 교육 체제가 〈아무런 특징도 없는 평균적인 대중〉[3]을 배출하는 절망적일만치 획일적이라는 데 의견이 같았다. 1년 반 뒤 클라라는 자신의 펜팔 친구가 매우 특별하다는 사실을 깨달았다. 라슬로는 마침내 연애편지를 썼고, 편지의 끝 부분에서 청혼을 했다. 그들은 혼인하여 부다페스트로 이사했다. 그리고 일을 시작했다. 1969년 초 수전이 태어났고 실험이 시작되었다.

라슬로는 첫 번째 천재를 키울 분야로 체스를 택했다. 수전이 훈련을 시작하기 전해인 1972년에 이른바 〈세기의 대결〉에서 미국의 바비 피셔Bobby Fischer가 러시아의 보리스 스파스키Boris Spassky를 이겼다. 그 대국은 양쪽 세계에서 냉전의 대리전이라고 여겨졌고, 체스는 갑자기 대중문화의 중심으로 떠올랐다. 게다가 클라라의 말에 따르면, 체스는 독특한 이점을 지니고 있었다. 〈체스는 매우 객관적이고 측정하기가 쉽다.〉[4] 이기거나 지거나 무승부로 끝나며, 체스 세계 전체는 점수로 실력을 측정한다. 라슬로는 딸을 체스 챔피언으로 키우겠다고 결심했다.

라슬로는 인내심이 많고 세심했다. 그는 수전에게 〈폰 대국〉부터 가르치기 시작했다. 폰만 갖고 하는 대국으로서, 체스판의 상대방 쪽 맨 끝줄에 먼저 도달하는 쪽이 이긴다. 곧 수전은 종반전을 분석하고 함정을 파는 것까지 할 수 있게 되었다. 아이는 체스에 재미를 느꼈고, 금방 푹 빠져들었다. 8개월 동안 체스를 가르친 뒤, 라슬로는 아이를 부다페스트의 담배 연기 자욱한 체스 클럽으로 데려갔다. 그는 어른들에게 네 살 된 딸과 두어 보지 않겠느냐고 물었고, 아이는 높은 의자에 앉아서 발을 달랑거리면서 대국을 두었다. 수전은 첫 대국에서 이겼고, 상대는 화를 내면서 떠났다. 수전은 부다페스트 여성 선수권 대회에 출전해 11세 미만 부문에서 우승했다. 네 살 때 수전은 단 한 번도 지지 않았다.

여섯 살 무렵에 수전은 읽고 쓸 줄 알았고, 수학 실력은 또래들보다 몇 년 더 앞서 있었다. 라슬로와 클라라는 아이를 집에서 가르치기로 결정했고, 체스 둘 시간은 늘 비워 두었다. 그러자 경찰이 찾아와서 딸에게 의무 교육을 시키지 않으면 라슬로를 교도소에 보내겠다고 경고했다. 라슬로는 몇 달 동안 교육부에 끈덕지게 민원을 넣은 끝에 재택 학습 허가를 받아냈다. 수전의 여동생도 재택 학습을 하게 되었고, 라슬로와 클라라가 헝가리어로 〈천재〉라는 뜻의 제니Zseni라고 부르곤 하던 유디트Judit도 마찬가지였다. 셋 다 원대한 실험의 일부가 되었다.

평일에 아이들은 오전 7시까지 체육관으로 가서 탁구 강습을 받은 뒤, 10시 정각에 집에 와서 아침을 먹었다. 그런 뒤 낮 동안 내내 체스를 두었다. 라슬로는 자신의 실력이 한계에 다다르자, 세 아이의 재능을 키워 줄 코치를 구했다. 그는 남는 시간에 체스 잡지에 실린 기보 20만 장을 오려서 맞춤 카드 목록을 만들었다. 그는 그 카드 목록을 〈카르토테크cartotech〉라고 불렀다. 아이들은 그 카드들을 보고서 맞붙을 상대의 수를 미리 연습할 수 있었다. 컴퓨터 체스 프로그램이 등장하기 전이었기에, 폴가르 자매들은 세계 최대의 체스 데이터베이스를 보유한 셈이었다. 아마도 소련의 비밀 기록 보관소를 제외하고 말이다.

수전은 열일곱 살 때 남성 세계 선수권 대회에 진출할 자격을 딴 최초의 여성이 되었다. 하지만 세계 체스 연맹은 그녀의 출전을 허가하지 않았다(그녀의 실력 덕분에 이 규정은 곧 바뀌게 된다). 2년 뒤인 1988년, 소피아가 열네 살이고 유디트가 열두 살 때, 세 자매는 여성 체스 올림피아드에 나갈 헝가리 대표 팀 네 명 중 세 명을 차지했다. 그들은 출전해 소련을 물리치고 우승했다. 소련은 올림피아드가 시작된 뒤로 12회 동안 열한 번을 내리 우승했었다. 수전의 표현을 빌리자면, 폴가르 자매는 〈국가의 보물〉이 되었다. 다음 해에 공산주의가 무너지자, 자매들은 전 세계의 대회에 출전할 수 있게 되었다. 1991년 1월, 스물한 살의 수전은 남성들과 토너먼트를 벌여 여성 최초로 그랜드마스터 지위에 올랐다. 12월에는 유디트가 15년 5개월의 나이로 남녀를 통틀어 최연소 그랜드마스터가 되었다. 수전이 텔레비전에 출연했을 때 사회자가 남성 세계 선수권 대회와 여성 세계 선수권 대회 중 어디에서 우승하고 싶은지 묻자, 그녀는 〈통합 선수권 대회〉에서 우승하고 싶다고 현명한 답을 했다.[5]

자매들은 라슬로가 세운 가장 높은 목표인 세계 챔피언에 도달하지는 못했지만, 모두 탁월한 성적을 올리고 있었다. 1996년 수전은 여성 세계 선수권 대회에 출전해 우승했다. 소피아는 그랜드마스터보다 한 단계 낮은 국제 마스터까지 올랐다. 유디트가 가장 높은 성적을 냈다. 2004년에 남녀 통합 세계 8위에 올랐다.

라슬로의 실험은 성공했다. 너무나 성공했기에, 1990년대 초에 그는 자신의 조기 전문화 방식을 1천 명의 아이들에게 적용한다면, 인류가 암과 에이즈 같은 문제들도 해결할 수 있을 것이라고 호언장담할 지경에 이르렀다.[6] 아무튼 체스는 그의 일반론을 입증하기 위해 임의로 선택한 매체였을 뿐이니까. 타이거 우즈의 이야기처럼, 폴가르의 이야기도 대중문화로 들어가서 기사, 책, TV 쇼, 대담 등을 통해 끝없이 되풀이되면서, 조기 교육이 삶을 바꿀 힘을 지닌다는 것을 설파했다. 〈천재를 키우자!Bring Up Genius!〉라는 온라인 강좌는 폴가르의 방법을 토대로 〈당신의 천재적인 인생 계획을 세울〉 수 있도록 가르친다고 광고한다. 베스트셀러인 『재능은 어떻게 단련되는가?Talent Is Overrated』는 폴가르 자매와 타이거 우즈가 수행한 조기의 신중한 훈련이 〈우리에게 중요한 거의 모든 활동 분야〉에서 성공을 거둘 열쇠임을 말해 주는 증거라고 주장한다.

세상의 그 어떤 일도 동일한 방식으로 정복할 수 있다는 강력한 교훈인 셈이다. 그런데 이 견해는 아주 중요하지만 거의 언급되지 않는 한 가지 가정에 의존한다. 체스와 골프가 우리에게 중요한 모든 활동을 대표하는 사례라는 가정이다.

사람이 배우고 하고자 하는 것들 중에 정말로 체스나 골프와 비슷한 것들이 얼마나 될까? 즉 세상은 체스나 골프와 얼마나 비슷할까?

심리학자 게리 클라인Gary Klein은 전문성의 〈자연주의적 의사 결정naturalistic decision making(NDM)〉 모델의 선구자다. NDM 연구자는 전문가가 자연스럽게 일을 하는 과정에서 시간이 촉박할 때 위험 부담이 큰 결정을 내리는 방법을 배우는 양상을 관찰한다. 클라인은 다양한 분야의 전문가들이 자기 분야에서 익숙한 패턴을 본능적으로 인지한다는 점에서 체스의 대가들과 놀라울 만치 비슷하다는 점을 보여 주었다.

아마도 역사상 가장 위대한 체스 선수일 가리 카스파로프Garry Kasparov에게 어떤 수를 둘지 결정하는 과정을 설명해 달라고 하자, 그는 〈거의 즉시 다음 수가, 즉 조합이 보여요〉라고 말했다. 지금까지 보았던 패턴들을 토대로 수가 떠오른다고 했다. 카스파로프는 그랜드마스터라면 대개 보자마자 처음 몇 초 사이에 다음 수가 머릿속에 떠오를 것이라고 장담했다. 클라인은 소방관들을 조사했는데, 마찬가지로 그들의 결정 중 약 80퍼센트도 본능적으로 몇 초 사이에 이루어진다고 추정했다. 다년간 소방 활동을 하면서, 그들은 붕괴 직전의 불타는 건물과 화염의 행동에 반복해서 나타나는 패턴이 있음을 알아차리게 된다. 그는 비전시 상황에서 근무하면서 여객기를 적으로 오인해 격추시키는 것 같은 재앙을 피하기 위해 애쓰는 해군 지휘관들도 조사했는데, 그들이 위협 가능성이 있는 요인들을 아주 재빨리 식별한다는 것을 알았다. 지휘관들이 일반적인 패턴을 알아차리고, 처음 머릿속에 떠오른 일반적인 행동 경로를 택할 확률이 99퍼센트에 달했다.

클라인의 동료인 심리학자 대니얼 카너먼Daniel Kahneman은 인간 판단의 〈휴리스틱heuristics과 편향〉 모형을 써서 인간의 의사 결정 과정을 연구했다. 그런데 그는 클라인이 발견한 것과 정반대의 결과를 얻었다. 고도로 훈련된 전문가들의 판단을 조사하니, 그들의 과거 경험이 아무런 도움도 안 될 때가 너무나 많았던 것이다. 설상가상으로 경험은 실력이 아니라 과신을 빚어낼 때가 아주 많았다.

카너먼은 그 비판에 자기 자신도 포함시켰다. 그가 경험과 전문성 사이의 관계에 처음 의구심을 품은 것은 1955년 이스라엘 방위군 심리전 부대의 젊은 대위로 근무할 때였다. 그의 임무 중 하나는 영국군에서 차용한 검사법을 통해 장교 후보생들을 심사하는 것이었다. 훈련 과제 중 하나는 여덟 명이 한 조를 이루어 전봇대를 들고 높이 약 2미터의 벽을 넘어가는 것이었다. 전봇대는 도중에 땅에 닿아서는 안 되었고, 군인들이나 전봇대가 벽에 닿아서도 안 되었다.* 이 과제를 수행하는 능력은 개인별로 아주 뚜렷하게 차이가 났다. 스트레스를 받는 훈련 상황에서 자연스럽게 지도자의 자질을 뚜렷하게 드러내는 사람도 있었고, 추종자, 허풍쟁이, 겁쟁이의 성향을 확연히 드러내는 이들도 있었다. 시간이 흐를수록 카너먼을 비롯한 심사관들은 자신들이 후보자들의 지도자로서의 자질을 분석할 수 있을 뿐 아니라, 그들이 장교 훈련과 실전에서 어떤 능력을 발휘할지도 판단할 수 있다고 점점 확신하게 되었다. 하지만 완전히 착각이었다. 심사단은 몇 개월마다 〈통계일〉을 정해서 자신들의 예측이 얼마

---

* 흔히 쓰인 해결책 중 하나는 조원 몇 명이 전봇대를 기울여 들고 있는 동안 몇 명이 전봇대로 기어 올라서 벽 너머로 뛰어넘는 것이다. 그런 뒤 전봇대를 반대편으로 넘긴다. 반대편에서 조원들이 전봇대를 기울여 들면, 남아 있던 조원들이 높이 뛰어서 전봇대를 붙잡고 기어 올라간다. 그런 뒤에 전봇대를 기어가서 벽 반대편으로 뛰어내린다.

나 정확했는지 검증했다. 그런데 검증할 때마다 심사단은 자신들의 예측이 맹목적인 추측이나 다를 바 없었다는 사실을 깨달았다. 그들은 심사를 할 때마다 경험을 쌓았고, 그만큼 자신의 판단이 옳다고 점점 더 확신했다. 그러나 실제로는 전혀 나아진 것이 없었다. 카너먼은 〈통계 자료와 확실히 알아본다는 압도적인 경험 사이에 연관성이 전혀 없다〉[7]는 것을 깨닫고 경악했다. 그 무렵에 전문가의 판단이 어떻다는 것을 조사한 탁월한 책이 출판되었다. 카너먼은 그 책이 자신에게 〈엄청난〉 영향을 미쳤다고 했다.[8] 그 책에 실린 다양한 연구들은 심리학을 뒤흔들었다. 학생의 잠재력을 평가하는 대학 당국자부터 환자의 정신적 능력을 예측하는 정신과 의사, 직업 훈련을 우수한 성적으로 통과할 사람이 누구일지를 판단하는 인력 개발 전문가에 이르기까지, 현실 세계의 다양한 영역들에서 아무리 경험을 쌓아도 그들의 판단 능력이 향상되는 것이 아님을 명확히 보여 주었기 때문이다. 인간의 행동이 관여하고 패턴이 뚜렷하게 되풀이되어 나타나지 않는 영역들에서는 아무리 반복해 경험을 쌓는다고 해도 학습이 이루어지는 것이 아니었다. 즉 체스, 골프, 소방은 전형적인 사례가 아니라, 예외 사례였다.

클라인과 카너먼이 경험 많은 전문가들을 조사한 결과가 이토록 큰 차이를 보이자, 심각한 의문이 제기되었다. 전문가들은 경험을 쌓을수록 더 나아질까, 그렇지 않을까?

2009년 카너먼과 클라인은 학계에서는 드문 시도를 했다.[9] 자신들의 견해를 다 제시하고 공통의 토대를 찾으려고 시도한 논문을 공동 저술했다. 그리고 그들은 공통의 토대를 찾아냈다. 그들은 경험이 필연적으로 전문성으로 이어질지 여부는 전적으로 분야에 따라 다르다는 데 의견을 같이했다. 협소한 경험은 체스 선수와 포커 선수, 소방관에게 더 적합하지만, 금융이나 정치의 추세를 예측하거나 직원이나 환자가 어떻게 행동할지를 예측하는 일을 하는 사람에게는 그리 적합하지 않다는 것이다. 클라인이 연구한 영역들, 즉 본능적인 패턴 인식이 강력한 효과를 발휘하는 영역들은 심리학자 로빈 호가스Robin Hogarth가 〈친절한kind〉 학습 환경이라고 부르는 것에 속한다.[10] 그런 환경에서는 동일한 패턴이 계속 되풀이해 나타나고, 피드백이 극도로 정확하고 대개 아주 빨리 이루어진다. 골프나 체스에서는 정해진 공간 내에서 규칙에 따라 공이나 말을 움직인다. 그리고 결과가 금방 드러나고, 비슷한 도전 과제들이 되풀이해 나타난다. 골프공을 치면 너무 멀리 날아가거나 충분히 멀리까지 날아가지 않거나 한다. 도중에 툭 떨어지거나 휘어지거나 곧게 날아간다. 선수는 어떻게 날아가는지 지켜보고서, 잘못된 점을 고치면서 다시 치는 일을 여러 해 동안 반복한다. 1만 시간 법칙과 일찍부터 전문적인 훈련을 시켜서 전문화에 힘쓰라는 개념이 공통적으로 제시하는, 이른바 신중한 훈련의 정의가 바로 그것이다. 그 학습 환경은 친절하다. 학습자가 단순히 그 활동에 매진해 더 나아지려고 애쓰는 것만으로 실력이 향상되기 때문이다. 카너먼은 친절한 학습 환경의 뒷면에 초점을 맞추었다. 호가스는 그쪽을 〈사악한wicked〉 환경이라고 했다.

사악한 분야에서는 게임의 규칙이 불분명하거나 불완전할 때가 많으며, 반복되는 패턴이 있을 수도 있고 없을 수도 있으며, 아예 있느는지조차 명백하지 않을 때도 있고, 피드백이 늦어지거나 부정확하거나 양쪽 다일 때도 많다.

가장 지독히도 사악한 학습 환경에서는 경험이 잘못된 행동을 더욱 강화하는 형태로 학습이 이루어질 것이다. 호가스는 뉴욕시에서 진단의학자로서 명성을 날리던 인물을 사례로 든다. 그 의사는 특히 장티푸스를 잘 진단한다고 알려졌다. 그는 손으로 환자의 혀를 만져 보고 그 느낌을 통해 환자를 진단했다. 그는 환자에게 증상이 나타나기도 전에 촉진을 통해 장티푸스라는 진단을 내리곤 했다. 그리고 그 진단은 대체로 정확했다. 훗날 한 의사는 이렇게 지적했다. 〈그는 장티푸스 메리Typhoid Mary*보다 더 많은 사람을 감염시킨 보균자였다. 그것도 손만 써서 옮겼다.〉[11] 반복된 성공에 고무된 나머지, 최악의 학습이 이루어진 것이다. 물론 이렇게까지 사악한 학습 환경은 매우 드물지만, 이 사례는 경험 많은 전문가가 잘못된 길로 빠지는 것이 그리 어렵지 않다는 점을 보여 준다. 경험 많은 소방관은 고층 건물에 불이 나는 것 같은 새로운 상황에 직면하면, 다년간 주택 화재를 경험하면서 형성된 직관을 갑자기 쓸 수 없게 됨으로써, 잘못된 판단을 내리기 쉽다. 상황이 바뀔 때 체스 마스터도 다년간 갈고 닦았던 실력이 갑자기 낡은 것이 되는 일을 겪을 수 있다.

1997년 자연지능과 인공지능 중 어느 쪽이 우월한지를 놓고 최종 대결이 벌어졌다.[12] 그 대국에서 IBM의 슈퍼컴퓨터 딥블루Deep Blue

---

* 무증상 장티푸스 보균자인 메리는 가정부와 요리사로 일하면서 수많은 사람들에게 장티푸스를 옮겼다 ─ 옮긴이주.

는 가리 카스파로프를 물리쳤다. 딥블루는 초당 2억 가지의 수를 계산했다. 물론 체스의 가능한 수 집합 전체로 보면 작은 부분집합이다. 가능한 수들의 서열 집합은 관찰 가능한 우주에 있는 원자의 수보다도 많다. 그러나 그 정도로도 최고의 인간 선수를 충분히 물리칠 수 있었다. 카스파로프는 이렇게 말했다. 「지금은 휴대전화의 무료 체스 앱이 나보다 더 잘 둡니다.」[13] 그의 말은 과장이 아니다.

그는 최근의 한 강연에서 이렇게 말했다. 「우리가 할 수 있는 모든 일, 그리고 우리가 하는 법을 알고 있는 모든 일에서 기계는 우리보다 더 잘할 겁니다. 그 일을 하는 방법을 코드로 짜서 컴퓨터에 입력할 수 있다면, 컴퓨터는 우리보다 더 잘할 거예요.」 그러나 딥블루에게 졌을 때, 그의 머릿속에 한 가지 착상이 떠올랐다. 컴퓨터와 체스를 두면서, 그는 인공지능 연구자들이 모라벡의 역설Moravec's paradox이라고 부르는 것을 알아차렸다. 기계와 인간은 서로 정반대의 강점과 약점을 지닐 때가 많다는 것이다.

〈체스는 99퍼센트가 전술이다〉라는 말이 있다. 전술은 지금 당장 판세를 유리하게 바꿔 놓을 방법을 염두에 두고서 두는 몇 수를 가리킨다. 대국자가 체스의 온갖 패턴들을 연구할 때 하는 일은 사실 전술을 숙달하는 것이다. 체스에서 더 큰 그림을 구상하는 일, 즉 전쟁에서 이기기 위해 사소한 전투들을 관리하는 것을 전략이라고 한다. 수전 폴가르는 이렇게 썼다. 〈전략을 기본적인 수준에서만 이해하고 전술에 아주 능숙해지는 것만으로도 많은 승리를 거둘 수 있다.〉[14] 즉 패턴을 많이 알기만 해도 좋은 성적을 거둘 수 있다는 것이다.

그런데 컴퓨터는 계산 능력 덕분에 인간에 비해 전술적인 오류를 범하지 않는다. 그랜드마스터는 몇 수 앞을 내다보지만, 컴퓨터는 그 일을 더 잘한다. 카스파로프는 이런 생각을 했다. 컴퓨터의 전술 능력을 사람의 큰 그림을 짜는 능력, 즉 전략적 사고와 결합한다면 어떻게 될까?

1998년 그는 몇몇 사람들과 공동으로 세계 최초의 어드밴스드 체스 대회를 열었다. 카스파로프 자신을 비롯해 사람이 컴퓨터와 한 조가 되어 참가하는 대회였다. 그러자 다년간에 걸쳐 패턴을 학습할 필요가 없어졌다. 기계가 전술을 너무나 잘 다루었기에, 사람은 전략에 집중할 수 있었다. 타이거 우즈가 최고의 게이머들을 상대로 골프 비디오 게임을 하는 것과 비슷했다. 그러면 그가 여러 해 동안 반복 훈련을 거쳐 획득한 기술은 쓸모없어질 것이고, 경기는 전술을 실행하는 것보다 전략을 짜는 쪽으로 옮겨 갈 것이다. 체스에서는 그 즉시 우선순위가 바뀌었다. 카스파로프는 이렇게 말했다. 「이런 조건에서는 인간의 창의력이 뒷전으로 밀리는 것이 아니라, 더욱더 중요해졌어요.」 그는 겨우 한 달 전 전통적인 방식으로 대국을 했을 때 4 대 0으로 물리쳤던 상대와 3 대 3으로 비겼다. 「전술을 잘 짜는 것이 내 강점이었는데, 기계 때문에 무용지물이 된 거죠.」[15] 오랜 세월에 걸친 전문화 훈련을 통해 얻는 주된 이점을 기계에 넘기고, 인간은 전략에 집중하는 대회를 열자, 갑자기 그는 대등한 상대들을 마주치게 되었다.

몇 년 뒤 최초의 프리스타일 체스 대회가 열렸다.[16] 여러 사람과 컴퓨터가 한 조를 이루어 출전할 수 있는 대회였다. 어드밴스드 체스가 평생에 걸친 전문화 훈련을 통해 쌓은 강점을 희석시켰다면, 프리스타일 체스는 그 강점을 아예 없앴다. 이 대회에서 일반 컴퓨터 석 대와 사람 두 명으로 구성된 팀은 최고의 체스 슈퍼컴퓨터인 히드라를 물리쳤을 뿐 아니라, 컴퓨터를 활용하는 그랜드마스터 팀들도 물리쳤다. 카스파로프는 우승한 팀의 사람들이 여러 대의 컴퓨터에 무엇을 살펴볼지 〈지시한〉 다음 그 정보를 종합해 전반적인 전략을 짜는 능력이 가장 뛰어났다고 결론지었다. 사람/컴퓨터 조는 〈켄타우로스〉라고 했는데, 가장 최고 수준의 체스 실력을 보여 주었다. 카스파로프를 이긴 딥블루가 컴퓨터의 체스 실력이 인간을 능가했다는 것을 알렸다면, 히드라를 이긴 켄타우로스는 더욱 흥미로운 시대가 열렸음을 상징했다. 여러 해에 걸친 패턴 인식 전문 훈련을 받지 않아도 최고의 기량을 발휘할 능력을 얻을 수 있다는 것이었다.

2014년 아부다비의 한 체스 사이트는 2만 달러의 상금을 내걸고 프리스타일 체스 대회를 열었다. 이 대회에는 사람의 개입 없이 체스 프로그램만 참가할 수도 있었다. 사람 네 명과 컴퓨터 몇 대로 이루어진 팀이 우승했다. 팀 대표이자 주된 의사 결정자인 앤슨 윌리엄스Anson Williams는 공식 체스 순위에 오른 적이 없는 영국 기술자였다. 동료인 넬슨 에르난데스Nelson Hernandez는 내게 이렇게 말했다. 「사람들은 프리스타일 체스에 때로 체스를 두는 일과 아무런 관련이 없는 기술들의 집합이 쓰인다는 점을 모르고 있어요.」[17] 윌리엄스는 전통적인 체스 쪽에서 보자면, 그저 그런 아마추어 수준이었을 것이다. 그러나 그는 컴퓨터를 잘 다루었고, 여러 가닥의 정보를 종합해 전략적 결정을 내리는 데 뛰어났다. 10대 때 그는 비디오 게임인 커맨드 앤 컨커Command & Conquer에서 뛰어난 실력을 보였다. 여러 게이머들이 동시에 접속하기에 이런 게임을 〈실시간 전략〉 게임이라고 한다. 그는 프리스타일 체스에서 동료들 및 여러 체스 프로그램이 제시하는 수들을 훑은 뒤, 재빨리 컴퓨터에 특정한 수들을 더 깊이 살펴보라고 명령을 내려야 했다. 그는 최고의 그랜드마스터 전술 자문들을 두고서 누구의 조언을 더 깊이 살펴보고 궁극적으로 누구의 조언에 귀 기울여야 할지를 판단하는 경영자와 비슷했다. 그는 비길 것을 예상하면서도 상대가 실수를 저지르도록 유도하는 상황을 만들기 위해 애쓰면서 각 대국을 신중하게 펼쳤다.

결국 카스파로프는 컴퓨터를 이길 방법을 알아냈다. 인간의 전문성 중 가장 쉽사리 대체할 수 있는 부분, 자신과 폴가르 자매들이 오랜 세월에 걸쳐 갈고닦았던 바로 그 부분인 전술을 외부에 맡기는 것이다.

2007년 내셔널 지오그래픽 TV는 수전 폴가르를 대상으로 실험을 했다.[18] 폴가르는 맨해튼 그리니치빌리지의 길가 나무 그늘 아래 앉았다. 앞의 탁자에는 빈 체스판이 놓여 있었다. 청바지와 가을 재킷 차림의 뉴욕 시민들이 바쁘게 종종걸음으로 오가는 사이로, 옆에 커다란 체스판이 그려져 있는 하얀 트럭이 좌회전해 톰슨 거리로 들어서서 식당을 지나 수전 폴가르 앞을 지나쳤다. 트럭의 체스판에는 스물여덟 개의 말들이 대국이 한창 진행될 때의 모습으로 배치되어 있었다. 그녀는 트럭이 지나갈 때 그림을 흘깃 쳐다본 뒤, 탁자에 놓인 체스판에 말들의 배치를 정확히 똑같이 재현했다. 이 실험은 친절한 학습 환경에서 쌓은 실력의 정체를 밝힌 유명한 체스 실험을 재현한 것이었다.

그 실험은 1940년대에 처음 이루어졌다.[19] 네덜란드의 체스 마스터이자 심리학자인 아드리안 더 그루트Adriaan de Groot는 실력이 각기 다른 체스 선수들에게 대국 중인 상태로 말들이 놓여 있는 체스판을 잠깐 보여 준 뒤에 말들의 배치를 재현해 달라고 요청했다. 그랜드마스터는 겨우 3초를 보고서 말들의 배치를 완벽하게 재현했다. 마스터 수준의 선수는 재현 성공률이 그랜드마스터의 절반쯤이었다. 그보다 실력이 떨어지는 도시 챔피언인 선수와 평균 수준의 클럽 선수는 한 번도 정확히 재현하지 못했다. 수전 폴가르 같은 그랜드마스터들은 사진 기억 능력을 지닌 듯했다.

내셔널 지오그래픽 TV는 수전이 첫 실험에서 성공하자, 트럭을 돌려서 이번에는 반대편을 보여 주면서 지나가도록 했다. 트럭 반대편에 그려진 체스판에는 말들이 무작위로 놓여 있었다. 말의 수가 더 적었음에도 수전은 이번에는 그 배치를 거의 재현하지 못했다.

이 실험은 1973년에 이루어진 실험을 재현한 것이다. 당시 카네기멜론 대학교의 심리학자인 윌리엄 G. 체이스William G. Chase와 머지않아 노벨상을 받게 될 허버트 A. 사이먼Herbert A. Simon은 더 그루트의 실험을 재현하면서 한 가지 변화를 주었다.[20] 그들은 체스 선수들에게 실제 대국에서는 결코 나타나지 않을 형태로 말들을 배치해 보여 주었다. 그러자 갑자기 대가들이나 실력이 떨어지는 선수들이나 재현하는 수준에 별 차이가 없어졌다. 그랜드마스터는 사진 기억 능력을 지닌 것이 결코 아니었다. 대국 패턴을 반복적으로 학습한 결과, 그들은 체이스와 사이먼이 〈덩어리 짓기chunking〉라고 부른 것을 하는 법을 터득했다. 엘리트 선수들의 뇌는 폰, 비숍, 룩의 각각의 위치를 기억하려고 애쓰는 대신에, 익숙한 패턴을 토대로 말들을 더 적은 수의 의미 있는 덩어리로 묶었다. 대가들은 경험을 통해 친숙해진 그런 패턴들을 토대로 즉시 상황을 판단할 수 있다. 그래서 가리 카스파로프는 내게 그랜드마스터들이 대개 몇 초 안에 수를 파악한다고 말했던 것이다. 수전 폴가르는 처음에 트럭이 지나갈 때 그림에서 스물여덟 개 말들의 배치를 파악한 것이 아니라, 대국이 어떻게 진행되고 있는지를 시사하는 다섯 개의 의미 있는 덩어리를 파악한 것이었다.

덩어리 짓기는 긴 작품을 외워서 연주하는 음악가부터 선수들이 움직이는 패턴을 순식간에 파악해 공을 어디로 던질지를 판단하는 쿼터백에 이르기까지, 각 분야의 대가들이 기적처럼 보이는 기억력을 발휘하는 이유를 어느 정도 설명해 준다. 엘리트 운동선수들이 초인적인 반사 능력을 지닌 양 보이는 이유는 패턴을 파악함으로써 공이나 몸이 어떻게 움직일지를 예측할 수 있기 때문이다. 자신의 스포츠 분야가 아닌 다른 맥락에서 실험을 해보면, 그들의 초인적인 반응 능력은 사라진다.

우리 모두는 매일 자기 전문 분야에서 실력을 발휘할 때 덩어리 짓기에 의지한다. 다음의 20개 단어로 이루어진 문장을 10초 동안 본 뒤에 한 번 떠올려 보라.

덩어리로 20개의 단어는 패턴에 따라 개의 묶을 수 때 문장이 기억하기가 되어서 친숙한 사실상 훨씬 의미 있는 쉬워진다 있을 몇.

이제 다음 문장으로 해보라.

20개의 단어는 친숙한 패턴에 따라 몇 개의 덩어리로 묶을 수 있을 때 의미 있는 문장이 되어서 사실상 기억하기가 훨씬 쉬워진다.

두 문장은 동일한 20개의 정보 조각들로 이루어졌지만, 우리는 살면서 두 번째 배열을 즉시 이해할 수 있고 훨씬 더 쉽게 기억할 수 있는 방식으로 단어들의 패턴을 학습해 왔다. 우리가 자주 가는 식당의 종업원은 기적 같은 기억력을 가진 것이 아니다. 음악가나 쿼터백처럼 그들도 반복해서 접하는 정보들을 덩어리로 묶는 법을 배운 것이다.

체스에서는 엄청나게 많은 수의 반복되는 패턴을 학습하는 일이 대단히 중요하다. 그래서 조기 교육을 통해 기량을 갈고닦는 것이 결정적인 역할을 한다. 심리학자들인 페르낭 고베Fernand Gobet(국제 마스터)와 기예르모 캄피텔리Guillermo Campitelli(그랜드마스터들을 키운 지도자)는 열두 살 이전에 엄격한 훈련을 시작하지 않는다면, 국제 마스터(그랜드마스터보다 한 단계 낮은)에 오를 확률이 4분의 1에서 55분의 1로 떨어진다고 했다.[21] 덩어리 짓기는 마법처럼 보일 수 있지만, 포괄적인 반복 훈련에서 나온다. 라슬로 폴가르는 그 점을 믿었다는 점에서는 옳았다. 게다가 그의 딸들이 가장 극단적인 증거도 아니다.

정신의학자 대럴드 트레퍼트Darold Treffert는 50년 넘게 서번트savant 를 연구해 왔다.[22] 서번트는 결코 물리는 법 없이 한 영역만을 파고 들려는 욕구에 사로잡힌 이들이며, 그 영역에서는 다른 모든 분야들을 훨씬 초월하는 능력을 보여 준다. 트레퍼트는 그런 증상을 〈천재의 섬island of genius〉이라고 부른다.* 트레퍼트는 피아니스트 레슬리 렘케Leslie Lemke 같은 서번트들이 지닌 거의 믿지 못할 수준의 능력을 조사했다. 렘케는 수천 곡을 암기해 연주할 수 있었다. 렘케를 비롯한 서번트들이 거의 무한한 기억력을 지닌 듯이 보였기에, 트레퍼트는 처음에 그들이 완벽한 기억 능력을 지녔기 때문이 아닐까 생각했다. 즉 인간 녹음기가 아닐까? 그런데 새로운 음악을 처음으로 들려주고서 검사를 하자, 음악 서번트들은 〈무조〉 음악보다 〈조성〉 음악을 들려주었을 때 재현을 훨씬 더 잘했다. 거의 모든 팝 음악과 대부분의 고전 음악이 조성을 가지고 있다. 반면에 무조 음악은 우리에게 친숙한 화성 구조를 따르지 않는 방식으로 음들이 죽 이어진다. 서번트가 들었던 음들을 고스란히 그대로 연주하는 인간 녹음기라면, 일반적인 화성 법칙을 따르는 음악이든 그렇지 않은 음악이든 간에 듣고서 연주하는 데 아무런 차이가 없을 것이다. 그런데 실제로 해보니, 엄청난 차이가 나타났다. 수백 곡을 한 번 듣고서 완전무결하게 연주했던 한 서번트 피아니스트는 무조 음악을 재현할 수 없었다. 심지어 연습을 한 뒤에도 재현할 수 없었다. 연구자는 의아했

---

* 서번트의 약 절반은 자폐증을 가지고 있으며, 나머지 중에도 어떤 장애가 있는 이들이 많지만, 모두가 그런 것은 아니다.

다. 〈연주하는 것을 들었을 때 너무나 예상 밖이어서 나는 혹시나 키보드가 조옮김된 것이 아닐까 점검해야겠다는 생각이 들었다. 그런데 그가 정말로 실수를 한 것이었다. 그 뒤에도 그는 계속 건반을 잘못 눌러 댔다.〉[23] 서번트의 비범한 회상 능력에는 패턴과 친숙한 구조가 핵심적인 역할을 했던 것이다. 마찬가지로 미술 서번트에게 그림을 잠깐 보여 주고서 재현하라고 하면, 그들은 추상적인 작품보다 실물을 그대로 담은 작품을 훨씬 더 잘 재현한다.[24]

트레퍼트는 수십 년 동안 서번트를 연구한 끝에야 자신의 생각이 잘못되었음을 깨달았다. 서번트는 그가 생각했던 것보다 폴가르 자매 같은 신동들과 더 공통점이 많았다. 서번트는 기억했던 것을 그대로 토해 내는 것이 아니다. 폴가르 자매의 능력처럼 그들의 탁월한 능력도 반복되는 구조에 의존한다. 그리고 바로 그 점 때문에 폴가르 자매의 능력은 자동화하기가 너무나 쉽다.

체스 프로그램인 알파제로AlphaZero(구글의 AI 전문 자회사가 만든)가 이룬 발전을 생각하면, 아마 최고의 켄타우로스도 프리스타일 대회에서 알파제로에 질 듯하다. 이전의 체스 프로그램들이 프로그래머가 설정한 기준에 따라 컴퓨터의 경이로운 처리 능력을 써서 엄청나게 많은 가능한 수들을 무작정 다 계산해 순위를 매긴 반면, 알파제로는 사실상 체스 두는 법을 스스로 터득했다. 알파제로에는 체스의 규칙만 알려 주었을 뿐이다. 알파제로는 그 규칙을 써서 스스로 무수히 되풀이해 체스를 두면서 어떤 수가 먹히는 경향이 있고 먹히지 않는 경향이 있는지를 계속 집계하고, 그 결과를 토대로 수를 개선해 나갔다. 그리고 얼마 지나지 않아서 최고의 체스 프로그램들을 이겼다. 구글은 체스보다 가능한 수가 훨씬 더 많은 바둑에서도 같은 방법을 써서 성과를 보았다. 그러나 켄타우로스의 교훈은 남아 있다. 큰 그림을 구상하는 전략이라는 열린 세계로 더 옮겨 갈수록, 사람이 해야 할 일은 더 많아진다.

알파제로 프로그래머들은 자사의 프로그램이 〈빈 서판tabula rasa〉이라고,[25] 즉 백지 상태에서 스스로 체스를 터득했다는 말로 자신들이 이룬 놀라운 업적을 자랑했다. 그러나 체스는 결코 백지 상태에서 시작하지 않는다. 그 프로그램은 규칙에 얽매인 한정된 세계에서 작동한다. 전술 패턴에 덜 얽매인 비디오 게임의 세계로 가면, 컴퓨터는 더 큰 도전 과제에 직면한다.

인공지능(AI)이 도전한 최신 비디오 게임은 스타크래프트다. 은하수의 어느 먼 지역에서 가상의 종들이 전쟁을 벌이는 실시간 전략 게임이다. 이 게임에는 체스보다 훨씬 더 복잡한 의사 결정이 필요하다. 전투 관리, 기반 시설 구축, 첩보 활동, 미지의 지역 탐사, 자원 확보 등을 하면서 전쟁을 벌여야 하며, 적이 어떤 활동을 하고 있는지 상대도 다 안다. 게이밍 AI를 연구하는 뉴욕 대학교 교수 줄리언 토겔리우스Julian Togelius는 2017년에 컴퓨터가 스타크래프트에서는 고전하고 있다고 내게 말한 바 있다. 설령 몇 차례 게임에서 인간에게 이겼다고 해도, 인간은 곧 〈장기 적응 전략〉을 써서 대처해 다시 이기기 시작했다. 그는 이렇게 말한다. 「생각의 층이 아주 많아요. 우리 인간이 그런 생각들을 다 하는 것은 맞지만, 그냥 대충 흐릿하게 떠올릴 뿐이죠. 그래도 어떤 식으로든 그것들을 종합해 상황에 맞게 적응해 나갈 수 있어요. 바로 그 점이 비결인 듯해요.」

2019년 AI는 기능을 한정한 스타크래프트에서 처음으로 프로 선수를 이겼다(그 프로 선수는 내리 지다가 이윽고 AI에 적응해 이겼다).* 그러나 그 게임의 전략적 복잡성은 한 가지 교훈을 준다. 그림이 더 클수록, 인간이 기여할 여지가 더 많아진다는 것이다. 우리의 가장 큰 강점은 협소한 전문화가 아니라 그 반대편에 놓여 있다. 바로 폭넓게 종합하는 능력이다. 자신이 세운 기계 학습 회사를 우버에 매각한 심리학자이자 신경과학자인 게리 마커스Gary Marcus는 이렇게 말한다. 「충분히 협소한 세계에서는 인간이 더 이상 기여할 것이 별로 없을지도 모릅니다. 그러나 끝이 더 열려 있는 게임에서는 기여할 것이 확실히 있다고 봅니다. 게임에서만이 아니라, 현실 세계의 열린 문제들에서도 우리는 여전히 기계를 이기고 있어요.」[26]

즉각적인 피드백과 무수한 데이터가 제공되는 규칙에 얽매인 닫힌 세계인 체스에서는 AI가 기하급수적으로 발전해 왔다. 운전이라는 규칙에 얽매이지만 좀 더 혼란스러운 세계에서는 AI가 엄청난 발전을 이루어 왔지만, 아직 해결해야 할 과제들이 남아 있다. 엄격한 규칙도 없고 완벽한 기록 데이터도 갖추어지지 않은 진정으로 열린 세계의 문제들에서는 AI가 이룬 성과가 비참한 수준이다. IBM의 왓슨은 퀴즈 프로그램인 「제퍼디!」에서 인간을 물리쳤고[27] 그 뒤에 암 진단 분야에 혁신을 일으키겠다고 나섰지만, 몇몇 AI 전문가들이 왓슨 때문에 보건 의료 분야에서 AI 연구가 오명을 뒤집어쓰지나 않

* 이 대결은 1월에 이루어졌으며, 구글은 자사의 AI 알파스타 최종판이 2019년 말에 스타크래프트 대회에서 상위 0.2퍼센트에 올랐다고 발표했다 — 옮긴이주.

을까 내게 걱정을 드러낼 만치 장엄하게 실패했다. 한 종양학자는 이렇게 표현했다. 〈「제퍼디!」에서 이기는 것과 모든 암을 치료하는 것의 차이는, 「제퍼디!」에서는 우리가 이미 답을 알고 있는 질문들만 나온다는 것이다.〉[28] 암 치료 분야에서는 규명할 방향을 제대로 잡아서 질문하는 것조차도 아직 어렵다.

2009년 권위 있는 학술지 『네이처』에 구글 검색어의 양상을 활용하는 구글 독감 동향Google Flu Trends이 미국 질병예방통제센터에 못지않은 정확도를 지니면서 그보다 더 빨리 겨울의 독감 전파 양상을 예측할 수 있다는 기사가 실렸다.[29] 그러나 구글 독감 동향의 자신감은 곧 흔들리게 되었다. 구글 독감 동향은 2013년 겨울에 미국에서 독감 환자가 얼마나 발생할지를 예측했는데, 실제 환자 수는 그 절반에도 못 미쳤다.[30] 현재 구글 독감 동향은 더 이상 추정값을 발표하지 않으며, 웹사이트에는 이런 유형의 예측이 〈아직 초창기에 있다〉는 알림 문구만 떠 있다. 마커스는 전문가 기계의 현재 한계를 이렇게 비유한다. 「AI 시스템은 서번트와 비슷해요.」 제대로 작동하려면 안정적인 구조와 협소한 세계가 필요하다는 것이다.

우리가 규칙과 답을 알고 있고, 그것들이 시간이 흘러도 변하지 않을 때에는 ─ 체스, 골프, 클래식 음악 연주에서처럼 ─ 태어난 직후부터 서번트처럼 고도의 전문화 훈련을 하자는 논리를 펼칠 수도 있다. 그러나 그 논리는 사람이 배우고자 하는 대부분의 것들에는 잘 들어맞지 않는다.

협소한 전문화가 친절하지 않은 환경과 결합될 때, 친숙한 패턴의 경험에 의존하려는 인간의 성향은 끔찍한 역효과를 불러올 수 있다.

노련한 소방관이 낯선 구조물에 발생한 화재에 직면했을 때 순간적으로 잘못된 판단을 내리는 것이 그렇다. 예일대 경영대학원 설립에 기여한 크리스 아지리스Chris Argyris는 사악한 세계를 친절한 양 다룰 때 어떤 위험이 있는지를 파악했다. 그는 최고의 경영대학원을 나와서 막강한 영향력을 발휘하는 컨설턴트들을 15년 동안 연구했다. 그들은 경영대학원에서 으레 제시하는, 범위가 명확히 정해져 있고 평가를 빠르게 내릴 수 있는 문제들에는 정말로 탁월한 실력을 보였다. 그러나 그런 문제들은 아지리스가 단일 순환 학습single-loop learning이라 부른 것, 마음속에 맨 처음 떠오르는 익숙한 해결책이 잘 들어맞는 유형의 것이다. 그런 해결책이 잘못될 때마다 컨설턴트는 대개 방어적인 태도를 취했다. 아지리스는 〈그들의 일이 본질적으로 남들에게 다른 방식으로 일을 하라고 가르치는 것〉이라는 점을 생각하면, 그들이 그렇게 〈나약한 성격〉을 드러낸다는 사실이 정말로 놀랍다고 했다.[31]

심리학자 배리 슈워츠Barry Schwartz는 경험이 많은 이들이 마찬가지로 학습된 경직성에 빠져든다는 것을 보여 주었다. 그는 대학생들에게 스위치들을 눌러서 전구들을 순서대로 켜고 끄는 논리 퍼즐을 제시했다. 학생들은 그 순서를 계속 반복할 수 있었다. 그 퍼즐은 70가지 방법으로 풀 수 있었으며, 성공할 때마다 소액의 상금이 주어졌다. 학생들에게는 아무런 규칙도 알려 주지 않았으므로, 학생들은 시행착오를 통해 규칙을 알아내야 했다.* 해법을 하나 찾아낸 학생은

* 투명한 판 뒤쪽에 전구 스물다섯 개가 끼워져 있다. 퍼즐은 맨 왼쪽 위에 있는 전구가 켜지는 것으로 시작한다. 처음에 점수판에는 0이라고 적혀 있다. 실험 참가자들에게는 점수를 쌓으면 상금이 나올 것이라고 알려 준다. 하지만 어떻게 점수를 모을지는 알

상금을 더 받기 위해서 그 해법을 되풀이해 적용했다. 그 해법이 왜 먹히는지는 전혀 신경도 안 썼다. 그 뒤에 새로운 학생들에게 같은 퍼즐을 주고서, 이번에는 모든 해법들에 적용되는 일반 법칙을 찾아내라고 했다. 놀랍게도 그 퍼즐을 새로 접한 학생들은 모두 70가지 해법에 다 적용되는 규칙을 찾아냈다. 그러나 앞서 한 해법을 찾아내어 상금을 계속 받곤 했던 학생들 중에는 단 한 명만이 그 규칙을 찾아냈다. 슈워츠는 논문의 부제목을 이렇게 붙였다. 〈규칙을 발견하지 못하도록 사람들을 가르치는 법.〉[32] 즉 협소한 해법이라는 단기적인 성공을 되풀이할 때마다 보상을 제공하면 된다는 것이다.

이 모든 연구 결과들은 경영계가 성공한 학습의 사례로 즐겨 드는 사례들 중 일부에는 안 좋은 소식이다. 폴가르 자매, 타이거 우즈, 그리고 어느 정도 스포츠나 게임에 토대를 둔 유추 사례들이 그렇다. 골프에 비하면 테니스 같은 스포츠는 훨씬 더 역동적이다. 선수들은 매 순간 상대방, 코트 바닥, 때로는 동료에게 맞추어 반응을 조정해야 한다(페더러는 2008년 올림픽에서 금메달을 두 개 땄다). 그러나 테니스도 병원 응급실에 비하면 그 스펙트럼의 친절한 쪽 끝에 아주 가깝다. 응급실의 의사와 간호사는 환자를 보자마자 어떤 문제가 있는지 자동적으로 파악하는 것이 아니다. 훈련받지 않은 것도 배우고, 직접 경험한 것과 모순되는 듯이 보이는 교훈도 받아들일 방법을 찾아야 한다.

세상은 골프가 아니며, 대개는 테니스조차도 아니다. 로빈 호가스

려 주지 않는다. 참가자들은 맨 아래 오른쪽 전구에 불이 켜질 때까지, 시행착오를 통해서 단추들을 누르는 순서를 찾아낸다. 그 전구가 켜지면 점수가 쌓이고 상금을 받는다. 기본적으로 맨 왼쪽 위에서 맨 아래 오른쪽으로 불빛을 이동시키는 것과 같다.

의 말을 빌리자면, 세상의 상당 부분은 〈화성 테니스〉다. 코트에서 라켓으로 공을 주고받는 선수들을 볼 수 있긴 하지만, 어느 누구도 규칙을 모른다. 당신 자신이 규칙을 알아내야 한다. 그리고 그 규칙은 알아차리지 못한 상태에서 바뀌곤 한다.

그러니 지금까지 우리는 잘못된 이야기들을 써먹어 온 것이다. 타이거 이야기와 폴가르 이야기는 인간의 기량이 언제나 극도로 친절한 학습 환경에서 발달한다는 잘못된 인상을 심어 준다. 실제로 그렇다면, 협소하게 기술을 갈고닦으며 가능한 한 일찍 시작하는 전문화 교육이 대개는 먹힐 것이다. 그러나 그 방식은 대다수의 스포츠 분야에서조차도 먹히지 않는다.

협소한 영역에서 쏟아부은 조기 전문 훈련의 양이 혁신적인 성과를 낼 일쇠라면, 서번트는 어떤 분야를 파고들든 간에 대가의 수준에 이를 것이고, 신동은 어른이 되어서도 반드시 유명세를 떨칠 것이다. 그런데 영재 아동에 관한 손꼽히는 권위자인 심리학자 엘런 위너Ellen Winner의 말을 빌리자면, 지금까지 그 어떤 서번트도 자기 분야를 혁신시킨 〈원대한 창조자Big-C creator〉가 되지 못했다.[33]

엄청난 양의 협소한 훈련이 그랜드마스터 같은 직관력을 키워 주는 분야는 체스 외에도 더 있다. 골프 선수처럼 외과 의사도 동일한 수술 절차를 되풀이하면서 실력을 갈고닦는다. 회계사와 브리지 선수, 포커 선수는 반복되는 경험을 통해 정확한 직관을 갈고닦는다.[34] 카너먼은 그런 영역들이 〈엄밀한 통계적 규칙성〉[35]을 지닌다고 지적했다. 그러나 그 규칙이 아주 조금만 바뀌어도, 전문가들은 유연성을 잃고 협소한 기술에 집착하는 모습을 보이는 듯하다. 브리지 게임에서 규칙을 바꾸면서 실험해 보니, 전문가들이 비전문가들보다 새 규칙에 적응하는 데 시간이 더 오래 걸렸다.[36] 한 연구에서는 노련한 회계사와 새내기 회계사에게 새 세법에 따른 공제액을 계산해 달라고 했는데, 전자가 더 헤매는 모습을 보였다. 조직 행동을 연구하는 라이스 대학교의 에릭 데인Erik Dane은 이 현상을 〈인지 고착화cognitive entrenchment〉라고 불렀다. 그는 1만 시간 학파가 제시하는 엄밀한 훈련의 정반대에 해당하는 것이야말로 이 고착화를 피할 방법이라고 제시했다. 즉 한 분야 내의 도전 과제들을 극도로 다양화하고, 한 동료 연구자의 표현처럼 〈한 발을 자기 세계 바깥에 딛고〉 있으라는 것이다.[37]

과학자와 일반 대중이 예술에 취미를 가질 확률은 거의 비슷하지만, 가장 영예로운 국립과학원 회원으로 선출된 과학자일수록 자기 직업 이외의 취미 활동을 할 가능성이 훨씬 더 많다. 노벨상을 받은 이들은 더욱더 그렇다. 다른 과학자들에 비해 노벨상 수상자들은 아마추어 배우, 댄서, 마술사 등 다양한 공연자로 활약할 확률이 적어도 스물두 배 더 높다.[38] 전국적으로 알려진 과학자들은 다른 과학자들보다 음악가, 조각가, 화가, 판화가, 목공예가, 기계공, 전자제품 개조 활동가, 유리 공예가, 시인, 소설이나 비소설 작가로 활동할 가능성이 훨씬 높다. 그리고 여기서도 노벨상 수상자는 훨씬 더 그렇다. 또 가장 성공한 전문가는 더 폭넓은 세계에 속해 있다. 스페인의 노벨상 수상자이자 현대 신경과학의 아버지인 산티아고 라몬 이 카할Santiago Ramón y Cajal은 이렇게 말했다. 〈멀리서 보면 그들이 에너지를 산만하게 낭비하는 양 보이겠지만, 사실 그들은 연결하고 강화하고 있다.)[39] 동료들로부터 진정한 전문가라고 여겨지는 과학자들과 공학자들을 여러 해에 걸쳐 연구한 끝에 나온 주된 결론은 자기 분야 너머에 미적 관심거리를 지니지 않은 이들은 자기 분야에 창의적인 기여를 하지 못한다는 것이었다.[40] 심리학자이자 창의성 연구로 유명한 딘 키스 사이먼턴Dean Keith Simonton은 창의적인 성취자들이 〈협소한 주제에 강박적으로 집중하는 것이 아니라〉 관심의 폭이 넓다고 간파했다. 〈자기 분야만 파고들 때에는 나올 수 없는 깨달음을 이 폭넓은 관심사를 통해 얻는 일이 자주 있다.)[41]

이런 연구 결과들은 스티브 잡스가 자신의 디자인 미학을 이야기하다가 서체 수업의 중요성을 상세히 언급한 유명한 강연을 떠올리게 한다. 「첫 매킨토시 컴퓨터를 설계할 때 문득 그 생각이 떠올랐습니다. 내가 대학에서 그 강의를 듣지 못했다면, 맥에는 다양한 서체나 서체에 맞춰 적절히 자간을 띄우는 폰트가 들어가지 못했을 겁니다.」[42] 또 정보화 시대를 출범시킨 전자공학자 클로드 섀넌Claude Shannon은 자신의 성취를 미시간 대학교에서 필수 과목이라서 어쩔 수 없이 들어야 했던 철학 강좌 덕분이라고 했다. 그 강좌를 통해서 그는 독학한 19세기 영국 논리학자 조지 불George Boole의 연구를 접했다. 불은 참인 명제에 1, 거짓인 명제에 0이라는 값을 부여함으로써, 논리 문제를 수학 방정식처럼 풀 수 있다는 것을 보여 주었다. 불이 사망한 뒤로 70년 동안 전혀 실용성이 없다고 취급받았던 불 대수는 어느 여름에 섀넌이 AT&T 벨 연구소에 수습 직원으로 들어가면서 새로운 전기를 맞이했다. 그는 전화 연결 경로 기술을 불의 논리 체계와 결합하면 모든 유형의 정보를 전자적으로 암호화해 전송할 수 있다는 사실을 발견했다. 컴퓨터 시대를 연 근본적인 깨달음이었다. 「양쪽 분야를 다 잘 아는 사람이 아무도 없었기에 가능했던 거죠.」[43] 섀넌의 말이다.

1979년 크리스토퍼 코널리Christopher Connolly는 영국에서 우수한 성취자들이 최고 기량을 발휘할 수 있도록 돕는 심리 상담 회사를 공동 설립했다. 처음에는 운동선수만 받았지만, 그 뒤에는 다른 분야들에까지 확장했다. 여러 해가 흐르면서 코널리는 왜 어떤 전문가들은 자신의 협소한 전문 분야를 벗어나면 허우적거리는 반면, 어떤 전문가들은 놀라울 만치 능숙하게 자신의 분야를 확장하는지 궁금증이 일었다. 세계적인 수준의 오케스트라에서 연주를 하다가 달리기 선수로 옮겨 간 사람도 있었다. 회사를 운영한 지 30년이 되었을 때, 그는 학교로 돌아가서 심리학자이자 체스 국제 마스터인 페르낭 고베 밑에서 바로 그 의문을 연구해 박사 학위를 받았다. 코널리는 나중에 전문 분야를 옮겨서도 성공한 이들이 경력을 쌓기 시작한 초기에 더 폭넓은 훈련을 했고, 자신의 전문성을 추구하는 동안에도 다양한 〈경력 흐름career stream〉[44]들을 늘 열린 자세로 대하고 있었다는 중요한 발견을 했다. 그는 그들이 1차선 일방통행로가 아니라 〈8차선 고속도로를 달렸다〉고 썼다. 그들은 레인지를 지녔다. 적응에 성공한 이들은 한 분야를 추구해 얻은 지식을 창의적으로 다른 분야에 적용하고, 인지 고착화를 피하는 데 뛰어났다. 그들은 호가스가 〈회로 차단기circuit breaker〉라고 부른 것을 실행했다. 더 이상 작동하지 않을 수도 있는 기존의 해결책에 의지하려는 경향을 외부의 경험과 유추를 끌어다가 막았다. 그들의 실력은 동일한 낡은 패턴을 〈회피〉하는 일에서 비롯되었다. 도전 과제가 명확히 정의되어 있지 않고 엄정한 규칙도 거의 없는 사악한 세계에서는 레인지가 삶의 개선 도구가 될 수 있다.

세계가 골프나 체스와 비슷한 척하면 마음에 위안이 될 수는 있다. 그러면 세계가 매우 친절하다는 인상을 심어 주며, 일부 책들은 매우 설득력 있는 어조로 그렇다고 역설한다. 이 책에서는 그 친절함이 끝나는 지점에서 출발하기로 한다. 인기 있는 스포츠가 〈화성 테니스〉처럼 작동하는 곳에서다. 먼저 현대 세계가 애초에 어떻게 그렇게 사악해졌는지부터 살펴보기로 하자.

2장

사악한 세계는 어떻게 생겨났는가

더니든은 뉴질랜드 남섬에서 남태평양으로 튀어나온 가파른 반도의 산자락에 자리한 도시다. 이 반도는 노란눈펭귄으로 유명하며, 더니든은 대놓고 자랑할 일은 아니지만 주거지의 거리가 세계에서 가장 가파른 곳이다. 또 뉴질랜드에서 가장 오래된 대학교인 오타고 대학교도 있고, 심리학자들의 생각에 관한 생각을 바꾼 정치학 교수인 제임스 플린James Flynn도 여기 산다.

1981년에 그는 양차 세계 대전 때 미국 군인들의 IQ 검사 점수를 실은 30년 전 논문[1]을 읽고서 흥미를 느꼈다. 제2차 세계 대전 때의 군인들은 점수가 더 높았다. 그것도 훨씬 더 높았다. 제1차 세계 대전 때 점수가 중간 — 백분위수 50 — 인 군인들은 제2차 세계대전 때의 군인들과 비교하면 백분위수가 훨씬 낮은 22에 불과할 것이다. 플린은 민간인들도 비슷하게 지능지수가 높아졌는지 궁금해졌다. 그는 내게 이렇게 말했다. 「어딘가에서 IQ 향상이 일어났다면, 다른 곳에서도 일어났을 수 있지 않을까 생각했어요.」 그 추측이 옳다면,

심리학자들은 바로 눈앞에 뻔히 보이는 것을 못 보고 있었다고 할 수 있었다.

플린은 다른 나라의 연구자들에게 자료를 요청하는 편지를 썼다. 1984년 11월의 어느 칙칙한 토요일, 대학교 우편함을 들여다보니 편지가 한 통 와 있었다. 네덜란드 연구자가 보냈는데, 그 나라에서 젊은이들을 대상으로 IQ 검사를 한 몇 년 분량의 원 자료가 들어 있었다. 그 자료는 레이븐 누진 행렬 검사Raven's Progressive Matrices를 통해 얻은 것이었다. 그 검사는 복잡성을 이해하는 능력을 측정하도록 고안된 것이었다. 각 검사 문항은 한 부분이 누락되어 있는 추상적 도안의 집합을 보여 주는 방식이다. 검사 대상자는 빠진 도안을 채워서 문양을 완성하도록 애쓴다. 레이븐 검사는 이른바 〈문화적으로 공평한〉 검사의 본보기를 제시한다는 의도로 구상되었다. 검사 점수가 학교 안팎에서 배우는, 즉 살면서 배우는 것들에 영향을 받지 않도록 고안된 검사법이다. 화성인이 지구에 온다면, 레이븐 검사야말로 그들이 얼마나 영리한지를 판단할 수 있는 방법일 것이다.[2] 그런데 플린은 한 세대 전에 비해 그다음 세대의 네덜란드 젊은이들의 점수가 크게 높아졌음을 즉시 알아보았다.

플린은 검사 지침 설명서에서 더 많은 단서를 찾아냈다. 모든 IQ 검사는 평균 점수가 늘 100점이 나오도록 표준화되어 있다(점수 분포가 하나의 곡선을 이루며, 그 중간값은 100이 된다). 플린은 평균을 100점으로 맞추기 위해 IQ 검사들이 시시때때로 재표준화가 이루어져야 했다는 점에 주목했다. 검사 대상자들이 예전보다 정답을 더 많이 맞히기 때문이다. 네덜란드에서 편지를 받은 뒤로 12개월 동안 플린은 14개국의 자료를 수집했다. 모든 나라에서 아이와 어른 모두 점수가 대폭 향상되었다. 〈우리는 요람에서 무덤까지 조상들보다 더 우월하다.〉[3]

플린은 올바른 질문을 했던 것이다. 세계의 모든 곳에서 점수가 〈향상〉되었다. 다른 연구자들도 같은 자료들을 단편적으로 더 먼저 접했지만, 그것이 전 세계에서 나타나는 양상의 일부인지를 조사하기 위해 나선 사람은 아무도 없었다. 평균을 100으로 유지하기 위해 검사 점수 체계를 조정하는 일을 맡은 이들조차도 그랬다. 플린은 내게 말했다. 「정신측정학 전공자들은 그냥 받아들인 것이 내게 놀라운 일로 다가온 이유는 내가 외부인이라서 그랬다고 생각해요.」

플린 효과, 즉 20세기에 세대가 지날수록 IQ 검사에서 정답을 맞히는 비율이 높아지는 효과는 현재까지 30여 개 나라에서 확인되었다. 이 증가율은 놀라운 수준이다. 10년마다 3점씩 높아진다. 전체적으로 보자면, 현재 평균 점수를 받은 어른은 한 세기 전이라면 백분위수가 98에 해당할 것이다.

플린이 1987년에 자신이 발견한 것을 발표하자,[4] 인지 능력을 연구하는 학계는 소이탄을 맞은 것처럼 난장판이 되었다. 미국심리학회는 그 주제만을 다룬 학술 대회를 열었고, IQ 검사 점수가 불변의 특성을 지닌다고 여긴 심리학자들은 그 효과를 내치기 위해서 더 나아진 교육과 영양 상태 — 아마 얼마간 기여했을 것이다 — 부터 검사를 받은 경험에 이르기까지 다양한 설명을 제시했지만, 그 특이한 점수 향상 양상에 딱 들어맞는 설명은 전혀 없었다. 학교에서 배운 것이나 홀로 독서나 공부를 통해 얻은 것 — 일반 지식, 산수, 어휘 — 을 측정하는 검사들에서는 점수 변화가 거의 없었다.[5] 그런 한편 레이븐 검사나 둘이 얼마나 닮은지를 기술해야 하는 〈공통성〉 검사 처럼 결코 공식적으로 배우지 않는 더 추상적인 과제들에서는 점수 가 급상승했다.

오늘날 젊은이에게 〈어스름〉과 〈땅거미〉의 공통점을 제시하라고 하면, 둘 다 하루 중의 어느 시간을 가리킨다는 것을 즉시 알아차릴 것이다. 그러나 그들이 할머니 세대보다 더 고등한 수준의 공통점을 간파할 가능성도 훨씬 더 높을 것이다. 둘 다 낮과 밤을 가른다는 것 말이다.[6] 오늘날 공통성 검사에서 평균 점수를 받은 아이는 조부모 세대로 가면 백분위수가 94위에 달할 것이다. 에스토니아 연구진은 전국 IQ 검사 점수를 이용해 1930년대와 2006년 초등학생들의 단 어 이해력을 비교했다.[7] 그러자 추상적인 단어들을 이해하는 능력 이 유달리 향상된 것으로 드러났다. 더 추상적인 단어일수록, 이해 력이 더욱 향상되었다. 직접 관찰할 수 있는 대상을 가리키는 단어 들(닭, 먹다, 질병)에서는 조부모 세대나 지금이나 이해력에 별 차이 가 없었지만, 감각과 무관한 개념들(법, 청원, 시민)에서는 이해력이 대폭 향상되었다.

전 세계에서 가장 큰 점수 향상이 이루어진 검사는 변화가 일어날 가능성이 가장 적다고 예상된 레이븐 누진 행렬 검사였다. 플린은 이렇게 결론지었다. 〈레이븐 검사 점수가 대폭 올라간 것은 지금의 아이들이 문제 푸는 법을 배운 적이 없음에도 그 문제를 즉석에서 푸는 일을 훨씬 더 잘한다는 뜻이다.〉[8] 즉 알려 주지 않은 규칙과 패

턴을 더 잘 추출할 수 있다. 심지어 언어와 수학 쪽 IQ 점수가 최근
들어 떨어진 나라들에서도 레이븐 점수는 올라갔다.[9] 현대 환경을
이루는 어떤 불분명한 무언가가 원인인 듯했다. 게다가 그 수수께끼
의 첨가제는 어떤 식으로든 간에 더 추상적인 문제를 더 잘 풀도록
현대인의 뇌를 강화하고 있었다. 플린은 대체 어떤 변화가 그런 식
으로 대규모이면서도 그렇게 특정한 방향으로만 영향을 미칠 수 있
는지 의아했다.

1920년대 말과 1930년대 초에 소련은 오지 마을들에 정상적이라
면 여러 세대가 걸려야 할 사회적, 경제적 변화를 억지로 도입했다.
지금의 우즈베키스탄의 오지에서 살던 농민들은 오랜 세월 작은 밭
에서 자신이 먹을 식량과 옷가지 등에 쓸 목화를 재배하면서 자급자
족 생활을 했다. 또 오늘날 키르기스스탄의 산악 목초지에는 농민들
이 가축을 기르면서 살았다. 그들은 전부 문맹이었고, 엄격한 종교
규율에 힘입어 견고한 사회적 계층 구조가 유지되고 있었다. 그러다
가 사회주의 혁명이 일어나면서 거의 하룻밤 사이에 이 모든 생활방
식이 무너졌다.
소련 정부는 모든 농지를 대규모 협동 농장으로 전환하고 산업 발
전을 추진했다. 전국의 경제는 금세 서로 연결되면서 복잡해졌다.
농민들은 협동 작업 전략을 짜고, 생산 일정을 계획하고, 업무를 분
담하고, 성과를 평가해야 했다. 오지 마을들은 멀리 떨어진 도시들
과 연결되기 시작했다. 문맹률이 100퍼센트인 마을들에 학교가 세
워졌고, 성인들은 문자와 소리를 끼워 맞추는 법을 배우기 시작했

다. 마을 사람들도 원래 숫자는 알았지만, 물건을 거래할 때에나 썼을 뿐이었다. 이제 그들은 동물을 세거나 식량을 나누는 일과 무관하게 존재하는 추상적인 개념으로서의 수를 배웠다. 일부 마을 여성들은 완전히 문맹 상태로 남아 있었지만, 단기 강좌를 들으면서 유치원 아이들을 가르치는 방법을 배웠다. 또 교육대학에 입학해 더 공부하는 여성들도 나타났다. 취학 전 교육을 하는 시설들도 세워졌고, 정식 교육을 전혀 받지 못한 학생들에게는 농학과 농사 기술을 가르쳤다. 중등학교와 전문대도 곧 설립되었다. 1931년 이 놀라운 변화가 일어나고 있을 때, 러시아의 명석한 젊은 심리학자 알렉산드르 루리아Alexandr Luria는 이 일이 세계 역사에서 유례없는, 금방 사라질 〈자연 실험〉임을 알아차렸다.[10] 그는 주민들의 활동 양상이 변하면, 그들의 마음도 달라질지 궁금해졌다.

루리아가 조사하러 갔을 때, 최오지 마을들에서는 급박하게 진행되는 전통 사회의 재편 과정이 아직 시작되지 않은 상태였다. 그 마을들은 그에게 대조군 역할을 했다. 그는 지역 언어를 배웠고, 동료 심리학자들을 끌어 모아 찻집이나 목초지 같은 편안한 곳에서 마을 사람들과 이야기를 나누면서, 그들의 마음 습관들을 파악하기 위해 고안된 질문을 하거나 과제를 제시했다.[11]

질문 중에는 아주 단순한 것도 있었다. 다양한 색깔의 털실이나 비단실을 보여 주면서 묘사해 보라는 것이 그랬다. 협동 농장의 농민이나 농민 지도자, 여학생은 파란색, 빨간색, 노란색 실타래를 쉽게 구별했고, 때때로 짙은 파란색이나 옅은 노란색처럼 한 색깔의 변이까지 구분했다. 아직 〈현대화 이전〉 시대에 속한 최오지 마을의 사람들은 더 다양하게 묘사했다. 만발한 목화, 썩은 이빨, 많은 물, 하늘, 피스타치오 색깔이라는 식이었다. 그다음에는 그들에게 실타래들을 분류하라고 했다. 협동 농장의 농민이나 정식 교육을 조금이라도 받은 젊은이는 자연적으로 묶이는 색깔들에 따라서 아주 쉽게 분류했다. 특정한 색깔의 이름을 알지 못할 때에도, 그 색깔이 옅거나 짙은 실들을 별 어려움 없이 한데 모았다. 반면에 오지 마을 사람들은 분류할 수 없다고 거부했다. 자수가 생업인 이들조차도 그랬다. 그들은 이렇게 말하곤 했다. 「할 수 없어요.」「다 달라요. 하나로 묶을 수 없어요.」 그래도 해보라고 재촉하고 작은 묶음들로 많이 나누어도 된다고 했을 때에만 비로소 몇몇 사람이 마지못해 누그러진 기색으로 분류했는데, 그냥 아무렇게나 묶은 것처럼 보였다. 색깔과 무관하게 채도에 따라서 실타래를 분류한 이들도 몇 명 있었다.

기하학적 도형들도 마찬가지였다. 현대성의 세례를 더 많이 받을수록, 〈도형〉이라는 추상적 개념을 이해하고 도형들을 삼각형, 사각형, 원으로 분류할 가능성이 더 높았다. 정식 교육을 전혀 받지 못했고 도형의 명칭을 알지 못한다고 해도 그랬다. 반면에 오지 마을 사람들은 실선으로 그린 사각형과 점선으로 그린 똑같은 사각형은 서로 닮은 점이 전혀 없다고 보았다. 오지 마을에 사는 스물여섯 살의 알리에바는 실선 사각형이 분명히 지도이고, 점선 사각형은 시계라고 했다. 그녀는 믿을 수 없다는 듯이 물었다. 「지도와 시계를 어떻게 하나로 묶을 수 있어요?」 스물네 살의 카미드는 안이 채워진 원과 빈 원을 함께 묶을 수 없다고 주장했다. 전자는 동전이고 후자는 달이기 때문이라는 것이다.

이 양상은 모든 유형의 질문들에서 되풀이해 나타났다. IQ 검사에서 공통점을 찾는 문항들과 비슷하게 개념에 따라서 묶으라고 하자, 오지 마을 사람들은 반발하면서 자신의 직접적인 경험을 토대로한 현실적인 이야기로 되돌아갔다. 심리학자들은 서른아홉 살의 라크마트에게 〈어느 것이 어디에 속하지 않는다〉는 식으로 묶는 방법을 설명하려고 시도할 때, 어른 세 명과 아이 한 명을 사례로 들면서아이와 어른은 분명히 다르지 않느냐고 말했다. 그러나 라크마트는그런 식으로 볼 수가 없었다. 「아이는 어른들과 함께 있어야 해요!」그는 주장했다. 어른들이 일하고 있을 때, 「재료를 가지러 계속 바쁘게 뛰어다녀야 한다면 일을 끝낼 수 없을 겁니다. 그럴 때 아이에게시킬 수 있어요.」 그렇다면 망치, 톱, 손도끼, 통나무는? 그중 세 가지는 도구다. 라크마트는 그 도구들이 한 집단이 아니라고 대답했다.통나무가 없으면 다 쓸모가 없는데, 왜 하나로 묶느냐는 것이었다.

오지 마을의 다른 사람들은 망치나 손도끼를 빼고 묶기도 했는데,그 이유는 통나무를 다듬을 때 다양한 용도로 쓰기가 어렵다는 것이었다. 손도끼를 통나무에 대고 망치로 두드려서 박는 용도로 쓴다면하나로 묶을 수 있다고 보았다. 그렇다면 새, 총, 칼, 총알은? 한 오지마을 주민은 그중 하나라도 빼고서 묶을 수는 없다고 주장했다. 새를 잡으려면 총알을 총에 장전해야 하고, 〈새를 잡으면 칼로 배를 갈라야 하는데 다른 방법은 쓸 수가 없기 때문에〉 그렇다는 것이다. 이사례들은 실제 질문이 아니라, 그저 묶는 방법을 설명하고자 말한것일 뿐이었다. 연구자들이 아무리 구슬리고 설명하고 사례를 제시해도, 오지 마을 사람들에게 그들의 일상생활의 확고한 일부가 아닌

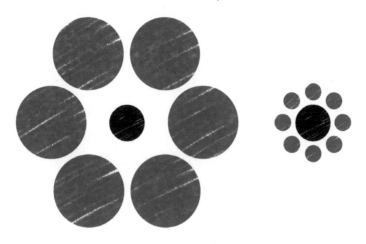

그림 3: 에빙하우스 착시 효과

개념을 토대로 추론을 하도록 만들 수가 없었다.

반면에 현대 세계로 합류하기 시작한 농민들과 학생들은 어떤 사실이나 사물을 제시했을 때 설명이 전혀 없어도, 심지어 그 사물을 한 번도 본 적이 없어도, 〈추리eduction〉[12]라는 사고방식을 써서 기본 원리를 파악할 수 있었다. 사실 레이븐 누진 행렬이 검사한 것이 바로 그 능력이었다. 현대 문물을 접한 적이 없는 오지 마을 사람들에게 레이븐 검사에 쓰이는 추상적인 문양을 보여 준다고 상상해 보라.

현대성과 협동 농장 문화가 일으킨 변화 중에는 거의 마법처럼 보이는 것도 있다. 루리아는 산업 사회의 시민들과 달리, 오지 마을 사람들이 대부분 에빙하우스 착시Ebbinghaus Illusion 같은 것을 일으키지 않는다는 사실도 알아냈다. 위 두 그림의 한가운데에 있는 두 개의 검은 원 중 어느 쪽이 커 보일까?

오른쪽 원이라고 대답한다면, 산업 사회에 살고 있는 사람일 것이다. 오지 마을 사람들은 두 원의 크기가 같다고 제대로 본 반면, 협동 농장의 농민들과 교육대학에 다니는 여성들은 오른쪽 원이 크다고 말했다. 다른 전통 사회들에서도 비슷한 양상이 나타났다. 과학자들은 이런 양상이 현대화 이전 사람들이 전체론적인 맥락 — 여러 원들이 서로 맺는 관계 — 에 이끌리지 않기 때문에 추가로 원들이 더 있다고 해서 지각 변화가 일어나지 않는다는 사실을 반영하는 것일 수도 있다고 주장해 왔다. 흔한 비유를 쓰자면, 현대화 이전 사람들은 나무를 보느라 숲을 못 본다. 반면에 현대인들은 숲을 보느라 나무를 못 본다.[13]

루리아의 오지 탐사 이후로, 다른 사회들을 조사한 과학자들도 동일한 결과를 얻었다. 라이베리아의 크펠레족[14]은 벼농사를 지으면서 자급자족했는데, 1970년대에 도로가 뚫리면서 여러 도시들과 연결되었다. 공통성 검사를 하니, 현대 문물을 접한 10대 청소년들은 추상적인 범주(〈이것들은 모두 우리를 따뜻하게 할 수 있다〉)에 따라서 항목들을 묶은 반면, 전통 사회에 속한 10대들은 상대적으로 임의적으로 분류했고, 심지어 똑같은 과제를 다시 해보라고 요청할 때마다 다른 식으로 분류하곤 했다. 현대성을 접하자 10대들은 의미 있는 주제별로 분류할 수 있었고, 나중에 어떤 항목들이 있었는지 말해 보라고 했을 때 훨씬 더 잘 떠올렸다. 점점 더 현대성을 접할수록, 그들의 추상적 사고력은 점점 강해졌고, 기준점 역할을 하던 구체적인 세계 경험에 점점 덜 의지하게 되었다.

플린의 용어를 빌리자면, 오늘날 우리는 〈과학적 안경〉을 쓰고서 세상을 본다. 그에게 이 말은 자신의 직접 경험에 의지하는 것이 아니라, 여러 층의 추상적 개념을 써서 단편적인 정보들이 서로 어떻게 연관을 맺고 있는지를 이해하는 분류 체계를 통해 현실을 이해한다는 뜻이다. 우리는 오지 마을 사람들에게는 완전히 이질적인 분류 체계들이 판치는 세계에서 자랐다. 우리는 일부 동물을 포유류로 분류하고, 포유류를 생리(生理)와 DNA의 유사성을 토대로 유연 관계를 따져서 더 상세히 분류한다.

예전에는 학자들만 쓰던 개념들을 가리키는 단어들도 몇 세대 사이에 널리 알려지게 되었다. 〈퍼센트〉라는 단어는 1900년에 나온 책들에서는 거의 찾아볼 수 없다.[15] 2000년에는 약 5천 단어마다 한 번씩 등장했다(이 장은 약 5,500개 단어로 이루어져 있다). 컴퓨터 프로그래머는 추상화를 한 층 한 층 쌓아 가면서 작업을 한다(그래서 레이븐 검사 점수가 아주 높게 나온다[16]). 내려 받기가 얼마나 진행되었는지를 알려 주는 컴퓨터 화면의 막대조차도, 많은 추상화 단계들을 통해 구축된 것이다. 가장 근본적인 추상화 계층인 1과 0의 이진수 숫자로 표현되는 컴퓨터 프로그래밍 언어에서부터, 우리의 심리적 차원에 이르기까지 걸쳐 있다. 예상 소요 시간을 시각적으로 보여 주는 막대[17]는 그 아래에서 일어나는 엄청나게 많은 활동들의 진행 시간을 추정함으로써 마음의 평화를 제공한다.

변호사는 오클라호마에서 한 개인이 제기한 소송의 결과가 캘리포니아의 한 기업이 제기한 다른 소송과 어떤 식으로든 연결되지 않을까 고심할 수도 있다. 그런 상황에 대비하고자, 그들은 상대방이 어떤 논증을 펼칠지를 예상하기 위해 상대 측 변호인의 입장에 서서 다양하게 가상의 논증을 펼쳐 보는 시도를 할 수도 있다. 개념 틀은 융통성이 있어서, 다양한 용도에 맞게 정보와 개념을 재배치할 수 있으며, 분야 사이에 지식을 전달할 수도 있다. 오늘날에는 이 분야에서 얻은 지식을 저 분야에 적용하면서 살아가야 한다. 새로운 상황과 다른 분야에 지식을 응용하는 능력이 필수적이다. 우리의 가장 기본적인 사고 과정은 친숙한 패턴에 의지하기보다 새로운 패턴을 이끌어 내야 하고 복잡성이 점점 증가하는 상황에 대처하기 위해 변해 왔다. 우리의 개념 분류 체계는 지식들을 연결할 뼈대를 제공함으로써, 지식에 대해 더 유연하고 접근하기 쉽게 해준다.

산업화가 진행 중인 6개국의 성인 수천 명을 조사했더니, 스스로 판단해 문제를 해결하고 반복되지 않는 도전 과제로 가득한 현대 활동에 노출되는 정도가 〈인지적 유연성〉[18]과 상관관계가 있음이 드러났다. 플린이 명확히 지적했듯이, 이것이 지금의 뇌가 한 세대 전의 뇌보다 본질적으로 더 많은 잠재력을 지닌다는 뜻은 아니다. 그보다는 실용성이라는 안경이 개념을 통해 세상을 분류하는 안경으로 교체되어 왔다는 뜻이다.* 심지어 최근에도 현대화가 이루어지곤 했지만 여성이 현대 활동에 참여하는 것을 여전히 금지하고 있는 몇몇 완고한 전통파나 정통파 종교 공동체를 보면, 한 공동체 내에서

---

* 심리학자들은 플린 효과에 기여하는 요인들이 무엇이고 그것이 어떤 의미를 지니는지를 놓고 아직도 열띤 논쟁을 벌이고 있다. 하버드 대학의 심리학자 스티븐 핑커 Steven Pinker는 그 효과가 단지 사고의 전환만을 가리키는 것이 아니라고 본다. 〈수백 년 규모로 인류 역사를 훑는 역사가라면, 우리가 현재 유달리 비범한 두뇌 능력을 지닌 시대를 살고 있다는 사실을 놓칠 수가 없다.〉[19]

남성보다 여성에게서 플린 효과가 더 느리게 진행되고 있음이 드러난다.[20] 현대 세계에 노출됨으로써 우리는 복잡한 상황에 더 잘 적응할 수 있게 되었고, 그 점은 융통성이라는 형태로 드러나곤 했다. 그리고 그 융통성은 우리 지적 세계의 폭에 심오한 영향을 미쳐 왔다.

모든 인지 영역에서 현대화 이전 사람들의 정신은 자신이 속한 구체적인 세계에 심하게 얽매여 있었다. 답해 보라고 구슬렀을 때, 일부가 다음의 논리 순서를 따라가면서 문제를 풀었다. 〈목화는 덥고 건조한 지역에서 잘 자란다. 영국은 춥고 습하다. 목화가 영국에서 자랄 수 있을까 없을까?〉 그들은 목화를 직접 재배한 적이 있었는데, 따라서 그들 중 일부가 가 본 적이 없는 나라에 관해 답할 수 있었다 (물론 해보라고 재촉하자 그제야 마지못해 주저하면서). 그런 뒤에 세부 사항은 다르지만 정확히 똑같은 퍼즐을 제시했다. 〈온통 눈으로 덮인 북극 지방에서는 곰이 모두 하얀색이다. 노바야젬랴는 북극 지방에 있으며, 늘 눈으로 덮여 있다. 그곳에 사는 곰은 무슨 색일까?〉 아무리 구슬리고 재촉해도 오지 마을 사람들은 이 질문에 답을 하려고 하지 않았다. 그나마 답해도 원칙적인 수준의 말만 했을 뿐이다. 한 사람은 이렇게 말했다. 「거기에 사는 사람만 대답할 수 있는 질문입니다.」 영국에 가 본 적이 없었지만, 방금 전에 목화 질문에는 답을 했음에도 그랬다. 그러나 현대 활동을 조금이라도 접하는 순간, 사람들은 태도가 달라지기 시작했다. 거의 문맹이지만 협동 농장의 의장인 마흔다섯 살의 압둘은 흰곰 질문을 받자, 자신 있게 대답하지는 않았지만, 형식 논리를 구사했다. 「당신의 말대로라면, 모두 하얀색이겠지요.」

그 변화는 마을 사람들의 내면세계를 완전히 변모시켰다. 모스크바에서 온 과학자들이 마을 사람들에게 혹시 과학자 자신이나 자신들이 온 곳에 관해 궁금한 점이 있느냐고 묻자, 오지 마을의 농민이나 목자는 대개 단 한 가지 질문도 떠올리지 못했다. 이렇게 말한 사람도 있었다. 「나는 다른 도시에서 사람들이 뭘 하는지 본 적이 없어요. 그런데 어떻게 질문을 할 수 있겠습니까?」 반면에 협동 농장에서 일하는 이들은 호기심을 쉽사리 드러냈다. 협동 농장에서 일하는 서른한 살의 아크메트잔은 이렇게 말했다. 「선생님이 방금 흰곰 이야기를 했잖아요. 그런데 그 곰들은 어디에서 왔어요?」 그러다가 그는 말을 멈추고 잠시 생각에 잠겼다. 「또 미국이라는 나라가 있다고 했는데, 그 나라도 우리가 다스리나요? 아니면 다른 사람이 다스리나요?」 협동 농장에서 일하면서 2년 동안 학교를 다닌 열아홉 살의 시다크는 개인적인 질문부터 지역과 세계에 관한 질문에 이르기까지, 자기 발전이 이루어졌음을 드러내는 온갖 상상력이 풍부한 질문들을 해댔다. 「어떻게 하면 우리 협동 농장 사람들이 더 나아질 수 있을까요? 어떻게 하면 작물을 더 크게 키울 수 있을까요? 어떻게 해야 커다란 나무만큼 키울 수 있죠? 그리고 세상이 어떻게 존재하고, 만물이 어디에서 오고, 어째서 부자는 부자가 되고 가난한 사람은 가난한지도 알고 싶어요.」

현대화 이전 사람들의 생각이 자신들이 직접 겪는 경험에 얽매여 있었던 반면, 현대인의 정신은 비교적 자유롭다. 어느 한쪽 생활방식이 다른 쪽 생활방식보다 일방적으로 더 낫다는 뜻이 아니다. 사회학의 창시자로 여겨지는 아랍 역사가 이븐 할둔Ibn Khaldūn은 수백 년 전에 사막을 여행하는 도시민은 유목민에게 전적으로 의지해야 생존할 수 있을 것이라고 지적했다. 사막에 있는 한 유목민은 천재다.

그러나 현대 생활이 아주 다양한 분야들과 생각들을 서로 연결 짓는 레인지를 필요로 한다는 것은 분명하다. 루리아가 밝혀낸 것은 바로 이런 유형의 〈범주적〉 사고였으며, 훗날 플린은 거기에 과학적 안경이라는 멋진 이름을 붙이게 된다. 루리아는 이렇게 썼다. 〈그런 사고는 대개 매우 유연하다. 사람들은 한 속성에서 다른 속성으로 쉽사리 넘어가면서 적절한 범주를 구축한다. 그들은 대상들을 실체(동물, 꽃, 도구), 재료(양털, 금속, 유리), 크기(큼, 작음), 색깔(밝음, 어둠) 등의 속성에 따라 분류한다. 자유롭게 이동하는, 즉 한 범주에서 다른 범주로 넘어가는 능력은《추상적 사고》의 주된 특징 중 하나다.〉

플린은 사회가, 특히 사회의 고등교육이 전용 가능한 개념적 지식을 일찍부터 가르치는 데 초점을 맞추는 대신에 조기 전문화를 밀어붙임으로써 마음의 폭 확장에 맞서 왔다는 사실에 몹시 실망한다.

플린은 미국의 상위 주립대학교 중 한 곳에서 신경과학부터 영어에 이르기까지 전공이 다양한 4학년 학생들의 평균 학점을 비판적 사고력 검사 점수와 비교했다. 그 검사에서는 경제학, 사회과학, 자연과학의 근본적인 추상 개념과 논리를 현실 세계에서 흔히 접하는 상황에 적용하는 능력을 측정했다. 그는 폭넓은 개념적 사고력 점수와 학점 사이의 상관관계가 거의 0이라는 결과가 나오자 몹시 당혹스러웠다. 그는 이렇게 썼다. 〈학점을 잘 따는 데 필요한 능력에 어느 모로 보나 중요할 비판적 사고력은 포함되어 있지 않다.〉[21]

스무 가지 검사 문항들은 현대 세계에서 널리 쓰일 수 있는 개념적 사고 유형들을 평가하도록 되어 있었다. 학생들은 순환 논리를 간파하는 것처럼, 정식 훈련을 받지 않고도 찾아낼 수 있는 유형의 개념적 추론을 요구하는 검사 항목들에서는 잘 해냈다. 그러나 자신의 개념적 추론 기술을 가장 잘 활용할 수 있는 기본 틀을 구축했는지를 평가하는 항목들에서는 형편없었다. 생물학과 영어 전공자는 자기 분야와 직접적 관련이 없는 모든 분야들에서 점수가 낮았다. 심리학도 포함하여 그 전공자들은 사회과학적 방법론을 전혀 이해하지 못했다. 과학 전공자들은 참인 결론을 이끌어 내려면 과학이 어떻게 작동해야 하는지를 이해하지 못한 상태에서 전공 분야의 사실들을 배우고 있었다. 신경과학 전공자들은 모든 분야에서 그저 그런 점수를 얻었다. 경영학 전공자들은 경제학을 포함하여 모든 분야에서 아주 형편없는 점수를 받았다. 경제학 전공자들은 전반적으로 가장 나았다. 경제학은 본래 폭이 넓은 분야이며, 경제학 교수들은 자신이 배운 추론 원리들을 다른 분야의 문제들에까지 적용하는 모습을 보여 왔다.[**][22] 반면에 화학자들은 유달리 명석하지만, 과학적

* 또 플린은 런던 정경대에 많은 학생들을 진학시킨 영국의 한 중등학교 학생들, 정경대의 3학년과 4학년 학생들을 검사한 결과도 있다고 말했다. 그의 결론은 이러했다. 「대학에 입학해서 졸업할 때까지 비판적 사고력은 전혀 나아지지 않았어요.」

** 심리학자 로빈 호가스는 경제학자들을 이렇게 평했다. 「그들이 하는 이야기를 들으면 놀라게 되는데 (……) 경제학의 용어와 추론 과정을 거의 모든 주제들에까지 어떤 식으로든 적용하기 때문입니다. 스포츠든 경제 현상이든 정치든 심지어 교과 과정이든 상관없어요.」

추론을 화학 이외의 문제들에 적용하는 일을 잘 못한다는 사실이 몇몇 연구를 통해 드러났다.[23]

플린이 검사한 학생들은 미묘한 가치 판단을 과학적 결론인 양 착각하곤 했으며, 까다로운 시나리오를 제시하고서 상관관계를 인과관계의 증거로 착각하지 말도록 요구하는 문항에서는 그냥 찍는 것보다 더 형편없는 점수를 받았다. 자기 전공 분야에서 배운 진리 평가 방법을 다른 분야에 어떻게 적용할지를 일관성 있게 이해하고 있음을 보여 준 학생은 전공에 상관없이 거의 전무했다. 그런 면에서 보자면, 학생들은 루리아의 오지 마을 사람들과 다르지 않았다. 과학 전공자들조차도 대개 자기 분야에서 배운 연구 방법론을 일반화해 다른 분야들에까지 적용하는 능력이 없었다. 플린은 이렇게 결론지었다. 「어떤 학과에서도 자기 분야에 중요한 협소한 실력 외에 다른 것을 계발하려고 시도하는 징후가 전혀 없어요.」

플린은 현재 80대. 평생 달리기를 한 탓에 바람을 맞아 홀쭉해진 뺨 아래로 새하얀 턱수염이 뒤덮고 있고, 흰 머리가 뭉게구름처럼 몽글몽글 머리를 덮고 있는 모습이다. 더니든의 언덕에 자리한 그의 집에서는 부드럽게 굽이치는 푸른 농경지들이 한눈에 내려다보인다.

시카고 대학교에서 크로스컨트리 팀의 주장을 맡으면서 공부하던 시절을 떠올릴 때, 그의 목소리가 높아진다. 「최고의 대학들조차도 비판적 지성을 함양하고 있지 않아요. 자기 전공 분야의 지식만 전달하지, 현대 세계를 분석할 도구를 학생들에게 가르치지 않아요.

너무나 협소한 교육을 하고 있습니다.」 모든 컴퓨터과학 전공자가 예술사 강의를 들어야 한다는 단순한 의미로 하는 말이 아니다. 분야들 사이를 신나게 오갈 수 있게 해줄 마음 습관을 갖출 필요가 있다는 뜻이다.

시카고 대학교는 오래전부터 학제 간 비판적 사고를 함양하는 핵심 교과 과정을 갖춰 왔다는 사실에 자부심을 갖고 있다. 대학 당국에 따르면, 2년 단위의 그 핵심 교과 과정은 〈과학, 수학, 인문학, 사회과학 등 모든 분야에서 쓰이는 탐구 도구를 접하는 것〉을 목표로 한다. 〈단지 지식을 전수하는 것이 아니라, 근본적인 의문을 제기하고 우리 사회를 빚어낸 강력한 개념들에 친숙해지도록 하는 것이 목표다.〉[24] 그러나 플린은 시카고 대학에서 자신이 받은 교육도 개념적 사고를 여러 분야에 적용할 수 있도록 현대인의 잠재력을 극대화하는 쪽이 아니었다고 주장한다.

그는 교수들이 급격히 협소해지는 양상을 띠어 온 자기 전공 분야에서 다년간에 걸쳐 나온 마음에 드는 사실들을 전달하는 일에만 몰두한다고 했다. 그는 코넬에서 캔터베리까지 여러 대학에 재직하면서 50년을 가르쳤는데, 곧바로 그 비판에 자기 자신도 끼워 넣는다. 그는 윤리철학과 정치철학 입문을 가르칠 때면 플라톤, 아리스토텔레스, 홉스, 마르크스, 니체의 글에서 자신이 선호하는 대목을 전하고 싶은 충동을 억제할 수가 없었다.

플린은 강의 때 폭넓게 개념들을 소개했지만, 그런 개념들이 그 강의 시간에 제시하는 산더미 같은 정보들에 묻히곤 했을 것이라고 확신한다. 그가 극복하고자 애쓴 나쁜 습관 중 하나다. 그 주립대학교에서 한 연구를 통해 그는 대학의 학과들이 학생들을 협소한 전문 분야로 밀어 넣는 일에 몰두할 뿐, 모든 영역에 걸쳐 쓸 수 있는 사고 도구를 갈고닦는 일은 외면한다는 확신을 얻었다. 그는 예전에 없던 추상적 사고 능력을 대학생들이 활용할 수 있게 하려면, 이런 상황을 바꾸어야 한다고 주장한다. 생각할 거리를 가르치기 전에, 먼저 생각하는 법을 가르쳐야 한다는 것이다. 학생들은 과학적 안경을 쓸 준비를 하고 오지만, 과학적 추론이라는 스위스 군용 칼을 얻지 못하고 떠난다.

이제는 이 도전 과제를 받아들이기 시작하는 교수들이 나타나고 있다. 워싱턴 대학교에는 〈헛소리 판별하기Calling Bullshit〉라는 강좌가 있다(정식 강좌명은 INFO 198/BIOL 106B). 학제 간 세계를 이해하고 매일 쏟아지는 정보를 비판적으로 평가하는 데 필요한 다양한 근본 원리를 터득하는 데 초점을 맞춘 강좌다. 이 강좌는 2017년에 처음 개설되었는데, 수강 신청이 시작되자 1분 만에 정원이 마감되었다.[25]

마이크로소프트 리서치의 법인 담당 부사장을 역임했고, 현재 컬럼비아 대학교의 컴퓨터과학 교수로 있는 지넷 윙Jeannette Wing은 폭넓은 〈컴퓨터적 사고computational thinking〉를 스위스 군용 칼에 비유한다. 그녀는 그 사고가 독서만큼 근본적인 역할을 할 것이며, 컴퓨터과학이나 프로그래밍과 무관한 사람들에게서도 그럴 것이라고 주장했다. 〈컴퓨터적 사고는 대규모의 복잡한 과제를 공략할 때 추상화와 분해를 이용한다. (……) 문제를 대변할 적절한 표현 형태를 고른다.〉[26]

그러나 학생들은 대개 경제학자 브라이언 캐플런Bryan Caplan이 자신들 중 극소수만이 갖게 될 직업을 위한 협소한 직업 훈련narrow vocational training[27]이라고 부른 것을 받는다. 미국 대학 졸업자의 4분의 3은 자기 전공과 무관한 직업을 갖는다.[28] 여기에는 수학과 과학 전공자도 포함된다. 단 한 분야에 필요한 도구들만을 열심히 배운 뒤에 다른 길로 간다.

아무리 좋은 도구라고 해도 달랑 하나만 가지고서는 복잡하고 상호 연결되어 있고 급속히 변하는 세상을 헤쳐 나가기 어렵다. 역사가이자 철학자인 아널드 토인비Arnold Toynbee는 기술적, 사회적 변화의 시대에 세상을 분석하는 일을 이야기하면서 이렇게 말했다. 〈어떤 도구도 만능이 아니다.〉[29]

나는 플린의 열정에 깊이 공감한다. 기자가 되기 전, 대학원에 다닐 때 나는 북극 지방에 텐트를 치고 지내면서 식물의 생활사 변화가 영구 동토대의 토양에 어떤 영향을 미칠지를 연구했다. 그리고 북극권 식물 생리학의 온갖 세세한 사항들을 머릿속에 가득 쑤셔 넣는 강의들을 들었다. 여러 해가 흘러 엉성한 과학 연구를 폭로하는 기사를 쓰는 탐사 보도 기자로 활동한 뒤에야, 비로소 나는 컬럼비아 대학교에서 석사 학위를 딸 때 제출한 논문의 한 절에서 통계적 오류를 저질렀다는 것을 깨달았다. 많은 대학원생처럼 나도 방대한 데이터베이스를 구축하고서 컴퓨터 단추 하나만 누르면 일반적인 통계 분석을 수행할 수 있었다. 그러나 그 통계 분석이 어떻게 작동하는지를 깊이 살펴보는 법, 아니 살펴보는 법 자체를 결코 배운 적이 없었다. 그 통계 프로그램은 〈통계적으로 유의미하다〉고 간주하는 숫자를 달랑 하나 내뱉었을 뿐이었다. 불행히도 그 분석 결과는 거짓 긍정임이 거의 확실했다. 그 통계 검정이 내가 적용한 맥락에서 어떤 한계를 지니는지를 스스로 이해하지 못했기 때문이다. 그 논문을 심사한 과학자들도 마찬가지였다. 통계학자 더그 앨트먼Doug Altman은 이렇게 말했다. 「모두가 연구만 하느라 너무 바쁜 나머지 잠시 짬을 내어서 자신의 연구 방식에 관해 생각해 볼 시간조차 없어요.」[30] 나는 과학적 추론에 관해 배우지도 못한 상태에서 극도로 전문적인 과학 연구에 달려들었다(그리고 그 노력은 석사 학위라는 보상을 받았고, 그 보상은 아주 사악한 학습 환경에서 이루어진 것이었다). 돌이켜 보면, 나는 과학계를 떠난 지 여러 해가 지난 뒤에야 과학을 어떻게 해야 하는지를 폭넓게 생각하기 시작했던 것이다.

다행히도 대학생 때 나는 플린의 이상을 구현한 화학 교수를 만났다. 그는 시험 때마다 전형적인 화학 문제들을 내는 한편으로, 이런 식의 문제도 섞어 냈다. 〈뉴욕시에 피아노 조율사가 몇 명일까?〉 학생들은 추론만으로 추정해서 적절한 규모의 답을 내놓아야 했다. 교수는 나중에 이런 것들이 〈페르미 문제〉라고 설명했다. 시카고 대학교 축구장 아래 최초의 원자로를 만든 엔리코 페르미Enrico Fermi가 이런저런 문제에 접근하는 데 도움이 될 추정값들을 끊임없이 어림짐작으로 계산하곤 했기 때문이다.* 그런 질문의 궁극적인 교훈은 상세한 사전 지식보다 사고방식이 더 중요하다는 것이다.

첫 시험 때 나는 직감으로 답을 썼다 〈단서가 전혀 없음, 아마 1만

---

* 당시 그가 적은 기밀문서에 따르면, 페르미는 첫 원자폭탄 폭파 시험 현장에 가서 〈폭풍파가 도달하기 이전, 도중, 이후〉에 종잇조각들을 떨어뜨렸다. 그는 종이가 날려간 거리를 토대로 폭발의 세기를 추정했다.

명?〉너무 높았다. 강의가 끝날 즈음, 내 개념적 스위스 군용 칼에 새로운 도구가 추가되었다. 내가 〈거의〉 모르는 것을 써서 내가 〈전혀〉 모르는 것을 추측하는 방법이었다. 나는 뉴욕시의 인구가 얼마인지 알고 있었다. 또 방 하나짜리 아파트에 사는 독신자들은 대개 조율할 피아노가 없을 것이다. 그리고 내 친구들의 부모님은 대개 자녀가 1~3명이었다. 그렇다면 뉴욕에 몇 가구가 살고 있을까? 그 가구 중 피아노가 있는 비율은 얼마나 될까? 그 집들은 피아노를 얼마나 자주 조율할까? 피아노를 조율하는 데 시간이 얼마나 걸릴까? 조율사는 하루에 몇 집이나 들를 수 있을까? 조율사는 연간 며칠을 일할까? 대강 합리적인 답을 얻기 위해서라면, 각 추정값들을 그다지 정확히 추정할 필요가 없다. 우즈베키스탄 오지 마을 사람들은 페르미 문제를 잘 풀지 못하겠지만, 그 강의를 듣기 전에는 나도 그랬다. 그러나 그 추정은 배우기 쉬웠다. 20세기에 자랐으므로, 나는 이미 그 안경을 쓰고 있었다. 그것을 활용하려면 도움이 조금 필요할 뿐이었다. 현재 나는 화학양론(化學量論)에 관해서는 기억나는 것이 전혀 없지만, 페르미 사고를 으레 써서, 내가 거의 모르는 것을 써서 전혀 모르는 것을 조사하는 일을 시작할 수 있도록 문제를 해체한다. 일종의 〈공통성〉 문제다.

다행히도 페르미 규모 측정[31] 같은 폭넓은 사고 전략을 조금만 훈련하면 큰 도움이 되고, 다방면으로 응용할 수 있다는 연구 결과들이 나와 있다. 그리 놀라운 일도 아니지만, 페르미 문제는 〈헛소리 판별하기〉 강좌에서 다루는 주제이기도 했다. 유선방송의 가짜 뉴스를 사례로 삼아서, 〈페르미 추정이 버터를 자르는 뜨거운 칼처럼 헛소리를 베어 버릴 수 있는지)[32]를 가르쳤다. 페르미 추정을 통해 우리는 뉴스 기사에서 광고에 이르기까지 다양한 것들을 읽는 사람의 수를 짐작할 수 있고, 그럼으로써 기만적인 통계들을 단번에 내치는 능력을 얻는다. 매우 편리한 뜨거운 버터 칼이다. 북극 지방 식물의 자질구레한 생리학적 사실들을 더 상세히 배우는 대신에 폭넓게 적용할 수 있는 추론 도구를 배웠더라면, 나는 북극 지방 식물 생리학을 비롯한 모든 영역에서 훨씬 더 나은 연구자가 되었을 것이다.

체스 마스터와 소방관처럼, 현대화 이전 오지 마을 사람들은 내일도 어제나 오늘과 다를 바 없는 환경에서 살아간다. 그들은 이전에 겪었던 일들에는 아주 잘 대비되어 있지만, 그 밖의 다른 모든 것들에는 거의 대비가 안 되어 있다. 그들의 사고 자체는 현대 세계가 우리에게 말해 온 점점 쓸모가 없어진다는 의미에서 고도로 특화되어 있다. 그들은 경험을 통한 학습은 완벽하게 할 수 있었지만, 〈경험하지 않으면〉 배우지 못했다. 그런데 빠르게 변하는 사악한 세계가 요구하는 것은 바로 후자다. 새로운 개념들을 연관 지어서 다양한 맥락에 두루 쓸 수 있는 개념 추론 능력이다. 직접 겪어 본 적이 없는 문제와 맞닥뜨리면, 오지 마을 사람들은 전혀 대처하지 못했다. 우리는 그렇게 살 수가 없다. 도전 과제의 범위가 한정되고 반복되는 것일수록, 그것은 자동화할 가능성이 더 높다. 반면에 어느 한 문제나 영역에서 얻은 개념 지식을 전혀 다른 새 영역에 응용할 수 있는 사람에게는 엄청난 보상이 따를 것이다.

지식을 폭넓게 적용하는 능력은 폭넓은 훈련에서 나온다. 살던 시대와 장소는 서로 다르지만 폭넓은 훈련을 토대로 삼아 예술 분야에서 놀라운 업적을 이룬 이들이 있다. 그들의 이야기는 좀 오래된 것이지만, 현대의 체스 신동 이야기보다 훨씬 더 교훈적이다.

3장

반복되는 일을 덜 할 때가 더 낫다

17세기에 베네치아를 여행한 이들은 어디로 귀를 돌리든 간에, 전통적인 건물 구내에서 폭발하듯이 쏟아져 나오는 음악을 들을 수 있었다.[1] 이 시대의 음악을 〈바로크〉라고 하는데, 유달리 크고 별난 모양의 진주를 가리키는 보석상의 용어에서 따온 것이다.

이 시기에 기악, 즉 목소리에 의지하지 않은 음악은 완전한 혁신을 이루었다. 악기들 중에는 피아노처럼 새로 등장한 것들도 있었고, 기존 악기를 개량한 것들도 있었다. 안토니오 스트라디바리 Antonio Stradivari가 만든 바이올린들이 그러했는데, 수 세기 뒤에 수백만 달러에 팔리게 된다. 장조와 단조로 이루어진 현대 음악 체계도 이때 생겨났다. 거장들, 즉 음악계의 독창적인 유명 인사들도 나타났다. 작곡가들은 솜씨를 발휘해 최고 연주자들의 기량을 한계까지 밀어붙이는 정교한 독주곡을 썼다. 협주곡도 등장했다. 거장 독주자가 오케스트라와 화답하면서 연주를 했다. 그리고 베네치아 작곡가 안토니오 비발디Antonio Vivaldi ─ 불타는 듯한 붉은 머리 때문에 일

·프레테 로소il Prete Rosso, 즉 붉은 사제라고 불렸다 — 는 논란의 여지
가 없는 협주곡의 대가가 되었다. 「사계」는 300년 전의 팝 히트곡이
라고 할 수 있다(디즈니의 「겨울왕국」 영상에 이 노래를 합성한 동영
상은 유튜브에서 조회 수가 9천만 회에 달한다).

비발디의 창의성은 엄청나게 많은 악기들로 새로운 음악을 빨리
배울 수 있었던 특별한 음악가 집단 덕분에 더욱 화려하게 발휘될
수 있었다. 그들은 당대의 가장 혁신적인 음악을 통해 유럽 전역의
황제, 왕, 왕자, 추기경, 귀족에게 즐거움을 선사했다. 그들은 모두
여성이었고, 피글리에 델 코로figlie del coro라고 불렸다. 그대로 해석
하면 〈합창의 딸들〉이라는 뜻이었다. 물에 떠 있는 그 도시에서는 승
마나 야외 스포츠 같은 여가 활동이 어려웠기에, 음악이 시민들의
오락을 독차지했다.[2] 밤만 되면 뒤뚱거리는 거룻배와 곤돌라에서 바
이올린, 플루트, 호른, 노랫소리가 쏟아졌다. 이 음악으로 흘러넘치던
시대와 장소에서 피글리에는 한 세기 동안 주도적인 역할을 했다.[3]

한 저명한 방문객은 이렇게 썼다. 〈베네치아에서만 이 음악의 천
재들을 볼 수 있다.〉[4] 그들은 음악 혁명의 토대이자 기이한 존재이
기도 했다. 그들이 다루는 악기들은 다른 지역에서는 오로지 남성들
이 연주했다.[5] 한 프랑스 정치가는 놀란 어조로 이렇게 썼다. 〈그들
은 천사처럼 노래하고 바이올린, 플루트, 오르간, 오보에, 첼로, 바순
을 연주한다. 한마디로 그들은 아무리 큰 악기라도 거침없이 연주한
다.〉[6] 덜 외교적인 표현을 쓴 이들도 있다. 영국의 귀족이자 작가인
헤스터 스레일Hester Thrale은 이렇게 불만을 털어놓았다. 〈소녀들이
더블베이스를 다루고 바순을 부는 모습이 그리 마음에 들지 않았

다.)[7] 어쨌거나 〈여성에게 적합한 악기들〉[8]이 하프시코드나 글래스 하프 쪽이었을 것은 분명하다.

피글리에는 스웨덴 국왕의 경탄을 자아냈다. 문학계의 바람둥이인 카사노바는 연주회장의 통로까지 관객이 꽉꽉 들어차는 것을 보고 놀랐다. 한 엄숙한 프랑스 음악 비평가는 어느 바이올린 연주자를 콕 찍어서 이렇게 썼다. 〈그녀는 우리 위대한 예술가들이 이룬 수준에 도전하는 최초의 여성이다.〉 음악에 그다지 관심이 없는 이들까지도 감명을 받았다. 프란체스코 콜리Francesco Coli는 〈가장 영묘한 새들의 노래를 넘어서 (……) 듣는 이들 앞에 천국의 문이 활짝 열리는 듯한〉 감동을 주는 〈천사 같은 세이렌〉[9]이라고 묘사했다. 콜리가 베네치아 이단 심판소의 공식 도서 검열자였다는 점을 생각하면, 이 찬사가 더욱 놀랍게 느껴진다.

안나 마리아 델라 피에타Anna Maria della Pietà 같은 최고의 피글리에는 유럽 전역에 알려진 유명 인사가 되었다. 한 독일 남작은 그녀가 〈유럽 최고의 바이올린 연주자〉[10]라고 단언했다. 부르고뉴 의회 의장은 파리에서도 그녀를 〈능가할 사람이 없다〉고 말했다. 비발디가 1712년에 적은 지출 명세서를 보면,[11] 그가 금화 스무 개를 주고서 당시 열여섯 살이던 안나 마리아가 쓸 바이올린을 샀음을 알 수 있다. 비발디에게는 약혼반지를 살 만큼의 거액이었다. 그는 넉 달 동안 그 돈을 모았다. 비발디가 피글리에 델 코로를 위해 쓴 협주곡은 수백 편이었는데, 그중 28편이 〈안나 마리아 공책〉에 적힌 덕분에 살아남았다. 진홍색으로 염색된 가죽 장정의 그 공책에는 금박으로 안나 마리아의 이름이 적혀 있다. 그녀의 기교를 드러내기 위해 작곡한 그 협주곡들에는 여러 줄을 동시에 켜서 여러 음을 빠르게 연주하는 악절들이 가득하다. 1716년 의회는 안나 마리아를 비롯한 피글리에에게 코르푸섬에서 오스만 제국의 군대와 싸우는 베네치아 군대가 신의 은총을 받을 수 있도록 음악 소리를 더 크게 내라고 명령했다[12](그 포위 공격 때 베네치아의 바이올린 소리는 때마침 찾아온 폭풍우와 한데 어울려 터키의 대포 소리보다 더 웅장하게 울려 퍼졌다).

안나 마리아가 중년이 된 1740년대에 장자크 루소가 베네치아를 찾았다. 프랑스 혁명에 불을 붙이게 될 이 반항적인 철학자는 작곡가이기도 했다. 〈나는 파리 출신이었기에 이탈리아 음악을 얕보는 민족적 편견을 고스란히 지니고 있었다.〉[13] 그는 피글리에 델 코로의 연주를 듣고는 그 음악이 〈이탈리아, 아니 전 세계의 그 어떤 음악과도 다르다〉라고 선언했다. 그런데 루소를 〈절망에 빠뜨린〉 문제가 하나 있었다. 그는 그 여성들을 볼 수가 없었다. 피글리에는 성당의 높은 발코니에서 연주를 했는데, 그 앞쪽의 격자무늬 단철 난간에 얇은 크레이프를 드리워 보이지 않게 했다. 관객은 들을 수는 있었지만, 그들의 실루엣밖에 볼 수 없었다. 그림자 연극의 장면들처럼, 음악에 맞추어 몸을 기울이고 움직이는 모습만 보였다. 루소는 이렇게 썼다. 〈난간이 아름다운 천사들의 모습을 가렸다. 그 말밖에 할 수가 없다.〉

그가 계속 그렇게 한탄하고 다니자, 그 말이 피글리에의 중요한 후원자 중 한 명의 귀에까지 들어갔다. 후원자는 루소에게 말했다. 「그렇게 그 소녀들을 보고 싶다는 분께, 그 소망을 들어주는 것은 일도 아니지요.」

루소는 너무나 만나 보고 싶었다. 그가 쉴 새 없이 계속 재촉하자,
드디어 후원자는 그 음악가들과의 만남을 주선했다. 자신의 책이 금
지되고 불태워지는 가운데에도 용감하게 굴하지 않고 집필을 계속
해 민주주의의 토양을 기름지게 만들 루소였지만, 이 만남을 앞두고
는 초조해졌다. 〈그토록 갈망하던 아름다운 이들이 있는 살롱에 들
어갈 때, 연모의 감정이 북받쳐서 몸이 떨리기까지 했다. 내 평생 처
음 겪어 보는 느낌이었다.〉

후원자는 여성들을 소개했다. 유럽 전역으로 명성이 들불처럼 번
졌던 매혹적인 천재들이었다. 그 순간 루소는 입을 다물 수가 없
었다.

소피아가 있었다. 루소는 〈끔찍하다〉고 적었다. 카티나는 〈눈이
하나뿐이었다〉. 베티나는 〈천연두로 온몸이 추한 모습이 되었다〉.
〈어떤 식으로든 간에 눈에 확 띄는 결함이 없는 사람은 거의 없다시
피 했다.〉

사실 그 최고의 가수 중 한 명을 묘사한 시가 얼마 전에 나온 적이
있었다. 〈그녀의 왼손에는 손가락이 하나도 없네 / 왼발도 발가락이
하나도 없네.〉[14] 한 뛰어난 악기 연주자는 〈발을 저는 가여운 여성〉
이었다. 그들을 본 다른 손님들은 루소보다 좀 덜 사려 깊은 기록을
남겼다.

영국인 손님인 레이디 애나 밀러Lady Anna Miller도 루소처럼 음악에
끌려서 그 여성들이 연주하는 모습을 직접 보게 해달라고 청원했다.

〈내 요청은 받아들여졌다. 그러나 안으로 들어섰을 때 나는 저도 모르게 갑자기 와락 격렬한 비웃음을 터뜨리고 말았는데, 그 소리를 듣고서도 그들이 나를 밖으로 쫓아내지 않았다는 것이 놀라웠다. (……) 나는 방 안에 추하고 늙은 할멈들이 열두 명인가 열네 명인가 있는 것을 보고 놀랐다. (……) 어린 소녀도 몇 명 있었다.〉[15] 밀러는 그들이 연주하는 모습을 보겠다는 생각을 접었다. 〈연주자들의 모습이 너무나 역겨웠다.〉

섬세한 귀를 즐겁게 해준 그 소녀들과 여성들의 삶은 결코 우아하지 않았다. 그들 중 상당수는 베네치아에 번성한 매춘업소에서 일하는 여성들이 낳은 자식이었다. 매독에 걸린 상태에서 아이를 밴 여성들은 낳자마자 아기를 오스페달레 델라 피에타Ospedale della Pietà에 떨구고 갔다. 직역하면 〈동정의 병원〉이라는 뜻이지만, 고아원을 가리키는 비유적인 용어였다. 소녀들은 그곳에 살면서 음악을 배웠다. 특정한 사회적 병폐를 완화시키기 위해 설립된 베네치아의 자선기관 네 곳 중 가장 규모가 큰 곳이었다. 여기서 병폐란 아비 없는 아기들(주로 여아들)이 운하에 버려지곤 한다는 것이었다.

고아원 소녀들은 엄마가 누구인지도 모르는 경우가 대부분이었다. 그들은 고아원 바깥벽에 설치된 상자인 스카페타scaffetta에 버려졌다. 공항에서 수화물 가방의 크기를 검사하는 기계처럼, 아기가 상자에 들어갈 만치 작다면 피에타에서 아기를 키웠다.

위대한 안나 마리아는 대표적인 사례였다. 아마도 매춘부였을 그녀의 엄마는 부산한 산책길에 있는 베네치아 산마르코 정박지 앞의 피에타 문 앞으로 안나 마리아를 안고 갔다. 스카페타에는 종이 달려 있어서, 아기를 넣으면 직원이 알 수 있었다. 아기 곁에는 혹시라도 마음이 바뀌어 아기를 찾으러 온 엄마가 신원을 확인하는 데 쓸 수 있는 천 조각, 동전, 반지, 장신구가 함께 놓이곤 했다.[16] 한 엄마는 멋진 그림이 그려진 일기도(日氣圖)를 반쪽 남겼다. 언젠가는 나머지 반쪽을 갖고 돌아올 수 있기를 바라면서. 그 물품들 중 상당수, 그리고 소녀들 중 상당수는 평생을 피에타에서 보냈다. 안나 마리아처럼 버려진 아이들은 대부분 혈통을 알 수 없었기에, 해당 고아원을 따서 이름을 붙였다. 안나 마리아 델라 피에타, 즉 피에타의 안나 마리아 하는 식이었다. 18세기의 한 명부에는 안나 마리아의 사실상의 자매들이라고 할 이름들이 나열되어 있다.[17] 아델라이데 델라 피에타, 아가타 델라 피에타, 암브로시나 델라 피에타부터 비올레타, 비르기니아, 비토리아 델라 피에타까지 죽 이어진다.

이 고아원들은 민관 협력 기관이었고, 베네치아 상류 계급의 자원자들로 구성된 이사회가 운영했다. 공식적으로는 종교와 무관한 세속적인 기관이었지만, 교단과 연계되어 있었고 거의 수도원 규정에 따라서 운영되었다. 원생들은 성별과 나이에 따라 나뉘어 생활했다. 매일 아침을 먹기 전에 미사를 올리고, 일정 기간마다 고해성사도 해야 했다. 또 아이들까지 포함해 모든 사람은 기관이 운영될 수 있도록 계속 일을 했다. 소녀들은 1년에 하루는 시골로 여행을 갈 수 있었다. 물론 남성 보호자와 함께였다. 엄격한 생활이었지만, 혜택도 있었다.

아이들은 읽고 쓰고 셈하는 법을 배웠고, 직업 교육도 받았다. 거주자들을 돌보는 약제사가 된 사람도 있었고, 비단을 세탁하거나 천을 이어 붙여 팔 수 있는 돛을 만드는 사람도 있었다. 고아원은 모든 기능을 갖춘 자급자족 공동체였다. 모두가 일한 대가를 받았으며, 피에타는 원생들이 돈을 관리하는 법을 배우는 데 도움을 주기 위해 이자를 지불하는 은행도 운영했다. 소년들은 상거래를 배우거나 해군에 지원해 10대 때 고아원을 떠났다. 소녀에게는 혼인이 고아원을 떠나는 주된 경로였다. 지참금은 마련해 두고 있었지만, 대다수 원생들은 평생 머물렀다.

고아원에 기증되는 악기가 늘어남에 따라 소녀 수십 명을 교육하는 과정에 악기도 포함되었다. 가까운 성당에서 종교 행사를 할 때 연주할 수 있도록 하기 위해서였다. 1630년 역병이 돌면서 인구의 3분의 1이 사망한 뒤, 베네치아인들은 한 역사가의 표현을 빌리자면 유달리 〈회개의 기분〉[18]에 빠져들었다. 그러자 음악가들이 갑자기 더 중요해졌다.

고아원 운영진은 미사에 참석하는 사람들이 훨씬 더 늘어났으며, 소녀들의 음악성에 비례해 기부금도 늘어난다는 것을 알아차렸다. 18세기 무렵에는 공공연히 음악가들을 내세워 모금 활동이 이루어지고 있었다. 토요일과 일요일마다 해 질 녘이면 음악회가 열렸다. 그 성당에 사람이 너무 몰리는 바람에, 결국 성체 성사는 다른 곳으로 옮겨야 했다. 물론 공연 관람은 무료였지만, 앉고 싶어 하는 손님에게는 고아원 직원이 돈을 받고 의자를 빌려주었다. 실내 공간이 꽉 차면 관객들은 창문 너머에 옹기종기 모여서 들었고, 바깥 정박지에서는 지나가던 곤돌라도 멈추곤 했다. 고아원은 베네치아의 사회 복지 체계를 지탱할 뿐 아니라, 해외 관광객들을 끌어 모으는 경제적 엔진이 되었다. 오락과 회개는 즐거운 방식으로 섞였다. 성당 안에서는 박수갈채가 허용되지 않았기에, 관객은 마지막 연주가 끝나면 찬사의 의미로 헛기침을 하고 에헴 소리를 내고 발을 문지르고 코를 풀었다.

고아원은 작곡가들에게 창작곡을 의뢰했다. 비발디는 6년에 걸쳐서 피에타 음악가들만을 위한 협주곡을 140편 썼다. 교육 방식도 점점 체계를 갖추어 갔다. 나이 든 피글리에가 젊은 피글리에를 가르쳤고, 젊은 피글리에는 새내기를 가르쳤다. 그들은 여러 가지 일을 하고 있었지만 — 안나 마리아는 교사와 필경사 일도 했다 — 유명한 거장들을 계속 배출했다. 안나 마리아의 뒤를 이은 독주자인 키아라 델라 피에타Chiara della Pietà는 유럽 전체에서 가장 탁월한 바이올린 연주자라는 찬사를 들었다.

이 모든 이야기들은 한 가지 의문을 제기한다. 고아원이 없었다면 운하에서 죽음을 맞이했을 베네치아 매춘업소에서 버려진 고아들을 독창적인 국제적 록스타로 변신시킨 마법의 훈련 방식이 과연 무엇이었을까?

피에타의 음악 프로그램이 유달리 엄격한 것은 아니었다. 피에타의 운영 지침에 따르면, 정식 수업은 화요일, 목요일, 토요일에 있었고, 나머지 시간에 피글리에는 원하는 대로 자유롭게 연습할 수 있었다. 그렇지만 피글리에 델 코로는 아침 일찍 일어나서 하루의 대부분의 시간을 일하고 허드렛일을 하면서 보냈다. 그래서 음악을 공부할 시간이 하루에 한 시간쯤밖에 없었다.

가장 놀라운 점은 그들이 배우는 악기의 수였다. 18세기 영국의 작곡가이자 역사가인 찰스 버니Charles Burney는 옥스퍼드에서 음악 박사 학위를 받은 직후에, 근대 음악의 역사를 집대성한 책을 쓰겠다고 마음먹었다. 그래서 그는 베네치아의 고아원도 몇 차례 방문했다. 당대에 여행 작가이자 손꼽히는 음악학자로 유명했던 버니는 베네치아에 갔다가 깜짝 놀랐다. 고아원에 갔을 때, 그는 커튼을 치지 않은 채 피글리에의 연주를 두 시간 동안 개인적으로 들었다. 〈바이올린, 오보에, 테너, 베이스, 하프시코드, 호른, 심지어 더블베이스까지 여성들이 연주하는 이 탁월한 연주회는 모든 면에서《귀로 듣는 것》뿐 아니라《눈으로 보는 것》쪽에서도 정말로 신기했다.〉[19] 더욱 신기한 점은 〈이 젊은 여성들이 자주 악기를 바꾼다는 것이다〉.

피글리에는 노래 수업을 받았고, 고아원에 있는 모든 악기를 연주하는 법을 배웠다. 새로운 기술을 학습하면 그만큼 보상을 받기가 쉬웠다. 마달레나라는 음악가는 혼인해 고아원을 떠났는데, 바이올린, 하프시코드, 첼로 연주자이자 소프라노 역할을 하면서 런던에서 상트페테르부르크까지 공연을 다녔다. 그녀는 〈여성에게 기대하지 않는 기술들을 터득〉[20]했다고 썼으며, 너무나 유명해지는 바람에 신변잡기를 쓰던 작가 한 명이 그녀의 사생활을 낱낱이 파헤치는 일도 벌어졌다.

평생을 고아원에 머무는 이들에게는 여러 악기를 다룬다는 것이 실용적인 의미를 지녔다. 넝마에 둘둘 싸여 스카페타에 넣어진 펠레그리나 델라 피에타Pelegrina della Pietà는 베이스에서 시작해 바이올린, 이어서 오보에로 옮겨 갔다.[21] 간호사로 일하면서 그렇게 했다. 비발디는 펠레그리나를 위해 오보에 부문을 작곡했다. 펠레그리나는 60대에 이르자 이가 다 빠지는 바람에 갑자기 오보에를 불 수 없게 되었다. 그러자 그녀는 바이올린으로 바꾸어 70대까지 연주를 계속했다.

피에타 음악가들은 다재다능함을 보여 주는 것을 좋아했다. 한 프랑스 작가는 그들이 〈종교 음악과 세속 음악을 가리지 않고 모든 양식의 음악〉[22]을 연습했고, 〈가장 다양한 음성과 악기의 조합〉을 보여 주는 연주회를 열었다고 썼다. 공연을 본 관객들은 피글리에가 아주 다양한 악기들을 연주할 수 있었다거나, 뛰어난 가수가 도중에 즉석에서 악기 독주를 하는 모습을 보고 놀랐다는 말을 으레 했다.

피글리에는 연주회에서 악기를 연주하는 차원을 넘어서, 가르치거나 실험해 보는 용도로서도 악기를 배우곤 했다. 하프시코드와 비슷한 스피넷, 체임버 오르간, 트롬바마리나라는 커다란 현악기, 징크라는 가죽으로 감싼 플루트 같은 목관 악기, 첼로처럼 세워서 활로 연주하지만 현이 더 많고 모양이 좀 다르고 기타처럼 프렛이 달려 있는 비올라다감바라는 현악기도 배웠다. 피글리에는 단순히 연주만 잘한 게 아니었다. 그들은 악기의 발명과 개량이 활발하게 이루어지던 시대에 그 일에도 기여했다. 음악학자 마르크 팡시엘레 Marc Pincherle는 다양한 기량을 갖춘 피글리에와 그들의 온갖 악기들이 〈비발디가 마음대로 쓸 수 있는 무한한 자원을 갖춘 음악 실험실이었다〉[23]라고 했다.

피글리에가 배운 악기들 중에는 너무나 불분명해서 정확히 무엇이었는지 아무도 알지 못하는 것들도 있다. 프루덴차라는 어린 피에타 음악가는 아름답게 노래를 불렀고, 바이올린과 〈비올론첼로 알링글레세violoncello all'inglese〉를 능숙하게 연주했다. 음악학자들은 그 악기의 정체가 무엇인지를 놓고서도 논쟁을 벌여 왔지만, 피에타가 살뤼모(관악기)와 살터리(현악기) 등 구할 수 있었던 모든 악기들을 받아들인 것처럼 피글리에는 그 악기도 연주하는 법을 배웠다.

거꾸로 그들은 작곡가들을 미지의 영역까지 끌어올렸다. 그들은 바로크 음악 작곡가와 고전 음악의 거장들을 잇는 다리의 일부였다. 비발디의 협주곡을 필사했던 바흐와, 피글리에인 가수이자 하프 연주자이자 오르간 연주자 비안체타를 위해 작곡했던 하이든에게도 그들의 영향이 남아 있으며, 아마 어릴 때 부친을 따라 고아원을 방문했고 10대 때 다시 가기도 했던 모차르트도 마찬가지였을 것이다. 피글리에가 아주 다양한 악기들을 다룰 줄 알았던 덕분에 매우 심오한 수준으로 다양한 음악적 실험이 이루어질 수 있었고, 그 실험은 현대 오케스트라의 토대가 되었다. 음악학자 데니스 아널드Denis Arnold는 베네치아 고아원의 소녀들이 없었다면 모차르트의 대표적인 종교 음악 작품 중 하나가 〈결코 작곡되지 않았을지도 모른다〉[24]는 점에서 피글리에가 교회 음악의 근대화에 엄청난 영향을 미쳤다고 말했다.

그러나 그들의 이야기는 대체로 잊혔거나, 말 그대로 내버려졌다. 1797년 베네치아로 진격한 나폴레옹 군대는 고아원의 서류와 기록을 창밖으로 내던졌다.[25] 200년 뒤 미국 워싱턴의 국립 미술관에서 여성들이 연주회를 열고 있는 유명한 18세기 그림 한 점이 전시되었다. 그림 속 수수께끼의 인물들은 검은 드레스 차림으로 관객 위쪽

에 있는 발코니에서 연주를 하고 있다. 이제는 전부 잊힌 사람들이었다.[26]

아마 피글리에가 사람들의 기억에서 사라진 것은 그들이 여성, 그것도 교황의 권위를 부정하는 공개 종교 행사 때 음악을 연주하던 여성들이었기 때문일 것이다. 또는 그들 중 상당수가 가족도 없었고, 후손도 남기지 않았기 때문일 수도 있다. 그들은 가문의 성도 없었을 뿐 아니라, 주로 연주하는 악기가 자신의 이름이 되곤 했다. 벽에 뚫린 틈새를 통해 들어온 아기는 안나 마리아 델라 피에타로서 세상으로 나섰지만, 무대에 따라서 안나 마리아 델 비올리노, 안나 마리아 델 테오르보, 안나 마리아 델 쳄발로, 안나 마리아 델 비올론 첼로, 안나 마리아 델 루타, 안나 마리아 델라 비올라 다모레, 안나 마리아 델 만돌린으로 존재했다.[27]

지금이라면 어떠할지 상상해 보자. 여행 사이트에 접속했는데, 한 음악 명소에서 고아들로 이루어진 세계적으로 유명한 오케스트라의 공연이 있다고 추천 알림이 뜬다. 당신이 잘 알고 좋아하는 악기뿐 아니라, 전혀 들어보지 못한 악기의 대가들이 연주하는 독주곡을 들을 수 있다고 적혀 있다. 또 음악가들은 공연 도중에 서로 악기를 바꿔서 연주하기도 할 예정이다. 그러니 트위터의 @FamousFoundlings 계정에 팔로우를 하시기를. 금화 200개를 기부하는 것도 잊지 마시기를. 피글리에는 강연도 하고 영화에도 출연할 예정입니다.

타이거 우즈가 두 살의 나이로 텔레비전에 출연했을 때 그랬듯이, 부모와 언론은 그들의 수수께끼 같은 성공 비밀을 밝혀내기 위해 호들갑을 떨 것이다. 실제로 18세기의 부모들도 그러했다. 한 역사가의 표현에 따르면, 귀족들은 딸이 그 〈능력 있는 가난한 이들〉[28]과 연주할 기회를 가질 수 있게 경쟁했다(그리고 대가를 지불했다).

그러나 그들의 음악 능력 계발 전략은 오늘날 받아들이기 어려울 것이다. 아주 다양한 악기를 다루는 접근법이 오늘날 음악 연주 같은 기량을 갈고닦는 데 좋은 방법이라고 우리가 알고 있는 모든 사항들에 반하는 듯하기 때문이다. 특정한 기교를 정확히 갈고닦는 것을 목표로 삼는 신중한 훈련이라는 기본 체계와는 확실히 어긋난다. 그 관점에서 보자면, 다양한 악기를 연습하는 것은 시간 낭비에 불과하다.

현대의 자기 계발 분야에서는 음악 훈련이 골프에 못지않게 조기 교육을 통해 고도의 기술을 갈고닦는 데 집중할 때 어떤 성과가 나타나는지를 보여 주는 모범 사례라고 선전한다. 타이거 우즈의 이야기든, 타이거 맘Tiger Mother이라는 예일 법대 교수의 이야기든 간에, 요지는 동일하다. 일찍 선택해 그 일에만 집중하고, 결코 흔들리지 마라.

타이거 맘의 본명은 에이미 추아Amy Chua다. 그녀는 『타이거 마더 Battle Hymn of the Tiger Mother』(2011)라는 책에서 그 용어를 창안했다. 타이거 우즈처럼 타이거 맘의 사례도 대중문화로 깊이 침투했다. 추아는 〈중국인 부모가 어떻게 그렇게 자녀를 성공적으로 키우는지〉 비결을 알려 주겠다고 광고했다. 첫 장 첫 페이지에서 그녀는 두 딸 소피아와 룰루가 절대 하지 말아야 할 것들을 죽 나열한다. 〈피아노나 바이올린 이외의 다른 악기는 절대 연주하지 말 것〉도 있다(소피아는 피아노, 룰루는 바이올린만 연습하게 했다). 추아는 아이들이 음악 연습을 제대로 하고 있는지 하루에 세 시간, 네 시간, 때로는 다섯 시간씩 지켜보았다.

온라인 게시판에서 부모들은 아이에게 어떤 악기가 좋을지를 놓고 고민한다. 아이가 아직 너무 어려서 스스로 악기를 고를 수 없는데, 마냥 기다리다가는 결국 뒤처질 것이라고 여기기 때문이다. 두 살 반 된 아들을 둔 부모는 이렇게 썼다. 〈악기 연주가 아주 좋은 것이라고 아들에게 설득시키려고 조금씩 애쓰고 있어요. 그저 어떤 악기가 가장 나을지 아직 확신이 안 설 뿐이에요.〉 바이올린은 일곱 살 때까지 시작하지 않으면 너무 뒤처질 테니까, 그만두라고 조언한 글도 있다. 한 음악 학원 원장은 걱정하는 엄마들을 위해서 조언을 한다. 매주 좋아하는 색깔이 달라지는 아이를 위해, 악기 고르는 요령을 알려 주는 「선택하는 법」[29]이라는 칼럼도 쓰는 사람이다.

물론 전문성을 갈고닦는 길은 많다. 몇몇 뛰어난 음악가는 아주 어릴 때부터 집중적인 훈련을 받았다. 탁월한 첼리스트인 요요마Yo-Yo Ma는 그랬다고 잘 알려져 있다. 그러나 그가 처음에 바이올린을 연주하다가 피아노로 바꾸었다가 다시 첼로로 옮겨 갔다는 사실은 덜 알려져 있다. 처음의 두 악기를 그다지 좋아하지 않았기 때문이다.[30] 그는 그저 전형적인 아이보다 샘플링 기간이 훨씬 더 짧았을 뿐이다.

타이거 부모들은 그 단계를 완전히 건너뛰려고 애쓰고 있다. 영국의 스포츠 과학자이자 다양한 스포츠 종목들에서 미래의 직업 선수를 발굴하는 일에도 애써 온 코치인 이언 예이츠Ian Yates와 했던 대화가 생각난다. 그는 자신을 찾아와서 이렇게 요청하는 부모들이 점점 늘고 있다고 했다. 「올림픽 선수들이 열두 살, 열세 살 때 하고 있던 것이 아니라, 지금 하고 있는 것을 아이들에게 시키고 싶다는 거예요.」 그 선수들은 어릴 때 전반적인 운동 능력을 발달시키는 더 다양한 활동들을 했고, 그러면서 자신이 어느 쪽에 재능과 관심이 있는지를 알아차린 뒤에 범위를 좁혀서 기량을 갈고닦는 일에 들어갔다. 샘플링 기간은 위대한 선수의 발달에 부차적인 요소 ― 조기 교육을 위해 건너뛰어도 되는 것 ― 가 아니라 필수적인 요소다.

존 슬로보다John Sloboda는 음악 심리학 분야에서 가장 영향력 있는 연구자에 속한다. 그의 저서 『음악의 심리The Musical Mind』(1985)는 음악의 기원에서 연주 기술의 습득에 이르기까지 다방면으로 다루면서 오늘날까지 지속되고 있는 그 분야의 연구 주제들을 선정했다. 1990년대 내내 슬로보다 연구진은 음악성 함양의 전략들을 살펴보았다. 음악가의 발전에 연습이 중요하다는 발견 자체는 놀라운 것이 아니었다. 그러나 자세히 살펴보자, 우리의 직관에 덜 들어맞는 사항들이 드러났다.

연구진은 학생들을 까다롭게 선발하는 한 음악 학교에서 8~18세의 학생들이 새내기 때부터 실력을 갈고닦는 과정을 죽 지켜보았다.[31] 가장 실력이 떨어지는 학생부터 가장 뛰어난 학생에 이르기까지, 처음 훈련을 시작했을 때에는 연습량에 아무런 차이가 없었다. 그런데 가장 탁월한 실력을 갖게 될 학생들은 더 잘하기 때문이든 아니면 그냥 더 좋아하기 때문이든 간에, 자신이 집중하고자 하는 악기를 고른 뒤에야 훨씬 더 많이 연습하기 시작했다. 악기를 안겨 줌으로써 관심을 갖게 되는 것이 아니라, 원하는 악기를 택하는 것이 동기를 부여하는 듯했다.

어린 음악가 1만 2천 명을 조사한 또 다른 연구를 보면, 음악을 그만두는 이들은 〈자신이 배우고 싶은 악기와 실제로 연주하는 악기가 맞지 않아서〉라고 말했다.[32] 에이미 추아는 딸 룰루가 〈타고난 음악가〉라고 했다. 추아의 친구인 가수는 룰루가 〈어느 누구도 가르칠 수 없는〉 재능을 지닌 〈비범한〉 아이라고 했다. 룰루의 바이올린 연주 실력은 빠르게 향상되었지만, 곧 그녀는 엄마에게 불길한 말을 했다. 「엄마가 고른 거지, 내가 고른 게 아니에요.」 열세 살이 되자, 룰루는 바이올린을 멀리했다. 추아는 책의 말미에서 룰루에게 직접 악기를 고르게 했다면 아이가 지금도 연주를 하고 있지 않을까 하고 솔직하게 되돌아보았다.

슬로보다는 한 동료 연구자와 함께 전국에서 신입생을 모집하는 영국의 한 기숙학교 학생들을 조사했다. 입학 여부는 전적으로 오디션을 통해 결정했다. 연구진은 학교가 비범하다고 분류한 학생들이 그보다 실력이 떨어지는 학생들에 비해 음악에 관심이 덜한 집안에서 나왔으며, 음악을 더 늦게 시작했고, 아주 어릴 때 집에 악기가 없었을 확률이 더 높았고, 학교에 들어가기 전에 음악 레슨을 받았을 가능성이 더 적었고, 입학하기 전까지 악기 연습을 한 시간이 전체적으로 적었다고, 그것도 훨씬 적었다는 결과가 나오자 깜짝 놀랐다. 연구진은 이렇게 썼다. 〈레슨이나 연습 시간의 양이 비범한 실력에 다다를지를 말해 주는 좋은 지표가 아니라는 것은 아주 명확해

보인다.)[33] 체계적인 레슨 여부를 조사했을 때, 일찍부터 아주 많은 시간에 걸쳐서 체계적인 레슨을 받았던 학생들의 실력은 예외 없이 〈평균〉의 범주에 들어가 있다. 단 한 명도 비범한 집단에 들어가지 못했다. 연구자들은 이렇게 썼다. 〈이는 어린 나이에 레슨을 너무 많이 받는 것이 도움이 안 될 수도 있음을 강력하게 시사한다.〉

그들은 이렇게 덧붙였다. 〈그러나 다양한 악기들로 노력을 분산시키는 것은 중요해 보인다. 학교가 비범하다고 판단한 아이들은 세 가지 이상의 악기에 고루 노력을 분산시킨 아이들이었음이 드러난다.〉 실력이 떨어지는 학생들은 처음 고른 악기에 대부분의 시간을 투자하는 경향이 있었다. 마치 남보다 일찍 시작해 앞섰다는 생각을 포기하지 못하는 것처럼 보였다. 비범한 학생들은 피글리에 델 코로와 더 비슷한 양상을 보였다. 연구진은 이렇게 결론을 내렸다. 〈비범한 아이들은 세 번째 악기에 적당한 시간을 투자함으로써 후한 보상을 얻었다.〉

연구진은 비범함으로 이어지는 길이 다양함을 강조했지만, 가장 큰 공통점은 샘플링 기간이었다. 그런 학생들에게서는 느슨한 체계를 갖춘 레슨을 조금 받으면서 다양한 악기와 연주를 폭넓게 접한 뒤에야 범위를 좁히고, 더 체계적으로 배우고, 연습량이 폭발적으로 증가하는 양상이 나타났다. 많이 듣던 이야기 같지 않은가? 슬로보다의 연구로부터 20년 뒤에 한 경쟁이 심한 음악 학교에서 뛰어난 어린 음악가들을 비슷하게 열심이지만 실력이 조금 떨어지는 학생들과 비교하는 연구가 이루어졌다.[34] 더 뛰어난 학생들은 거의 다 그보다 못한 학생들보다 훨씬 더 많은 적어도 세 가지 악기를 다루었고, 네다섯 가지 악기를 연주한 학생들이 절반을 넘었다. 고전 음악 연주는 조기 교육이라는 종파가 내세우는 이야기의 핵심에 놓인다. 음악도 골프와 비슷하다는 것이다. 즉 음악에는 어떤 청사진이 있으며, 실수를 하면 금방 눈에 띄고, 실행이 자동적으로 이루어지고 일탈이 최소로 줄어들 때까지 정확히 똑같은 과제를 반복해 연습해야 한다는 것이다. 악기를 가능한 한 일찍 정해서 기교를 갈고닦는 연습을 시작하는 것이 어떻게 성공으로 가는 표준 경로가 아닐 수 있단 말인가? 그러나 고전 음악조차도 이 단순한 타이거 이야기에 들어맞지 않는다.

『케임브리지 전문성 및 전문가 수행력 편람The Cambridge Handbook of Expertise and Expert Performance』(2006)은 1만 시간 학파의 유명한 작가, 강연자, 연구자에게 일종의 성서 역할을 한다. 장별로 춤, 수학, 스포츠, 수술, 저술, 체스 등을 깊이 조사한 연구자들이 쓴 글들을 모은 책이다. 음악을 다룬 절은 뚜렷하게 고전 음악 연주에 초점을 맞춘다. 이 책은 900면이 넘으므로, 손이 아주 큰 사람을 위한 편람이다. 세상에는 고전 음악 말고도 다양한 음악 장르들이 있다. 그런데 이 책의 음악 전문성 계발을 다룬 장에서 그런 장르들의 음악가가 어떻게 음악을 시작했는지를 실질적으로 언급한 부분은 딱 한 곳에 불과하다. 이 편람은 고전 음악 연주자들과 정반대로, 재즈와 포크를 비롯한 현대의 대중음악을 연주하고 노래하는 이들 중에서 단순하면서 협소한 기교 훈련이라는 궤도를 따르는 사람은 없으며, 그들이 〈훨씬 늦게 시작한다〉라고만 말하고 넘어간다.

잭 체키니Jack Cecchini는 두 번의 우연한 계기로 재즈와 클래식 양쪽에서 세계적인 수준에 오른 희귀한 음악가 중 한 명이 되었다고 할 수 있다. 한 번은 비유적인 의미에서 그런 것이고, 다른 한 번은 실제로 일어난 일이었다.

첫 번째 계기는 1950년 시카고에서 일어났다. 당시 열세 살이던 그는 지나가다가 셋집 주인이 긴 의자에 올려놓은 기타를 보았다. 그는 지나가면서 손가락으로 기타 줄을 죽 훑었다. 집주인은 기타를 집어 들더니 코드 두 개를 짚어 보이고는, 한번 해보라고 했다. 물론 체키니는 할 수 없었다. 「내가 코드를 바꾸려 할 때 그는 고개를 절레절레 저었고, 내가 욕을 내뱉지 않았더라면 그가 먼저 욕을 했을 겁니다.」 체키니는 낄낄거리면서 회상했다. 그 일로 체키니는 기타에 흥미를 갖게 되었고, 라디오에서 들은 노래를 따라서 연주해 보려고 시도했다. 열여섯 살 무렵에는 시카고 클럽들의 무대 뒤쪽에서 재즈를 연주하고 있었다. 그러나 너무 어려서 손님에게 팁을 받을 수가 없었다. 「공장 같았죠. 화장실에 가야 할 때면, 남보다 빨리 움직여야 변기를 차지할 수 있었어요. 그래도 매일 밤 온갖 음악을 실험했지요.」 당시 그는 무료로 음악 레슨을 받을 길이 없을까 하고 찾아다녔는데, 클라리넷 레슨밖에 없었다. 그는 자신이 배운 것을 기타에 응용하려고 시도했다. 「기타에는 같은 음을 연주할 수 있는 자리가 800만 군데나 됩니다. 난 그냥 이런저런 문제의 해법을 찾으려고 시도하면서 지판을 이렇게 저렇게 눌러 보기 시작했어요.」 머지않아 그는 빌라 베니스에서 프랭크 시나트라와, 아폴로에서 미리엄 마케바와 공연을 했고, 해리 벨라폰테와 함께 카네기홀에서 관중이

꽉 들어찬 야구장까지 공연을 다녔다. 그러다가 두 번째 계기와 마주쳤다.

스물세 살 때 공연 도중에 벨라폰테의 댄서 한 명의 발이 그의 기타를 앰프와 연결한 케이블에 걸렸다. 곧 그의 기타 소리는 속삭이는 수준으로 줄어들었다. 「해리가 화를 내면서 소리 질렀어요. 〈그거 당장 치우고 클래식 기타나 쳐!〉라고요.」 클래식 기타를 구하는 일은 쉬웠지만, 그는 줄곧 픽으로 기타를 쳤는데 어쿠스틱 기타는 손가락으로 치는 법을 배워야 했다. 게다가 순회 공연을 하면서 연주법을 배워야 했다.

아무튼 그는 클래식 기타에 푹 빠졌고, 서른한 살에는 아주 능숙하게 칠 수 있었다. 그래서 시카고 그랜드파크에 가득 모인 관객 앞에서 오케스트라와 함께 비발디의 협주곡을 연주할 독주자로 뽑혔다. 다음 날 『시카고 트리뷴』에 이런 음악 평이 실렸다. 〈고전 악기로서의 기타를 부활시키려고 꾸준히 노력하는 애호가들이 점점 늘어나고 있지만, 모든 악기 중에서 가장 아름답지만 여전히 끈덕지게도 어려운 축에 속하는 이 악기에 통달할 재능과 인내심을 겸비한 사람은 거의 없다. 체키니는 그 극소수의 인물 중 한 명임을 입증했다.〉[35]

늦게 그리고 우연히 시작했음에도, 체키니는 재즈와 클래식 기타를 가르치는 저명한 강사가 되었다. 그에게 배움을 얻고자 다른 주에서까지 학생들이 찾아왔고, 1980년대 초에는 저녁마다 시카고에 있는 그의 학원 계단에는 길게 줄이 만들어지곤 했다. 물론 그가 정식으로 배운 음악은 무료 클라리넷 레슨이 전부였다. 「내가 아는 것은 98퍼센트 독학으로 터득한 거라고 말하곤 해요.」 그는 악기들을 바꿔 가면서 연주를 했고, 시행착오를 거쳐 길을 찾아냈다. 그의 사례가 특이하게 들릴지 모르겠지만, 체키니가 함께 연주했거나 존경하는 전설적인 음악가들의 이야기를 들려주었을 때, 그들 중에 타이거 같은 인물은 한 명도 없었다.

듀크 엘링턴은 정식 음악 레슨을 받은 극소수에 속했다. 일곱 살 때 마리에타 클링크스케일스라는 화려한 이름의 교사에게 레슨을 받았다. 그러나 그는 음 읽는 법을 배우기도 전에 금방 흥미를 잃었고, 음악을 아예 관두고 야구에 몰두했다. 학교에 다닐 때에는 드로잉과 회화에 관심이 있었다(나중에 장학금을 줄 테니 미대에 오라는 제안을 거절하긴 했다). 열네 살 때 엘링턴은 우연히 래그타임을 듣게 되었는데, 7년 만에 처음으로 피아노 앞에 앉아서 자신이 들었던 곡을 따라서 쳐보려고 시도했다. 「혼자서 쳐보려고 시도할 때까지, 나는 음악과 아무런 관계도 없었어요. 누가 나를 가르치든 간에, 규칙과 규정이 너무나 많았어요. (……) 혼자 앉아서 이해하려고 할 때에는 너무나 괜찮았어요.」[36] 한때 미국 최고의 작곡가라는 평판도 얻었지만, 그는 악보를 볼 줄 몰랐기에 해독자를 고용해서 자기만의 음악 표기법을 전통적인 음악 표기법으로 바꾸어야 했다.[37]

조니 스미스Johnny Smith는 체키니가 너무나도 좋아하는 음악가였다. 스미스는 앨라배마의 작은 주택에서 자랐다. 동네 사람들은 모여서 음악을 연주하곤 했고, 어린 조니는 그들이 두고 간 악기들을 밤새도록 구석에서 만지작거리곤 했다. 「조니는 뭐든지 연주했어요.」[38] 형제인 벤은 그렇게 회상했다. 그 덕분에 조니는 동네 경연 대회에 어느 악기든 들고 나갈 수 있었고, 채소를 상으로 받아 오곤 했다. 한 번은 바이올린으로 2.3킬로그램의 설탕을 타오기도 했다. 그러나 그는 바이올린을 그다지 좋아하지 않았다. 그는 기타를 가르쳐 줄 사람을 찾아 80킬로미터 떨어진 곳까지 돌아다녔지만, 아무도 찾을 수 없었다. 그래서 그냥 혼자서 쳐보면서 터득해야 했다.

미국이 제2차 세계 대전에 참전하자, 스미스는 입대했다. 그는 조종사가 되고 싶었지만, 왼쪽 눈에 문제가 있어서 자격 심사에서 탈락했다. 그는 군악대에 배속되었는데, 군악대에는 기타 연주자가 필요 없었다. 그는 여전히 악보를 읽을 줄 몰랐지만, 다양한 악기를 독학으로 배워서 신병을 모집하는 행사 때 연주할 수 있었다. 폭넓게 다양한 경험을 한 덕분에 그는 전후에 NBC의 편곡자로 자리를 잡았다. 그는 배우는 법을 터득했고, 다양한 악기와 여러 장르의 음악을 잘 알았기에 명성을 얻게 되었으며, 그 때문에 곤혹스러운 상황에 처하기도 했다.

어느 금요일 저녁에 퇴근하기 위해 승강기 앞에 서 있는데, 새로운 기타 파트를 맡아 달라는 요청이 들어왔다. 클래식 기타 연주자를 고용했는데, 너무 어렵다며 그만두었다는 것이다. 주최 측은 작곡가 아널드 쇤베르크의 일흔다섯 번째 생일을 축하하는 실황 공연을 열기로 했는데, 25년 동안 연주된 적이 없는 그의 무조 음악 작품 중 하나를 연주할 예정이라고 했다. 스미스에게 주어진 시간은 겨우 나흘에 불과했다. 결국 그는 퇴근하지 않고 밤새도록 연습했고, 다음 날 새벽 5시에 집에 잠깐 들렀다가 오전 7시에 다시 나와서 긴급 리허설에 참석했다. 수요일 공연 때 그는 너무나도 아름다운 연주를 들려주었고, 관중은 일곱 번이나 앙코르를 외쳤다. 1998년 그는 텐징 노르가이Tenzing Norgay와 둘이서 최초로 에베레스트 정상에 오른 에드먼드 힐러리Edmund Hillary와 함께 문화에 기여한 공로로 스미스 소니언 200주년 메달을 수상했다.

피아니스트 데이브 브루벡Dave Brubeck도 그 메달을 받았다. 그의 곡「테이크 파이브Take Five」는 NPR(미국 공영 라디오 방송) 청취자들로부터 재즈 역사를 대표하는 음악으로 선정되었다. 브루벡의 모친은 그에게 피아노를 가르치려고 했지만, 그는 배우려 하지 않았다. 그는 선천적인 사시였고, 피아노를 거부한 것은 악보 기호를 제대로 볼 수 없다는 사실과 관련이 있었다. 모친은 결국 포기했지만, 그는 어머니가 다른 아이들을 가르칠 때 귀를 기울였고 따라 치려고 시도했다. 브루벡은 퍼시픽 대학 수의학 예과 과정을 도중에 그만두고서 잔디밭을 가로질러 음악학과로 향할 때에도 여전히 악보를 읽을 수 없었다. 그러나 그는 속이는 데 천재였다. 그는 악기로 택한 피아노 수업을 계속 미루었고, 난처한 상황은 연습을 통해 즉흥적으로 쉽사리 교묘하게 빠져나가곤 했다. 그러나 4학년이 되자 더는 숨길 수가 없게 되었다.「정말 굉장한 피아노 교사를 만났거든요. 5분쯤 지나자 내가 악보를 읽지 못한다는 사실을 알아차렸어요.」[39] 학장은 브루벡에게 졸업이 불가능할 것이며, 더 나아가 학교의 수치라고 통보했다. 하지만 그의 창의성을 눈여겨보고 있던 다른 교사가 그를 옹호하고 나섰다. 그래서 학장은 타협안을 제시했다. 음악을 가르치는 직업을 택해서 학교를 난처하게 만드는 일이 없을 것이라고 약속한다면 졸업을 허용하겠다고 했다. 20년 뒤 대학 당국은 이제 난처해 할 일이 없다고 느낀 것이 분명했다. 그래서 그에게 명예 박사 학위를 수여했다.

아마 역사상 가장 위대한 즉흥 연주자라고 할 거장도 읽지 못하는 인물이었다. 그는 글도 악보도 못 읽었다. 장고 라인하르트Django Reinhardt는 1910년 벨기에의 집시 유랑단에서 태어났다. 아주 어릴 때 닭을 훔치고 연어를 잡는 쪽으로 재능이 있었다. 강둑에서 물에 손을 집어넣어 연어의 배를 살살 문질러서 방심하게 만든 뒤에 재빨리 잡아 올리는 방법이었다. 장고는 파리 외곽의 라존이라는 곳에서 자랐다. 도시의 하수구 청소부들이 매일 밤 쓰레기를 버리는 곳이었다. 모친인 네그로는 제1차 세계 대전의 전쟁터에서 탄피를 모아다가 팔찌를 만들어 파는 일로 생계를 꾸리느라 아이에게 음악을 가르칠 여유가 없었다. 장고는 마음이 내키면 학교에 가기도 했지만, 대개는 가지 않았다. 그는 극장에 몰래 들어가고 당구를 치면서 시간을 보냈다. 주변에는 늘 음악이 있었다. 집시들이 모이는 곳에는 언제나 밴조, 하프, 피아노, 특히 바이올린이 있었다.

바이올린은 휴대성이 좋았기에 집시가 으레 켜는 악기가 되었고, 그러다 보니 장고도 바이올린을 연주하기 시작했지만 좋아하지는 않았다. 그래도 서로 주고받으며 화답하는 방식으로 연주하는 법을 배웠다. 어른이 한 소절을 연주하면 그는 흉내 내어 연주하려고 애쓰곤 했다. 그가 열두 살 때 한 지인이 하이브리드 밴조 기타를 선물했다. 그는 그 악기가 자신에게 딱 맞는다는 것을 알아차렸고, 깊이 빠져들었다. 그는 손가락이 쉴 필요가 있을 때는 다양한 물건을 픽으로 삼아서 실험하곤 했다. 숟가락, 골무, 동전, 고래 뼛조각 등등. 그는 라가르데르라는 밴조를 연주하는 척추장애인과 밴드를 구성해 파리 거리를 돌아다니며 즉흥 연주를 했다.

10대 중반에 장고가 파리의 아코디언 연주자들이 모이는 식당에 갔을 때였다. 그들은 장고에게 무대에 올라서 밴조 기타 연주를 해 달라고 요청했다. 장고는 연주하기가 너무나 까다로워서 아코디언 연주자들의 실력을 검증하는 곡이라고 알려져 있던 폴카 곡을 연주하기 시작했다. 전통적인 방식으로 연주를 마친 그는 멈추는 대신에 일련의 즉흥적인 방식으로 빠르게 변화시키면서 연주를 이어 갔다. 그 노련한 음악가들이 한 번도 들어보지 못한 방식으로 창의적으로 곡을 구부리고 비틀면서 연주했다. 그 업계의 전문 용어를 쓰자면, 〈뽑은 칼로〉 연주를 하고 있었다. 그는 그들이 신성하게 여기는 무도회장의 곡을 비틀어서 도발을 하고 있었지만, 너무나 독창적인 해석이었기에 누구도 항의하지 않았다. 그의 창작 능력에는 끝이 없었다. 그의 동료 음악가 중 한 명은 이렇게 말했다. 「내 생각에 그는 어렸을 때 인쇄된 악보가 존재한다는 것조차 몰랐을 거예요.」[40] 그러나 장고는 곧 자신이 터득한 온갖 재주를 마음껏 발휘할 수밖에 없는 상황에 처하게 된다.

그가 열여덟 살 때 마차에 켜둔 촛불이 아내 벨라가 장례식에 쓰기 위해 만든 셀룰로이드 꽃다발에 옮겨 붙었다. 곧 마차가 폭발하면서 끔찍한 상황이 벌어졌다. 장고는 온몸의 절반에 화상을 입었고 1년 반 동안 누워 있어야 했다. 프렛을 짚어야 하는 왼손의 약손가락과 새끼손가락은 불에 녹아서 덜렁거리는 살덩어리로 변했다. 줄을 짚는 데 아무런 쓸모가 없어졌다. 하지만 장고는 즉흥 연주에 능숙했다. 피글리에 델 코로의 펠레그리나가 이가 다 빠지자 오보에 대신 바이올린을 연주했듯이, 그도 방향을 바꾸었다. 그는 엄지와 나머지 두 손가락으로 코드 짚는 법을 스스로 터득했다. 왼손을 기타의 목을 따라 빠르게 오갈 때 집게손가락과 가운뎃손가락이 물장구를 치듯이 줄을 짚어 댔다. 그는 새로운 기타 연주법을 선보이면서 다시 등장했고, 그의 창의성도 폭발했다.[41]

장고는 한 프랑스 바이올리니스트와 함께 무도회장 음악을 재즈와 결합함으로써 새로운 유형의 즉흥 음악을 창안했다. 딱히 뭐라고 정의하기가 어려운 음악이었기에, 그냥 〈집시 재즈〉라고 불렸다. 그가 악상이 저절로 떠올라서 지은 곡들 중 일부는 〈표준〉이 되었다. 다른 음악가들이 즉흥 연주를 할 때 토대로 삼는 곡들이 되었다. 그는 오늘날 친숙해진 거장의 기타 독주법을 창안했다. 장고의 음반을 소중히 간직했고, 자신의 그룹에 밴드 오브 집시스Band of Gypsys라는 이름을 붙인 지미 헨드릭스[42]부터 첫 음반을 낼 때 독학으로 배운 여섯 가지가 넘는 악기들을 연주했던 프린스에 이르기까지, 그의 연주법은 다음 세대의 음악에 깊은 영향을 미쳤다. 헨드릭스가 미국 국가를 토대로 놀라운 연주곡을 짓기 오래전에, 장고는 프랑스 국가를 토대로 변주를 했다.

그는 악보 읽는 법을 결코 배우지 못했지만(아니 글을 읽을 줄조차 몰랐다. 팬들을 위해 자필로 사인해 주는 법도 동료 음악가가 가르쳐야 했다), 장고는 교향곡도 작곡했다. 그가 기타로 각 악기가 어떤 식으로 합주해야 하는지 알려 주면, 다른 음악가가 열심히 악보로 적는 식이었다.

그는 마흔세 살의 나이에 뇌출혈로 세상을 떠났지만, 그가 거의 한 세기 전에 만든 음악은 「매트릭스」와 「에비에이터」 같은 할리우드 대작 영화와 대성공을 거둔 「바이오쇼크」 같은 비디오 게임을 포함해 대중문화에 지금도 계속 쓰이고 있다. 『재즈의 탄생The Making of Jazz』의 저자는 악보를 읽을 수도 전통적인 손가락 주법으로 연주할 수도 없었던 사람이 〈재즈 역사상 가장 중요한 기타리스트라는 사실에는 의문의 여지가 없다〉라고 썼다.

체키니가 흥분해서 이야기를 할 때면 덥수룩한 눈썹과 수염이 바람에 떨어 대는 관목마냥 바르르 떨린다. 지금이 바로 그렇다. 그는 장고 이야기를 하고 있으며, 장고의 엄청난 팬이다. 그는 키우고 있는 검은 푸들에 장고라는 이름을 붙이기도 했다. 그는 색 바랜 유튜브 동영상[43]을 보여 주면서 공모하듯이 속삭인다. 「이거 한 번 봐요.」

가느다란 콧수염에 머리를 매끈하게 뒤로 넘긴 보타이 차림의 장고가 보인다. 무용지물이 된 왼손의 두 손가락은 갈고리발톱처럼 굽어 있다. 갑자기 그 손이 기타 목을 따라 끝까지 홱 올라가더니, 빠르게 음들을 짚으면서 다시 쭉 내려온다. 「정말 놀라워요! 왼손과 오른손의 움직임이 환상적으로 들어맞아요.」

엄격하고 신중한 훈련 학파는 오류 교정에 의식적으로 초점을 맞추는 것이 유용한 훈련이라고 말한다. 그러나 즉흥 연주 형식의 발전을 가장 포괄적으로 살펴본 듀크 대학교의 폴 벌리너Paul Berliner는 즉흥 연주가들의 유년기를 정식 교육이 아니라 〈삼투 과정〉이라고 묘사한다. 〈대부분은 전공할 악기를 고르기 전에 예비 단계로서 연주실에 있는 다양한 악기들을 건드려 본다. 아이들이 다양한 악기들을 연주하는 기술을 습득하는 것은 드문 일이 아니다.〉[44] 벌리너는 〈(형식에 치우친) 교사에게 근본적으로 의존하는 방식의 교육을 받아 온 이들〉이 즉흥 연주가가 되고 싶다면 〈학습에 새로운 접근법을 취해야 한다〉라고 덧붙였다. 많은 음악가들이 벌리너에게 털어놓은 이야기들은 브루벡의 이야기와 비슷했다. 자신들이 악보를 읽지 못한다는 것을 교사가 알아차렸을 무렵에는 이미 〈악보를 따라하는 척할〉 수 있을 만큼 모방과 즉흥 연주에 능숙해진 상태였다는 것이다. 벌리너는 즉흥 연주를 배우는 젊은이들에게 직업 음악가들이 들려주는 조언을 전했다. 〈연주를 어떻게 할지 생각하지 마라. 그냥 즐겨라.〉

체키니와 앉아 있을 때, 그는 인상적인 즉흥 연주를 한 곡 들려주었다. 내가 녹음할 수 있게 다시 한번 들려 달라고 부탁하자, 그는 이렇게 말했다. 「내 머리에 총을 갖다 댄다고 해도, 다시 할 수가 없어요.」 샌프란시스코에 있는 캘리포니아 대학교의 귀 전문 외과의이자 청각 전문가이자 음악가인 찰스 림Charles Limb은 재즈 음악가들이 MRI 스캐너 안에서 즉흥 연주를 할 수 있도록 금속을 뺀 건반을 고안했다. 림은 그 음악가들이 연주할 때 주의 집중, 억제, 자기 검열과 관련된 뇌 영역들의 활성이 줄어든다는 것을 발견했다. 그는 『내셔널 지오그래픽』에 이렇게 말했다. 「마치 뇌가 자신을 비판하는 능력을 꺼버리는 것 같아요.」[45] 즉흥 연주를 할 때 음악가들은 의식적으로 오류를 찾아내는 행동과 거의 정반대로 교정을 중단한다.

즉흥 연주의 거장들은 아기처럼 배운다. 먼저 푹 빠져든 채 흉내

내고 즉흥으로 연주를 하며, 형식적인 규칙들은 나중에야 배운다. 체키니는 내게 말했다. 「처음부터 엄마가 책을 주면서 〈이건 명사야, 이건 대명사야, 이건 현수분사야〉라고 말했겠어요? 우리는 먼저 소리를 습득합니다. 문법은 그런 다음에야 배우는 거죠.」

한번은 장고 라인하르트가 솔리드보디 전기기타를 발명한 레스 폴Les Paul과 택시를 탔다. 폴도 독학으로 음악을 배웠고, 로큰롤과 미국 발명가 두 분야에서 명예의 전당에 오른 유일한 사람이었다. 라인하르트는 폴의 어깨를 두드리면서 악보를 읽을 수 있는지 물었다. 폴은 나중에 이렇게 회상했다. 「못 읽는다고 대답했죠. 그러자 그는 눈물이 나올 때까지 낄낄 웃어 대더니 이렇게 말하더군요. 〈나도 못 읽어요. 난 C가 뭔지도 몰라요. 그냥 연주하는 거죠.〉」[46]

체키니는 무대에서 비범한 재즈 공연자에게 특정한 음을 연주하라고 했을 때 연주자가 무슨 말인지 이해하지 못하는 것을 보고 놀라곤 한다고 말했다. 「재즈 음악가들 사이에는 오래된 농담이 하나 있어요. 누군가가 〈너 악보 읽을 줄 알아?〉라고 물어요. 그러자 그 친구가 이렇게 대꾸하죠. 〈내 연주를 헐뜯는 말치고는 너무 약한데?〉」 그 농담에는 진실이 담겨 있다. 체키니는 시카고 교향악단의 전속 음악가들을 가르쳐 왔다. 그 교향악단은 2015년에 한 평론가 평가단으로부터 미국 최고이자 세계 5위라는 평가를 받았다. 「클래식 연주자가 재즈를 연주하는 법을 배우는 것보다 재즈 음악가가 클래식 음악을 연주하는 법을 배우는 게 더 쉬워요. 재즈 음악가는 창작 예술가이고, 클래식 음악가는 재창작 예술가죠.」

장고 라인하르트가 나이트클럽 음악에 활기를 불어넣은 뒤로, 고전 음악을 정통으로 배운 음악가들 중에 재즈로 방향을 바꾸려 시도하는 이들이 나타났다. 그 시대를 살펴본 책을 여러 권 쓴 마이클 드레니Michael Dregni는 즉흥 연주가 〈음악 학교에서 배우는 교습과 정반대인 개념〉이라고 했다. 〈엄격한 음악 학교식 교습을 여러 해 동안 받고 나면, 다른 음악으로 바꾸기가 불가능했다.〉[47] 20세기의 위대한 클래식 피아니스트 중 한 명으로 꼽히는 레온 플라이셔Leon Fleisher는 2010년에 작가와 공동 저술한 회고록에서 자신의 〈가장 큰 소망〉이 즉흥 연주를 하는 것이라고 했다. 그러나 악보에 적힌 음들을 탁월하게 해석하면서 평생을 보냈음에도, 그는 이렇게 토로했다. 〈나로서는 즉흥 연주를 도저히 할 수가 없다.〉[48]

체키니는 음악을 이야기할 때 언어 학습에 비유했는데, 그 비유는 드문 것이 아니다. 대중의 의식 속에 조기 음악 교습과 동의어로 여겨지는 스즈키 음악 교습법도 신이치 스즈키(鈴木鎭一)가 자연 언어 습득 과정을 모방해 고안한 것이었다. 스즈키는 어릴 때 부친의 바이올린 공장에서 놀곤 했는데, 그 악기를 그저 장난감으로 여겼다. 누이들과 싸울 때면 서로 바이올린을 휘두르곤 했다. 그가 바이올린을 연주하려고 처음 시도한 것은 열일곱 살 때, 「아베 마리아」 음반을 듣고 감동해서였다. 그는 공장에서 바이올린 하나를 집으로 들고 와서 그 음악을 귀로 듣고 흉내 내려고 시도했다. 그는 이 첫 시도를 이렇게 묘사했다. 〈지극히 독학으로 터득한 기법은 끽끽거리는 소리에 불과했지만, 어쨌든 마침내 그 곡을 연주할 수 있게 되었다.〉[49] 나중에야 그는 기교를 배우러 나섰고 이윽고 연주자가 되었으며, 그 뒤에는 교육자가 되었다. 아메리카 스즈키 협회는 이렇게 적고 있다. 〈아이들은 말하는 법을 배우기 위해 연습을 하지 않는다. (……) 아이들은 말하는 능력이 잘 발달한 뒤에야 읽는 법을 배운다.〉

전체적으로 보자면, 이 양상은 딱히 음악을 다룬 것은 아니지만 고전적이라고 할 한 연구 결과와 들어맞는다. 훈련의 폭이 전이의 폭을 예측해 준다는 것이다. 즉 무언가를 더 다양한 맥락에서 학습할수록, 학습자는 더욱더 추상적 모델을 구축하며, 구체적인 사례에 덜 의지한다는 것이다. 그럴 때 학습자는 전에 접한 적이 없는 상황에 지식을 응용하는 일을 더 잘할 수 있고, 그것이 바로 창의성의 본질이다.

타이거 맘의 책에 비해서 창의적 성취를 지향하는 육아 교본은 첫머리에서 제시하는 규칙 목록이 훨씬 더 짧아야 할 듯하다. 심리학자 애덤 그랜트Adam Grant는 부모들에게 조언하면서, 창의성은 함양하기는 어려울지라도 좌절시키기는 쉽다고 했다. 그는 전형적인 아이들의 가정에는 규칙이 평균 여섯 개인 반면, 극도로 창의적인 아이들의 가정에는 한 개뿐이라는 연구 결과를 지적했다.[50] 창의적인 자녀의 부모는 마음에 들지 않는 일을 자녀가 한 뒤에야 자신의 견해를 밝혔다. 즉 하지 말라고 미리 말하지 않았다. 그런 가정은 미리 제약을 가하는 경우가 드물었다.

체키니는 몇 시간에 걸친 대화가 끝날 무렵에 이렇게 말했다. 「가장 위대한 음악가들 중 일부가 독학으로 음악을 터득하고 악보 읽는 법을 전혀 배우지 못한 이들이라니 좀 기이하죠. 그것이 최선의 방법이라는 말은 아니지만, 지금 재즈를 가르치는 학교들에서 많은 학생들이 배출되고 있는데, 그들의 음악을 들으면 모두 똑같아요. 나름의 소리를 찾으려는 것 같지가 않아요. 색다른 장소에서 똑같은 소리를 찾으려고 애쓰면서, 더 많은 실험을 해보며 독학을 할 때 문제 푸는 법을 배우는 게 아닐까요?」

체키니는 잠시 말을 멈추더니 의자에 등을 기대고는 천장을 바라보았다. 잠시 뒤 그는 말을 이었다. 「내가 오랜 세월 동안 온갖 실험을 하면서 찾아낸 운지법은 2분이면 다 보여 줄 수 있어요. 우리는 무엇이 옳고 그른지 알지 못합니다. 그런 건 머릿속에 들어 있지 않아요. 그냥 해보면서 문제의 해결책을 찾아내는 겁니다. 그렇게 50년쯤 지나고 나면 뭔가 좀 보이기 시작해요. 느리죠. 그러나 그러다 보면 뭔가 배우는 게 있어요.」

4장
빠른 학습과 느린 학습

「얘들아, 이제 이글스 경기를 보러 가는 거야.」기운이 넘치는 수학 교사는 8학년 학생들에게 말한다. 그녀는 학생들에게 동기 부여를 할 상황들을 제시하면서 문제를 이해하도록 애쓴다. 「그들은 핫도그를 팔고 있어. 말이 나온 김에 덧붙이자면, 필라델피아 핫도그는 아주 맛있단다.」학생들이 킥킥거린다. 한 명이 끼어든다. 「치즈 스테이크도요.」

학생들의 이목을 집중시킨 교사는 오늘 배울 내용을 꺼낸다. 단순한 대수식이다. 「이글스 팀이 뛰는 경기장에서는 핫도그 하나에 3달러에 팔고 있어. 이제 너희는 핫도그 N개(의 가격)라는 변수 수식을 배울 거야.」학생들은 정해지지 않은 수를 표현하는 문자가 어떤 의미를 지니는지 배워야 한다. 수학 능력을 계발하려면 이해해야 하지만, 설명하기가 그리 쉽지 않은 추상적 개념이다.

마커스가 나서서 말한다. 「N 오버over 3달러예요.」

「〈오버〉가 아니야.」교사가 말한다. 「오버는 나눈다는 뜻이니까.」

교사는 올바른 수식을 알려 준다. 「3N이야. 3N은 몇 개를 사든 간에 하나에 3달러씩을 내야 한다는 뜻이야, 알겠니?」 한 학생은 혼란스럽나 보다. 「N이 어디에서 나온 거예요?」

「N은 핫도그의 개수야. 내가 지금 변수로 쓰고 있는 문자야.」 교사가 설명하자, 젠이라는 학생이 그건 곱해야 한다는 뜻이냐고 묻는다. 「맞아. 내가 핫도그를 두 개 산다면, 돈을 얼마나 내야 하지?」

젠은 6달러라고 정답을 맞힌다.

「잘했어. 3 곱하기 2지.」 다른 학생이 손을 든다. 「그래, 말하렴.」

「다른 문자를 써도 돼요?」 미셸이 궁금한 듯 묻자, 교사는 그래도 된다고 말한다.

「그러면 혼란스럽지 않을까요?」 브랜든이 묻는다.

교사는 어떤 문자든 써도 된다고 설명한다. 이제 오늘 수업의 뒷부분으로 넘어간다. 식에 수 대입하기다.

「내가 핫도그 하나에 3달러라고 말한 것이 바로 〈식에 수 대입하기〉야.」[2] 교사는 칠판에 〈7H〉라고 적고서 묻는다. 「한 시간 동안 일해서 7달러를 번다고 해. 그런데 이번 주에 두 시간 일했어. 얼마나 벌었을까?」 라이언이 정답을 맞힌다. 「14달러요.」 「열 시간 일했다면?」 조시가 대답한다. 「70달러요.」 교사는 학생들이 점점 이해하고 있음을 알 수 있다. 하지만 곧 학생들이 사실상 식을 전혀 이해하지 못하고 있음이 명확해진다. 교사가 두 수를 말할 때마다 그냥 곱했던 것이다.

「미셸, 우리가 방금 뭘 했지? 몇 시간이라고 말한 다음에 뭘 했지?」 「거기에 7을 곱했어요.」 미셸이 대답한다. 「맞아. 사실 우리는

H가 있는 식에 수를 넣은 거야.」교사가 설명한다. 「그게 바로 대입한다는 뜻이지. 변수를 수로 바꾸는 거야.」

그러자 또 한 학생이 혼란스러운 기색을 보인다. 「그러면 핫도그 문제에서요, N은 2가 되는 건가요?」「맞아. N 자리에 2를 넣은 거지.」교사가 대답한다. 「그렇게 해서 값을 구했어.」그 학생은 더 알고 싶어 한다. 「핫도그 값이 얼마이든 간에 그냥 2를 곱하면 안 되나요? N이 그냥 2라면, 〈2〉 대신에 굳이 〈N〉이라고 쓸 이유가 있나요?」

학생들이 질문을 더 할수록 각각의 사례에서 말한 특정한 수만 이해했을 뿐, 그 수들을 변수라는 추상 개념과 연결하지 못한다는 사실이 점점 명확해진다. 「사회 시간이 수학 시간보다 세 배 더 길어.」교사가 다시 실제 사례를 들자, 학생들은 완전히 헷갈린다. 「5교시가 가장 긴 줄 알았는데요?」한 아이가 끼어든다. 학생들에게 그 말을 변수 수식으로 바꿔 보라고 하자, 이런저런 추측을 내놓기 시작한다.

「미셸, 〈어떤 수보다 6이 적다〉고 하면, 어떻게 바꿀까?」교사가 묻는다.

「6 빼기 N이요.」미셸이 답한다. 「틀렸어.」

오브리가 유일한 대안을 제시한다. 「N 빼기 6이요.」「잘했어.」

아이들은 이런 유형의 두 가지 가능한 답 중에서 하나가 정답인 질문들에 계속 답한다. 실시간으로 지켜보고 있으면, 아이들이 이해하고 있다는 인상을 받을 수 있다.

「15 빼기 B라고 하면?」교사는 이번에는 수식을 말로 바꾸라는 질문을 던진다. 가능한 두 가지 답 중에서 정답을 고를 시간이다. 「B

보다 15가 적다?」 패트릭이 탐색하듯이 묻는다. 교사가 곧바로 대답하지 않자, 패트릭은 다른 답을 시도한다. 「15보다 B가 적다.」 이번에는 즉시 답이 나온다. 「맞았어.」 이런 식으로 계속 이어진다. 「킴은 엄마보다 15센티미터 작다.」 「N 빼기 마이너스 15요.」 스티브가 답한다. 「아닌데?」 「N 빼기 15요.」 「잘했어.」 「마이크는 질보다 세 살 더 많아. 그래, 라이언?」 「3X요.」 「아닌데? 그건 곱하기 아니니?」 「3 더하기 X요.」 「잘했어.」

마커스는 확실하게 정답을 내놓는 방법을 이해한 모양이다. 그는 다음 질문에 손을 번쩍 든다. 「W 나누기 3은?」 「W 오버 3, 아니면 3 오버 W예요.」 그는 가능한 답을 다 말한다. 「잘했어. 3 오버 W야.」

교사가 간결하게 잘 제시하고 있음에도, 학생들은 학교에서 연습 문제를 풀 때 말고는 이런 수와 문자가 어떤 쓸모가 있는지를 이해하지 못하고 있는 것이 분명하다. 변수 수식이 실제로 어디에 쓰일 수 있을지 묻자, 패트릭이 답한다. 「수학 문제를 풀 때요.」 그래도 학생들은 연습 문제의 정답을 맞히는 법은 이해했다. 선생님에게 교묘하게 질문을 함으로써다.

교사는 아이들이 숙달되어 가고 있는 선다형 게임을 생산적인 탐사라고 착각하고 있다. 때로 학생들은 협력한다. 잇달아서 말한다. 「K 오버 8이요.」 한 명이 말하자, 또 한 명이 재빨리 뒤를 잇는다. 「K 나누기 8이요.」 또 한 명이 덧붙인다. 「8의 K요.」 3분의 1의 확률이다. 교사는 학생들이 정답에 도달하지 못할 때에도 다정하게 계속 격려한다. 「괜찮아. 너희는 생각을 하고 있는 거야.」 하지만 문제는 그들이 생각하는 방식이다.

이 광경은 효과적인 수학 교습법을 파악하고자 미국, 아시아, 유럽의 수백 개 교실의 수업 장면을 촬영해 분석한 자료 중 일부다. 미국에서의 수업 시간이다. 말할 필요도 없겠지만, 교실 풍경은 나라마다 전혀 다르다. 네덜란드 학생들은 으레 교실에 늦게 들어오며, 수업 중에 자습을 하면서 보내는 시간이 많다. 홍콩은 미국과 매우 비슷한 풍경이다. 개별 활동보다는 교사가 가르치는 시간이 대부분을 차지한다. 현실 세계에서 가져온 문제들을 많이 제시하는 나라도 있고, 추상적인 기호를 다루는 수학에 더 치중하는 나라도 있다. 아이들이 계속 자기 자리에 앉아만 있는 수업도 있고, 칠판에 나와서 적곤 하는 수업도 있다. 아주 활달한 교사도 있고, 근엄한 교사도 있다. 차이점을 나열하면 길게 이어지지만, 그중 어느 것도 학생들의 국가별 성취도 차이와 관련이 없었다. 유사점들도 있었다. 모든 국가의 모든 교실에서 교사는 주로 두 가지 유형의 질문에 의지했다.

더 흔한 쪽은 〈절차를 이용한〉[3] 질문이었다. 기본적으로 방금 배운 것을 연습하는 방식이다. 예를 들면 다각형의 내각의 합을 구하는 공식($180 \times (면의 수 - 2)$)을 알려 주고서, 연습 문제지에 실린 다각형들에 적용하는 것이다. 다른 하나는 〈연결하는〉 질문이었다. 단지 절차를 제시하는 것이 아니라, 학생들에게 더 폭넓은 개념과 연결하도록 유도하는 것이다. 교사가 학생들에게 〈왜〉 그 공식이 들어맞는지를 묻거나, 삼각형부터 팔각형까지 모든 다각형에 들어맞는지 알아보게끔 할 때 그런 방식을 쓸 가능성이 높았다. 양쪽 질문 유형 모두 유용하며, 조사한 모든 나라의 모든 교실에서 교사들이 제시했다.

그러나 연결하는 문제를 물은 〈뒤〉 교사가 한 일에서는 한 가지 중요한 차이가 나타났다. 학생들이 조금 혼란스러운 상황을 헤쳐 나가도록 놔두기보다는 교사는 연결하는 문제를 절차 이용 문제로 전환하는 단서를 제공함으로써 학생들을 유도하곤 했다. 미국의 교실에서 기운 넘치는 교사가 하고 있던 일이 바로 그것이다. 학습을 연구하는 시카고 대학교 교수 린지 리칠랜드Lindsey Richland는 나와 함께 그 동영상을 보면서, 학생들이 교사와 선택지 중에서 고르고 있을 때 〈그들이 실제로 하고 있는 것은 규칙을 찾는 것〉이라고 말했다. 학생들은 자신들이 이해하지 못하는 개념 문제를 간단히 실행할 수 있는 절차 문제로 바꾸려고 시도하고 있었다. 「우리 인간은 어떤 과제를 해내기 위해서 해야 하는 최소한의 일만을 하려고 시도하는 쪽으로 매우 뛰어나요.」 단서를 제공함으로써 해법으로 나아가게 유도하는 것은 영리하면서 편의주의적인 방법이다. 문제는 폭넓게 적용될 수 있는 개념을 학습할 때 편의가 역효과를 일으킬 수 있다는 것이다.

미국에서는 학생들에게 제시되는 질문 중 약 5분이 1이 연결하는 질문으로 시작했다. 그러나 학생들이 교사가 제시하는 단서를 통해 해법으로 유도되어 문제를 풀 무렵에는 연결하는 문제는 사실상 전혀 남아 있지 않았다. 연결하는 문제는 교사와 학생의 상호작용 속에서 살아남지 못했다.

모든 나라에서 교사는 때때로 동일한 함정에 빠지곤 했지만, 학업 성취도가 더 높은 나라에서는 연결하는 문제 중 상당수가 학생들이 이해하고자 애쓸 때 그대로 남아 있었다. 일본에서는 연결하는 문제가 모든 문제의 절반 이상을 차지했으며, 그중 절반은 문제를 해결하는 내내 그대로 남아 있었다. 여러 부분으로 이루어진 문제 하나를 푸는 데 수업 시간 전체를 할애하기도 했다. 한 학생이 선택지 중에서 고르는 대신에 어떻게 문제에 접근할지 아이디어를 제시하자, 교사는 학생을 칠판 앞으로 나오게 해서 그 아이디어 옆에 학생의 이름이 적힌 자석을 붙였다. 수업이 끝날 무렵에는 교실 벽 하나를 차지한 칠판에 적힌 문제 하나가 반의 집단 지식 여행을 담은 선장의 항해 일지 역할을 했다. 막다른 골목들도 가득했다. 리칠랜드는 원래 각 수업을 찍은 동영상에 그 시간에 다룬 학업 주제 하나의 이름을 붙이려 했지만, 〈일본의 수업에서는 그럴 수가 없었어요〉라고 말했다. 「이런 문제들을 너무나 다양한 내용과 연계시킬 수 있었으니까요.」 [일본어에는 칠판에 적어 가면서 개념 연결을 따라가며 집단적으로 문제를 풀어 가는 과정을 가리키는 반쇼(板書)[4]라는 용어가 있다.]

골프에서와 마찬가지로, 절차 연습은 수학에서도 중요하다. 그러나 수학 교습 전략 전체를 보면, 그 점은 문제가 된다. 리칠랜드 연구진은 〈학생들은 수학을 하나의 《시스템》으로 보지 않는다〉[5]라고 썼다. 학생들은 수학을 그저 절차의 집합이라고 본다. 변수 수식이 세상과 어떻게 연결되는지를 패트릭에게 물었을 때, 수학 시간에 문제를 푸는 데 유용하다는 답이 나온 것과 비슷하다.

리칠랜드 연구진은 지역 전문대학 학생들 — 미국 대학생의 41퍼센트 — 이 자신들이 암기한 알고리듬에 놀라울 만치 높은 수준으로 의지한다는 것을 밝혀냈다. $a/5$와 $a/8$ 중 어느 쪽이 더 값이 큰지 묻자 53퍼센트가 정답을 맞혔지만, 거의 추측한 거나 다름없었다. 답을 설명하라고 하자, 그들은 대개 어떤 알고리듬을 들먹거리곤 했다. 학생들은 분모에 초점을 맞추어야 한다는 것을 기억했지만, 분모가 더 크니까 a/8이 a/5보다 크다는 뜻이라고 착각한 이들이 많았다. 공통분모를 찾아야 한다는 것을 떠올렸지만, 그 이유가 무엇인지를 정확히 모르는 이들도 있었다. 분수를 보면 서로 곱하는 것이라고 알고 있어서, 반사적으로 곱한 학생들도 있었다. 이 문제와는 아무 관계가 없었음에도 그랬다. 무언가를 다섯 조각으로 나누면 여덟 조각으로 나눌 때보다 조각이 더 클 것이라는 일반적인 개념적 추론에서 출발한 학생은 15퍼센트에 불과했다. 그런 학생들은 예외 없이 정답을 맞혔다.

대학생 중에는 두 수를 더하면 그 두 수를 합친 세 번째 수가 나온다는, 초등학생도 대부분 알고 있는 수의 의미를 모르는 듯한 이들도 있었다. 한 학생은 462+253=715임을 검증하라고 하자, 715에서 253을 빼면 462가 나온다고 했다. 다른 방법이 있느냐고 물었을 때, 그는 715에서 462를 빼면 253이 나오는지를 보는 것이라는 대답을 떠올리지 못했다. 그가 배운 규칙은 더하기 기호의 오른쪽에 있는 수를 빼서 답이 맞는지 검사한다는 것이었기 때문이다.

리칠랜드는 더 어린 학생들이 연결하는 문제를 집에 숙제로 가져가면 부모들이 이렇게 말할 가능성이 높다고 했다. 「어디 보자, 음, 더 빠르고 더 쉬운 방법을 가르쳐 줄게.」 교사가 그 문제를 절차 활용 연습 문제로 전환하지 않았다면, 부모들이 좋은 의도를 갖고 그렇게 한다는 것이다. 부모는 아이가 끙끙거리고 있으면 편치 않기에, 빠르고 쉽게 이해할 수 있도록 돕고 싶어 한다. 그러나 학습이 지속성을 띠고(즉 머릿속에 오래 남아 있고) 융통성을 가지려면(폭넓게 적용될 수 있으려면), 〈빠르고 쉽게〉 배우는 것 자체가 문제가 된다.

「일부에서는 미국 학생들이 고등학교 지식을 평가하는 국제 대회에서 낮은 점수를 받는 이유가 어느 정도는 수업 시간에 너무 잘하기 때문이라고 주장합니다.」 윌리엄 대학의 인지심리학자 네이트 코넬Nate Kornell의 말이다. 「쉬운 것을 어렵게 만드는 것이 중요해요.」

코넬은 〈바람직한 어려움desirable difficulty〉이라는 개념을 설명하는 중이다. 단기적으로는 학습을 더 힘들고 느리고 좌절감을 주도록 만들지만, 장기적으로는 더 좋은 장애물을 가리킨다. 8학년 수학 수업에서처럼 지나치게 많은 단서를 제공하는 것은 정반대다. 당장은 수행 성과를 높이지만, 장기적으로는 발전에 방해가 된다. 교실에서 쓸 수 있는 몇몇 바람직한 어려움은 가장 확고하게 지지를 받는 강화 학습 방법에 속하며, 열정적인 8학년 수학 교사는 좋은 의도로 당장의 발전에 초점을 맞추다가 그만 이 모든 안 좋은 효과를 고스란히 일으켰다.

바람직한 어려움 중 하나는 〈생성 효과generation effect〉라는 것이다. 설령 틀린 답을 내놓는다고 해도 스스로 답을 제시하려고 애쓰는 것이 나중의 학습을 강화한다는 것이다. 제자들에게 답을 알려 주기보다는 답을 생각해 내라고 촉구했을 때, 소크라테스는 그 사실을 알고 있었던 것이 분명하다. 학습자에게 훗날의 혜택을 위해 현재의 수행 성과를 의도적으로 희생할 것을 요구하는 방식이다.

코넬은 심리학자 재닛 멧커프Janet Metcalfe와 함께 사우스브롱크스 지역 6학년 학생들의 어휘 학습 수준을 조사한 뒤, 학습 방법을 다양하게 함으로써 생성 효과를 살펴보았다.[6] 어떤 단어들은 단어와 그 정의까지 함께 알려 주었다. 이런 식이었다. 〈협약을 맺기 위해서 무언가를 논의하는 것: 협상하다.〉 다른 단어들은 정의만 먼저 알려 주고서, 어떤 단어일지 잠시 생각할 시간을 주었다. 단어를 알려 주기 전까지 학생들은 전혀 감을 잡지 못할 때도 있었다. 나중에 평가를 하자, 학생들은 정의만 먼저 알려 주었던 단어를 더 잘 기억했다. 이 실험은 컬럼비아 대학교 학생들을 대상으로도 이루어졌다. 그들에게는 더 모호한 단어들을 제시했다(오만한 태도로 깔보는 것: 거드름 피우다). 결과는 동일했다. 답을 짜내 보라고 했을 때가 설령 틀린 답을 내놓는다고 해도 그 뒤에 학습 성취도가 더 높았다. 아주 엉뚱한 답을 내놓는 것조차도 도움이 될 수 있다. 멧커프 연구진의 연구에서는 〈과잉 교정 효과hypercorrection effect〉[7]도 반복적으로 나타났다. 학습자가 오답인데도 맞다고 더 자신할수록, 그 뒤에 정답을 알게 될 때 그 정보가 더 오래 남는다는 것이다. 큰 실수를 견뎌 낼 때 가장 나은 학습 기회가 생길 수 있다.*

코넬 연구진은 컬럼비아 대학생들보다 학업에 겨우 조금 덜 애쓸

* 이는 스포츠에서 얻은 결과를 나머지 세계로 확대 추정할 때 잘못될 수 있음을 보여 주는 또 다른 사례다. 운동 기술 학습에서는 어떤 나쁜 습관이 일단 형성되면 바로잡기가 힘들 수 있다. 엘리트 코치는 선수가 아이 때 잘못 지도를 받아서 몇 년에 걸쳐 잘못 들인 운동 습관을 바로잡기 위해 많은 노력을 기울인다. 그러나 스포츠 이외의 세계에서는 틀린 답을 반복하는 행동이 어쨌든 마지막에 정답이 주어지기만 하면 학습에 기여할 수 있다.

뿐인 영장류에게서도 실수를 부추기는 방식이 장기적으로 혜택을 가져온다는 것을 보여 주었다. 시행착오를 통해서 목록을 배우도록 훈련시킨 붉은털원숭이들인 오베론과 맥더프는 특히 그랬다.[8] 코넬은 한 동물 인지 전문가와 함께 오베론과 맥더프를 대상으로 흥미로운 실험을 했다. 무작위로 고른 사진들을 특정한 순서로 보여 주면서 암기하게 했다(튤립, 물고기 떼, 추기경, 할리 베리, 까마귀 하는 식으로). 사진들은 모두 한 화면에 동시에 띄웠다. 이것저것 누르는 시행착오를 통해서 원숭이들은 실험자가 원하는 순서대로 누르는 법을 터득하고, 그 과정을 반복해야 했다. 그러나 모든 훈련이 똑같도록 설계된 것은 아니었다.

일부 훈련 과제 때 오베론(전반적으로 더 똑똑했다)과 맥더프는 시도를 할 때마다 자동적으로 단서를 제공받았다. 목록의 다음 사진을 알려 주는 식이었다. 또 도중에 막혀서 다음 항목을 보고 싶을 때마다, 스스로 화면에서 단서 상자를 누를 수 있게 한 과제도 있었다. 시도했을 때 절반만 단서가 보이도록 한 과제도 있었다. 그리고 아예 단서를 제공하지 않는 과제도 있었다.

요청하면 단서를 제공하는 과제에서는 원숭이들이 사람과 매우 흡사한 행동을 보였다. 가능할 때 거의 언제나 단서를 요청했고, 그럼으로써 많은 목록을 제대로 외웠다. 전반적으로 원숭이들은 한 목록을 외우는 데 약 250번을 시도했다.

그렇게 3일 동안 훈련한 뒤 과학자들은 훈련을 중단했다. 원숭이들은 4일째부터는 아무런 단서 없이 그동안 암기했던 목록을 모두 반복해야 했다. 결과는 재앙이나 다름없는 수준이었다. 오베론은 목록들 중 약 3분의 1만 제대로 기억했다. 맥더프는 5분의 1에도 못 미쳤다. 하지만 한 가지 예외가 있었다. 결코 단서를 제공받지 못한 목록들이었다.

그런 목록들은 훈련할 당시에는 성적이 형편없었다. 그들은 아무 단추나 마구 눌러 댔다. 그러나 하루하루 지날수록 꾸준히 나아졌다. 검사하는 날 오베론은 아무런 단서 없이 배운 목록들은 거의 4분의 3을 제대로 떠올렸다. 맥더프는 약 절반을 해냈다.

전체적으로 이 실험의 결과는 이렇게 요약된다. 훈련 때 이용할 수 있는 단서가 더 많을수록, 원숭이들은 훈련 당시에는 더 뛰어난 성과를 보였지만 검사 당일에는 성적이 더 안 좋았다. 맥더프는 훈련할 당시에 자동적으로 단서들을 제공받았던 목록에서는 제대로 떠올린 것이 〈전무〉했다. 단서를 갖고 연습한 목록들은 죄다 순식간에 잊어버린 듯했다. 이 연구의 결론은 단순했다. 〈단서를 갖고 한 훈련에서는 지속적인 학습 효과가 전혀 나타나지 않았다.〉

단서 없이 하는 훈련은 느리고 실수투성이다. 특히 시험이라고 말할 때 우리가 으레 떠올리는 것을 생각하면 더욱 그렇다. 물론 평가가 아니라 학습 목적일 때는 예외다. 평가라고 할 때 시험은 정말로 끔찍한 단어가 된다. 8학년 수학 교사는 본질적으로 수업 시간에 학생들을 시험하고 있었지만, 답을 유도하거나 노골적으로 제공하면서 그렇게 하고 있었다.

자기 평가를 포함해 시험은 학습에 쓰일 때, 아주 바람직한 어려움이 된다. 학습하기 전에 이루어지는 시험도 효과가 있다. 답이 틀렸음을 확인해 줄 때 그렇다. 코넬의 실험 중에는 참가자들에게 둘

씩 짝지은 단어들을 공부한 뒤, 나중에 얼마나 잘 떠올리는지 보는 시험이 있었다. 시험 시간에 그들은 퀴즈를 통해 배운 단어 쌍들을 가장 잘 떠올렸다. 퀴즈 때 틀렸던 것들까지도 그랬다. 정보를 인출하려고 애쓰는 과정에서 뇌는 후속 학습에 알맞은 상태가 된다. 인출 자체가 실패할 때에도 그렇다. 고생은 진짜일 때, 진짜로 유용하다. 코넬 연구진은 이렇게 썼다. 〈인생처럼, 인출도 여행이다.〉[9]

그 8학년 수업이 전형적인 연간 학습 일정에 따른 것이라면, 과학이 지속 가능한 학습이라고 권하는 것과 정반대다. 그런 학습 일정은 이번 주에는 이 주제만을 공부하고, 다음 주에는 다른 주제를 공부하는 식이다. 많은 전문성 계발 과정들처럼, 각각의 개별 개념이나 기술을 짧은 기간 집중적으로 공부한 뒤 다음 주제로 넘어간다. 이미 배운 것은 다시 돌아보지 않는다. 이 체계는 직관적으로는 와닿지만, 거기에는 또 한 가지 중요한 바람직한 어려움이 빠져 있다. 바로 〈간격 두기spacing〉, 즉 분산 연습distributed practice이다.

한 주제를 시간 간격을 두고서 여러 번에 걸쳐 학습한다는 말은 설득력이 있어 보인다. 사이사이에 신중한 무훈련 기간을 두는 신중한 훈련이라고 부를 수도 있겠다. 코넬은 이렇게 말했다. 「최대로 벌릴 수 있는 간격이 있긴 하겠지만, 아무튼 사람들이 짐작하는 것보다는 더 길어요. 외국어 어휘든 비행기 조종법이든 무엇을 공부하든 간에, 더 어려울수록 더 많이 배울 수 있어요.」 연습 시간들 사이의 간격은 학습을 강화하는 어려움을 형성한다. 한 연구에서는 스페인어 어휘 학습자들을 두 집단으로 나누었다.[10] 한 집단은 어휘를 배운 바로 그날 시험을 보았다. 두 번째 집단은 학습한 지 한 달 뒤에 시험을 보았다. 그 뒤로 스페인어를 전혀 배우지 않은 채로 8년이 지났을 때 조사해 보니, 두 번째 집단이 250퍼센트나 더 잘 기억하고 있었다. 스페인어 학습량이 정해져 있을 때, 간격 두기는 쉬운 것을 어렵게 만듦으로써 학습을 더 생산적으로 만들었다.

간격 두기 효과는 그렇게까지 오래 기다리지 않아도 나타난다. 아이오와 주립대학교 연구진은 실험 참가자들에게 단어 목록을 읽어 준 다음 곧바로, 또 15초 동안 연습한 뒤, 연습을 막기 위해 15초 동안 아주 단순한 수학 문제를 풀도록 한 뒤에 말해 보라고 했다.[11] 듣고서 곧바로 말한 이들이 가장 점수가 높았다. 15초 동안 연습한 뒤에 말한 이들이 그다음이었다. 수학 문제를 푸느라 신경이 분산되었던 이들이 마지막이었다. 그런데 나중에 모두가 실험이 다 끝났다고 생각했을 때, 갑자기 깜짝 퀴즈가 제시되었다. 목록에서 떠올릴 수 있는 단어를 다 적으라는 것이었다. 그러자 성적이 가장 안 좋았던 집단이 갑자기 가장 성적이 좋아졌다. 단기적 연습은 전적으로 단기적 혜택만 주었다. 수학 문제에 신경이 분산된 집단에게서는 정보를 간직하려고 애쓰고 이어서 떠올리려고 애쓰는 행동이 그 정보를 단기 기억에서 장기 기억으로 넘기는 데 기여했던 것이다. 반면 곧바로 연습할 기회를 얻은 집단은 깜짝 퀴즈에서 거의 아무것도 떠올리지 못했다. 즉 반복보다 더 중요한 것은 고생임이 드러났다.

공부할 때 정답을 맞히는 것이 나쁘다는 말이 아니다. 그러나 학습자가 지식이 가장 필요할 때 증발해 버리는 지식 신기루를 지닌 오베론(아니, 더 심하게 맥더프)처럼 되고 싶지 않다면, 학습 진도를 너무 빨리 나가서는 안 된다. 한 심리학 연구진의 말을 빌리자면, 단서를 지나치게 많이 제공하면 학습은 〈상당한 기간이 경과하면 살아남지 못할, 자칫 오해를 불러올 수 있는 높은 수준의 즉석 숙달을 빚어낸다.〉[12] 학습량이 정해진 경우라면 학습은 사실상 단기적으로 비효율적일 때 장기적으로 가장 효율적이다. 스스로 시험을 볼 때 성적이 너무 잘 나온다면, 좀 더 오래 기다렸다가 동일한 학습 내용을 다시 연습하는 것이 단순한 해결책이다. 시험을 다시 볼 때 더 어려워지도록 말이다. 좌절은 학습을 하지 않는다는 표시가 아니라, 천천히 한다는 표시다.

미디엄Medium과 링크드인LinkedIn 같은 플랫폼에는 특별한 식품 보조제와 〈뇌 훈련〉 앱에서 뇌파를 바꾼다는 오디오 파일에 이르기까지 경이로울 만치 빠른 학습을 도와준다는, 근거 없는 온갖 혹할 만한 학습 도구들을 광고하는 게시물이 가득하다. 2007년 미국 교육부는 과학자 여섯 명과 탁월한 교사 한 명에게 진정으로 과학적인 학습 전략을 찾아 달라고 의뢰한 결과를 발표했다.[13] 그 아주 짧은 목록에는 간격 두기, 시험, 연결하는 질문이 들어 있었다. 이 세 가지는 모두 단기적으로는 수행에 지장을 준다.

리칠랜드가 연구한 연결하기 질문들과 마찬가지로 가장 나은 학습 경로가 느린 형태이고, 지금 당장 잘 못하게 만드는 방식이 나중에 더 나은 수행 결과를 얻는 데 핵심적이라는 것을 받아들이기는 쉽지 않다. 너무나 직관에 반하기에, 학습자는 자신의 진척 상황과 교사의 실력 양쪽을 잘못 인식하게 된다. 그 점을 설명하려면, 어느 매우 독특한 연구 결과[14]를 살펴보아야 한다. 미국 공군사관학교 같은 특수한 환경만이 제공할 수 있는 자료다.

전액 장학금을 받는 대신에 공군사관학교 생도들은 졸업한 뒤 최소 8년을 장교로 근무한다.* 그들은 과학과 공학의 비중이 큰 고도로 체계적이고 엄격한 교육 과정을 이수한다. 모든 생도는 적어도 세 가지 수학 과목을 들어야 한다.

해마다 입학하는 생도들을 알고리듬이 무작위로 미적분 I의 과목들에 할당한다. 각 과목에 약 스무 명씩이다. 교수가 미치는 영향을 알아보기 위해, 두 경제학자는 10년 동안 거의 100명의 교수들에게 무작위로 할당되어 미적분 강좌를 들었던 생도 1만여 명의 자료를 모았다. 각 강좌는 매번 동일한 강의 일정표에 따라서 진행되었고, 동일한 시험을 쳤으며, 종강한 뒤에 교수가 동일한 평가표에 따라서 성적을 매겼다.

미적분 I 강좌에 무작위로 할당되었던 생도들은 다시 미적분 II 강좌에도 무작위로 할당되었고, 동일한 강의 일정표와 시험을 거친 뒤, 다시 더 고급 수학, 과학, 공학 강좌에 무작위로 할당되었다. 연구진은 모든 강좌들의 시험 점수와 고등학교 성적이 균등하게 분포되도록 통계 처리를 했다. 그러면 교수들은 비슷한 도전 과제들을 마주한 셈이 되었다. 사관학교는 검사와 순위를 매기는 절차까지 표준화했으므로, 모든 학생은 동일한 방식으로 평가되었다. 연구진은 이렇게 썼다. 《온정적인》 성향의 교수라고 해도 임의로 성적을 올려 줄 수가 없었다.〉 이 점은 중요했다. 연구진은 개별 교수들이 어

* 그중 현역 근무 기간은 5년이다.

떤 차이를 낳는지 알아보고자 했기 때문이다.

당연하겠지만, 미적분 I을 가르치는 교수 중에는 시험 때 학생들의 성적이 가장 잘 나올 수 있도록 가르치는 이들도 있고, 그런 교수들은 생도들로부터 높은 강의 평가 점수를 받았다. 반면에 가르친 학생들의 시험 성적이 늘 낮게 나오는 교수들도 있었으며, 그런 교수들은 학생들로부터 혹독한 강의 평가 점수를 받았다. 그러나 연구진이 교수들이 기여한 가치를 더 장기적인 척도로 평가하자 — 학생들이 미적분 I을 이수한 뒤에 들어야 하는 고급 수학과 공학 강좌에서 어떤 성적을 받았는지 — 놀라운 결과가 나타났다. 자기 반의 학생들이 시험을 가장 잘 볼 수 있도록 가르친 미적분 I 교수들은 장기적으로 보면 학생들에게 그리 좋은 교수가 아니었다. 〈당장의 성취도를 높이는 데 뛰어난 교수들은 평균적으로 그 뒤에 학생들이 더 고급 강좌들을 들을 때의 수행 능력을 저해한다.〉 앞서 나가는 양 보였던 것은 증발했다.

연구진은 단기적으로는 허우적거리게 만들지만 장기적으로는 이득을 제공하는 교수들이 연결을 통해 〈심층 학습〉을 촉진했다고 주장했다. 〈교과 과정을 확장함으로써 학생들이 교과 내용을 더욱 깊이 이해하도록 한다.〉 학생들의 미적분 I 시험 점수와 더 혹독한 강의 평가가 잘 보여 주듯이, 그런 교수들의 강의는 더 어렵고 좌절을 불러일으켰다. 그 역도 마찬가지다. 조사한 교수 100명 가운데 심층 학습 척도에서 꼴찌를 차지한 미적분학 교수, 즉 가르친 학생들이 후속 강좌들에서 낮은 성취도를 보인 교수들은 강의 평가에서는 학교 전체에서 6위, 학생들의 해당 수업 성취도에서는 7위를 차지했다. 학생들은 〈곧바로〉 친 시험에서 성적이 어떻게 나왔느냐 — 교수가 장기적인 발전에 얼마나 기여했는가를 평가하는 척도로서는 안 좋은 — 를 토대로 교수들을 평가했다. 따라서 장기적 혜택을 가장 적게 준 교수들에게 가장 높은 평가 점수를 준 셈이었다. 연구진은 학생들이 가장 장기적 혜택을 준 교수들만을 골라서 사실상 〈처벌〉하고 있다고 결론지었다. 경력과 자격이 더 모자란 교수로부터 미적분 I을 배운 학생은 그 강좌에서 더 나은 성적을 받은 반면, 경험과 자격이 더 나은 교수로부터 배운 학생은 미적분 I에서는 더 허우적댔지만 그 뒤의 강좌들에서는 더 나은 성취도를 보였다.

이탈리아의 보코니 대학교에서도 비슷한 연구가 이루어졌다.[15] 신입생 1,200명을 경영학, 경제학, 법학의 입문 강좌들에 무작위로 할당한 뒤, 4년에 걸쳐서 필수 과목들의 성적을 추적했다. 정확히 똑같은 양상이 나타났다. 입문 강좌에서 아주 높은 성적을 받도록 학생들을 지도한 교수들은 높은 강의 평가를 받았지만, 장기적으로는 학생들의 수행 능력을 저해했다.

심리학자 로버트 비요크Robert Bjork는 1994년에 〈바람직한 어려움〉이라는 말을 처음으로 썼다.[16] 20년 뒤 그는 공동 저술한 책에서 이 학습의 과학을 설명하면서 이렇게 결론 내렸다. 〈무엇보다도 가장 기본적인 메시지는 교사와 학생이 현재의 수행을 학습이라고 해석하는 것을 피해야 한다는 것이다. 학습할 당시에 시험에서 좋은 점수를 받는 것이 숙달되었음을 시사할 수 있지만, 학습자와 교사는 그런 성적이 빠르지만 금방 사라지는 성과를 의미하곤 한다는 점에도 주의할 필요가 있다.〉[17]

여기서 밝은 면도 살펴보기로 하자. 지난 40년 동안 미국에서 전국 조사를 할 때마다, 현재의 학생들이 자기 세대가 배울 때보다 더 안 좋은 교육을 받고 있다고 답하는 이들이 점점 늘어 왔다.[18] 그러나 그런 생각은 잘못된 것이다. 전국교육성취도평가National Assessment of Educational Progress가 내놓는 〈국가 성적표nation's report card〉를 보면, 1970년대 이래로 꾸준히 상승했음을 알 수 있다. 지금의 학생들이 예전의 학생들보다 기본 학습 기능들의 숙달도가 더 높다는 것은 분명하다. 학교도 더 나빠져 온 것이 아니다. 그저 교육 목표가 더 높아져 왔을 뿐이다.

세계에서 가장 영향력 있는 교육 전문가 중 한 명인 교육경제학자 그렉 던컨Greg Duncan은 이 추세를 규명해 왔다. 〈절차 이용〉 문제에 초점을 맞추는 방식은 세상에 타자 입력, 서류 작성, 조립 라인 작업 등 절차적인 업무를 하면서 중산층 수준의 봉급을 받는 일자리가 가득하던 40년 전에는 잘 작동했다. 던컨은 이렇게 썼다. 〈봉급을 많이 주는 직업들은 점점 더 직원들에게, 때로 집단 속에서 일하는 가운데에서도, 예기치 않은 문제들을 풀 수 있기를 요구한다. (……) 노동력의 이런 수요 전환은 학교에 새로우면서 점점 더 절박한 요구를 해왔다.〉[19]

1980년대 초에 매사추세츠의 모든 공립학교 6학년생들이 치르던 기초 학습 능력을 평가하는 수학 문제를 하나 보자.

캐럴은 한 시간에 15킬로미터의 속도로 자전거를 탈 수 있다. 캐럴이 가게까지 자전거를 타고 간다면, 시간이 얼마나 걸릴까?

이 문제를 풀려면, 알아야 할 것은?

A) 가게까지의 거리

B) 캐럴이 탄 자전거의 종류

C) 캐럴이 출발한 시각

D) 캐럴의 여유 시간

다음은 2011년 매사추세츠 6학년생에게 낸 수학 문제다.

페이지, 로지, 체릴은 같은 매점에서 똑같이 9.00달러를 썼다.

페이지는 땅콩 세 봉지를 샀다.

로지는 땅콩 두 봉지와 프레첼 두 봉지를 샀다.

체릴은 땅콩 한 봉지와 프레첼 한 봉지, 밀크셰이크 한 컵을 샀다.

A. 땅콩 한 봉지의 가격은 얼마일까? 답을 구하는 과정도 설명하라.

B. 프레첼 한 봉지의 가격은 얼마일까? 답을 구하는 과정도 설명
하라.

C. 밀크셰이크 한 컵의 가격으로 프레첼을 몇 봉지 살 수 있을까?
답을 구하는 과정도 설명하라.

첫 번째 문제는 〈거리=속도×시간〉 같은 단순한 공식을 외웠다가
적용하면 된다. 두 번째 문제는 여러 가지 개념을 연결한 뒤에 새로
운 상황에 적용해야 한다. 현재의 교사가 학생 때 배웠던 학습 전략

은 더 이상 먹히지 않는다. 점점 더 지식은 내구성만이 아니라, 융통성도 지녀야 한다. 즉 머릿속에 오래 남아 있으면서 폭넓게 적용될 수 있어야 한다.

내가 린지 리칠랜드와 함께 시청한 8학년 수학 수업이 끝나 갈 무렵, 학생들은 심리학자들이 〈구획blocked〉 연습이라고 부르는 것을 하기 위한 연습 문제지를 풀었다. 동일한 절차를 반복해 연습하는, 즉 동일한 절차를 적용하는 문제들을 죽 푸는 것이었다. 이 연습은 당장은 수행 성취도를 높이겠지만, 지식이 융통성을 띠려면 다양한 조건에서 학습되어야 한다. 그런 접근법을 연구자들은 혼합 연습 varied/mixed practice 또는 〈교차interleaving〉 연습이라고 부른다.

교차 연습은 귀납 추론 능력을 향상시키는 것으로 밝혀졌다. 다양한 사례들을 뒤섞어 제시할 때, 학생들은 추상적 일반화를 하는 법을 터득함으로써 전에 접한 적이 없던 학습 내용에 배운 것을 응용할 수 있다. 예를 들어 미술관을 방문해 한 번도 본 적이 없던 그림들을 보고서 어느 화가(세잔, 피카소, 르누아르)가 그렸는지 알아볼 수 있기를 원한다고 하자. 가기 전에 미리 공부를 해야 할 텐데, 어떻게 해야 좋을까. 세잔의 작품들을 모은 그림 카드들을 한 벌 다 공부한 다음, 피카소 그림 카드들을 다 공부하고, 그런 뒤에 르누아르 그림 카드들을 다 공부하는 식으로 하면 될까? 그보다는 카드들을 한꺼번에 다 섞은 뒤에, 교차 학습을 하는 편이 낫다. 연습을 할 때 더 고생을 하겠지만(그리고 아마 자신감도 덜하겠지만), 미술관에 갔을 때 각 화가의 양식을 식별할 능력을 더 갖출 것이다. 그림 카드에 없던 그림도 더 잘 알아볼 수 있다.

대학교 수학 문제를 이용한 연구[20]에서는 구획 연습 방식으로, 즉 특정한 유형의 문제들만을 한꺼번에 연습하는 식으로 배운 학생들이 동일한 문제들을 모두 뒤섞어서 배운 학생들보다 시험 성적이 훨씬 낮았다. 구획 연습을 한 학생들은 반복을 통해 각 문제 유형을 푸는 절차를 학습했다. 혼합 연습을 한 학생들은 문제 유형들을 분류하는 법을 학습했다.

나비 종 식별에서 정신질환 진단에 이르기까지, 무엇을 공부하든 간에 학습자들에게서 동일한 양상이 나타났다.[21] 해군의 방공 시뮬레이션 연구[22]에서도 훈련 당시에는 혼합 연습을 한 이들이 구획 연습을 한 이들보다 훈련 때 친숙해진 위협 시나리오들에 대응하는 양상을 평가하는 시험에서는 성취도가 더 낮게 나왔다. 그러나 전혀 새로운 시나리오들을 제시한 평가 시험에서는 혼합 연습 집단이 구획 연습 집단보다 압도적으로 성취도가 높았다.

그러나 학습자는 교차 연습을 할 때 자신의 성취 수준을 제대로 평가하지 못할 수 있다. 코넬과 비요크의 한 교차 학습 연구[23]에서는 학생들의 80퍼센트가 혼합 연습보다 구획 연습을 통해 더 잘 배웠다고 확신했지만, 실제로 성취도를 측정했더니 80퍼센트가 정반대임이 드러났다. 배우고 있다는 느낌은 지금 당장 이루어지는 발전을 토대로 하지만, 심층 학습은 그렇지 않다. 코넬은 내게 이렇게 말했다. 「직관이 구획이라고 말할 때, 교차를 택해야 할 겁니다.」

교차 연습은 신체적, 정신적 기능을 멈칫하게 만들곤 하는 바람직한 어려움이다. 단순한 운동 기능을 살펴본 실험이 하나 있다. 피아노를 배우는 학생들에게 0.2초 안에 왼손으로 건반 15개를 건너뛰어 누르는 연습을 해달라고 부탁했다.[24] 각자에게 190번씩 연습할 시간을 주었다. 어떤 학생들은 오로지 건반 15개를 건너뛰어 치는 것만 연습한 반면, 어떤 학생들은 8개, 12개, 15개, 22개를 건너뛰어 치는 것을 번갈아 가면서 연습했다. 나중에 평가를 하자, 혼합 연습을 한 학생들이 오로지 15개를 건너뛰는 연습만 한 학생들보다 더 빠르고 더 정확히 쳤다. 〈바람직한 어려움〉이라는 용어를 만든 로버트 비요크는 샤킬 오닐Shaquille O'Neal의 자유투 성공률이 엉망이라는 말을 듣고, 오닐이 늘 자유투 선에 서서 연습을 하는 대신에 자신에게 필요한 운동 조절 능력을 터득할 수 있도록 한 발 앞이나 한 발 뒤에서도 연습을 해야 한다고 말한 바 있다.[25]

정신적 과제든 육체적 과제든 간에, 교차 연습은 어떤 문제에 맞는 올바른 전략을 고르는 능력을 향상시킨다. 공교롭게도 그것은 전문가가 문제를 해결하는 방식의 특징이기도 하다.[26] 화학자든 물리학자든 정치학자든 간에, 가장 성공적인 문제 해결자는 암기한 절차를 무턱대고 적용하기보다는 자신이 어떤 유형의 문제에 직면해 있는지를 먼저 파악하는 일에 정신적 에너지를 투자한다. 그런 뒤에 맞는 전략을 고른다. 그럼으로써 그들은 직관에 심하게 의지하는 체스 마스터 같은 친절한 학습 환경에서 실력을 계발한 전문가들과 정반대의 입장에 선다. 친절한 학습 환경에 속한 전문가들은 전략을 먼저 고른 뒤에 평가를 한다. 덜 반복되는 환경에 속한 전문가들은 평가를 먼저 한 뒤에 고른다.

시험과 간격 두기 같은 바람직한 어려움은 지식을 고착시킨다. 지속성을 띠게 한다. 연결을 하고 교차 연습을 하는 등의 바람직한 어려움은 훈련 때 접하지 못했던 문제들에도 쓸 수 있도록, 지식에 융통성을 부여한다. 이 모든 사항들은 단기적으로 학습 속도를 늦추고 수행에 지장을 준다. 그 점은 문제가 될 수 있다. 공군 사관생도들처럼 우리 모두는 지금 당장 어떻게 하느냐를 토대로 자신의 발전을 반사적으로 평가하기 때문이다. 그리고 생도들처럼 우리도 그러다가 종종 오류를 저지른다.

2017년 교육경제학자 그렉 던컨과 심리학자 드루 베일리Drew Bailey 연구진은 학업 성취도를 높여 준다는 67가지 아동 조기 교육 프로그램들을 검토했다.[27] 헤드스타트Head Start* 같은 프로그램들은 남보다 앞서 배우는 유리함을 제공했지만, 학업 면에서 보면 그 이상의 효과는 없었다. 연구진은 그런 프로그램들에 〈페이드아웃fadeout〉 효과가 만연하다는 것을 알아냈다. 학업상의 일시적인 이점이 빠르게 약해지며, 때로 완전히 사라지곤 하는 현상이다. 그래프로 나타내면, 기이할 만치 미래의 엘리트 선수들이 남보다 앞서 조기에 신중한 훈련을 받은 또래들을 따라잡는 양상이 드러난다.

연구진은 이 이유가 아동 조기 교육 프로그램들이 절차를 반복함으로써 금방 습득할 수 있는 〈닫힌〉 기능들을 가르치는데, 누구나 어느 시점이 되면 그런 기능들을 습득하기 때문이라고 결론지었다. 페이드아웃은 배운 기능이 사라지기 때문이 아니라 다른 이들도 그 기능을 습득하기 때문에 나타났다. 운동 기능 조기 교육은 아이에게

* 빈곤 극복을 위해서 저소득층 자녀에게 조기 교육 같은 교육 지원을 하는 미국의 제도 ― 옮긴이주.

좀 더 일찍 걸음마를 가르치는 것과 같다.[28] 누구나 어쨌든 지나면 다 걸음마를 배우게 되며, 일찍 걸음마를 떼면 잠시나마 놀랍게 여겨질지 모르지만 걸음마를 일찍 떼는 것이 인생에 중요하다는 증거는 전혀 없다.

연구진은 그런 프로그램들이 지속성을 띠는 학문적 혜택을 제공하고자 한다면 후속 지식의 뼈대가 될 〈열린〉 기능들에 초점을 맞추어야 한다고 충고했다. 아이에게 좀 더 일찍 읽는 법을 가르치는 것은 지속성을 띠는 이점이 아니다. 아이들이 읽고 있는 내용을 이해할 개념적 단서들을 찾아내고 연결하는 법을 터득할 수 있도록 가르치라는 것이다. 모든 바람직한 어려움들이 그렇듯이, 문제는 조기 교육이 남보다 먼저 빨리 배우려고 하는 것인 반면, 심층 학습은 느리다는 것이다. 연구진은 〈가장 복잡한 기능은 가장 느리게 발달한다〉라고 썼다.

던컨은 이윽고 「투데이」쇼에도 출연해 연구진이 발견한 사항을 설명했다. 부모와 조기 교육 교사들은 아이의 발달 과정을 자신들이 눈으로 직접 볼 수 있다고 확신한다면서 반론을 제기했다. 발달하는 모습을 볼 수 있다는 데에는 논란의 여지가 없다. 문제는 그것을 통해 장래 학습에 미칠 영향을 얼마나 잘 판단할 수 있는가이며, 공군 사관생도들의 사례는 그 영향을 그다지 잘 파악할 수 없음을 보여 주는 증거다.[**]

당장 눈앞에 보이는 발전은 같은 연습을 더 하려는 본능을 강화하지만, 장티푸스 의사의 사례에서처럼 그 피드백은 잘못된 교훈을 가르칠 수 있다. 깊이 학습한다는 것은 느리게 학습한다는 의미다. 조기 교육 종파는 학습자에게 제시하는 목표를 이루지 못한다.

지속적인 효용성을 띤 지식은 새로운 문제들에 대응할 수 있는 정신적 틀을 갖추고서, 아주 유연해야 한다. 대공 방위 시뮬레이션 훈련을 받는 해군 장교들이나 교차 연습을 한 수학 학생들은 여러 문제 유형들을 통해서 공통적인 깊은 구조적 특성들을 식별하는 법을 배우고 있었다. 그들은 동일한 문제 유형의 반복에 의지할 수 없었으므로, 사실상 결코 본 적이 없던 모사된 전투 위협이나 수학 문제들에서 근본적으로 연결되는 개념 구조를 파악해야 했다. 그런 뒤에 각 새로운 문제에 맞는 전략을 골랐다. 어떤 지식 구조가 매우 융통성이 커서 아예 새로운 분야나 극도로 새로운 상황에까지 응용될 수 있을 때, 그것을 〈원거리 전이far transfer〉라고 한다.

원거리 전이를 촉진하는 특수한 유형 ─ 알렉산드르 루리아의 우즈베키스탄 오지 마을 사람들은 결코 쓸 수 없었을 유형 ─ 의 사고 방식이 하나 있는데, 아주 멀리까지 전이되기 때문에 좀 억지스러워 보일 수도 있다. 그것은 어느 누구도 충분히 펼치지 못하는 폭넓은 사고방식 유형이다.

** 가장 유명한 아동 조기 집중 교육 프로그램 중 두 가지는 그들이 향상시키고자 하는 몇 가지 인지 척도들에서는 페이드아웃 양상을 보였지만, 범죄율 감소 같은 몇 가지 중요한 부문에서는 장기적인 사회적 혜택을 제공했다. 원래 의도한 학업 효과는 사라진다고 해도, 어른과 아이 사이의 긍정적인 상호작용을 오래 이어가는 프로그램은 아이들의 삶에 지속성을 띠는 흔적을 남길 수 있는 듯하다. 내 생각에 유년기 운동 프로그램들도 이 점에 주목해야 한다. 코치와 선수의 상호작용은 닫힌 기능의 조기 교육이라는 덧없는 이점보다 더 오래 인생에 영향을 미칠 수도 있다.

5장

경험 바깥의 사고

17세기가 다가오고 있었다. 우주는 딱히 뭐라 말할 수 없는 행성의 영혼들, 개별 정령들의 힘으로 붙박이 지구 주위를 도는 천체들로 이루어져 있었다. 앞서 폴란드 천문학자 니콜라우스 코페르니쿠스Nicolaus Copernicus는 행성들이 태양 주위를 돈다고 주장했지만, 그 개념은 여전히 이단적으로 여겨졌다. 그래서 이탈리아 철학자 조르다노 브루노Giordano Bruno는 그 개념을 가르치다가 걸렸고, 다른 행성들을 거느린 다른 태양들도 있다고 주장했기에 이단자로 몰려서 기둥에 묶인 채 화형에 처해졌다.[1]

행성들은 정령이 움직이는 것일 수도 있지만 이동시킬 수단도 있어야 했기에, 사람들은 행성들이 순수한 수정으로 된 천구에 붙박여서 움직이고 있다고 여겼다. 이 거대한 천구들은 눈에 보이지 않았으며, 시계의 톱니바퀴들처럼 맞물려 돌아가면서 일정한 속도로 영구히 집단적인 움직임을 일으켰다. 이 공인된 천체 모형의 토대를 마련한 사람은 플라톤과 아리스토텔레스였으며, 이 모형은 2천 년 동안 서양을 지배했다. 시계태엽 우주는 독일 천문학자 요하네스 케플러Johannes Kepler가 물려받은 것이기도 했다.[2] 그는 처음에 그 모형을 받아들였다.

그러다가 카시오페이아 별자리에 갑자기 새로운 별이 출현하자 (실제로는 삶을 다하고 폭발하면서 눈부신 빛을 내뿜는 별인 초신성이었다), 케플러는 불변의 천체라는 개념이 옳지 않을 수도 있다는 점을 알아차렸다. 몇 년 뒤에는 혜성이 유럽의 하늘을 가로질렀다. 혜성이 날아가고 있는데 어떻게 수정 천구가 부서지지 않는 것일까? 케플러는 궁금했다. 그는 2천 년 동안 확고한 지혜로 여겨져 왔던 것을 의심하기 시작했다.

1596년 스물다섯 살에 접어들었을 때, 케플러는 행성들이 태양 주위를 돈다는 코페르니쿠스 모형을 이미 받아들인 상태였고, 이제 또 다른 심오한 의문을 품고 있었다. 태양에서 더 멀리 떨어져 있는 행성들은 왜 더 느리게 도는 것일까? 더 멀리 있는 행성들은 더 약하게 〈움직이는 영혼〉을 지녔을 수도 있었다. 하지만 왜 그런 것일까? 그냥 우연의 일치일까? 그는 태양 안에 많은 정령들이 아니라 단 하나의 정령만이 있으며, 그 정령이 어떤 이유인지 몰라도 더 가까이 있는 행성들에 더 강한 힘을 발휘하는 것일 수도 있다고 생각했다. 케플러는 기존 사상의 테두리를 한참 벗어났기에, 어디에서부터 시작해야 할지 아무런 단서도 갖고 있지 않았다. 그래서 유추에 의존할 수밖에 없었다.

냄새와 열은 으레 원천에서부터 점점 더 멀리 확산되는 양상을 띤다. 따라서 태양 주위를 도는 행성들의 수수께끼 같은 움직임도 같은 원리에 따르는 것일 수도 있었다. 그러나 케플러는 냄새와 열은 퍼져 나갈 때 도중의 어디에서도 검출할 수 있는 반면, 태양의 움직이는 영혼은 〈전 세계 도처로 쏟아져 나오지만, 움직일 수 있는 무언가가 있는 곳 외에는 어디에도 존재하지 않는다〉라고 썼다. 그런 것이 존재할 수 있다는 증거가 과연 있을까?

케플러는 빛이 〈태양 안에 둥지를 틀고 있다〉라고 적었다. 그러나 빛은 원천과 그것이 밝히는 대상에서만 나타날 뿐, 그 사이에는 존재하지 않는 듯했다. 빛이 그럴 수 있다면, 마찬가지로 다른 어떤 물리적 실체도 그럴 수 있었다. 이윽고 그는 〈영혼〉과 〈정령〉 대신에 〈힘〉과 〈동력〉이라는 단어를 쓰기 시작했다. 케플러의 〈움직이는 힘〉은 중력의 전신이었다. 과학이 우주 전체에 작용하는 물리적 힘이라는 개념을 받아들이기 전이었기에, 이런 생각은 엄청난 정신적 도약이었다.

움직이는 힘이 태양에서 발산되어 우주 공간으로 퍼져 나가는 듯했기에, 케플러는 빛 자체나 빛과 비슷한 어떤 힘이 행성 운동을 일으키는 것이 아닐까 생각했다.[3] 그렇다면 움직이는 힘을 빛처럼 차단할 수도 있지 않을까? 케플러는 행성 운동이 일식 때도 멈추지 않으므로, 움직이는 힘은 빛과 비슷하거나, 빛에 의지하는 것일 리가 없다고 추론했다. 그에게는 새로운 유추가 필요했다.

그러다가 그는 자기력에 관한 새로 발표된 논문을 읽고는 행성이 자석과 비슷하지 않을까 생각했다. 행성이 양쪽 끝에 남북극이 있는 자석이라면? 그는 태양에서 먼 궤도를 도는 행성일수록 더 느리게 움직인다는 것을 알아차렸다. 그렇다면 태양과 행성은 어느 극이 서로 더 가까이에 있느냐에 따라서 서로 끌어당기거나 밀어내고 있는 것일 수도 있었다. 행성들이 태양에 가까이 다가왔다가 멀어지곤 하는 이유를 그것으로 설명할 수 있을지도 몰랐다. 그런데 궤도를 따라 계속 앞으로 나아가는 이유는 무엇일까? 태양의 힘은 어떤 식으로든 행성들을 앞으로 미는 듯도 했다. 그러니 또 다른 유추가 필요했다.

태양이 자전하면서 소용돌이 해류에 휩쓸린 배들처럼 주변 행성들을 모두 다 휩쓸어 넣는 힘의 소용돌이를 일으키는 것이 아닐까? 그러나 그렇게 보면, 새로운 문제가 하나 생겼다. 그는 행성들의 궤도가 완벽한 원이 아님을 알고 있었다. 그렇다면 태양이 만들어 내는 것은 매우 기이한 형태의 조류일 터였다. 소용돌이라는 유추는 뱃사람이 배를 모는 것이 아니라면 불완전할 수밖에 없었다.

소용돌이치는 강에서 뱃사람이 조류에 직각으로 배를 모는 것처럼 아마 행성들도 태양의 조류 속에서 방향을 틀 수 있는 것인지도 몰랐다. 행성들이 모두 같은 방향으로 움직이는 이유를 빙빙 도는 조류로 설명할 수 있다면, 각 행성은 중심으로 빨려들지 않도록 그 조류를 헤치고 나아가야 했다. 그러면 궤도가 원형에서 벗어날 터였다. 그렇다면 각 배를 모는 선장은 누구란 말인가? 그 의문에 케플러는 다시 정령으로 돌아가야 했고, 그 생각은 마음에 들지 않았다. 그는 이렇게 자문했다. 「케플러야, 각 행성에 두 눈을 달아 주고 싶은 거냐?」

매번 막힐 때마다 케플러는 새로운 유추들을 쏟아 냈다. 빛, 열, 냄새, 조류와 뱃사람뿐 아니라, 렌즈의 광학, 천칭, 빗자루, 자석, 자석

빗자루, 군중을 응시하는 연설가 등등. 그는 각 유추를 무자비하게 심문했고, 그럴 때마다 새로운 의문들이 생겨났다.

이윽고 그는 천체들이 서로 잡아당기며, 큰 천체일수록 더 세게 잡아당긴다고 판단했다. 그리하여 그는 달이 지구의 조석에 영향을 미친다는 (옳은) 주장까지 내놓았다. 대담한 진리의 화신이라고 할 갈릴레오는 〈달이 물을 지배한다〉[4]는 생각이 터무니없다고 케플러를 조롱했다.

케플러의 지적 방황은 영혼이 깃든 행성들이 수정 천구에 붙박인 채 고정된 지구 주위를 완벽하게 원을 그리며 돈다는 개념에서 행성 운동의 법칙에까지 다다른 엄청난 여정이었다. 그의 행성 운동 법칙은 행성들이 태양과의 관계를 토대로 예측 가능한 타원을 그리면서 움직인다는 것을 보여 주었다.

더 중요한 점은 케플러가 천체물리학을 창시했다는 것이다. 그는 보편적인 물리적 힘이라는 개념을 물려받은 것이 아니었다. 힘으로서의 중력이라는 개념도 원래 없던 것이며, 행성들을 계속 움직이게 하는 운동량이라는 개념도 본래 없었다.[5] 그가 지닌 것은 오로지 유추뿐이었다. 그는 유추를 통해서 천체의 현상들에 적용되는 인과적인 물리 법칙들을 최초로 발견한 사람이 되었고, 그 스스로도 그렇다는 것을 깨달았다. 그는 행성 운동 법칙을 발표할 때 이렇게 썼다. 〈물리학자들이여, 귀를 후비고 잘 듣기를. 이제 우리가 당신들의 영토를 침범할 테니.〉 그가 내놓은 걸작의 제목은 『인과를 토대로 한 새 천문학*A New Astronomy Based upon Causes*』이었다.

연금술이 아직 자연현상을 이해하는 흔한 접근 방식이던 시대에,

케플러는 우리 주변의 모든 것에 작용하는 보이지 않는 힘이 우주를 가득 채우고 있다고 제시했고, 과학 혁명을 촉발하는 데 기여했다. 그는 자신의 머릿속에 명멸했던 생각들이 굽이굽이 이어 가는 길을 꼼꼼하게 기록했는데, 마음이 어떤 식으로 창의적인 변모를 거듭했는지를 담은 대단한 기록이다. 케플러가 고정관념을 벗어나서 생각했다고 말하면 너무 진부할 것이다. 그러나 그가 막힐 때마다 실제로 한 일은 그 영역을 완전히 벗어나서 생각하는 것이었다. 그는 그렇게 하기 위해 자신이 선호하는 도구들이 환하게 비추고 있는 길을 아예 벗어났다. 그럼으로써 동료들이 그냥 받아들인 지혜를 바깥에서 볼 수 있었다. 그는 이렇게 썼다. 〈나는 유추를 아주 사랑한다. 내 가장 충실한 거장들, 자연의 모든 비밀을 아는 (……) 유추들을 아주 잘 활용해야 한다.〉[6]

노스웨스턴 대학교의 심리학자 디드리 겐트너Dedre Gentner를 흥분시키고 싶다면, 케플러라는 이름을 꺼내면 된다. 그녀는 손을 마구 휘저으면서 열변을 토한다. 거북딱지 안경이 위아래로 마구 출렁인다. 그녀는 아마 유추적 사고에서 세계 최고의 권위자일 것이다. 깊은 유추적 사고는 언뜻 보면 거의 공통점이 없어 보일 수도 있는 여러 영역이나 시나리오 사이의 개념적 유사성을 파악하는 행위다. 그것은 사악한 문제를 푸는 강력한 도구이며, 케플러는 유추 중독자였다. 그래서 당연히 겐트너는 그를 매우 좋아한다. 현대 독자들이 오해할 수도 있는 그에 관한 사소한 역사적 사실들을 언급할 때면, 그녀는 그가 거의 400년 전에 세상을 떠나긴 했어도, 그에 대한 인상이 나빠질 수도 있으니 발표하지 않는 편이 최선일 수도 있다고 말한다.

「내 생각에 연관 지어 생각하는 능력이야말로, 우리가 지구를 운영하고 있는 이유 중 하나예요. 다른 종들은 뭔가를 연관 짓기가 정말로 어렵지요.」 유추적 사고는 새로운 것을 취해 익숙하게 만들거나 익숙한 것을 새로운 관점에서 보는 행위다. 유추적 사고를 통해 우리는 결코 본 적이 없는 낯선 맥락에 있는 문제들을 추론할 수 있다. 또 우리가 전혀 볼 수 없는 것도 이해할 수 있다. 학생은 당구공 충돌이라는 유추를 통해 분자의 운동을 배울 수도 있다. 또 관을 통해 흐르는 물에서 유추함으로써 전기의 원리를 이해할 수 있다. 생물학의 개념들은 인공지능의 최전선에 정보를 제공하는 유추 역할을 한다. 사례들을 통해 이미지를 파악하는 법을 배우는(예를 들어 고양이 사진들을 검색할 때) 〈신경망〉은 뇌의 신경과 비슷하다고 여겨지며, 〈유전 알고리듬〉은 개념적으로 자연선택을 통한 진화에 토대를 둔다. 이런저런 해결책을 시도하고 평가하고, 더 성공한 해결책들을 모아서 다시 시도한다. 그런 식으로 무한정 반복한다. 직접적인 경험에 의지해 문제를 풀던 루리아의 현대화 이전 오지 마을 주민들에게는 낯선 사고 유형을 가장 멀리까지 확장한 것이다.

케플러가 직면한 문제는 자신에게만이 아니라, 모든 인류에게 새로운 것이었다. 그가 의지할 경험 데이터베이스는 전혀 없었다. 천체들에 〈원거리 작용〉[7](우주 공간을 보이지 않게 가로질러서 표적에 출현하는 수수께끼의 힘)이 일어난다는 개념을 처음으로 내놓고자 할 때, 그는 그런 것이 개념상 가능할지를 살펴보기 위해 유추(냄새,

열, 빛)로 눈을 돌렸다. 그는 이런저런 동떨어진 유추들(자석, 배)을 잇달아 떠올리면서 그 문제를 살펴보았다.

물론 우리가 접하는 문제들의 대다수는 새로운 것이 아니므로, 우리는 경험에서 나오는 유추, 겐트너가 〈겉보기surface〉 유추라고 부르는 것에 의지할 수 있다. 그녀는 설명한다. 「대개 겉보기에 비슷한 것들을 떠올린다면, 그것들은 비교적 비슷한 양상을 띨 겁니다.」 낡은 아파트에서 막힌 욕조 배수구를 뚫었던 방법을 기억한다고? 그러면 새 아파트에서 주방 싱크대가 막혔을 때에도 아마 그 기억이 떠오를 것이다.

그러나 겐트너는 마음속에 떠오른 겉보기 유추가 새로운 문제에 들어맞는다는 개념은 〈친절한 세계〉 가설이라고 말했다. 친절한 학습 환경처럼, 친절한 세계도 반복되는 패턴에 토대를 둔다. 「평생을 한 마을이나 한 사바나 환경에서 산다면 완벽하게 들어맞겠죠.」 그러나 지금의 세계는 그렇게 친절하지가 않다. 과거 경험에 의지할 수 없는 생각을 요구한다. 앞서 살펴본 수학 시간의 학생들처럼, 우리에게는 전에 접한 적이 없는 문제들에 맞는 전략을 고를 수 있는 능력이 필요하다. 겐트너는 말했다. 「오늘날 우리가 사는 세상에서는 추상적으로만 비슷하거나, 비슷한 관계에 있는 것들을 떠올릴 수 있어야 합니다. 더 창의적인 사람이 되고 싶다면, 그 점이 더욱더 중요하지요.」

칼 던커Karl Duncker는 1930년대에 문제 해결이라는 주제를 연구하다가, 인지심리학 분야 전체에서 가장 유명한 가상의 문제 중 하나를 제시했다. 이런 식이다.

당신이 의사인데 위장에 악성 종양이 생긴 환자를 진료하고 있다고 하자. 수술은 불가능한 상황이다. 그렇다고 그냥 놔두면 환자는 죽을 것이다. 종양을 없애는 데 쓸 수 있는 광선이 있긴 하다. 광선을 충분히 강하게 집중시켜서 종양까지 닿도록 하면, 종양은 죽을 것이다. 안타깝게도 그 정도 강도라면 광선이 지나는 길에 있는 건강한 조직들도 죽을 것이다. 광선의 강도가 더 약하면 건강한 조직에 해를 끼치지 않겠지만, 종양도 죽지 않을 것이다. 이 광선으로 종양을 없애는 한편으로 건강한 조직에는 피해를 입히지 않으려면 어떤 방법을 써야 할까?[8]

당신은 종양을 제거해 환자를 구해야 하지만, 광선은 너무 강력하거나 너무 약하다. 어떻게 하면 이 문제를 풀 수 있을까? 생각하는 동안 짧은 이야기[9]를 한 편 들려주겠다. 옛날 어느 장군이 포악한 독재자로부터 나라 한가운데에 있는 요새를 탈환하는 임무를 맡았다. 장군이 모든 군사들을 한꺼번에 요새 앞까지 불러 모을 수 있다면, 요새 탈환은 전혀 어렵지 않을 터였다. 그러나 요새는 여러 길이 바큇살처럼 뻗어 있는 교통의 요지에 있었고, 길 곳곳에는 지뢰가 묻혀 있었기에, 어느 길로 오든 간에 소수의 군인들만이 무사히 도착할 수 있을 터였다. 고민하던 장군은 작전을 짜냈다. 그는 군대를 소규모 부대로 나누었다. 각 부대는 서로 다른 길로 요새로 향했다. 그들은 서로 시계를 맞추었고, 서로 다른 길로 가지만 동시에 요새에 도착할 수 있도록 계획을 짰다. 계획은 성공했다. 장군은 요새를 탈환하고 독재자를 내몰았다.

아직 환자를 구하지 못했다고? 그러면 생각하는 동안, 한 가지 이 야기를 더 들려주련다. 몇 년 전 한 소도시의 소방대장이 지나다가 농가 헛간에 불이 난 것을 보았다. 빨리 끄지 않으면 옆집으로 불이 옮겨 붙을 것 같았다. 근처에 소화전은 없었지만, 바로 옆이 호수였 기에 물은 많이 있었다. 동네 사람 수십 명이 이미 양동이를 들고 오 가면서 헛간에 물을 뿌려 대고 있었다. 하지만 불길이 잦아드는 기 미는 전혀 보이지 않았다. 그때 소방대장이 당장 멈추라고 외쳤다. 사람들이 의아해하자, 소방대장은 그들에게 모두 호수로 가서 양동 이에 물을 채워 오라고 했다. 사람들이 물이 가득 든 양동이를 들고 오자, 소방대장은 헛간 주위에 빙 둘러서라고 했다. 그리고 하나 둘 셋 하는 소리에 맞춰 사람들은 동시에 헛간에 물을 끼얹었다. 불길 은 즉시 잦아들었고, 곧 완전히 끌 수 있었다. 시 당국은 빠른 착상의 전환으로 불을 끈 공로로 소방대장의 연봉을 올려 주었다.

환자의 생명을 구했는지? 못했다고 슬퍼하지 마시라. 거의 누구 도 해결하지 못하는 문제이니까. 적어도 처음에는 그렇다. 그러다가 좀 지나면 모두가 풀게 된다. 이 〈던커 방사선 문제〉를 처음 접했을 때 푸는 사람은 약 10퍼센트에 불과하다. 요새 이야기를 들려주면, 약 30퍼센트가 방사선 문제를 풀어서 환자를 구한다. 소방대장 이야 기까지 들려주면, 푸는 사람이 절반에 달한다. 요새 이야기와 소방 대장 이야기를 들려준 뒤에 그 이야기들을 이용해 방사선 문제를 풀 어 보라고 말하면, 80퍼센트가 환자를 구한다.

답은 당신(의사)이 여러 방향에서 약한 광선들을 종양을 향해 쏜다는 것이다. 그러면 건강한 조직에는 피해가 가지 않지만, 종양을 파괴할 만큼 충분히 강하게 광선을 집중시킬 수 있다. 장군이 군대를 나누어 여러 길을 통해서 요새로 모이도록 지시하고, 소방대장이 사람들에게 양동이에 물을 떠 와서 한꺼번에 헛간에 끼얹어서 불을 끄게 한 것과 똑같다.

이 문제를 푸는 비율들은 1980년대에 이루어진 일련의 유추적 사고 연구들에서 나온 것들이다. 그러니 처음에 바로 해답을 알아내지 못했다고 해도 슬퍼하지 말자. 실제 실험에서는 해답에 도달하기까지 시간이 더 걸렸을 것이며, 해답에 도달했는지 여부는 중요하지 않다. 중요한 점은 문제 해결이 어떤 식으로 이루어지느냐다. 다른 영역에서 나온 유추를 하나 제공했을 때, 방사선 문제를 해결한 사람의 비율은 세 배로 증가했다. 서로 다른 영역에 있는 유추 두 가지를 제공했을 때는 더욱 높아졌다. 요새 이야기가 미친 영향은 사람들에게 그냥 이런 지도 원리를 직접 말해 주는 것과 비슷했다. 〈어떤 목적을 달성하기 위해 큰 힘이 필요하지만 그 힘을 직접 적용할 수 없는 상황이라면 많은 작은 힘을 여러 방향에서 동시에 적용함으로써 동일한 효과를 얻을 수도 있다.〉

이 연구를 한 과학자들은 유추가 문제 해결의 연료가 될 것이라고 기대했지만, 방사선 문제를 접한 이들의 대다수가 단서를 찾아보라고 직접 말하기 전까지는 요새 이야기에서 단서를 찾으려 하지 않는다는 것을 알고 놀랐다. 연구진은 이렇게 썼다. 〈심리학 실험을 할 때, 우리는 참가하는 거의 모든 대상자들이 실험의 전반부가 어떤 식으로든 후반부와 연관될 것이라 생각한다고 당연하다는 듯이 가

정해 왔다.〉

그러나 인간의 직관은 연구자들이 〈잘 정의되지 않은〉 문제라고 부르는 것에 직면했을 때 최고의 도구를 활용하는 방향으로 그다지 맞추어져 있지 않은 듯하다. 우리의 경험 기반 본능은 문제와 해법이 반복되는 친절한 세계, 즉 겐트너의 표현을 빌리자면 타이거 영역에 잘 들어맞도록 설정되어 있다.

냉전 시대에 스탠퍼드에서 국제 관계를 공부하는 학생들을 대상으로 한 실험[10]은 친절한 세계 추론에 의지하는 것, 즉 친숙하게 느껴지는 일차적인 유추에 의지하는 것이 위험할 수 있다는 교훈을 제공했다. 연구진은 학생들에게 한 가상의 작은 민주주의 국가가 전체주의적인 이웃 나라에게 위협을 받고 있는데, 미국이 어떻게 대처해야 할지를 결정하라는 과제를 주었다. 일부 학생들에게는 그 상황을 제2차 세계 대전에 비유하면서 기술했다(난민들이 유개화차를 타고 이동하고, 대통령은 〈프랭클린 D. 루스벨트와 같은 뉴욕주 출신〉이고, 〈윈스턴 처칠 홀〉에서 회담이 열린다는 식으로). 다른 학생들에게는 베트남 전쟁에 비유하면서 기술했다(대통령이 〈린든 B. 존슨과 같은 텍사스 출신〉이고, 난민들은 배를 타고 이동한다는 등). 제2차 세계 대전을 떠올린 학생들은 전쟁을 택할 가능성이 훨씬 높았고, 베트남 전쟁을 떠올린 학생들은 비군사적 외교를 택할 가능성이 훨씬 높게 나왔다. 이 현상은 그 뒤로 다른 모든 분야에서도 동일하게 나타났다. 대학 축구 코치들은 새 선수를 소개받을 때 선수가 예전의 어떤 선수와 비교되느냐에 따라서 다른 모든 정보를 똑같이 제시했어도 그 선수의 잠재력을 전혀 다르게 평가했다.

어려운 방사선 문제에 직면했을 때, 가장 성공한 전략은 겉보기에는 전혀 닮지 않았지만 구조적으로 깊은 유사성을 지닌 다양한 상황들을 활용하는 것이었다. 대다수의 문제 해결자들은 케플러 같지 않다. 당면한 문제 내에 머물면서 그 안의 세세한 사항들에 초점을 맞추고, 아마도 다른 의학 지식을 동원할 것이다. 겉으로 보기에는 그것이 의학 문제이기 때문이다. 해결책을 찾아서 동떨어진 유추들로 시선을 돌린다는 것은 직관적으로 와닿지 않을 것이다. 그러나 시선을 돌려야 한다. 겉보기에 당면한 문제와 너무나 동떨어진 듯한 유추들을 살펴보아야 한다. 사악한 세계에서, 한 영역에서의 경험에 의지하는 태도는 한계가 있을 뿐 아니라 재앙을 부를 수도 있다.

단 하나의 유추, 특히 아주 비슷한 상황에서 나온 유추에만 의지할 때의 문제점은 〈내부 관점〉을 이용하려는 자연스러운 충동에 맞서는 데 아무런 도움이 안 된다는 것이다. 내부 관점은 심리학자 대니얼 카너먼과 아모스 트버스키Amos Tversky가 창안한 용어다. 우리는 당면한 과제의 세세한 사항들에 협소하게 초점을 맞춰 판단을 내릴 때 내부 관점을 취한다.

카너먼은 의사결정의 과학에 관한 고등학교 교과 과정을 저술할 집필진을 꾸렸을 때 내부 관점의 위험을 직접 경험했다. 매주 모임을 가지면서 꼬박 1년을 보낸 뒤, 그는 이 계획이 얼마나 오래 걸릴 것이라고 생각하는지 모두에게 물어보았다.[11] 1년 반이 가장 짧았고, 2년 반이 가장 긴 추정값이었다. 카너먼은 집필진 중에 다른 집필진이 일하는 과정을 지켜본 적이 있는 저명한 교과 과정 전문가인 시모어에게 다른 사례들과 비교했을 때 어떠하느냐고 물었다.

시모어는 잠시 생각했다. 조금 전에 그는 약 2년이 더 걸릴 것이라고 추정한 바 있었다. 그런데 다른 구성원들의 답을 어떻게 생각하느냐는 질문을 받자, 그는 다른 사례들과 비교한다는 생각을 한 번도 해본 적이 없지만 자신이 지켜본 집필진 중에 약 40퍼센트는 결코 일을 끝내지 못했으며, 7년 안에 끝낸 사례를 단 한 번도 본 적이 없다고 말했다.

카너먼 집필진은 실패로 끝날지도 모를 교과 과정 집필 계획에 6년이나 더 투자할 의향은 없었다. 이 새로운 견해를 놓고 몇 분 동안 토의를 한 뒤, 집필진은 앞서 추정했던 약 2년이라는 혜안을 믿고서 일을 진행하기로 결정했다. 그러나 그들이 드디어 일을 끝낸 것은 8년이 흐른 뒤였다. 그때쯤 이미 카너먼은 집필진에서 빠졌고 해외로 주거지를 옮긴 상태였다. 그리고 집필을 의뢰했던 저작권 대행사도 흥미를 잃은 지 오래였다.

내부 관점을 취하려는 우리의 자연스러운 성향은 〈외부 관점〉을 지향하는 유추를 따름으로써 물리칠 수 있다. 외부 관점은 당면한 문제와 깊은 구조적 유사성을 지닌 다른 문제들을 살펴보는 것이다. 외부 관점은 당면한 과제의 전문가인 의사 결정자에게 당면한 과제 특유의 겉보기 특성들을 무시하고 대신에 바깥으로 눈을 돌려서 구조적으로 유사한 유추를 하라고 요구하기 때문에 몹시 직관에 반한다. 마음 자세를 협소한 것에서 넓은 것으로 바꾸라고 요구한다.

카너먼과 함께 내부 관점 연구를 수행한 바 있는 시드니 대학교 경영전략 교수 댄 로발로Dan Lovallo는 두 명의 경제학자와 공동으로

2012년에 독창적인 실험 한 가지를 계획했다. 연구진은 먼저 케플러처럼 다양한 유추를 끌어오는 것으로 시작하면 자연히 외부 관점으로 이어지고 더 나은 결정에 도달한다고 가설을 세웠다. 그들은 다양한 분야들에서 가능성이 엿보이는 아주 많은 사업 계획들을 검토하는 대형 사모펀드 기업들의 투자 전문가들을 모집했다.[12] 연구진은 투자 전문가들이 업무 성격상 자연히 외부 관점을 채택할 것이라고 생각했다.

연구진은 사모펀드 투자 전문가들에게 현재 검토하고 있는 실제 투자 계획이 성공에 이르기까지의 단계들을 하나하나 상세히 기술하면서 평가하고, 투자했을 때 수익률이 얼마나 될지 예측해 달라고 했다. 그런 뒤에 자신들이 검토하는 계획과 폭넓은 개념적 유사성이 있다고 생각하는 다른 투자 계획들도 적어 달라고 했다. 기업체를 매각할 생각을 하고 있는 소유주나 모험적인 기술 제품을 생산하는 신생 기업의 사례 같은 것들이었다. 또 각 사례의 투자 수익률도 추정해 달라고 했다.

집계를 해보니, 투자 전문가들은 자기 투자 계획의 수익률이 개념적으로 비슷하다고 파악한 외부 계획들보다 약 50퍼센트 더 높을 것이라고 추정했다. 막판에 재고하고 수정할 기회를 주자, 그들은 처음 추정값보다 대폭 낮게 추정했다. 로발로는 내게 말했다. 「그들은 좀 충격을 받았지요. 가장 충격을 받은 쪽은 그들의 상사였어요.」처음에 투자 전문가들은 상세히 파악하고 있는 자신의 계획이 외부인으로서 바라본 비슷한 계획들과 전혀 다르다고 판단했던 것이다.

이는 널리 알려진 현상이다. 어떤 특정한 말이 경주에서 이길지,

또는 어떤 특정한 정치인이 선거에서 이길지 예측하라고 했을 때, 그 특정한 시나리오 ― 그 말의 신체 특성,[13] 그 정치인의 배경과 전략 ― 를 내부적으로 상세히 알수록, 그 시나리오가 실제로 이루어진다고 말할 확률이 더 높아진다.

심리학자들은 어떤 일을 내부적으로 더 상세히 고려하게 할수록, 사람들이 더 극단적인 판단을 내린다는 연구 결과를 계속 내놓곤 했다.[14] 그 벤처 투자자들은 자신의 투자 계획을 더 상세히 알고 있었기에, 그 계획이 대성공을 거둘 것이라고 판단했다. 폭넓은 개념적 유사성을 지닌 다른 계획들을 고려해 보라고 요청하기 전까지는 그러했다. 또 다른 연구에서는 학생들에게 한 대학교의 〈모든〉 자연대 학과들이 그저 상위 10위 안에 들어간다고 말했을 때보다 자연대의 특정한 서너 학과가 전국에서 상위 10위 안에 들어간다고 말했을 때, 학생들이 그 대학교를 훨씬 더 높이 평가한다는 것이 드러났다. 한 유명한 연구에서 실험 참가자들은 어떤 개인이 〈자연적인 원인〉보다 〈심장병, 암, 또는 다른 어떤 자연적인 원인〉으로 사망할 가능성이 훨씬 더 높다고 판단했다.[15] 당면한 문제의 세부 사항들에 협소하게 초점을 맞출 때 우리는 정확히 옳은 일을 하고 있다고 느끼지만, 실제로는 완전히 잘못된 일을 하고 있을 때가 많다.

옥스퍼드 대학교 경영대의 대형 프로그램 관리Major Programme Management 과정을 맡고 있는 벤트 플립버그Bent Flyvbjerg는 전 세계 대형 기반시설 구축 사업의 약 90퍼센트는 예산을 초과하며(평균 28퍼센트 초과),[16] 그것이 어느 정도는 관리자들이 계획의 세부 사항에 초점을 맞추다가 지나치게 낙관적인 태도를 취하게 되었기 때

문임을 보여 주었다. 계획 관리자들은 카너먼의 교과 과정 집필진과 비슷해질 수 있다. 전문가들을 모아 놓은 덕분에 자신들은 다른 집단들이 처했던 것과 같은 지연 사태를 겪지 않을 것이라고 확신하게 된 집필진 말이다. 플립버그는 스코틀랜드 전차 망을 구축하는 계획을 조사했다. 한 외부 자문단은 실제로 사모펀드 투자 전문가들에게 해보라고 했던 것과 비슷한 유추 과정을 통해 그 계획을 평가했다. 그들은 그 계획의 세부 사항들을 무시하고서 구조적 유사성을 지닌 다른 계획들에 초점을 맞춰 살펴보았다. 자문단은 계획 추진단이 그 계획의 모든 세부 사항들을 포괄해 엄밀한 분석을 수행했다는 것을 알고 있었다. 그러나 자문단은 다른 계획들에 유추하는 방법을 써서, 3억 2천만 파운드라는 사업비 추정값이 지나치게 적게 잡은 것일 수 있다고 결론지었다.[17] 4억 파운드는 넘을 것이라고 보았다. 3년 뒤 마침내 전차가 개통되었을 때, 들어간 사업비는 10억 파운드에 가까웠다. 그 뒤로 영국의 다른 기반시설 건설 계획들에 외부 관점 접근법이 적용되기 시작했다. 계획 관리자들에게 과거의 다른 많은 외부 계획들을 토대로 유추하라고 강요하는 것이다.

사모펀드 투자 전문가 실험 이후에 외부 관점 연구진은 영화 산업으로 눈을 돌렸다.[18] 영화 산업은 고위험 고수익을 추구하는 불확실한 세계로 유명하며, 실제 결과에 대한 자료가 엄청나게 쌓여 있었다. 연구진은 영화 관객들에게 유추적 사고를 하도록 만든다면 영화의 성공 여부를 더 정확히 예측할 수 있지 않을까 생각했다. 그래서 연구진은 영화광 수백 명에게 개봉 예정 영화의 기본 정보 — 주연 배우의 이름, 홍보 포스터, 개요 — 를 주었다. 「웨딩 크래셔」, 「판타스틱 포」, 「듀스 비갈로 2」 등의 영화였다. 또 연구진은 더 오래된 영화 40편의 목록도 주면서, 각 개봉 예정 영화의 유추로 삼기에 얼마나 좋은지 점수를 매겨 달라고 했다. 연구진은 이 유사성 점수(그리고 속편인지 여부 같은 기본적인 영화 정보 약간)를 토대로 개봉 예정 영화들의 최종 수익을 예측했다. 그런 뒤 그 예측들을 장르, 예산, 스타 배우, 개봉 연도, 기념일에 개봉하는지 여부 등의 정보를 토대로 과거의 영화 1,700편과 각 개봉 예정 영화들을 분석한 수학 모델과 비교했다. 그러자 모든 세부 정보들을 제공하지 않았음에도, 영화광들의 유추 점수를 토대로 한 수익 예측이 훨씬 더 정확했다. 영화광 유추를 토대로 한 예측이 개봉 예정작 19편 중 15편에서 더 낫게 나왔다. 영화광 유추를 써서 한 수익 예측은 「우주 전쟁」, 「그녀는 요술쟁이」, 「나이트 플라이트」는 4퍼센트 이내, 「듀스 비갈로 2」는 1.7퍼센트 이내로 들어맞았다.

넷플릭스도 추천 알고리듬을 개선하는 방안을 연구하다가 비슷한 결론에 도달했다.[19] 영화의 특성들을 분석해 시청자가 무엇을 좋아할지를 파악하는 방식은 아주 복잡했을 뿐 아니라, 비슷한 영화를 본 적이 있는 다른 많은 고객들로부터 유추하는 방식보다 정확도가 떨어졌다. 시청자가 무엇을 좋아할지를 예측하는 대신에 시청자와 성향이 비슷한 사람들이 누구인지를 조사하자, 복잡성을 간파할 수 있었다.

흥미롭게도 연구진이 영화광들이 개봉 예정작과 가장 유사하다고 평가한 한 편의 영화만을 써서 예측했을 때는 예측력이 확연히 떨어졌다. 하나의 최고의 유추처럼 보인 것이 그 자체로는 잘 맞지 않았다. 유추들의 온전한 〈참조 집합〉, 즉 외부 관점의 대들보라고 할 것을 사용하는 편이 훨씬 더 정확했다.

1장으로 돌아가서, 체스 마스터와 소방관처럼 게리 클라인이 친절한 학습 환경에서 연구한 유형의 직관적인 전문가들을 떠올려 보라. 그들은 대안들을 짜내기 시작하는 대신에, 겉보기 특징들의 패턴 인식을 토대로 결정으로 도약한다. 그런 뒤에 시간이 있다면 그 결정이 옳았는지 평가할 수도 있겠지만, 그냥 고수할 때가 많다. 이번 상황도 아마 지난번 상황과 똑같을 터이므로, 매우 협소한 경험은 잘 먹힌다. 그러나 새로운 착상을 떠올려야 하거나 몹시 불확실한 새로운 문제에 직면할 때는 전혀 그렇지 못하다. 직관이 지배하도록 허용하기 전에 다양한 대안들을 평가하는 것이야말로 사악한 세계에 필요한 비결이다.

또 다른 실험에서 로빌로와 페르니난트 두빈Ferdinand Dubin은 경영대 학생 150명에게 미키라는 가상의 기업을 도울 전략을 짜라고 했다.[20] 미키는 오스트레일리아와 중국에서 컴퓨터 마우스 매출 저하로 고생하고 있다. 학생들은 그 기업이 직면한 문제들이 무엇인지를 들은 뒤, 미키의 상황을 개선하기 위해 짜낼 수 있는 모든 전략을 적었다.

로발로와 두빈은 과제를 설명할 때 일부 학생들에게 하나 이상의 유추도 제시했다. 예를 들면 이런 식이었다. 〈나이키와 맥도날드의 사례는 추천 전략을 짜는 데 유용할 수 있지만, 거기에만 국한해서 생각하지 말아야 한다.〉 반면에 유추 사례를 제공받지 못한 학생들도 있었다. 유추를 하나만 제공받은 학생들은 전혀 제공받지 못한 학생들보다 더 많은 전략을 내놓았고, 여러 개를 제공받은 학생들은 하나만 제공받은 학생들보다 더 많은 전략을 짜냈다. 그리고 그 유추가 더 동떨어진 것일수록, 더 좋은 착상을 떠올렸다. 나이키와 맥도날드의 이름을 들은 학생들은 컴퓨터 기업인 애플과 델의 이름을 들은 학생들보다 더 많은 전략을 짜냈다. 그저 폭넓게 유추하도록 상기시키기만 해도 더 창의적인 양상을 드러냈다. 불행히도 학생들은 어떤 기업에든 간에 유추한다면, 같은 분야의 한 가지 사례에 초점을 맞추는 것이 대안 전략들을 짜내는 최고의 방법이라 믿었다고 말했다. 벤처 투자자들처럼 그들도 직관적으로 아주 적은 수의 유추를 사용했으며, 그것도 피상적으로 가장 비슷한 유추에 의지하는 경향을 드러냈다. 로발로는 내게 말했다. 「우리가 유추를 어디에 사용하든 간에, 대개는 정확히 잘못된 방향으로 사용한다는 거죠.」

좋은 소식은 직관적인 내부 관점으로부터 외부 관점으로 넘어가기가 쉽다는 것이다. 2001년 세계에서 가장 성공한 기업 중 하나인 보스턴 컨설팅 그룹은 폭넓은 유추적 사고를 촉진할 자료 집합을 컨설턴트들에게 제공하고자 인트라넷 사이트를 만들었다.[21] 이 상호 작용적 〈게시물들〉은 분야(인류학, 심리학, 역사 등), 개념(변화, 유통, 생산성 등), 전략적 주제(경쟁, 협력, 통합과 연대 등)에 따라 분류되어 있었다. 합병 뒤의 통합을 도모할 전략을 짜는 컨설턴트는 정복왕 윌리엄이 11세기에 영국을 노르만 왕국과 어떻게 〈통합했는지〉에 관한 게시물을 숙독할 수도 있었다. 셜록 홈스의 관찰 전략을 기술한 게시물은 노련한 전문가들이 당연시 여기는 세세한 것들로부터 배운다는 착상을 제공할 수 있었다. 급속히 사세가 커지는 신생 기업을 맡은 컨설턴트는 승리 뒤의 추진력을 유지하는 일과 지나치게 과욕을 부리다가 패배하는 일 사이의 허약한 균형을 연구한 프로이센 군사 전략가의 저술로부터 착상을 얻을 수도 있었다. 이 모든 자료들이 눈앞에 있는 사업상의 걱정거리와 아주 동떨어진 양 보일 수 있다. 바로 그것이 요점이다.

디드리 겐트너는 누구나 케플러와 조금 비슷하게, 동떨어진 다양한 유추들을 이용해 문제를 해결할 수 있지 않을까 생각했다. 그래서 그녀는 〈모호한 분류 과제Ambiguous Sorting Task〉를 공동 창안했다.

이 과제는 스물다섯 장의 카드로 이루어지며, 각 카드에는 인터넷 라우터나 경제 거품이 어떻게 작동하는지 같은 현실 세계의 현상이 기재되어 있다. 카드들은 크게 두 범주로 나눌 수 있다. 영역(경제학, 생물학 등)에 따라 분류할 수도 있고, 심층 구조에 따라 분류할 수도 있다. 실험 참가자들은 카드들을 비슷한 것끼리 분류하라는 요청을 받는다.

심층 구조를 예로 들면, 경제 거품과 북극의 해빙은 양성 피드백 고리를 지닌다(경제 거품에서는 소비자가 가격이 오를 것이라고 예상하고서 주식이나 부동산을 산다. 그 결과 가격이 오르고, 그러면 더욱 많은 이들이 사게 된다. 한편 빙원이 녹으면 우주로 반사되는 햇빛의 양이 줄어들고, 그러면 지구가 더 더워지고, 그 결과 얼음이 더 많이 녹는다). 또는 땀을 흘리는 행동과 연방준비제도의 행동을 음성 피드백 고리로 함께 묶을 수도 있다(땀을 흘리면 몸이 식으므로 더 이상 땀을 흘릴 필요가 없어진다. 연방준비제도가 경제를 부양하기 위해 금리를 낮추면 경기가 살아난다. 경제 성장률이 너무 높아지면 연방준비제도는 자신이 시작한 활동을 억제하기 위해 금리를 올린다). 휘발유 가격이 채소 가격 상승으로 이어지는 단계들과 뇌에서 뉴런들을 통해 메시지를 전달하는 데 필요한 단계들은 둘 다 인과사슬의 사례다. 한 사건이 다른 사건으로 이어지는 식으로 차례차례 한 가닥으로 죽 이어진다.

또는 연방준비제도의 금리 변동, 경제 거품, 휘발유 가격 변화를 하나로 묶을 수도 있다. 모두 경제학이라는 같은 영역에 속하기 때문이다. 그리고 땀 흘리기와 신경 전달을 생물학이라는 범주 아래 묶을 수도 있다.

겐트너 연구진은 모호한 분류 과제를 노스웨스턴 대학교의 전공이 제각기 다른 학생들에게 제시했다.[22] 학생들은 모두 영역별로 현상들을 묶는 법을 이해하고 있다는 것이 드러났다. 인과 구조를 토대로 분류하는 학생은 더 적었다. 그러나 공통의 심층 구조를 찾아내는 데 유달리 뛰어난 학생들이 있었다. 융합 과학 프로그램Integrated Science Program(ISP) 같은 융합 강좌들을 수강한 학생들이 그랬다.

그 프로그램을 소개하는 노스웨스턴 대학교 웹사이트에는 한 졸업생의 평이 실려 있다. 〈ISP를 생물학 부전공, 화학 부전공, 물리학 부전공, 수학 부전공을 융합하여 하나의 전공으로 만든 것이라고 생각하자. 이 프로그램의 주된 목적은 자연과학의 서로 다른 분야들 사이에 있는 공통점을 볼 수 있도록 자연과학과 수학의 모든 분야를 학생들이 접하게 하는 것이다. (……) ISP는 다양한 분야들 사이의 연결 관계를 볼 수 있게 해준다.〉

한 교수에게 융합 과학 프로그램을 어떻게 생각하는지 물었더니, 각 학과에서는 대체로 그 프로그램을 좋아하지 않는다고 말했다. 그들은 학생들이 한 학과에 소속되어 더 전문적인 강좌를 듣길 원했다. 학생들이 뒤처지지 않을까 하는 우려에서였다. 그들은 학생들에게 겐트너가 〈다양한 기초 영역들〉이라고 부르는 것에서 나오는 사고력을 갖추어 주는 일보다 전문 지식을 갖추어 주는 일이 더 시급하다고 본다. 반면에 겐트너는 학생들이 접하게 될 문제들의 유형을 분류하는 데 도움을 줄 수 있는 유추적 사고와 개념 연결을 함양하는 것이 중요하다고 본다. 가장 유능한 문제 해결자들이 특별한 능력을 발휘하는 이유가 바로 그것이기 때문이다.

지금까지 이루어진 전문가 문제 해결을 다룬 연구들에서 가장 많이 인용된 것 중 하나는 한 학제 간 과학자들이 한 것인데,[23] 결론이 아주 단순했다. 성공적인 문제 해결자는 문제에 맞는 전략을 고르기에 앞서 문제의 심층 구조를 잘 파악한다는 것이다. 덜 성공적인 문제 해결자는 모호한 분류 과제에서 대다수의 학생들과 더 비슷한 양상을 보인다. 즉 영역이라는 맥락처럼 겉으로 명백하게 드러난 특징들만으로 문제들을 마음속으로 분류한다. 연구진은 최고의 수행 능력을 보인 이들에게서는 문제 해결이 〈문제를 입력하는 것으로 시작한다〉라고 썼다.

교육학의 선구자 존 듀이John Dewey는 『논리학: 탐구의 이론Logic, The Theory of Inquiry』에서 이렇게 썼다. 〈잘 표현된 문제는 절반은 푼 셈이다.〉

새로운 우주관을 향한 고통스러운 유추의 행군을 시작하기에 앞서, 케플러는 자신의 과제 앞에서 극도로 혼란에 빠졌다. 갈릴레오나 아이작 뉴턴과 달리, 그는 그 혼란 상태를 그대로 적었다. 〈내게 중요한 것은 내가 말해야 하는 것을 독자에게 그냥 전하는 것이 아니라, 무엇보다도 발견으로 이어지기까지 내가 겪은 추론, 핑계, 행운을 그대로 전달하는 것이다.〉[24]

케플러는 튀코 브라헤Tycho Brahe의 천문대에서 일을 시작했을 때 젊은이였다. 그 천문대는 당시에 최첨단 분야였기에, 덴마크 국가 예산의 1퍼센트를 쓰고 있었다.[25] 케플러에게는 아무도 하고 싶어 하지 않는 일이 맡겨졌다. 화성과 그 당혹스러운 궤도를 조사하는 일이었다. 케플러는 화성의 궤도가 원이어야 하는데, 브라헤의 관측 자료가 원에 들어맞지 않는 이유를 알아내야 했다. 화성은 이따금 한 번씩 하늘에서 거꾸로 가는 듯이 보였다. 그러다가 작은 고리를 이루면서 다시 원래 방향으로 돌아갔는데, 바로 역행 운동으로 알려진 운동이었다. 천문학자들은 하늘에서 서로 맞물려 돌아가는 천구들에 붙박여 있는 상태에서 화성이 어떻게 그런 행동을 할 수 있는지를 설명하기 위해 온갖 정교한 변형 운동을 고안했다.

으레 그렇듯이, 케플러는 그런 변형을 받아들일 수 없었다. 그는 동료들에게 도움을 청했지만, 아무도 도와주지 않았다. 그의 전임자들은 언제나 전체 체계를 건드리지 않은 채 화성의 일탈 행동을 설명할 방안을 찾으려고 노력했다. 케플러는 맡은 일이 금방 끝날 것이라고 생각했지만(8일이면 끝날 것이라고 추측했다), 어느 시점에 화성이 어느 위치에 나타날지를 기술하려고 시도하면서 계산을 하다 보니 5년이나 흘렀다. 이윽고 케플러는 화성의 궤도를 아주 정확히 계산할 수 있었지만, 곧 그 결과를 내버렸다.

그 계산은 가깝게 들어맞긴 했지만, 완벽하지 않았다. 아주 미미하게 어긋났다. 브라헤의 관측 자료 중에서 화성의 위치를 예측하는 케플러의 계산 결과와 어긋나는 것은 단 두 개에 불과했다. 그것도 겨우 8분에 해당하는 각도, 즉 하늘로 팔을 쭉 뻗었을 때 새끼손가락 굵기의 8분의 1에 해당하는 각도만큼 차이가 났을 뿐이었다. 그러니 케플러는 자신의 모형이 옳으며, 두 관측 자료가 약간 정확하지 않은 것이라고 가정할 수도 있었다. 또는 5년 동안의 작업을 버릴 수도 있었다. 그러나 그는 자기 모형을 버리는 쪽을 택했다. 그는 이렇게 썼다. 〈이 8분을 무시할 수 있다고 내가 믿었다면, 그에 따라 내 가설을 날조하게 되었을 것이다.〉[26] 아무도 원치 않았던 일을 맡게 된 것이 케플러의 새로운 우주관으로 이어진 것이다. 그는 미지의 영역에 와 있었다. 그는 열심히 유추들을 따져 보기 시작했고, 이윽고 천문학을 혁신했다. 빛, 열, 냄새, 배, 빗자루, 자석 등. 아주 딱 들어맞지 않는 성가신 관측 자료로 시작한 것이 결국 아리스토텔레스의 시계 태엽 우주를 완전히 뒤엎었다.

케플러는 오늘날 세계 최고 수준의 연구실이 지닌 특징이라고 할 수 있는 것을 했다. 심리학자 케빈 던바Kevin Dunbar는 1990년대에 생산적인 연구실들이 어떻게 일을 하는지 조사하기 시작했다. 이윽고 그가 발견한 것은 케플러 사고방식의 현대판이었다. 그런 곳에서는 예기치 않은 발견이 나왔을 때, 현재의 이론이 옳다고 가정하고서 그 관찰 결과를 버리는 대신에, 그 예기치 않은 발견을 새로운 영역을 탐색할 기회로 삼았다. 그리고 유추는 그 미지의 세계에서 안내자 역할을 했다.

던바는 조사를 시작할 때, 발견의 과정을 그냥 실시간으로 기록하는 것부터 했다.[27] 그는 분자생물학 연구실에 초점을 맞추었다. 어떤 과정을 거쳐서 발견으로 이어지는지가 훤히 보였기 때문이다. 특히 HIV 같은 바이러스의 유전학과 치료제 분야 쪽이 그랬다. 그는 미국의 연구실 네 곳에서 몇 달 동안 매일 들러서 염탐하는 식으로 1년을 보냈다. 나중에는 미국, 캐나다, 이탈리아의 더 많은 연구실들로 범위를 확대했다. 기웃거리는 그의 모습이 너무나 익숙해지는 바람에, 과학자들은 즉석 회의가 있을 때면 그도 부르곤 했다. 연구실들은 겉으로 보기에는 서로 전혀 달랐다. 인원이 수십 명인 곳도 있었고, 규모가 작은 곳도 있었다. 서너 곳에는 남성들만 있었고, 여성만 있는 연구실도 한 곳 있었다. 모두 국제적으로 명성이 높은 곳이었다.

가장 흥미롭게 지켜볼 수 있는 장면은 연구실에서 매주 열리는 회의였다. 일주일에 한 차례씩 지도 교수, 대학원생, 박사 후 연구원, 연구원 등이 모두 모여서 누군가에게 닥친 난제를 토의했다. 회의는 과학자라고 하면 으레 떠올리는, 홀로 시험관들 앞에서 고개를 숙인 채 연구에 몰두하는 모습과는 전혀 달랐다. 던바는 생각들이 자유롭게 흐르면서 의견 교환이 이루어지는 광경을 보곤 했다. 이런저런 아이디어를 주고받고, 새로운 실험이 제안되고, 막히는 문제들이 논의되었다. 그는 내게 이렇게 말했다. 「과학에서 가장 창의적인 순간에 속하죠.」 그래서 녹화를 했다.

처음 15분은 연구실 운영과 관련된 문제들이 논의되기도 했다. 다음에 누가 비품을 주문할 차례라는 둥, 누가 어지르고 치우지 않는다는 둥의 이야기가 오갔다. 그런 뒤에 본격적인 논의가 시작되었다. 누군가가 의외이거나 혼란스러운 발견을 했다고 알린다. 케플러 화성 궤도의 현대판이었다. 과학자들의 첫 반응은 신중한 태도로 자기 자신을 탓하는 것이었다. 계산을 잘못했거나 장치의 설정값을 제대로 보정하지 않았다는 식이었다. 그런 오류들이 없었다는 것을 확인한 뒤에야 사람들은 그 결과가 진짜임을 받아들였고, 어떤 시도를 할지, 그쪽으로 계속 끌고 나가면 어떻게 될지 등을 논의했다. 던바는 과학적 창의성의 과정을 분석하기 위해서 실험실 회의를 녹화한 자료 한 시간 분량을 여덟 시간에 걸쳐서 옮겨 적고, 문제 해결 행동별로 분류했다. 그러자 그 시간에 유추가 난무한다는 사실을 발견했다.

던바는 중요한 돌파구들이 생겨나는 것을 목격했고, 예기치 않은 발견을 인류 전체의 새로운 지식으로 전환할 가능성이 가장 높은 연구실들이 유추를 많이 만들어 내며, 그 유추들이 다양한 기초 영역들에서 나온다는 것을 알아차렸다. 원래 전공이 더 다양한 과학자들이 모여 있는 연구실일수록 더욱 다양한 유추가 나왔으며, 예기치 않은 발견이 이루어졌을 때 돌파구가 마련되는 일이 더 많았다. 그런 연구실들은 케플러들이 모인 위원회나 다름없었다. 경험과 관심사가 아주 다양한 이들이 섞여 있었다. 의아한 정보를 내치거나 받아들이거나 붙들고 씨름하는 순간이 닥쳤을 때, 그들은 자신의 레인지를 토대로 유추를 했다. 많은 유추가 쏟아졌다.

비교적 명백해 보이는 도전 과제일 때는 아주 비슷한 실험들에 유추하는 것으로 시작했다. 도전 과제가 더 특이할수록, 겉보기 유사성에서 벗어나 깊은 구조적 유사성으로 향하면서 더 동떨어진 유추들이 나왔다. 몇몇 연구실 회의에서는 대화할 때 평균 4분마다 새로운 유추가 출현했으며, 그중에는 아예 생물학 바깥에서 온 것들도 있었다.

한번은 두 연구실이 거의 같은 시기에 실험을 하다가 사실상 동일한 문제에 직면한 것을 보았다. 측정하고자 하는 단백질이 필터에 걸리곤 해서, 분석하기가 어려워지는 문제였다. 한쪽 연구실은 대장균 전문가들로만 이루어져 있었고, 다른 쪽 연구실에는 본래 화학, 물리학, 생물학, 유전학, 심지어 의학을 공부한 과학자들이 섞여 있었다. 「한쪽 연구실은 의학 학위를 지닌 사람의 지식을 토대로 나온 유추가 이루어졌고, 그들은 그 자리에서 그 문제를 해결했어요. 다른 연구실에서는 대장균 지식을 토대로 모든 문제에 대처했지요. 그런데 이 문제에서는 그 해결법이 먹히지 않았지요. 그래서 그들은 그 문제를 제거하기 위해 몇 주 동안 계속 그냥 실험을 해야 했어요. 그 때문에 나는 좀 어색한 입장에 처했지요. 다른 연구실 회의에서 해답을 보았으니까요.」 (한 연구실에서 얻은 정보를 다른 연구실에 말해서는 안 된다는 조항이 있었다.)

예기치 않은 문제에 직면했을 때, 가용 유추들의 레인지는 누가 새로운 것을 배울지를 결정하는 데 기여했다. 던바가 연구하는 동안 새로운 발견이 전혀 이루어지지 못한 연구실이 한 곳 있었는데, 그곳의 연구자들은 모두 비슷하면서 고도로 전문적인 분야를 전공했고, 유추를 거의 사용하지 않았다. 던바는 이렇게 결론을 내렸다. 〈연구실의 모든 구성원들이 동일한 지식에 기댈 때, 어떤 문제가 생긴다면 생각이 비슷한 이들로 이루어진 집단은 유추할 정보를 제공하는 측면에서 한 명이나 다를 바 없을 것이다.〉[28]

그는 내게 이렇게 말했다. 「주식 시장과 좀 비슷해요. 여러 전략을 뒤섞어야 하지요.」

폭넓게 혼합한 전략들을 제공하는 노스웨스턴 융합 과학 프로그램 같은 교과 과정의 문제는 어떤 전공이나 경력의 유리함을 포기해야 할 수도 있다는 것이다. 설령 그편이 장기적으로는 더 낫다고 할지라도, 그렇게 포기하라고 설득하기란 쉽지 않다.

린지 리칠랜드가 조사한 연결하는 지식이든, 플린이 조사한 폭넓은 개념이든, 겐트너가 평가한 깊은 구조적·유추적 추론이든 간에, 굳은 의지로 레인지의 편에서, 즉 느리게 습득되어야 하는 지식의 편에 서서 싸우는 일에 관심을 가진 사람이 아예 없을 때도 많다. 설령 장기적으로는 안 좋은 전략이라고 할지라도, 모두가 유리한 출발과 협소한 조기 전문화를 장려하는 쪽으로 밀어붙이고 있는 것이 작금의 현실이다. 이는 매우 심각한 문제가 아닐 수 없다. 다른 유형의 지식, 아마도 가장 중요할 이 지식은 반드시 느리게 습득해야 하기 때문이다. 애초에 올바른 도전 과제를 고르는 데 도움을 주는 지식이 바로 그렇다.

6장

그릿이 너무 많아서 문제

소년의 엄마는 음악과 미술에 조예가 깊었지만, 소년은 집 안의 고양이를 손으로 스케치하려고 시도했을 때 자신이 별 재능이 없다는 것을 깨달았다.[1] 그래서 그림을 찢어 버리고는 다시는 그리지 않겠다고 마음먹었다. 대신에 그는 네덜란드에서 유년기를 동생과 공기놀이를 하거나 썰매를 타면서 보냈다. 하지만 주로 남들이 노는 모습을 그냥 지켜보기만 했다. 한 저명한 육아 지침서는 아이를 마냥 돌아다니게 놔두면 아이가 상상에 〈도취될〉 수도 있으니 감독을 해야 한다고 조언하지만, 그는 몇 시간이고 홀로 돌아다니곤 했다. 폭풍이 칠 때도, 한밤중에도 돌아다녔다. 그는 몇 킬로미터를 걷다가 새 둥지를 지켜보면서 몇 시간 동안 앉아 있기도 했고, 개울에서 물속을 돌아다니는 수생곤충들을 따라다니면서 관찰하기도 했다. 그는 딱정벌레 수집에 푹 빠져서 하나하나 학명까지 찾아 붙이곤 했다.

열세 살 때 소년은 예전의 거대한 왕궁에 새로 설립된 학교에 들어갔다. 집에서 너무 멀어 그는 그 동네 가정에서 하숙을 해야 했다. 수업 때 그는 으레 딴 데 정신을 팔곤 했지만 모범생이었고, 쉬는 시간에는 시를 외우면서 시간을 보냈다.

미술 교사는 그 학교의 유명 인사였다. 디자인을 국가 경제 성장의 한 축으로 삼아야 한다고 주장한 교육 선구자였다. 그 개혁 운동이 큰 호응을 얻자, 연방 정부는 모든 공립학교에서 프리핸드 드로잉을 필수 과목으로 지정했다. 그 교사는 수업 시간에 학생들이 칠판을 바라보고 앉도록 하는 대신에, 교실 중앙을 향해 앉도록 했고, 마치 뜨개질바늘처럼 그 사이로 구불구불 다니면서 한 명 한 명에게 주의를 기울였다. 학생들은 대부분 그를 존경했다. 그러나 그는 그 소년에게 별다른 영향을 미치지 못했다. 소년은 어른이 되어서 원근법이 무엇인지 누구도 알려 준 적이 없다고 불평하곤 했다. 원근법 지식이 미술 교육을 확대하는 새 법률 조항에 포함될 정도로 그 교사의 핵심 주장이었음에도 그랬다.

소년은 낯선 이들과 살고 싶지가 않았기에, 열다섯 살이 되기 직전에 학교를 그만두었다. 그 뒤로 16개월 동안 그는 오로지 야외에 나가서 마냥 걷는 것 말고는 아무것도 하지 않았다. 언제까지고 그렇게 살 수는 없을 터였지만, 소년은 달리 무엇을 하겠다는 생각이 전혀 없었다. 다행히도 그의 숙부는 대단히 성공한 미술품 중개업체를 소유하고 있었고, 막 기사 작위도 받은 참이었다. 숙부는 조카에게 큰 도시에 일자리를 마련해 주겠다고 제안했다. 소년은 그림을 그릴 생각은 없었지만, 그림을 판매하는 일에는 흥미를 느꼈다. 그는 자연에서 갈고닦은 관찰력으로 석판 인쇄물과 사진을 들여다보면서, 딱정벌레를 수집하면서 했던 것과 똑같이 자신이 보는 □을 분류했다. 스무 살 때 그는 중요한 고객들과 거래를 하고 있었고, □ 국을 다니면서 미술품을 중개했다. 젊은이는 부모에게 다시 일자리를 찾을 필요가 결코 없을 것이라고 자신 있게 말했다. 그러나 그 말은 틀렸다.

그는 도시에 사는 시골 소년이었다. 상사와의 의견 차이를 매끄럽게 처리할 사회성이 부족했고, 고객을 이용해 먹으려 한다는 느낌이 들어서 협상하는 것을 싫어했다. 그는 곧 고객을 직접 대하지 않던 사무실로 자리를 옮겼고, 스물두 살 때 다시 자리를 옮겼다. 이번에는 파리로 갔다. 그가 도착했을 때 프랑스에서는 한창 미술 혁명이 일어나고 있었다. 젊은이는 사무실로 걸어갈 때면 점점 유□를 타고 있던 여러 화가들의 화실을 지나쳤다. 그러나 미술 □나 때□ 그랬듯이, 훗날 그의 전기를 공동 저술한 작가들은 그□ 어느 누구에게□ 깊은 인상을 받지 못했다〉[2]라고 썼다. 그는 □로 집착하게 된 것에 푹 빠□ 있었다. 종교였다. 여러 해 뒤에 그□ 동생과 이 혁신적인 미술가들에 □해 토론할 때 〈그들에게서 《아무것도》 못 봤다〉[3]라고 말하곤 했다.

결국 중개업체로부터 해□되자, 그는 영국의 □ 작은 해안 도시에 있는 기숙학교로 가서 보조 교사로 일했다. 하□에 열네 시간을 일하면서 프랑스어에서 수학까□ 가르쳤고, 기□사를 감독하고, 아이들을 성당에 데려가고, 만능 수리□으로도 □했다. 그 학교는 그저 소유주의 벤처 사업체일 뿐이었고, 젊은이는 값싼 노동력에 불과했다. 머지않아 그는 좀 더 나은 기숙학교의 강사 자리를 구했지만, 몇 달 뒤에 남미로 가서 선교사가 되기로 결심했다. 부모는 아들을 말리면서, 〈욕망을 따르는 짓을 그만두고〉 안정적인 삶으로 돌아와야 한다고 충고했다. 모친은 아들이 뭔가 현실적인 일을 하기를 원했다. 그러면 〈더 행복하고 더 차분해질〉 것이라고 보았다.[4] 그러나 그는 부친의 길을 따라가기로 결심했다. 어엿한 자격을 갖춘 목사가 되기로 마음먹었다.

한편 부친은 아들을 위해 서점 점원 자리를 구했다. 젊은이는 책을 좋아했고, 오전 8시부터 자정까지 일했다. 홍수로 서점이 물에 잠길 때, 그는 끈기 있게 쉴 새 없이 책들을 안전한 곳으로 나름으로써 동료들을 놀라게 했다. 그는 목사 교육을 받고자 대학교에 입학하는 것을 새로운 목표로 삼았다. 다시금 그는 지칠 줄 모르는 열정을 발휘했다. 그는 가정교사를 구했고, 모든 책들을 손으로 다 필사했다. 「눈을 뜨고 있는 한 앉아 있어야 해.」[5] 그는 동생에게 그렇게 말했다. 그는 〈연습을 통해 완벽해진다〉고 스스로 다짐했지만, 라틴어와 그리스어는 쉽게 와닿지 않았다. 그는 근엄한 전쟁 영웅인 한 숙부의 집으로 이사했는데, 숙부는 그저 〈계속해〉라고 밀어붙이기만 했다. 젊은이는 다른 사람들이 일어나기 전에 공부를 시작하고 그들이 잠든 뒤에야 마치기로 결심했다. 숙부는 조카가 이른 새벽에 책을 읽는 모습을 보곤 했다.

그러나 학업은 진도가 잘 나가지 않았다. 스물다섯 살 생일이 다가올 무렵에, 젊은이는 경제 혁명이 미술품 거래상인 자신의 숙부 같은 어떤 이들은 엄청난 부자로 만드는 반면, 어떤 이들은 지독한 가난으로 내몬다는 내용의 설교를 들었다. 그 복음을 더 빨리 퍼뜨리기 위해, 그는 대학을 포기하기로 결심했다. 대신에 단기 교육 강좌를 듣는 쪽을 택했다. 그러나 그 학교가 요구하는 간결하면서 정곡을 찌르는 설교를 능숙하게 할 수가 없었다. 결국 그 강좌도 포기해야 했다. 그러나 설교하겠다는 그의 의지는 아무도 꺾지 못했다. 그는 자신의 감화를 가장 필요로 한다고 생각한, 석탄 광산이 있는 시골로 향했다.

그곳에 도착한 젊은이는 거무튀튀한 하늘을 보고서, 렘브란트 그림의 명암에 비유했다. 그는 광부들이 너무나 억압을 받아서 갱도 위쪽의 세계를 〈지옥으로 올라간다〉[6]고 표현할 정도라고 설교하곤 했다. 그는 자신의 옷과 돈을 내놓고 밤낮으로 병자와 부상자를 돌보면서, 늘 그랬듯이 열정적으로 영적인 봉사에 몰두했다. 그에게 그들은 신의 군대였다.

그가 온 직후에 일련의 폭발 사고가 일어나면서 광부 121명이 사망하고, 증기가 누출되면서 마치 땅속에 거대한 분젠 버너가 묻혀 있는 것처럼 거대한 불기둥이 치솟았다. 동네 주민들은 피해를 입은 가족들을 위로하려 애쓰는 젊은이의 인내심에 깊은 감명을 받았다. 그런 한편으로 사람들은 그를 괴짜라고 여겼다. 아이들은 그의 말에 귀 기울이려 하지 않았다. 곧 그의 임시 목사 생활도 끝이 났다. 그는 스물일곱 살이었고, 의기소침했다. 처음에 미술상으로서 열정적으로 일을 시작한 지 10년 뒤, 그는 재산도, 성취도, 방향도 전혀 없는 상태였다.

그는 이제 평판 좋은 미술상이 되어 있는 동생에게 보낸 편지에 자신의 심정을 토로했다. 그는 뭔가 중요한 일을 할 때가 왔다는 것을 깊이 느끼고 있었지만 그 일이 무엇인지 도무지 떠올릴 수가 없어서 자신을 〈쇠창살에 머리를 박아 대고 있는〉[7] 봄날의 새장에 갇힌 새에 비유했다. 「새장은 멀쩡하고 새는 고통스러워서 미치지.」 또 그는 이렇게 쏟아냈다. 「자신이 무엇을 할 수 있는지 언제나 잘 아는 것은 아니지만, 나는 뭔가를 잘한다고 본능적으로 느껴! (……) 나는 전혀 다른 사람이 될 수 있다는 것을 알아! (……) 내 안에 뭔가가 있어. 그런데 그게 뭐냐고!」 그는 학생, 미술상, 교사, 서점 점원, 유망한 목사, 순회 전도사였다. 시작은 유망했지만, 시도한 모든 길에서 화려하게 실패를 거듭했다.

동생은 그에게 목수나 이발사가 되는 것은 어떻겠느냐고 제안했다. 여동생은 그가 제빵사가 되면 잘할 것이라고 생각했다. 또 독서를 무척 좋아하므로 사서가 되는 것도 괜찮을 듯했다. 그러나 너무나도 절망한 가운데, 그는 분노의 에너지를 자신이 당장 시작할 수 있다고는 도저히 생각할 수 없는 쪽으로 돌렸다. 그가 동생에게 보낸 다음 편지는 아주 짧았다. 「드로잉을 하다가 쓰는 중이야. 빨리 쓰고 다시 그리러 갈 거야.」[8] 앞서 그는 드로잉을 사람들을 진리로 이끌려는 자신의 목표를 방해하는 활동이라고 보았다. 그러나 이제 그는 드로잉으로 주변 사람들의 삶을 기록함으로써 진리를 추구하기 시작했다. 그는 아이 때 자신의 그림 실력이 엉망이라는 것을 깨닫고서 프리핸드 드로잉을 그만두었으므로, 『드로잉의 ABC 안내서』[9]를 읽으면서 처음부터 다시 시작했다.

그 뒤로 몇 년 동안 그는 정식 교육을 받으려는 시도를 몇 차례 하다가 금방 그만두곤 했다. 화가인 사촌 남편은 그에게 수채화를 가

180

르치려고 시도했다. 그 사촌은 훗날 그의 위키피디아 페이지의 〈교육〉 항목에 유일하게 들어가는 이름이 된다. 그러나 그는 수채화에 필요한 섬세한 붓놀림을 제대로 할 수 없었고, 스승과 제자의 관계는 한 달 만에 끝이 났다. 그가 미술상으로 일할 때 사장이었고 이제 미술계의 존경받는 유행 선도자가 되어 있는 숙부는 그의 드로잉이 판매용으로 전시할 가치가 없다고 선언했다. 숙부는 그에게 말했다. 「한 가지 확실한 것은 너는 결코 화가가 아니라는 거야.」 그는 단호하게 덧붙였다. 「너무 늦게 시작했어.」[10]

서른세 살 무렵에 그는 미술 학원에 들어가서 10년 어린 학생들과 함께 배우다가, 몇 주 뒤에 그만두었다. 그는 학원의 드로잉 대회에 나갔는데, 심사 위원들은 그에게 초급반으로 가서 열 살 아이들과 함께 배우라고 혹독하게 비판했다.

그림을 그릴 때 그의 미적 열정은 이 분야에서 저 분야로 오락가락했다. 하루는 사실적인 인물화를 그리는 사람만이 진정한 화가라고 생각했다가, 자신의 인물 그림이 너무 형편없자 다음 날에는 풍경화를 그리는 사람만이 진정한 화가라고 여겼다. 어느 날은 사실주의에 몰두하다가, 다음 날에는 순수 표현주의에 빠졌다. 이번 주에는 미술이 신앙심을 알리는 매체라고 보았다가, 다음 주에는 그런 생각이 순수 창작을 방해한다고 여겼다. 어느 해에는 모든 진정한 미술은 검은색과 회색으로만 이루어져 있다고 확신했다가, 다음 해에는 생생한 색채가 화가의 진정한 보석이라고 판단했다. 매번 그는 자신의 생각에 진정으로 푹 빠졌다가, 금방 빠져나오곤 했다.

어느 폭풍이 이는 날 그는 이젤과 유화 물감 — 거의 써본 적이 없던 — 을 들고서 모래 언덕으로 나갔다. 돌풍으로 모래 알갱이들이 흩날리면서 그림에 다닥다닥 들러붙었다. 그럴 때면 그는 캔버스를 재빨리 덮었다가 바람이 약해지면 다시 꺼내어 재빨리 물감을 찰싹 쳐대고 두텁게 발라 댔다. 어쩔 수 없을 때는 물감 튜브를 캔버스에 갖다 댄 채로 짜서 발랐다. 끈적거리는 유화 물감과 모래바람 때문에 빨리 발라야 하는 상황 속에서 그는 완벽한 사실주의를 구현하기 위해 애쓸 때 그토록 고생시켰던 미흡한 손놀림으로부터 손과 상상력이 해방되는 것을 느꼈다. 한 세기 남짓 뒤에 그의 결정판 전기를 쓴 작가들은 그날을 이렇게 표현했다. 〈그는 경이로운 발견을 했다. 자신이 그릴 수 있다는 것이었다.〉[11] 그리고 그는 느꼈다. 「그리는 것이 엄청나게 즐거워.」 그는 동생에게 썼다. 「그림이 내가 생각했던 것보다 덜 어렵다는 사실을 깨달았어.」[12]

그는 한 미술 실험에서 다른 실험으로 계속 넘어갔다. 맹세를 했다가 그 맹세를 깨고, 그림에 햇빛을 포착하려는 시도를 노골적으로 비난하다가, 생각을 바꾸어 바로 그 일을 하겠다고 환한 햇빛 아래에 캔버스를 놓고 그리기도 했다. 더 깊고 더 짙은 검정으로 무채색 작품을 그리는 데 집착하다가, 한순간에 마음을 돌려서 생생한 색채로 완전히 돌아서기도 했다. 밤하늘을 묘사할 때에도 검은색을 쓰지 않을 만큼 철저히 돌아섰다. 그는 음악의 음색이 색조에 관해 뭔가 알려 줄까 싶어서 피아노 레슨도 받기 시작했다.

짧은 생애의 마지막 몇 년 동안 그는 지리적으로 미술적으로 이런 여행 편력을 계속했다. 마침내 그는 데생의 대가가 되겠다는 목표를 완전히 버렸다. 또 앞서 자신이 중요하다고 주장했지만 결국에는 실패했던 모든 양식들을 다 내버리고 하나만 남겼다. 그는 새로운 미술 양식을 창안했다. 그 어떤 형식에도 구애받지 않고 오로지 막연한 무언가를 포착하려고 애쓰는, 색채가 분출하는, 물감을 충동적으로 두텁게 발라 대는 화풍이었다.* 그는 특권적인 교육을 받은 이들을 위한 오만한 작품이 아니라, 누구나 이해할 수 있는 작품을 그리고 싶었다. 여러 해 동안 그는 인물의 비율을 정확히 포착하려고 시도했지만 실패를 거듭했다. 이제 그는 얼굴도 불분명하고 손모아장갑을 낀 것 같은 모습으로 나무 사이로 걷고 있는 인물을 묘사했다.

전에는 묘사할 모델과 베낄 그림이 필요했지만, 이제 그는 마음의 눈을 이용했다. 어느 날 저녁 그는 침실 창밖으로 멀리 굽이치는 언덕들을 바라보았다. 어릴 때 새와 딱정벌레를 바라볼 때처럼 몇 시간 동안 변해 가는 하늘을 지켜보았다. 이윽고 붓을 들었을 때, 그의 상상 속에서 소도시의 풍경은 작은 마을로, 높이 솟은 성당은 작은 예배당으로 바뀌었다. 앞마당의 암녹색 사이프러스는 바닷말처럼 율동하듯이 흔들리면서 밤하늘로 구불구불 높이 솟아올랐다.

열 살 아이들이 데생하는 반에 들어가라는 충고를 들은 것이 겨우 몇 년 전이었다. 그러나 그 별이 빛나는 밤은 그가 연이은 실패 끝에 고안한 새로운 양식으로 그린 다른 수십 점의 그림들과 더불어, 미술의 새 시대를 열고 미와 표현의 새로운 개념들에 영감을 주게 된다. 생애의 마지막 2년 동안에 이런저런 실험을 하면서 몇 시간 동안 열정적으로 그린 작품들은 역사상 가장 가치 있는 ― 문화적으로나

* 그는 동생에게 보낸 편지에 그 구절을 프랑스어로 적었다. 〈사라지는 것이 사라지는 것이 아님을ce qui ne passe pas dans ce qui passe.〉

금전적으로나 ─ 작품에 속하게 된다.

빈센트 반 고흐가 무명인 채로 죽었다는 것은 잘못된 속설이다. 그가 세상을 떠나기 몇 달 전에 그를 혁신가라고 찬미하는 평론이 나왔고,[13] 그 결과 그는 파리에서 화제의 인물로 떠올랐다. 반 고흐가 무시하고 한탄했지만 그 뒤에 받아들인 사조인 인상파의 대가인 클로드 모네는 반 고흐의 작품이 한 연례 전시회의 대표작이라고 선언했다.

인플레이션을 감안했을 때, 지금까지 반 고흐의 작품 중 네 점은 1억 달러가 넘는 가격에 팔렸으며, 가장 유명한 작품들도 아니었다. 그의 작품은 현재 양말에서 휴대전화 덮개와 그의 이름을 딴 보드카에 이르기까지, 온갖 제품에 쓰이고 있다. 그러나 그는 상업 외에도 훨씬 더 많은 분야에 걸쳐서 영향을 미쳤다.

화가이자 작가인 스티븐 네이페Steven Naifeh는 내게 이렇게 말했다. 「빈센트 반 고흐는 화가가 하는 일을 바꾸었어요.」 반 고흐 미술관 큐레이터의 말을 빌리자면, 네이페는 그레고리 화이트 스미스Gregory White Smith와 함께 반 고흐의 〈결정판 전기〉를 썼다. 반 고흐의 그림은 현대 미술로 이어지는 다리 역할을 했으며, 어느 화가도, 아니 아마 어느 누구도 따라갈 수 없을 만치 폭넓게 사랑을 받았다. 미술관 문턱도 넘어 보지 않은 청소년들은 벽에 그의 그림을 붙여 놓고 있다. 일본 관광객들은 그의 무덤에 조상의 뼛가루를 뿌린다. 2016년 시카고 미술관은 반 고흐가 〈뇌를, 아니 그보다 상상을 쉬게 한다〉는 의미로 그린 상징적인 〈침실〉 작품 세 점을 함께 전시했다. 그런데 역대 최대의 관람객이 몰리는 바람에 급하게 안내하는 줄을 치는 등 관람객을 통제하는 조치를 취해야 했다.

그러나 반 고흐가 서른일곱 살이 아니라 서른네 살에 죽었더라면 (그가 태어날 당시에 네덜란드의 평균 수명은 마흔 살이었다[14]), 그는 역사에 각주로도 기록되지 못했을지 모른다. 폴 고갱도 마찬가지다. 반 고흐와 잠시 함께 지내기도 했던 그는 고전적인 회화의 미묘한 색 바림을 없애고 강렬한 색깔로 대담하게 선을 그어서 구분한 종합주의라는 양식을 도입했다. 그도 1억 달러라는 장벽을 깬 극소수의 화가에 속한다. 그는 처음에 상선을 타고 다니면서 6년을 일한 뒤에 자신의 천직을 발견했다. 바로 주식 중개인이었다. 1882년 주식 시장이 붕괴한 뒤에야 비로소 고갱은 전업 화가가 되었다. 당시 나이 서른다섯 살 때였다.[15] 그의 전직은 J. K. 롤링J. K. Rowling의 삶을 떠올리게 한다. 그녀는 자신의 표현에 따르면, 20대에 개인적으로도 직업적으로도 〈전설적인 규모로 실패했다〉.[16] 짧았던 혼인은 〈파열〉했고, 교사 자리도 잃고 복지 수당에 의지해 홀로 자식을 키워야 했다. 탄광 마을에서의 반 고흐와 주식 시장 붕괴 이후의 고갱처럼, 그녀도 실패함으로써 자신의 재능 및 관심사에 더 잘 맞는 일을 시도할 〈자유를 얻었다〉.

그들은 모두 늦게 시작했음에도 더 뛰어났음을 보여 주는 듯하다. 이 사례들이 예외적으로 늦게 시작한 이들이 역경을 극복한다는 이야기들을 골라 뽑은 양 비칠 수도 있다. 그러나 그들이 늦게 시작해 성공한 예외적인 사례는 결코 아니며, 늦게 시작했다고 해서 성공하기가 더 어려웠던 것도 아니다. 그들의 늦은 시작은 궁극적인 성공의 필수 요소였다.

〈직무 적합도match quality〉는 자신이 하는 일과 자기 자신, 즉 자신의 능력과 성향이 얼마나 잘 들어맞는지를 기술하기 위해 경제학자들이 쓰는 용어다.

노스웨스턴 대학교의 경제학자 오퍼 맬러머드Ofer Malamud가 직무 적합도 연구를 시작한 것은 개인적인 경험 때문이었다. 그는 이스라엘에서 태어났지만, 운송 회사에서 일하던 부친의 일 때문에 맬러머드가 아홉 살 때 가족 모두가 홍콩으로 이사했다. 그는 그곳에서 영국 학교에 다녔다. 당시 영국 학제에서는 고등학교의 마지막 2년 동안 전공 교육을 받아야 했다. 맬러머드는 내게 말했다. 「영국에서는 대학에 지원하려면 전공을 정해야 합니다.」 부친이 기술자였기에, 그도 공학을 전공해야 하지 않을까 생각했다. 하지만 그는 막판에 전공을 택하지 않기로 결정했다. 「내가 뭘 원하는지 몰랐기에, 미국 대학에 지원하기로 했지요.」

그는 컴퓨터과학을 공부하기 시작했지만, 곧 자신에게 안 맞는다는 것을 알아차렸다. 그래서 이 전공 저 전공을 기웃거리다가 경제학에 이어서 철학에 정착했다. 이 경험을 통해 그는 전문화의 시기가 직업 선택에 어떻게 영향을 미치는가 하는 문제에 계속 호기심을 갖게 되었다. 훗날 노벨상을 받게 될 경제학자 시어도어 슐츠Theodore Schultz[17]는 1960년대 말에 경제학이 교육 수준이 높을수록 노동 생산성이 높아진다는 것을 보여 주는 데에는 성공했지만, 사람들이 전문화를 미룬 채 그사이에 이 분야 저 분야를 접하면서 자신이 누구이며 무슨 일에 적합한지를 찾도록 하는 교육의 역할에는 소홀했다고 주장했다.

전문화를 언제부터 하는 것이 좋은지 연구하기 위해 사람들에게 전문화 시작 시점을 무작위로 할당할 수는 없었지만, 맬러머드는 영국 학제가 자연스러운 실험의 사례를 제공한다는 것을 알아차렸다.[18] 그가 연구하던 기간에 영국과 웨일스의 학생들은 특정한 협소한 분야의 공부에 매진할 수 있도록, 대학에 들어가기 전에 미리 전공을 택해야 했다. 반면에 스코틀랜드의 학생들은 대학에 들어가서 2년 동안은 여러 분야의 과목을 필수적으로 들어야 했고, 그 뒤로도 샘플링을 계속할 수 있었다.

각국에서 학생이 듣는 대학 강의 하나하나는 특정한 분야에서 쓸 수 있는 기술을 습득하게 하는 한편으로, 자신이 그 분야에 얼마나 적합한지에 관한 정보도 제공한다. 학생이 더 일찍 전공에 집중하면 구직에 유리한 기술을 더 많이 갖추게 된다. 샘플링을 하다가 더 늦게야 하나의 전공에 집중하면 전공 분야의 기술을 덜 갖춘 채 구직 시장으로 진출하지만, 어느 유형의 직업이 자신의 능력과 성향에 적합한지는 더 잘 파악할 수 있다. 맬러머드의 의문은 이러했다. 이 해결책 중 대체로 어느 쪽이 이길까? 늦은 전공자일까, 이른 전공자일까?

고등 교육의 혜택이 단순히 직무에 유용한 기술을 제공하는 것이라면, 일찍 전공을 정한 학생들은 대학을 졸업한 뒤에 자기 전공과 무관한 분야로 전직할 가능성이 더 적을 것이다. 그들은 그 분야의 전문 기술을 더 많이 쌓았으므로, 전직을 하면 잃을 것이 더 많다. 그러나 대학의 중요한 혜택이 직무 적합도에 관한 정보를 제공하는 것이라면, 이른 전공자는 졸업 후에 무관한 직무 분야들로 더 자주 옮겨 다니게 될 것이다. 샘플링 기간을 거치면서 자신에게 잘 맞는지 여부를 살펴본 뒤에 자신의 재능 및 관심사에 맞는 직업을 고를 시간이 없기 때문이다.

맬러머드는 졸업생 수천 명의 자료를 분석했다. 그러자 영국과 웨일스에서 대학을 나온 이들이, 전공을 늦게 선택하는 스코틀랜드에서 졸업한 이들보다 전혀 새로운 분야로 전직할 가능성이 더 높다는 일관성 있는 결과가 나왔다. 그리고 스코틀랜드 대학 졸업자들은 전공 기술을 덜 지녔기 때문에 처음에는 소득이 더 낮았지만, 금방 따라잡았다.[19] 영국과 웨일스의 대학 졸업자들은 졸업 후에 직업을 바꾸는 사례가 더 많았다. 비록 일을 시작한 뒤에는 그 일에 집중하느라 전직의 동기가 더 줄어들었긴 해도, 여전히 옮길 확률이 높았다. 샘플링 기회가 적을수록, 학생들은 더욱더 자신에게 그 분야가 적합한지 파악하기도 전에 특정한 좁은 길로 향했다. 영국과 웨일스의 학생들은 너무 일찍 전공을 정함으로써 더 많은 실수를 저지르고 있었다.[20] 맬러머드는 이렇게 결론지었다. 〈직무 적합도의 증가는 기술 쪽의 손실을 능가하는 혜택을 제공한다.〉[21] 무언가를 배우는 것보다는 자기 자신에 관해 배우는 것이 더 중요하다는 의미였다. 탐험은 교육이 제공하는 변덕스러운 사치품에 불과한 것이 아니다. 오히려 핵심 혜택이다.

스코틀랜드에서 고등학교에 없던 공학 같은 과목을 최종 전공으로 택하는 학생이 더 많은 것도 놀라운 일이 아니다. 영국과 웨일스는 일찌감치 고등학교 때 학생들에게 몇 가지뿐인 목록을 보여 주고서 그중에서 갈 길을 고르라고 말했다. 이는 열여섯 살 때 고등학교 여자 친구와 혼인할지 말지를 선택하라고 강요하는 것과 비슷하다. 그 당시에는 아주 좋은 생각처럼 보일 수도 있겠지만, 경험이 더 쌓인 뒤에 돌아보면 그다지 좋은 생각이 아니다. 그 결과 영국과 웨일스에서는 졸업자들이 너무 일찍 정착하는 바람에 자신이 시간과 노력을 투자한 직업과 결별할 가능성이 더 높았다. 직업을 데이트와 더 비슷한 것이라고 여긴다면, 아무도 그렇게 일찍 정착하려 하지 않을 것이다.

전공을 일찍 택했든 늦게 택했든 간에, 전직을 한 전문가들은 전직을 잘 생각한 일이라고 여겼다. 맬러머드는 말했다. 「자신이 가진 기술의 상당 비율을 잃으니까 타격이 있지요. 하지만 전직한 뒤에는 사실상 더 많이 성장하게 됩니다.」 언제 전문화가 이루어졌는지에 상관없이, 전직자는 경험을 토대로 자신에게 더 잘 맞는 것을 파악했다.

『괴짜 경제학』의 공동 저자인 경제학자 스티븐 레빗Steven Levitt은 독자들이 해볼 수 있는 탁월한 인생 전환 실험을 고안했다.22 그는 인생의 경로를 바꿀지를 고민하는 독자들에게 〈괴짜 경제학 실험Freakonomics Experiments〉 홈페이지에 와서 디지털 동전을 던져서 결정해 보라고 권했다. 앞면이 나오면 그대로 밀고나가서 바꾸고, 뒷면이 나오면 그러지 말라는 의미였다. 2만 명이 자원을 했다. 독자들은 문신을 새길지, 온라인 데이트를 시도할지, 아이를 가질지 등의 고민을 동전을 던져서 결정하기로 했다. 직업을 바꿀지 여부를 고민한 사람도 2,186명이었다.* 그런데 인생 경로를 바꿀지 말지 같은 중대한 결정을 동전 던지기에 맡겼을 때, 그 결정을 정말로 신뢰할 수 있을까? 직업을 바꿀지 고민하다가 동전을 던져 앞면이 나온 사람들은 이렇게 답했다. 「오로지 더 행복해지고 싶어 한다면.」 6개월 뒤 앞면이 나와서 직업을 바꾼 이들은 그대로 머물러 있는 이들보다 상당히 더 행복해졌다.** 레빗에 따르면, 그 연구는 《《승자는 결코 그만두지 않으며, 그만두는 자는 결코 이기지 못한다》 같은 훈계가 설령 좋은 의도로 하는 말이라고 해도 실제로는 아주 안 좋은 조언일 수 있다》는 것을 시사했다. 레빗은 더 나은 것이 있다면 하던 연구 과제나 연구 분야 전체를 〈기꺼이 내버리는 것〉이 자신의 가장 중요한 능력 중 하나라고 말했다.[23]

윈스턴 처칠의 〈결코 포기하지 마라, 결코, 결코, 결코, 결코〉라는 말이 종종 인용되곤 한다. 하지만 그 문장의 나머지 부분은 으레 빼먹는다. 〈명예와 양식에 따라 확신이 들 때를 제외하고.〉

노동경제학자 키라보 잭슨Kirabo Jackson은 〈교사 이직〉이라고 하는 골치 아픈 행정적 문제조차도 정보에 근거한 전환의 가치를 보여 준다고 설명한다. 그는 교사가 새 학교로 옮긴 뒤에 학생의 수행 능력을 개선하는 데 더 효과가 있으며, 그 효과가 더 성취 수준이 높은 학

* 직업을 바꿀지 여부가 가장 인기 있는 질문이었다.
** 레빗은 한 상세한 분석을 통해서 동전 던지기의 결과가 실제로 그 사람이 내리는 결정에 영향을 미친다는 것을 보여 주었다. 앞면이 나오면 직업을 바꾸겠다고 생각한 사람은 같은 상황에서 뒷면이 나온 사람보다 직업을 바꿀 가능성이 더 높았다. 물론 동전 던지기의 결과가 어떻게 나오든 상관없이 누구나 자신이 원하는 쪽으로 선택할 수 있음에도 그랬다. 동전의 조언을 따르기로 한 사람들을 조사하자, 앞면이 나온(따라서 직업을 바꾼) 사람들이 그 뒤에 더 행복해졌다고 말하는 경향을 보였다.

교로 가거나 더 뛰어난 학생들을 만나서 나오는 것이 아님을 발견했다. 그는 이렇게 결론지었다. 〈교사는 자신과 잘 맞지 않는 학교를 떠나는 경향이 있다. 교사의 이직은 (……) 사실 교사들을 학교에 최적으로 배치하는 조치에 더 가까운 것일 수 있다.〉[24]

전환자는 승리자다. 그것은 포기하지 말라는 진부한 격언과 현대 심리학의 훨씬 더 새로운 개념들에 반기를 드는 듯하다.

심리학자 앤절라 더크워스Angela Duckworth는 가장 유명한 그만두기 연구를 수행했다.[25] 그녀는 어느 신입 생도가 미국 육군사관학교의 기초 훈련 및 적응 과정에서 그만두는지를 예측하고자 했다. 이 훈련 과정은 전통적으로 〈비스트 배럭스Beast Barracks(짐승 막사)〉라고 불렸다.

육체적, 감정적으로 고된 6주 반에 걸친 이 훈련 과정은 젊은 남녀를 여름 방학을 맞이한 10대에서 장교 훈련생으로 바꿔 놓기 위한 의도로 설계되었다. 생도들은 오전 5시 반에 집합해 달리기나 맨손 체조를 시작한다. 복작거리는 식당에서 아침을 먹을 때, 신입 생도들은 의자에 똑바로 앉은 자세에서 음식을 입으로 가져간다. 얼굴을 접시 쪽으로 기울이지 않는다. 상급생이 때때로 이런 질문들을 퍼붓는다. 「암소는 어떤가?」 이는 〈우유가 얼마나 남았냐?〉라는 뜻이다. 생도는 이렇게 답변하는 법을 배우게 된다. 「예, 암소는 걷고, 말하고, 우유가 가득합니다! 암소에게서 짠 우유는 [n]도까지 풍부합니다!」 N은 식탁에 남은 우유 갑의 수다.

하루의 나머지 시간은 교실 수업과 창문 없는 최루 가스실에서 가스 마스크를 벗고 얼굴이 불타듯이 따끔거리는 가운데 규정을 복창하는 일 등의 육체 활동으로 이루어진다. 굳이 토할 때까지 계속하는 것은 아니지만, 토하는 것을 막지도 않는다. 소등은 오후 10시 정각에 이루어진다. 다음 날 아침에 다시 이 모든 과정을 시작할 수 있도록 하기 위해서다. 이 기초 훈련 과정은 새 학생-군인의 의욕을 흔들리게 만든다. 사관학교에 들어갈 정도면 꽤 우수한 학생이어야 했다. 운동도 잘하는 이들이 많았고, 대다수는 지원서를 작성할 때 의회 의원으로부터 추천받는 등의 과정도 다 거쳤다. 게으름뱅이는 비스트에 들어오지 못한다. 그런데도 입학한 첫 달에 그만두는 이들이 나타난다.

더크워스는 후보자 종합 점수 ─ 표준화한 시험 점수, 고등학교 석차, 체력 검사 점수, 리더십 평가 점수의 총합 ─ 가 입학 여부를 결정하는 가장 중요한 요소이지만, 그 점수는 비스트를 도중에 떠날 사람이 누구인지를 예측하는 데에는 쓸모가 없다는 것을 알아차렸다.[26] 그녀는 다양한 분야의 고성과자들과 이야기를 나눈 끝에, 열정과 인내의 조합을 연구하기로 결심했고, 그 조합을 〈그릿grit〉이라는 탁월한 용어로 제시했다. 그녀는 그릿의 두 요소를 파악하는 자기 평가 검사법을 고안했다. 하나는 본질적으로 직업윤리와 탄력성이며, 다른 하나는 〈관심의 지속성〉, 즉 자신이 무엇을 원하는지를 정확히 알고서 나아가는 것이다.

2004년 비스트가 시작될 때, 더크워스는 신입 생도 1,218명을 대상으로 그릿을 조사했다. 열두 가지 문항을 주고서 자신이 각 문항에 얼마나 들어맞는지를 5단계 중에서 고르라고 했다. 평범한 직업

윤리에 관한 항목도 있었다(〈나는 열심히 일하는 사람이다〉, 〈나는 부지런하다〉). 끈기나 한 가지에 집중하는 성향을 살펴보는 항목도 있었다(〈나는 목표를 세웠다가 나중에 다른 목표로 바꾸곤 한다〉, 〈내 관심사는 해마다 바뀐다〉).

후보자 종합 점수는 비스트 포기자들을 예측하지 못했지만, 그릿 점수는 더 나았다. 더크워스는 이 연구를 스크립스 전미 철자 경연 대회Scripps National Spelling Bee 최종 진출자 등 다른 영역들로 확장했다. 그녀는 언어 IQ 점수와 그릿 점수가 누가 철자 경연 대회에서 몇 회전까지 진출할지를 잘 예측하지만, 양쪽이 서로 별개라는 것을 알았다. 양쪽이 다 높으면 최상이겠지만, 그릿 점수가 낮은 사람은 높은 언어 IQ로 보완할 수 있었고, 언어 IQ가 낮은 사람은 그릿으로 보완할 수 있었다.

더크워스의 흥미로운 연구는 나름의 산업을 낳았다. 아주 규모가 큰 산업이었다. 스포츠 팀, 포춘 500대 기업, 차터 스쿨 연합, 미국 교육부는 그릿을 권하고, 개발하려고 애쓰고, 심지어 그릿 검사까지 하기 시작했다. 더크워스는 그 연구로 맥아더 〈천재〉상을 받았다. 그렇긴 해도 그녀는 『뉴욕 타임스』 특집란에서 그 열풍에 조심스러운 반응을 보였다. 「내가 격렬히 반대하는 개념에 뜻하지 않게 기여하는 게 아닐까 걱정됩니다. 성격 평가는 사실 매우 위험하거든요.」[27] 그릿 연구는 다른 방식으로도 증거의 범위 너머로 확장되거나 과장되어 왔다.

이를테면 생도들이 후보자 종합 점수를 토대로 선정되었기에, 통계학자들이 〈범위 제한restriction of range〉이라고 부르는 현상이 나타난다. 즉 생도들이 바로 후보자 종합 점수를 토대로 선정되었기 때문에, 전체 집단에서 후보자 종합 점수가 아주 비슷한 사람들만을 걸러낸 것이다. 그런 일이 벌어질 때, 선택 과정에 포함되지 않았던 다른 변수들이 갑자기 훨씬 더 중요한 비교 척도처럼 보이게 될 수 있다. 스포츠에 비유하자면, NBA 선수들만을 대상으로 야구에서 성공하는 비결이 무엇인지를 조사하는 것과 비슷하다. 그런 연구에서는 키가 성공의 중요한 예측 지표임에도, 그렇지 않다고 나올 수도 있다. 물론 NBA는 전체 집단에서 선발된, 키 큰 사람들이 모여 있는 곳이기에 그 연구에서는 키의 범위가 제한되어 있다. 그 결과 키가 실제로는 중요한데도 그렇지 않게 보이게 된다.* 마찬가지로 그릿과 다른 형질들의 상대적인 예측 능력은 사관학교 생도들과 철자 경연 대회 출전자에게 적용될 때와 덜 제한된 집단에 적용될 때 다르게 나타날 수 있다. 사관학교에 뽑힌 이들만이 아니라 고등학교 졸업생들을 무작위로 표본 조사한다면, 신체적 적합도, 성적, 리더십 경험으로 비스트를 잘 견딜지 여부를 예측할 수 있을 것이며, 아마 그릿보다 더 잘 예측할 수도 있다. 공동 저서에서, 더크워스는 이미 고도로 선택된 집단을 연구한 것이기에 〈우리 조사의 대외적 타당성은 제한될 수밖에 없었다〉[28]라고 고백했다.

신입 생도의 대다수는 그릿 점수에 상관없이 비스트를 통과한다. 더크워스가 연구한 첫해에는 1,218명 중 71명이 중도 탈락했다.

---

* 농구를 연구하는 과학자는 NBA 선수들만을 조사했을 때 특정 시기에는 키와 점수 사이에 반비례 관계가 나타난다는 것을 발견하곤 했다. 그러니 어떤 과학자가 NBA 선수들이 이미 걸러진 이들임을 염두에 두지 않는다면, 부모들에게 키가 작은 아이가 NBA에 진출했을 때 골을 더 많이 넣는다고 조언할지도 모른다.

2016년에는 1,308명 중 32명이 중도 탈락했다.[29] 더 심오한 질문은 중도 탈락이 실제로 좋은 결정인가 하는 것이다. 사관학교 졸업자들은 내게 신입 생도들이 비스트와 그 뒤에 다양한 이유로 중도 탈락한다고 말했다. 「머리가 더 좋고 신체 능력은 좀 떨어지는 생도들은 이 짧은 훈련 기간을 거치면 한 해를 헤쳐 나가기가 더 수월해지죠. 신체 능력이 더 뛰어난 생도들에게는 비스트가 인생 최고의 경험에 속하게 될 겁니다.」 2009년 졸업자로서, 아프가니스탄에서 정보 장교로 근무한 애슐리 니컬러스Ashley Nicolas가 내게 한 말이다. 비스트를 이수한 뒤에야 사관학교가 자신의 능력이나 관심사에 맞지 않는 곳임을 깨닫는 이들도 있다. 「첫 학기 중에 사관학교를 계속 다닐 수 없다는 것을 깨닫고서 떠나는 사람이 더 많았던 것으로 기억합니다. 더 일찍 떠나는 이들은 향수병이 아주 심하거나 그냥 자신과 잘 맞지 않는다는 사실을 깨닫거나 해서 그런 거예요. 더 늦게 나가는 이들은 대부분 자신은 생각이 별로 없었는데 억지로 사관학교에 들어온 이들인 듯했어요.」 다시 말해 비스트 때 떠나는 소수의 생도들 중에는 끈기가 부족해서가 아니라, 그냥 직무 적합도 정보에 반응한 이들이 있었던 것이다. 자신에게 잘 맞지 않는다는 것을 깨달아서다.

마찬가지로 어떤 이들은 국립 철자 경연 대회에서 밑말들을 외우기 시작하다가, 학습 시간을 그런 식으로 보내고 싶지 않다는 것을 알아차린다. 그것은 그릿의 문제일 수도 있고, 시도해 보지 않으면 알아차릴 수 없었을 직무 적합도 정보에 반응해 내린 결정일 수도 있다.

카네기멜론 대학교의 경제학자이자 통계학자인 로버트 A. 밀러 Robert A. Miller는 직무 적합도 — 그리고 사관학교에 들어가겠다는 결정은 주된 직무 선택이다 — 를 〈다중 슬롯머신 과정multi-armed bandit process〉으로 본다. 〈외팔 강도one-armed bandit〉는 슬롯머신을 가리키는 속어다. 다중 슬롯머신 과정은 한 가상의 시나리오를 상정한다. 죽 늘어선 슬롯머신들 앞에 도박사가 앉아 있는 상황이다. 각 슬롯머신은 손잡이를 한 번 잡아당길 때의 보상 확률이 저마다 다르다. 도박사는 기계들을 죽 실험하면서 보상이 최대가 되도록 손잡이를 잡아당기는 횟수를 할당할 최상의 방법을 파악하려고 애쓴다. 밀러는 직무 적합도 과정도 동일하다는 것을 보여 주었다. 개인은 아무것도 모르는 상태에서 시작해, 가능한 한 빨리 정보를 뽑아내는 방식으로 다양한 경로들을 검사하며, 에너지를 어디에 할당할 것인가라는 결정을 점점 다듬어 간다. 그는 젊은이들이 위험한 일에 끌리는 경향을 흔히 〈젊고 어리석은〉[30]이라는 말로 표현하지만, 그런 행동이 실제로는 전혀 어리석은 것이 아니라고 썼다. 오히려 이상적인 행동이라는 것이다. 그들은 더 나이 든 사람들보다 직장 경험이 부족하며, 따라서 첫 번째로 시도해야 하는 길들은 위험과 보상이 큰 것들이며, 그런 길들에서는 정보의 가치가 높다. 직업 운동선수나 배우가 되거나 잘나가는 스타트업을 창업하려는 시도는 성공할 가능성이 낮지만, 엄청난 보상을 얻을 가능성도 있다. 지속적인 피드백과 가차 없이 솎아 내는 과정 덕분에, 그런 시도를 하는 이들은 그 일이 자신에게 적합한지 여부를 금방 깨닫게 된다. 적어도 지속적인 피드백이 덜 일어나는 직업에 비하면 그렇다. 적합하지 않다면, 다른 일을 시도할 것이고, 그러면서 자신의 견해와 자기 자신에 관한 정보를 계속 모은다.

세상에서 가장 인기 있는 직업 관련 책을 몇 권 쓴 세스 고딘Seth Godin은 〈포기하는 사람은 결코 이기지 못한다〉라는 개념을 비판하는 책도 썼다. 고딘에 따르면 〈승자들〉 — 자기 분야의 정점에 도달한 사람들이라는 일반적인 의미에서 — 은 어떤 일이 자신에게 맞지 않는다는 것을 알아차리면 재빨리 포기하곤 하며, 포기했다고 실망하지도 않는다. 오히려 〈그만둘 배짱이 없어서〉 일을 계속 붙들고 있을 때 〈우리는 실패한다〉라고 썼다.[30] 고딘은 단순히 추구하는 것이 어렵다는 이유로 포기하는 것까지 옹호한 것은 결코 아니었다. 끈기를 갖고 어려움을 극복하는 것은 먼 길을 가는 여행자에게 경쟁 이점이 되지만, 언제 포기할지를 아는 것도 전략적으로 대단히 중요하다. 이 때문에 그는 모든 사람은 어떤 일을 시작하기 전에 포기해야하는 조건들을 죽 나열해 보아야 한다고 주장했다. 그는 전직이 단순히 끈기의 실패인지 아니면, 더 잘 맞는 것이 있음을 기민하게 인식한 결과인지를 계속 주시하는 것이 중요한 요령이라고 말했다.

비스트 배럭스는 다중 슬롯머신 접근법을 그만두기에 적용할 완벽한 사례다. 말하자면 군대 경험이 전혀 없는 고성취자 집단은 웨스트포인트 〈손잡이〉를 잡아당긴다. 즉 그들은 고위험 고보상 프로그램을 시작하며, 첫 주부터 군사 훈련이 자신에게 맞는지 여부에 관한 대량의 정보 신호를 받는다. 압도적으로 많은 이들은 남지만, 많은 젊은이들로 이루어진 집단의 구성원 모두가 자신이 정확히 어느 분야에 들어가는 중인지를 이해했다고 기대하는 것은 비현실적일 것이다. 떠난 소수도 끝까지 과정을 이수해야 했을까? 아마 그들은 군인의 삶에 관한 이 새로운 정보를 바탕으로 자신이 바라는 미래를 재평가해서가 아니라, 단순히 공황 상태에 빠져서 그만둔 것일 수도 있다. 그러나 그렇다면 더 많은 이들이 일찍 그만두어야 할 것이다.

5년 동안 현역 복무를 하는 대가로 모든 웨스트포인트 생도는 납세자들이 낸 돈으로 조성된 50만 달러쯤 되는 장학금을 받는다. 1990년대 중반 이래로 웨스트포인트 졸업생 중 약 절반이 5년 동안의 복무가 끝나자마자 전역하는 바람에, 육군이 몹시 난처해하고 있는 이유가 바로 그 때문이다. 훈련된 장교를 양성하는 비용을 상쇄시키는 데 걸리는 시간이 약 5년이다. 게다가 4분의 3은 20년을 채우기 전에 떠난다. 복무 기간 20년을 채우면, 40대 초에 평생 연금을 받을 자격을 얻는데 말이다.[32]

2010년 육군전략연구소Army's Strategic Studies Institute가 내놓은 논문[33]은 육군 장교단의 앞날이 〈위관급 장교의 유지율이 급감한다는 점에서 뚜렷이 드러나듯이, 이 투자에 따른 보상이 지속적으로 줄어듦에 따라서 암울해지고 있다〉라고 경고했다.

웨스트포인트 생도들은 비스트와 힘겨운 교육 과정을 거친 뒤에, 군을 떠난다. 모든 장교 훈련 과정들 중에 가장 높은 비율이다. ROTC(일반 대학에 다니면서 장교 훈련을 받는) 출신이나 간부 후보생(OCS, 대학 졸업자나 일반 병사를 훈련시켜서 장교로 배출하는 과정) 출신보다 더 높다. 장교 훈련에 대한 투자는 최근 들어서 거꾸로 이루어지는 양상을 보여 왔다. OCS 출신이 가장 오래 복무하고, 대학 장학금을 받지 않은 ROTC 출신이 그다음이며, 이어서 2년 장학금을 받은 ROTC 출신, 3년 장학금을 받은 ROTC 출신이며, 마지막이 사관학교 출신과 4년 전액 장학금을 받은 ROTC 출신이었다. 육군이 장래 장교로 성공할 것이라고 보고서 많은 예산을 지원한 사람일수록, 퇴역할 기회가 오자마자 떠날 가능성이 더 높았다. 육군의 목표는 단순히 비스트의 생존자가 아니라, 장기 복무할 장교를 양성하는 것이다. 군사적 관점에서 보면, 이런 투자 방식은 너무나도 큰 역효과다.

이런 양상이 심해지자, 한 고위 장교는 육군사관학교가 사실상 포기자를 양산하고 있다고 판단하고서, 군이 〈생도들을 군대에서 나가도록 가르치는 기관〉에 투자하는 것을 줄여야 한다고 선언하기에 이르렀다.

사관학교도 ROTC도 분명히 생도들에게 떠나라고 가르치고 있지는 않다. 생도들이 비스트를 이수한 뒤에 갑자기 그릿을 잃은 것일까? 그것도 아니다. 현직 또는 전직 웨스트포인트 교수들인 소령, 퇴역한 중령, 대령 한 명씩으로 이루어진 이 논문의 저자들은 이 문제가 직무 적합도 문제의 일종이라고 보았다. 육군은 장교 후보자가 더 유능해질 수 있다고 생각할수록 장학금을 제공할 가능성이 더 높았다. 그리고 장학금 수혜자는 근면하고 재능이 뛰어날수록 일찍 전문가로 두각을 나타낼 것이므로, 그들은 군대 바깥에도 들어갈 수 있는 직장이 많다는 것을 자각하는 경향이 있었다. 이윽고 그들은 다른 일을 시도하기로 결심했다. 다시 말해, 그들은 20대에 자기 자신에 관해 여러 가지를 배웠고, 직무 적합도 결정을 내림으로써 대응했다.

물이 찔끔찔끔 새고 있던 사관학교의 장교 양성 통로는 1980년대에 한꺼번에 구멍들이 터지기 시작했다. 지식 경제로의 국가적 전환이 이루어지던 시기였다. 새천년에 들어설 무렵에는 새는 물들이 모여서 격류가 되었다. 그러자 육군은 그 대책으로 복무 연장자에게 상여금을 주기 시작했다. 즉 하급 장교가 몇 년 더 복무하기로 결심하면 봉급을 더 주었다. 그렇게 지불된 예산이 5억 달러에 달했다. 엄청난 낭비였다. 어쨌거나 남을 예정이던 장교들은 더 많은 봉급을 받았고, 이미 떠날 마음을 먹은 장교들은 받지 않았다. 육군은 힘들게 교훈을 얻었다. 문제는 돈이 아니었다. 적합도가 문제였다.

산업 시대에, 또는 저자들의 표현에 따르면 〈기업 시대〉에는 〈기업이 고도로 전문화해 있었다〉. 직원들은 일반적으로 동일한 업무를 반복해서 했다. 당시의 문화 ─ 연금을 받는 것이 보편적이었고 전직이 불성실함으로 여겨지던 ─ 와 전문화는 둘 다 직원이 한 기업 너머로 이동하는 것을 막는 장벽이었다. 게다가 직원이 으레 친절한 학습 환경에서 일할 때, 즉 반복 경험만으로 개선이 이루어지는 유형의 환경에서 일하던 시절에, 기업은 굳이 외부에서 직원을 모집할 필요성을 거의 느끼지 못했다. 그런데 1980년대 무렵에는 기업 문화가 바뀌고 있었다. 지식 경제 시대에 들어서자, 〈개념화와 지식 창조의 재능을 지닌 직원을 원하는 수요가 압도적으로〉 늘었다. 이제 폭넓은 개념적 기술을 지닌 사람은 다양한 일에 쓰일 수 있었고, 내부에서 기회의 사다리를 쥐고 있던 고용주로부터 드넓은 가능성의 그물을 내다보기 시작한 직원에게로 직업 궤도의 통제권이 갑작스럽게 넘어갔다. 민간 부문에서는 인력들이 자신의 직무 적합도를 추구하면서 돌아다님에 따라서, 효율적인 재능 시장이 빠르게 출현했다. 이렇게 세계가 변했는데도, 육군은 산업 시대의 사다리를 고수하고 있었다.

웨스트포인트 교수들은 많은 관료주의적 기관들처럼 육군도 직무 적합도 시장에서 빠져 있다고 설명했다. 〈재능에 적합한 직무를 찾아 줄 시장 메커니즘이 전혀 없다.〉 하급 장교가 인생의 방향을 바꾸어서 군을 떠날 때, 그것은 의욕 상실을 의미하는 것이 아니었다. 개인의 발전이라는 강력한 욕구가 그 장교의 목표를 완전히 바꾸었다는 신호였다. 전직 정보 장교인 애슐리 니컬러스는 이렇게 말했다. 「나는 군을 떠난 후 후회하는 동기생을 한 명도 본 적이 없어요.」 그녀는 전역한 뒤 수학 교사가 되었다가, 이어서 변호사가 되었다. 그녀는 비록 군인을 평생 직업으로 삼지 않았지만, 군대 경험에 너무나도 감사하는 마음이라고 덧붙였다.

민간 부문이 높은 직무 적합도라는 급증하는 요구에 적응하는 동안, 군은 그냥 사람들에게 돈을 뿌려 대고 있었다. 그러나 미묘한 변화가 시작되긴 했다. 가장 위계적인 조직들이 직무 적합 문제에서 융통성을 발휘하기 시작한 것이다. 장학금을 받은 ROTC 출신과 웨스트포인트 출신 장교가 자신의 경력 발달에 더 관여할 수 있도록 하는 장교 경력 만족 사업Officer Career Satisfaction Program이 한 예다. 복무 기간을 3년 더 연장하는 장교에게 분야(보병, 정보, 공학, 치과, 금융, 수의학, 통신 기술 등)나 근무지를 선택할 수 있는 기회를 늘려

주는 사업이었다. 하급 장교에게 돈을 제시하는 방식은 처참하게 실패한 반면, 직무 적합도를 높이는 방식은 성공했다. 이 사업을 시작한 지 4년 동안, 4만 명의 장교가 선택권을 받는 대가로 복무 기간을 연장했다.*

이는 작은 한 걸음을 내딛은 것일 뿐이다. 2016년 국방 장관 애시 카터Ash Carter는 웨스트포인트를 방문해 생도들과 대화를 나누었는데,[34] 그릿이 넘치는 생도들은 자신의 발전에 맞추어서 조정하기가 불가능한 경직된 진로를 우려하는 목소리를 쏟아 냈다. 카터는 엄격한 〈승진 아니면 탈락〉 모형에 토대를 둔 군의 〈산업 시대〉 인력 관리 방식을 대폭 수정함으로써 장교들이 성장하면서 자신의 직무 적합도를 개선할 수 있도록 하겠다고 약속했다.

생도들은 고등학교를 막 졸업했을 당시에는 다양한 직업들의 세계를 거의 접하지 못했고 가지고 있는 직무 기술도 별로 없었기에, 〈나는 목표를 세운 뒤, 나중에 다른 목표를 추구하는 쪽으로 바꾸곤 한다〉라는 그릿 평가 문항에 〈전혀 아니다〉라고 쉽게 답했을 것이다. 몇 년 뒤 자신의 직무 기술과 선호도를 더 잘 알게 되면, 다른 목표를 추구하려는 선택은 더 이상 그릿 없는 경로가 아니었다. 영리한 경로였다.

* 미국 육군도 〈재능 기반 분류talent-based branching〉[35]라는 과정을 도입하고 있다. 사관생도들과 젊은 장교들이 훈련을 받으면서 자신의 재능과 관심 분야를 파악할 수 있도록 돕는 과정이다. 직무 적합도를 향상시키는 것이 목표다. 조앤 무어Joanne Moore 대령이 2017년에 발표한 바에 따르면, 생도들이 군에 들어올 때 꿈꾸었던 직종이 자신에게 잘 맞지 않는 것으로 드러나는 일이 흔하다고 한다. 그들은 시도해 본 뒤에야 그걸 알아차리므로, 직종 전환을 가능하게 하는 것이야말로 직무 적합도를 최적화하는 데 대단히 중요하다.

내게는 그릿 연구 결과가 직관적으로 와닿았다. 과학적이지 않은 일상적인 의미로 말하자면, 나는 내가 그릿을 많이 지녔다고 생각하는 경향이 있다. 나는 큰 공립 고등학교에서 육상, 축구, 농구, 야구를 한 뒤 ― 내 키는 겨우 165센티미터다 ― 대학에서 800미터 육상 선수로 뛰었다.

우리 대학 팀 800미터 신입생 선수 중 나는 가장 못 뛰는 축에 드는 정도가 아니었다. 나는 〈꼴찌〉였으며, 그것도 현격한 차이로 꼴찌였다. 내가 팀에서 계속 연습을 할 수 있었던 것은 오로지 원정 팀에 뽑히지 않는 한 누구에게 어떤 손해도 끼치지 않았기 때문이다. 신발도 신입생 때만 제공받았으니까. 봄 방학 때 원정 팀이 사우스캐롤라이나로 훈련을 갔을 때, 나는 집으로 가는 대신에 기이할 만치 조용한 교정에서 혼자 집중해서 훈련을 했다. 그렇게 2년 동안 자존심에 상처를 입힐 성적을 내기도 하면서 때로 토할 정도로 연습에 매달렸다. 그사이에 유망하다고 여겨지던 신입생들은 그만두고 다른 선수들로 채워지곤 했다. 그만두어야겠다고 느끼는 날(그리고 주, 때로는 한 달이나 석 달까지도)도 많았다. 그러나 내게 맞는 훈련법을 서서히 터득해 갔고, 실력도 점점 나아졌다. 4학년 때 나는 본교의 역대 실내 육상 기록 10위 안에 들었고, 동부 지역 전체의 10위권에는 두 번 들어갔으며, 내가 속한 계주 팀은 대학 기록을 깼다. 내 동기 중에서 대학 기록을 깬 친구가 한 명 더 있었는데, 마찬가지로 그릿을 발휘하면서 계속 버틴 친구였다. 우리 동기 중에 끝까지 남은 선수는 거의 없었다. 기쁘게도 나는 〈유달리 힘든 역경에 굴하지 않고 상당한 성취를 이룬〉 운동선수에게 주는 구스타브 A. 재거 기

넘상을 받았다. 내게 〈유달리 힘든 역경〉이란 처음에 워낙 전설적인
수준으로 못했다는 것을 의미했다. 시상식이 끝난 뒤, 내가 버티는
동안 거의 말 한 번 걸지 않았던 수석 코치가 내가 신입생 때 연습하
는 것을 지켜보면서 몹시 안쓰러웠다고 말했다.

물론 이 이야기에 특별한 점은 전혀 없다. 어느 팀에나 다 있는 이
야기다. 그러나 나는 그 일화가 내가 일에 접근하는 방식을 시사한
다고 생각한다. 그렇긴 해도 미국 성인 집단 전체의 그릿 척도[36]로
보면 나는 50분위에 해당했다. 나는 자신이 역경에도 굴하지 않고
매우 열심히 일하는 사람이라고 평가함으로써 점수를 높였지만,
〈해마다 관심사가 바뀌고〉 웨스트포인트 출신의 대다수 장교들처럼
때때로 〈목표를 세웠다가 나중에 다른 목표를 추구하는 쪽을 택한
다〉라고 실토함으로써 많은 점수를 까먹었다. 열일곱 살 때 나는 공
군사관학교에 들어가서 조종사가 되고, 그 뒤에는 우주 비행사가 되
겠다고 자신만만하게 포부를 품었는데, 아마 그때였다면 그릿 척도
에서 가장 꼭대기에 놓였을 것이다. 당시 나는 시카고 하원 의원인
시드니 예이츠Sidney Yates로부터 추천서를 써주겠다는 언질까지 받
았다.

그러나 나는 그 길로 가지 않았다. 대신 막판에 마음을 바꾸어 정
치학을 공부하기로 결심했다. 그랬다가 정치학 강의를 딱 한 번 듣
고서 다시 마음을 바꾸었고, 이윽고 지구환경과학을 전공으로 하고
천문학을 부전공으로 정했다. 과학자가 내 길이 될 것이라고 확신했
으니까. 그러나 대학 내내 그리고 졸업한 뒤에도 연구실에서 일하다
가, 나 자신이 세상에 새로운 어떤 한두 가지를 알아내는 일로 평생

을 보내고 싶어 하는 유형의 사람이 아니라는 것을 깨달았다. 그보다는 새로운 것들을 끊임없이 배우고 그것들을 남들과 공유하고 싶어 하는 유형의 사람이었다. 그래서 나는 과학에서 언론으로 옮겨 갔다. 첫 직장에서 뉴욕시의 야간 사회부 기자로 일했다(『뉴욕 데일리 뉴스』에서 자정부터 오전 10시까지 나오는 뉴스 가운데 즐거운 소식은 전혀 없다). 나 자신을 점점 더 알아 갈수록 목표와 관심사는 계속 변해 갔고, 이윽고 내 폭넓은 관심사를 조사하기에 아주 딱 맞는 직장을 찾았다. 나중에 『스포츠 일러스트레이티드』에서 일할 때, 진로를 확고히 결정한 듯한 학생들은 내게 그 잡지사에서 일하려면 언론학과 영문학 중 어느 쪽을 공부하는 것이 나은지 묻곤 했다. 나는 전혀 모른다고 하면서, 아무튼 통계학이나 생물학은 들어도 해가 될 일이 전혀 없다고 답했다.

나는 시간이 흐르면서 열정이나 회복력이 줄어든다는 생각은 하지 않으며, 군을 떠난 사관생도들이 하나같이 처음에 지녔던 의욕을 상실했기 때문이라고도 보지 않는다. 나는 그릿이 혹독한 기초 훈련 과정을 이수하고자 하는 생도들이나 초등학생들이나 철자 경연 대회 출전자들을 평가할 강력한 예측 지표가 되는 것도 이해가 간다. 청소년도 자신을 위해 설정된 목표를 가지거나, 적어도 고를 수 있는 한정된 목록을 지니며, 열정과 끈기를 갖고 그것을 추구하는 것이 주된 도전 과제가 될 때가 종종 있다. 800미터 주자들도 마찬가지다. 스포츠 목표의 두드러진 측면 중 하나는 직설적이고 측정하기가 쉽다는 것이다. 2018년 동계 올림픽이 끝나는 주에, 2006년 피겨 스케이팅 은메달리스트 사샤 코언Sasha Cohen은 은퇴하는 선수들에게 조언하는 칼럼을 썼다. 〈올림픽 선수는 삶의 규칙이 스포츠의 규칙과 다르다는 것을 이해할 필요가 있다. 그렇다, 매일 하나의 전반적인 목표를 달성하기 위해서 애쓰는 일은 그릿, 단호함, 불굴의 의지를 지닌다는 것을 의미한다. 그러나 경기할 때 혼신의 힘을 끌어모으는 능력은 여러분의 앞길에 기다리고 있는 새로운 도전 과제들에는 맞지 않는다. 그러니 은퇴한 뒤에는 여행을 다니고, 시를 쓰고, 나름의 일을 찾아서 해보고, 좀 더 늦게까지 돌아다니고, 뚜렷한 최종 목표가 없는 무언가에 시간을 투자하시기를.〉[37] 더 폭넓은 직업의 세계에서는 애초에 직무 적합도가 높은 목표를 찾는 일 자체가 큰 도전 과제이며, 끈기를 위한 끈기는 방해가 될 수 있다.

최근에 150개국의 20만 명이 넘는 직장인들을 대상으로 한 국제 갤럽 여론 조사에서는 85퍼센트가 자기 일에 〈열의가 없거〉나 〈적극적으로 나서지〉 않는다고 답했다.[38] 세스 고딘은 그런 상황에서는 해류에 떠다니는 나뭇조각처럼 그냥 그렇게 내맡기기보다는 그만두는 것이 훨씬 더 용기 있는 행동이라고 본다. 고딘은 인간이 〈매몰 비용 오류sunk cost fallacy〉에 빠지는 것이 문제라고 본다. 무언가에 시간이나 돈을 투자하면, 우리는 거기에서 손을 떼기를 무척 꺼려 한다. 그러면 자신이 시간이나 돈을 낭비했다는 의미가 될 것이기 때문이다. 그 시간이나 돈은 이미 사라졌음에도 그렇다. 작가이자 심리학 박사이자 직업 포커 선수인 마리아 코니코바Maria Konnikova는 저서 『뒤통수의 심리학The Confidence Game』에서 매몰 비용 마음 자세가 우리에게 아주 깊이 뿌리박혀 있기 때문에, 사기꾼들이 그 점을 이용해 표적에게 몇 가지 사소한 호의나 투자를 부탁하는 것을 시작으로 점점 더 큰 요구를 한다고 설명했다. 표적은 일단 에너지나 돈을 투자하면 매몰 비용을 포기하고 떠나는 대신에, 자신이 원래 염두에 두었던 것 이상으로 투자를 계속할 것이고, 합리적인 관찰자가 볼 때 재앙이 임박해 있음에도 멈추지 못할 것이다. 코니코바는 이렇게 썼다. 〈투자를 더하고 더 큰 손해를 볼수록, 우리는 결국에는 잘될 것이라고 우기면서 계속할 것이다.〉

스티븐 네이페는 반 고흐의 삶을 조사하면서 10년을 보냈기에, 나는 그에게 그 화가를 대신해서 그릿 설문지를 채워 달라고 부탁했다. 반 고흐의 직업윤리는 신앙과 이어졌다. 그는 부친이 설교할 때 즐겨 예로 들었던 씨 뿌리는 사람이라는 비유에 매료되었다. 나중에 수확할 수 있도록 지금 일을 해야 한다는 것이다. 부친인 도루스 반 고흐는 설교했다. 「한 치 앞도 못 보는 이들에게 모든 밭을 맡긴다고 생각해 보세요.」 네이페와 스미스는 고흐가 그 이미지를 〈역경 앞에서 발휘하는 끈기의 모범 사례〉로 여겼다고 썼다. 어떤 일을 하건 간에, 고흐는 주변 사람들보다 자신이 더 열심히 일하면 성공할 것이라고 확신했다. 그러나 그는 계속 실패했다. 그의 관심사는 끊임없이 갑자기 바뀌곤 했다. 화가가 되기로 결심한 뒤에도, 그는 어느 한 양식이나 매체에 전력을 쏟았다가, 금세 완전히 돌아서곤 했다. 네이페와 스미스는 반 고흐의 융통성 있는 열정을 〈변형된 복음〉이라는 멋진 문구로 표현했다. 〈나는 어떤 생각이나 과제에 잠시 푹 빠졌다가 금방 흥미를 잃곤 한다〉라는 그릿 척도 문항은 반 고흐의 성격을 고스란히 요약한다. 적어도 그가 자신의 독특한 양식에 정착해 창의성을 분출시킨 마지막 몇 년을 제외하고는 그러하다. 반 고흐는 직무 적합도 최적화의 사례, 로버트 밀러의 다중 슬롯머신 과정의 실제 사례였다. 그는 광적인 열정으로 온갖 대안들을 시험하면서 가능한 한 빨리 자신에게 맞는지 여부의 정보 신호를 최대한으로 얻었고, 그런 뒤에 다른 대안으로 옮겨 가서 같은 식으로 되풀이했다. 그런 오락가락하는 경로를 따라 나아간 끝에, 비로소 아무도 간 적이 없고 자신만이 잘할 수 있는 곳에 정착했다. 네이페의 평가에 따르면, 반 고흐의 그릿 척도 점수는 근면 쪽에서는 높았지만 목표나 과제에 매달린다는 항목에서는 낮았다고 한다. 40분위에 해당했다.

영예롭게도 2017년 초에 나는 팻 틸먼 재단으로부터 전역자 지원 신청서를 심사하는 일에 참여해 달라는 요청을 받았다. 그 재단은 2015년부터 내가 강연을 시작했고, 전역자, 현역 군인, 군인의 배우자에게 장학금을 수여하는 기관이다. 야심적인 웨스트포인트 졸업자들이 낸 신청서도 많았다.

신청서에는 매혹적이면서 감명을 주는 이야기들이 적혀 있었다. 거의 모든 신청서에 아프가니스탄이나 국내 허리케인 구조대에서 일하거나, 몹시 중대한 상황에서 통역을 하거나, 배우자가 계속 근무지를 옮기는 바람에 따라서 옮기다가 그 경험을 토대로 다른 군인 배우자들을 위해 도움을 주는 일을 하거나, 군사적 갈등이나 관료제의 문제점 때문에 심한 좌절을 겪다가 삶의 계기가 되는 어떤 교훈을 얻었다는 내용이 담겨 있었다. 요지는 어떤 예기치 않은 경험이 예기치 않은 새로운 목표나 예기치 않은 재능의 발견으로 이어졌다는 것이다.

장학금을 받는 신청자들은 틸먼 스콜라스Tillman Scholars의 일원이 된다. 또래들보다 더 늦게 삶의 경로를 바꾸는 문제로 고심하는 고성취자 집단으로서, 바로 이 책에 영감을 준 이들이다. 늦깎이 전문화 이야기는 무언가를 하고 배우는 데 시간이 걸린다는 것을 우려하는 이들에게 자신들이 하고 배웠던 것에 감사하는 마음을 갖게 만드는 사실상 카타르시스를 일으켰다.

제정신이 박힌 사람이라면 열정과 끈기가 중요하지 않다거나, 어느 운수 나쁜 날이 포기하라는 신호라고 주장하지는 않을 것이다. 그러나 관심의 변화, 초점의 재조정이 불완전함과 경쟁에서의 불리함을 의미한다는 생각은 단순하면서 획일적인 타이거 이야기로 이어진다. 가능한 한 일찍 선택해 고수하라는 것이다. 반 고흐가 습관적으로 한 것 같은, 그리고 육사 졸업생들이 지식 경제의 여명기 이래로 해온 것 같은 방향 전환을 통한 새로운 인생 경험은 덜 산뜻하게 들리지만, 그에 못지않게 중요한 이야기다. 거기에는 가장 잘 맞는 것을 찾을 기회를 높여 주지만, 언뜻 들으면 매우 불리한 인생 전략처럼 들리는 행동이 수반된다. 바로 단기 기획이다.

7장
자신의 가능한 자아와 놀기

프랜시스 헤셀바인Frances Hesselbein은 펜실베이니아 서부 산악 지대의 제련소와 탄광에서 일하는 이들이 모여 사는 동네에서 자랐다.[1] 「존스타운에서 5시 30분은 정각 5시 30분을 뜻해요.」 그녀는 종종 이렇게 말한다. 따라서 그녀의 맨해튼 사무실 문 앞에 줄을 서서 한 시간 동안 리더십 조언을 듣고자 하는 경영자, 장교, 의회 의원이라면, 시간을 정확히 지키는 편이 좋다. 백 살 생일을 앞두고도, 그녀는 평일에 매일 사무실에 나와서 끝낼 수 있는 것보다 더 많은 일을 한다. 헤셀바인은 손님들에게 자신이 네 가지 직업을 가졌는데, 모두 회장이나 CEO였고, 어느 자리도 스스로 지원하지 않았다는 말을 즐겨 한다. 사실 그녀는 그중 세 가지 자리는 거절하려고 애썼다. 그녀가 자신의 삶이 어디로 향할지 추측할 때마다, 그 추측은 언제나 크게 빗나가곤 했다.

고등학생 때 그녀는 극작가라는, 책을 벗하면서 사는 삶을 꿈꾸었다. 졸업한 뒤 그녀는 피츠버그 대학교 주니어칼리지에 들어갔다.

그녀는 이런저런 강의를 들어 보면서 좋아했지만, 입학한 해에 그만 부친이 중병에 걸렸다. 당시 그녀는 열일곱 살이었고, 동생 둘을 둔 맏이였다. 병원에서 그녀가 뺨을 쓰다듬는 가운데 부친은 숨을 거두었다. 그녀는 부친의 이마에 입맞춤을 하면서 식구들을 돌보겠다고 약속했다. 그녀는 그 학기를 마친 뒤, 학업을 그만두고 펜트래픽컴퍼니 백화점에서 광고업자의 조수로 일했다.

머지않아 그녀는 혼인을 했고, 아들을 낳았다. 그런데 그 무렵에 제2차 세계 대전으로 남편 존이 해군에 입대하게 되었다. 존은 항공 전투 부대의 사진사로 일했고, 퇴역한 뒤에는 사진관을 차려서 고등학교의 인물 사진에서 다큐멘터리 촬영에 이르기까지 다양한 작업을 했다. 헤셀바인은 〈존을 돕는〉 다양한 일을 했다. 고객이 개 사진을 그림처럼 보이게 해달라고 하자, 유화 물감으로 덧칠도 했다. 「어때요?」

헤셀바인은 다양성이 풍부한 존스타운을 좋아했지만, 몇 가지 안 좋은 일도 있었다. 신설된 펜실베이니아 인간관계위원회에 들어간 존은 존스타운에서 벌어지는 차별 행위에 맞섰다. 이발사가 흑인 손님의 머리를 깎지 않겠다고 하는 것 같은 차별이었다. 「맞는 도구가 없어요.」 이발사가 불평하면 존은 대꾸했다. 「그러면 맞는 도구를 사야 하죠.」 존이 운동장에서 흑인 아이 두 명에게 발길질을 하는 교사와 맞서자, 교사는 그를 〈배신자〉라고 불렀다. 그때 헤셀바인은 포용을 중시하는 사회라면 〈그들이 우리를 볼 때, 우리한테서 그들 자신을 발견할 수 있는가?〉라는 질문에 〈예〉라고 답할 수 있어야 한다고 생각했다.

헤셀바인이 서른네 살이었을 때, 지역의 유명 인사인 한 여성이 찾아와서 자원봉사자로서 걸스카우트 제17단을 맡아 달라고 요청했다. 전임 지도자는 선교 활동을 하러 인도로 떠났고, 여러 명에게 부탁했는데 다 거절했다는 것이다. 헤셀바인도 거절했다. 그것도 세 번이나 거절했다. 여덟 살 된 아들이 한 명 있을 뿐, 여자아이들을 어떻게 대할지 전혀 모른다고 했다. 그러자 그 여성은 수수한 가정의 열 살 여아 서른 명이 교회 지하실에서 모이곤 하는데, 지도자가 없으면 해산될 것이라고 하면서 간곡히 부탁했다. 결국 헤셀바인은 진짜 지도자를 찾을 때까지, 6주만 맡겠다고 했다.

일을 맡기 위해서 그녀는 걸스카우트에 관한 자료들을 읽었다. 그 조직이 미국에서 여성 투표권이 주어지기 8년 전에 창립되었으며, 창립자가 소녀들에게 〈의사, 변호사, 비행사, 열기구 조종사〉가 될 수 있다고 일깨웠다는 것도 알았다. 헤셀바인은 초등학교 2학년 때 조종사가 되고 싶다고 말했을 때 반 아이들이 웃음을 터뜨린 일을 떠올렸다. 그래서 그녀는 6주 동안 일하기 위해 교회 지하실로 갔다가 결국 8년 동안 제17단을 맡게 되었다. 단원들이 고등학교를 졸업할 때까지였다.

그 뒤로도 헤셀바인은 자신이 원치도 않고 계속할 생각도 없는 걸스카우트 지도자 자리에 계속 뽑혔다. 그녀는 40대 중반에 처음으로 해외에 나가 보았다. 그리스에서 열린 국제 걸스카우트 회의에 참석하기 위해서였다. 그 뒤로 인도, 태국, 케냐 등 더 많은 나라를 여행했다. 헤셀바인은 자신이 자원봉사를 무척 좋아한다는 사실을 깨달았다.

그러다가 그녀는 공동 모금 단체인 유나이티드 웨이United Way의 지역 위원장을 맡아 달라는 요청을 받았다. 그런 자리를 여성이 맡는다는 것이 여성 비행사만큼 낯설게 여겨지던 시절이었다. 그 자리도 자원봉사직이었으므로, 그녀는 잘 안 되어도 잃을 것이 없다고 판단했다. 그런데 그녀가 미국철강노동조합의 지역 조합장을 부의장으로 임명했을 때, 갑자기 유나이티드 웨이 회장이 그 결정이 마음에 안 든다고 하면서 주요 후원 기업인 베들레헴 철강과 협상을 하는 편이 더 낫다고 결정했다. 헤셀바인은 의견을 굽히지 않았고, 이윽고 기업과 노조 양쪽의 지지를 이끌어 낼 수 있었다. 그해에 펜실베이니아주의 소도시인 존스타운은 미국에서 1인당 유나이티드 웨이에 기부한 액수가 가장 많은 도시가 되었다. 물론 헤셀바인은 그 일을 임시직으로 여겼기에, 다음 해에 물러났다.

1970년 걸스카우트를 후원하는 존스타운의 기업 경영자 세 명이 헤셀바인에게 점심 식사를 함께하자고 초청했다. 그들은 걸스카우트 지역 위원회의 새 사무총장을 뽑았다고 말했다. 전임 사무총장은 이미 그만두었고, 위원회는 심각한 재정난에 시달리고 있었다.

「잘됐네요. 누구죠?」 그녀가 묻자, 그들은 답했다.

「당신입니다.」

「나는 직업을 가져 본 적이 한 번도 없어요. 자원봉사자예요.」

그 사업가 중 한 명은 유나이티드 웨이 이사회 위원이기도 했다. 그는 헤셀바인이 맡아서 재정 문제를 바로잡지 않으면, 걸스카우트가 유나이티드 웨이의 협력 단체 지위를 잃게 될 것이라고 말했다. 결국 그녀는 6개월만 맡고 그 뒤에는 경험 많은 전문가에게 넘기고 물러나겠다고 했다. 쉰네 살에 그녀는 자신이 첫 직업이라고 부르는 일을 시작했다. 그녀는 경영서들을 탐독했고, 한 달이 지나자 그 일이 자신에게 딱 맞는다는 것을 깨달았다. 그녀는 4년 동안 그 자리에 있었다.

그녀는 자기 일을 잘 해나가고 있었지만, 상황은 너무나 안 좋았다. 1960년대 말에서 1970년대 초에 미국 사회는 급격한 변화를 겪었다. 걸스카우트는 그렇지 못했다. 대학과 직장을 준비하는 여성들이 유례없는 수준으로 늘고 있었고, 그들은 섹스와 마약 같은 첨예한 주제들에 관한 정보도 원했다. 조직은 존속 위기에 직면했다. 회원 수는 급감했다. CEO 자리는 거의 1년 동안 비어 있었다. 1976년 추대 위원회는 헤셀바인에게 면접을 보러 뉴욕시로 오라고 초청했다. 역대 걸스카우트 CEO들은 쟁쟁한 이력을 자랑하는 이들이었다. 도로시 스트래턴Dorothy Stratton은 심리학 교수, 대학 총장, 미국 여성 해안 경비 예비대의 초대 대장, 국제통화기금의 초대 인사국장을 역임했다. 가장 최근에 단장을 맡았던 세실리 캐넌 셀비Cecily Cannan Selby는 열여섯 살에 래드클리프 대학에 들어갔고, MIT에서 전쟁 때 개발된 기술을 써서 세포를 연구하는 분야인 물리생물학으로 박사 학위를 받았다. 셀비는 기업과 교육 분야에서 여러 지도자 자리를 역임했다. 반면에 헤셀바인이 내세울 경력이라고는 걸스카우트 지역 위원회의 위원장을 지냈다는 것뿐이었다. 미국 전체로 보면 335명 중 한 명에 지나지 않았다. 그녀는 여생을 펜실베이니아에서 보낼 생각이었기에, 그 초청을 정중하게 거절했다.

그러나 남편 존은 받아들였다. 그는 그 자리를 거절해도 좋지만,

면접을 보도록 차로 데려다주겠다고 했다. 그 자리에 별 관심이 없었기에, 그녀는 위원회가 가상의 CEO로서 일하면 어떻겠냐고 대안을 제시했을 때 편안하게 받아들일 수 있었다. 헤셀바인은 전통에 매몰되어 있는 조직을 완전히 변모시킬 생각이었다. 수학, 과학, 기술 위주로 활동을 재편하고, 위계적인 지휘 계통을 해체해 〈순환 관리circular management〉 방식을 택하기로 결심했다. 임원들이 사다리의 단처럼 층층이 놓이는 것이 아니라, 모든 지위의 임원들이 동심원을 이루는 팔찌의 구슬들처럼 다양한 경로로 서로 접촉하면서 지역 위원회부터 본부의 전국적인 의사 결정자에 이르기까지 생각을 주고받을 수 있게 하자는 것이었다. 그러면 조직은 포용력을 지니게 될 터였다. 성장 배경이 다양한 소녀들이 걸스카우트를 볼 때, 자기 자신을 보게 될 터였다.

헤셀바인은 1976년 7월 4일 뉴욕시로 와서 300만 명의 회원을 거느린 조직의 CEO로 취임했다. 내친 김에 그녀는 그동안 신성시되던 표준 교본을 개정해, 연령 집단별로 네 가지 교본을 만들었다. 그녀는 화가를 고용해 걸스카우트 단복을 입은 사람을 그리는 대신에, 알래스카의 유빙 옆에서 여섯 살의 지역 소녀가 교본을 넘기고 있는 모습을 담아 달라고 했다. 그녀는 다양한 배경의 소녀들을 다 초대할 수 있는 문구를 찾아 달라고 의뢰했다. 그리하여 시적인 느낌의 홍보 포스터들이 탄생했다. 아메리카 원주민 소녀들을 대상으로 한 포스터에는 이렇게 적혀 있었다. 〈여러분의 이름이 강을 따라 흐릅니다.〉

주변에서는 다양성이 중요하긴 하지만, 너무 많은 일을 너무 조급하게 하는 게 아니냐는 말들이 나왔다. 조직이 당면한 문제부터 해결하고 나서 다양성을 걱정하라는 뜻이었다. 그러나 그녀는 다양성이 조직의 주된 문제라고 판단했기에 더 밀고 나갔다. 그녀는 모집할 단원들을 대변할 지도자 팀을 짰고, 임무를 제시하는 문구부터 기능장에 이르기까지 모든 것을 개혁했다. 수학과 컴퓨터를 잘할 때 주는 배지도 새로 만들었다. 그녀는 자원봉사자들과 임원들이 어릴 때부터 죽 썼기에 소중하게 여기고 있지만 이제는 그다지 사용되지 않는 야영장들을 매각하는 가슴 아픈 결정도 내렸다.

헤셀바인은 13년 동안 CEO로 있었다. 그녀가 이끄는 동안 소수 인종의 회원 수는 세 배로 늘었다. 걸스카우트 회원 수는 25만 명이 늘어났고, 자원봉사자도 13만 명 이상 늘었다. 쿠키 사업의 매출액은 연간 3억 달러 이상으로 늘었다.

1990년 헤셀바인은 걸스카우트 CEO에서 물러났다. 저명한 경영 전문가인 피터 드러커Peter Drucker는 그녀가 미국에서 가장 뛰어난 CEO라고 했다. 〈미국의 그 어떤 기업도 경영할 수 있을 것이다.〉[2] 몇 달 뒤 제너럴모터스의 CEO가 물러났다. 『비즈니스 위크』가 드러커에게 다음 CEO로 누가 좋겠느냐고 묻자, 그는 이렇게 말했다. 「나라면 프랜시스를 뽑을 겁니다.」[3]

1990년 물러난 바로 그날 아침, 헤셀바인은 뮤추얼 오브 아메리카Mutual of America 생명보험사의 의사회 의장으로부터 5번가에 새 사무실을 마련했는데 언제쯤 올 수 있느냐는 전화를 받고 깜짝 놀랐다. 그녀는 이미 그 이사회의 위원이었는데, 회사는 그녀를 조직 내로 끌어들이기로 결정했던 것이다. 그 사무실에서 무엇을 하고 싶은 지는 차차 결정해도 된다고 했다. 그때까지 그녀는 뚜렷한 장기 계획 없이 일을 해나가는 데 익숙했다. 평생 동안 무엇이든 간에 일단 진행하면서 파악하는 방식으로 일해 왔기 때문이다.

헤셀바인은 비영리 조직 관리의 토대를 마련해, 최고의 기업 경영 방식을 사회단체에 전수하는 일을 돕기로 결심했다. 그녀는 이사회 위원으로 남기로 했지만, 이미 펜실베이니아에 집을 사두었기에 그 집에 당분간 머물면서 책을 쓸 생각이었다. 새 조직을 구성하는 일을 맡은 팀은 피터 드러커에게 명예 이사회 의장을 맡아 달라고 요청했다. 그는 헤셀바인이 CEO가 되면 수락하겠다고 했다. 결국 펜실베이니아에서 책을 쓰겠다는 계획은 그쯤에서 접을 수밖에 없었다. 소녀와 여성들을 위한 세계 최대 조직의 수장에서 물러난 지 6주 뒤, 그녀는 예산도 자산도 전혀 없이 공짜 사무실만 하나 달랑 있는 재단의 CEO가 되었다. 시작하는 데에는 그 정도로도 충분했다. 그녀는 직원들을 뽑았고, 현재 프랜시스 헤셀바인 리더십 연구소Frances Hesselbein Leadership Institute를 운영하느라 바쁘다.

그녀는 대학을 졸업하지 않았지만, 사무실에는 스물세 개의 명예 박사 학위증이 걸려 있으며, 미국 육군사관학교에서 리더십 강의를 해준 감사의 표시로 받은 번쩍이는 칼도 걸려 있다. 또 민간인에게 주는 최고의 훈장인 자유 훈장도 걸려 있다.[4] 나는 그녀가 101번째 생일을 맞이한 직후에 방문했는데, 조언받은 대로 따뜻한 우유 한 잔을 건네면서, 어떤 훈련이 리더십을 갖추는 데 도움이 되었는지를 단도직입적으로 물었다. 틀린 질문이었다. 「오, 내가 어떤 훈련을 받

있는지는 묻지 마요.」 그녀는 질색이라는 듯이 손을 흔들면서 답했다. 그저 옳다고 느껴지는 일을 했을 때 그 일이 자신에게 뭔가 가르침으로써 매 순간에 대처할 수 있었을 뿐이며, 어쨌든 그런 경험들이 쌓여 자신을 훈련시킨 것이라고 설명했다. 스티븐 네이페가 반고흐의 생애를 설명할 때 말했듯이, 다양한 경험이 쌓이면서 어떤 〈딱히 뭐라고 정의할 수 없는 소화 과정〉이 일어났다. 헤셀바인은 내게 말했다. 「나는 준비가 되어 있다는 생각 같은 것은 하지 않았어요. 지도자가 되겠다는 생각도 없었고, 그냥 그때그때 필요한 것을 해나가면서 배웠지요.」

헤셀바인은 일을 하던 당시에는 결코 알아차리지 못했던 교훈들을 돌이켜 보면서 추측할 수 있었다. 그녀는 인종 구성이 다양한 존스타운에서 포용과 배제의 힘을 다 보았다. 또 사진관 일을 하면서 자신이 만물박사로서의 다재다능한 능력을 지니고 있음을 알았다. 지위에 비해 경험이 부족한 단장이 되었을 때에는 집단 지도 체제에 의지했다. 유나이티드 웨이 모금 운동을 벌일 때에는 대개 맞붙어 싸우곤 하던 이해 관계자들을 통합시켰다. 걸스카우트 국제 대회에 참석하기 위해 처음 해외에 나갔을 때에는 전 세계의 동료들과 공통의 토대를 금방 찾아내는 법을 배웠다.

헤셀바인은 처음 걸스카우트 훈련 행사에 참석했을 때, 새로 뽑힌 다른 지도자가 아무 선물도 주지 않는다고 불평하는 소리를 들었다. 헤셀바인이 그 말을 자원봉사를 하고 있던 한 옷 공장 노동자에게 전했더니, 그녀는 이렇게 말했다. 「뭔가 집에 가져가려면 커다란 바구니를 들고 와야죠.」 헤셀바인은 지금 그 말을 되풀이한다. 모든 새로운 경험으로부터 뭔가를 가져가려면 마음을 활짝 열고 있으라는 의미다.

자신의 천직이 될 일을 위한 면접을 거절하려 했을 때, 예순 살 된 사람에게는 당연한 일이었다. 그녀는 아무런 장기 계획도 없었으며, 오로지 그 순간에 관심이 가거나 필요하다고 느낀 것을 한다는 생각뿐이었다. 「나는 계획 같은 것은 전혀 한 적이 없어요.」 그녀가 가장 즐겨 꺼내는 서두다.

50대 중반에야 정식으로 직업을 갖고 경력을 쌓기 시작한 헤셀바인의 사례는 특이하긴 하지만, 그녀의 굴곡진 인생 경로는 그렇지 않았다.

하버드의 마음, 두뇌, 교육Mind, Brain, and Education 과정을 운영하는 토드 로즈Todd Rose와 계산신경과학자 오기 오가스Ogi Ogas는 유달리 굴곡진 경력을 가진 이들을 연구하고자 할 때 대상자의 폭을 크게 넓혔다. 그들은 목표를 실현하고 성공을 거두었으면서, 빙빙 돌아서 그 목표에 이른 사람들을 찾아 나섰다. 우선 포도주 감별사와 기획자부터 동물 조련사, 피아노 조율사, 산파, 건축가, 기술자에 이르기까지 다양한 분야에서 성공한 이들을 모집했다. 오가스는 내게 말했다. 「우리는 다섯 명쯤 인터뷰해야 자신의 길을 개척한 사람을 한 명 찾아낼 수 있을 것이라고 추정했어요. 그런 이들이 대다수이거나 많을 거라고는 생각하지 못했지요.」

인터뷰를 한 이들이 거의 다 특이한 경로처럼 보이는 길을 따라 왔다는 사실이 드러났다. 「더욱 놀라웠던 것은 그들 모두가 자신이 비정상이라고 생각한다는 것이었지요.」 처음 인터뷰를 한 50명 중

45명은 한 분야에서 다른 분야로 건너뛰었다는 사실을 이야기할 때 당혹감을 표현할 만치 심하게 굽이진 직업상의 길을 거쳐 왔다. 「그들은 으레 이렇게 포기 선언을 덧붙이곤 합니다. 〈음, 대부분은 이런 길을 걷지 않아요.〉 그들은 처음에 걸었던 길에서 벗어나는 것이 너무 위험하다는 말을 들었지요. 하지만 사실 우리 모두가 알아야 할 것은 그들의 경로가 별난 사례가 아니라, 전형적인 사례라는 겁니다.」 그래서 연구진은 그 연구에 딱 맞는 이름을 찾아냈다. 다크호스 계획Dark Horse Project이었다. 새로운 사람들을 더 모집해서 조사해도, 대부분은 자신이 있을 법하지 않은 경로처럼 보이는 길을 걸어온 다크호스라고 인식했기 때문이다.*

다크호스는 직무 적합도를 도모하고 있었다. 「그들은 주위를 돌아보면서, 〈이런, 한참 뒤처질 거야. 이들은 나보다 더 일찍 시작해서 더 어린 나이에 나보다 더 많은 것을 이루었어〉 따위의 말을 결코 하지 않아요. 대신 이런 쪽에 초점을 맞추지요. 〈여기가 지금 내가 있는 자리야, 여기서 하고 싶은 열의를 느껴, 내가 지금 하고 싶은 것은 이거야, 내가 배우고 싶은 것은 이거야, 이게 바로 내가 찾던 기회야. 이 중 어느 것이 지금 가장 잘 들어맞지? 그리고 1년 뒤에는 좀 더 나은 것을 찾아서 바꿀 수도 있어.〉」

각 다크호스는 여정은 독특하지만, 공통의 전략을 쓴다. 「단기 계획이지요. 모두 장기 계획이 아니라, 단기 계획에 따라 움직여요.」 모

---

* 미국 노동통계청 자료를 보면, 이 다양한 직업을 오가는 밀레니얼 세대는 사실상 지식 경제 추세의 자연스러운 연장선상에 있음을 알 수 있다. 후기 베이비붐 세대(1957~1964년 출생자)의 50퍼센트는 18~50세 사이에 적어도 열한 가지 직업을 가졌으며, 교육 수준이나 성별과 상관없이 거의 비슷한 양상을 보인다.

두 멀리서 보면 장기 전망을 실현하는 양 보이지만, 가까이에서 살펴보면 대개 단기 계획자처럼 보였다. 나이키의 공동 창업자 필 나이트Phil Knight는 2016년 장기 전망과 창업할 당시에 자신이 무엇을 원하는지를 어떻게 알았는지를 묻자, 자신은 오로지 직업 운동선수가 되고 싶었을 뿐이었다고 답했다.[5] 하지만 실력이 그다지 뛰어나지 못했기에, 스포츠 관련 분야에 어떤 식으로든 머물 방법을 찾는 쪽으로 방향을 돌렸다. 우연히도 그는 신발을 고치곤 하던 대학 코치 밑에서 달리기를 했고, 결국 나중에 그와 공동으로 창업을 했다. 「고등학교 2학년 때부터 자신이 무엇을 해야 할지를 정확히 안다고 생각하는 사람들이 딱하게 느껴져요.」 나이트는 회고록에서 자신은 〈목표를 세우는 일 같은 것은 그다지 한 적이 없다〉[6]라고 썼다. 갓 창업한 신발 회사의 주된 목표는 자신이 배우고 있는 것을 다음 모험에 적용할 수 있을 때까지는 실패하지 말자는 것이었다. 그는 앞서 배운 교훈을 적용하면서 계속 단기적인 목표를 추구했다.

오가스는 자기 탐사라는 굴곡진 경로 대신에 안정성을 확보해 준다는 이유로 조기 전문화라는 엄격한 목표를 택하는 것이 합리적이라는 문화적 개념을 〈표준화 서약standardization covenant〉이라고 부른다. 「우리가 조사한 성취자들은 장기 목표를 추구하지만, 탐색의 시기를 거친 뒤에야 그 목표를 정립합니다. 물론 법학이나 의학 분야에서 학위나 박사 학위를 받는 데 잘못된 점은 전혀 없어요. 그러나 자신에게 얼마나 잘 맞는지를 알기 전에, 그 일에 몰두하는 것은 사실 더 위험해요. 그리고 그 길이 고정되어 있다고 생각해서도 안 돼요. 사람들은 의대를 절반쯤 다닌 뒤에야 비로소 그 사실을 깨닫곤 하지요.」찰스 다윈도 그랬다.

다윈은 부친의 지시에 따라 의사가 될 계획이었지만, 의학 강의가 〈참을 수 없을 만치 지루하다〉는 것을 깨닫고는 수술 톱이 갈리는 소리를 듣고 수술실을 뛰쳐나감으로써 의학 교육과 결별했다. 다윈은 이렇게 썼다. 〈다시는 수술실 참관을 하지 않았다. 그렇게 할 만큼 내게 강한 유인은 없었으니까.〉[7] 다윈은 당시 성경 직해주의자였고, 성직자가 되겠다고 마음먹었다. 그는 잡다하게 강의를 들었는데, 그중에는 식물학 강의도 있었다. 그 식물학을 가르친 교수는 나중에 다윈에게 비글호를 타도록 추천했다.[8] 이 우회 경로를 취한다면 게으름뱅이가 되지 않을 것이라고 부친을 설득한(숙부의 도움을 받아서) 뒤, 다윈은 역사상 가장 큰 영향을 미치게 될 대학 졸업 후의 공백 기간 활동을 시작했다. 그의 부친은 결국 아들이 평온히 살다가 〈자연사하는 것〉만 바랄 정도가 되었다. 수십 년 뒤, 다윈은 자신의 자아 발견 과정을 이렇게 회고했다. 〈한때 성직자가 될 생각을 했다니, 어처구니없어 보인다.〉60년 넘게 의사 생활을 한 그의 부친은 피를 보는 것을 끔찍이 싫어했다. 다윈은 이렇게 썼다. 〈조부가 부친에게 어떤 선택권을 주었더라면, 부친은 무슨 일이 있어도 의사가 되지 않았을 것이다.〉[9]

마이클 크라이튼Michael Crichton도 글을 써서 생계를 유지하는 작가가 거의 없다는 것을 깨달은 뒤에, 의학을 공부하기 시작했다. 그는 의학을 공부할 당시에는 〈그 일이 가치가 있는지 여부를 궁금해할 이유를 전혀 못 느꼈다〉라고 썼다.[10] 몇 년 뒤 의사로 일하면서야 싫증을 느끼게 되었다. 그는 하버드 의대를 졸업했지만, 작가가 되기로 결심했다. 그가 의학 교육을 받은 것이 완전히 낭비는 아니었다. 그는 세상에서 가장 인기 있는 작품들 — 소설 『쥐라기 공원』, 무려 124번이나 에미상 후보에 오른 TV 시리즈 「ER」 — 을 창작하는 데 그 경험을 이용했다.

다원의 표현을 빌리자면, 자기 이해라는 관점에서 살펴보면 예전에 안전하고 확실하다고 느꼈던 경력의 목표는 터무니없어 보일 수 있다. 우리의 일 선호도와 삶 선호도는 늘 동일한 상태로 있는 것이 아니다. 〈우리〉가 늘 동일한 상태로 있지 않기 때문이다.

심리학자 댄 길버트Dan Gilbert는 그것을 〈역사적 환상의 종말end of history illusion〉이라고 했다.[11] 10대부터 노인에 이르기까지, 우리는 자신의 욕구와 동기가 그동안 많이 변해 왔다는 것을 확실히 알고 있지만(자신의 옛날 머리 모양을 떠올려 보라), 앞으로는 그다지 변하지 않을 것이라고 믿는다. 길버트의 용어를 빌리자면, 우리는 곧 완성될 것이라는 말만 계속 따라붙는 반제품이다.

길버트 연구진은 18~68세 성인 1만 9천 명 이상의 선호도, 가치 기준, 성격을 조사했다. 일부에게는 앞으로 10년 동안 자신이 얼마나 바뀔지 예측해 달라고 했고, 일부에게는 지난 10년 동안 자신이 얼마나 변했는지를 회상해 달라고 했다. 예측가들은 다음 10년 동안에 자신이 거의 변하지 않을 것이라고 예상한 반면, 회고자들은 지난 10년 사이에 많은 변화가 있었다고 답했다. 불변이라고 느끼는 특성들도 크게 변했다. 핵심 가치들 — 즐거움, 안전, 성공, 정직함 — 도 바뀌었다. 휴가, 음악, 취미, 심지어 친구에 대한 선호도도 바뀌었다. 예측가들은 현재 자신이 좋아하는 밴드의 10년 뒤 공연을 보기 위해 평균 129달러를 기꺼이 지불할 의향이 있다고 했다. 반면에 회고자들은 10년 전에 자신이 좋아한 밴드의 공연을 오늘 보는데 겨우 80달러만 지불하겠다는 의향을 보였다. 지금의 자기 자신은 덧없는 존재다. 예전의 자신이 그러했듯이. 이 결과는 뜻밖의 것인양 느껴지겠지만, 사실은 가장 잘 규명된 것이기도 하다.

수줍어하는 아이가 자라서 수줍어하는 어른이 될 가능성이 높다는 것은 분명한 사실이지만, 그 상관관계는 완벽한 것과는 거리가 멀다. 그리고 어느 특정한 성격 특성이 변하지 않는다고 해도, 다른 특성들은 변할 것이다. 유일하게 확실한 것은 세대가 지날 때, 그리고 개인 내에서도 평균적으로 변화가 일어난다는 것이다. 일리노이 대학교의 심리학자 브렌트 W. 로버츠Brent W. Roberts는 성격 발달을 연구하는 전문가다. 그는 동료 심리학자와 함께 92건의 연구 결과를 분석해서, 성격 특성이 시간이 흐르면서 꽤 예측 가능한 양상으로 변한다는 것을 밝혀냈다.[12] 성인은 나이를 먹을수록 더 상냥해지고, 더 양심적이 되고, 더 감정적으로 안정되고, 덜 신경질적이 되지만, 경험에 덜 개방적이 된다. 중년이 되면 점점 더 한결같아지고 신중해지며, 호기심과 열린 마음과 창의성은 줄어든다.* 이런 변화는 어른이 나이를 먹을수록 폭력 범죄를 저지를 확률이 점점 줄어들고 더

* 통계를 좋아하는 독자를 위해 말하자면, 한 개인의 특정한 성격 형질을 10대 때와 더 나이가 들었을 때를 비교하면 상관관계가 대개 약 0.2~0.3이다. 그리 높지 않은 수준이다(무작위 측정 오차가 없다고 가정할 때, 상관관계가 1.0이라면 또래 집단과 비교했을 때 그 형질이 나이가 들어도 전혀 변하지 않는다는 의미다). 로버츠는 내게 말했다. 「열다섯 살 때와 일흔다섯 살 때의 나는 분명히 같은 사람이라고 할 수 없는 겁니다. 다만 나임을 알아볼 수 있는 흔적들이 있을 뿐이지요.」

욱 안정적인 관계를 맺을 수 있게 된다는 사실처럼, 잘 알려진 영향을 미친다. 그러나 가장 중대한 성격 변화는 18세에서 20대 말에 걸쳐서 일어나므로, 일찍 전문화한다는 것은 아직 존재하지 않는 사람의 직무 적합도를 예측하는 것이기도 하다. 그 방식은 먹힐 수도 있지만, 아닐 때가 더 많다. 게다가 성격은 서서히 변하긴 해도, 어느 나이에 멈추는 것도 아니다. 때로는 사실상 한순간에 바뀔 수도 있다.

유튜브 덕분에 〈마시멜로 실험〉은 세상에서 가장 유명한 과학 실험이 될 수 있었다. 사실 이 실험은 1960년대에 시작된 일련의 실험들을 의미했다. 원래의 전제는 단순했다. 실험자는 유치원에 다니는 아이의 앞에 마시멜로(또는 과자)를 하나 놓는다. 그리고 자신이 돌아올 때까지 먹지 않고 기다리면 마시멜로를 하나 더 주겠다고 말하고 자리를 비운다. 기다리지 못하겠다면, 아이는 마시멜로를 그냥 먹으면 된다. 아이는 얼마나 오래 기다려야 하는지는 듣지 못했기에 (연령에 따라서 15~20분이었다), 더 많은 보상을 원한다면 마냥 기다려야 했다.

심리학자 월터 미셸Walter Mischel의 연구진은 여러 해가 흐른 뒤에, 당시 실험에 참가했던 아이들이 어떻게 되었는지를 알아보았다.[13] 그러자 더 오래 기다렸던 아이일수록 자라서 사회적, 학문적, 경제적으로 성공할 가능성이 더 높고, 마약에 빠질 가능성이 더 낮은 것으로 나타났다.

마시멜로 실험은 과학 실험치고는 이미 유명했지만, 아이의 운명

226

을 예측하고자 애쓰는 언론과 부모가 스스로 기획한 마시멜로 실험의 결과를 온라인에 올리기 시작하면서 비욘세 수준으로 명성을 날리게 되었다. 동영상들에는 사랑스러우면서 흥미로운 모습들이 담겨 있다. 거의 모든 아이는 적어도 조금은 기다린다. 마시멜로를 바라보거나, 만지거나, 냄새를 맡거나, 살짝 혀를 댔다가 마치 뜨거운 양 재빨리 떼는 아이도 있다. 심지어 입안에 넣었다가 내뱉으면서 깨무는 흉내를 내는 아이도 있다. 살짝 맛을 보려고 알아차릴 수 없을 만치 조금 떼어내 먹는 아이도 있다. 마시멜로를 건드리기 시작한 아이는 대개 동영상이 끝나기 전에 먹어치운다. 참는 데 성공하는 아이들은 시선을 딴 데로 돌리는 것부터 접시를 멀리 치우거나 눈을 가리거나 뒤돌아서 소리를 지르거나 노래를 부르거나 혼자 중얼거리거나 숫자를 세거나 의자를 마구 흔들어 대거나 자신의 얼굴을 때리거나(남자아이들) 온갖 방법으로 신경을 딴 데로 돌리고자 한다. 마시멜로를 안 보려고 이리저리 시선을 돌렸던 한 남자아이는 실험자가 두 번째 마시멜로를 갖고 들어오자, 너무나 참았다는 듯 두 개를 한꺼번에 입에 쑤셔 넣는다.

마시멜로 실험이 미래를 점치는 수정구슬인 양 혹하게 만든다는 점은 부정할 수 없지만, 이 검사는 잘못 해석되고 있다. 미셸의 공동 연구자인 유이치 쇼다Yuichi Shoda는 마시멜로를 그냥 먹은 많은 아이들도 별 탈 없이 잘 자랐다는 점을 계속해서 강조해 왔다.* 쇼다는 이 연구의 가장 놀라운 측면은 아이들이 마시멜로를 음식이 아니라 구

---

* 마시멜로 실험을 재현한 실험 결과가 2018년에 발표되었는데, 기다리는 행동을 보고서 장래를 예측할 수 있는 수준이 원래의 실험보다 낮게 나왔다.[14]

름인 양 생각하는 식으로, 단순한 심리적 전략을 써서 특정한 행동을 바꾸는 법을 대단히 쉽게 배울 수 있음을 보여 주었다는 점이라고 말했다.[15] 쇼다의 마시멜로 검사 후속 연구는 본성 대 양육 논쟁에서 극단적인 주장들 사이를 잇는 심리학적 다리의 일부가 되어 왔다. 한쪽 극단은 성격 형질이 거의 전적으로 본성의 함수라고 주장하는 반면, 반대쪽 극단은 전적으로 환경의 함수라고 주장한다. 쇼다는 이른바 이 개인 – 상황 논쟁person-situation debate의 양측이 다 옳다고 주장했다. 그리고 한편으로는 양쪽 다 틀렸다고 했다. 삶의 특정 시점에 개인의 본성은 특정한 상황에 어떻게 반응하느냐에 영향을 미치지만, 본성은 상황에 따라서 놀라울 만치 다르게 드러날 수도 있다. 그는 미셸과 함께 〈만일 – 하면 특징if-then signatures〉 연구를 시작했다.[16] 데이비드는 만일 큰 모임에 있다면 내향적으로 보이는 반면, 만일 자기 팀과 일한다면 외향적으로 보인다. (참.) 그렇다면 데이비드는 내향적일까 외향적일까? 둘 다이며, 언제나 그렇다.

오가스와 로즈는 이를 〈맥락 원리context principle〉라고 부른다. 2007년 미셸은 이렇게 썼다. 〈이 발견의 핵심은 집에서 공격적인 아이가 학교에서는 대다수 아이들보다 덜 공격적일 수도 있으며, 교제를 거부당했을 때 유달리 적대적인 남자가 자기 일을 비판하는 말에는 유달리 관대할 수 있으며, 의사의 진료실에서는 심하게 불안해하는 사람이 차분하게 암벽을 오를 수도 있으며, 위험을 무릅쓰는 사업가가 사회적 관계에서는 거의 위험을 무릅쓰지 않을 수도 있다는 것이다.〉 로즈는 더 쉬운 말로 요약했다. 〈당신이 오늘 운전을 할 때 양심적이고 예민하다면, 내일 운전을 할 때도 양심적이고 예민할 것이라고 꽤 안전하게 예측할 수 있다. 반면에 당신은 동네 술집에서 자기 밴드와 비틀스 노래를 연주하고 있을 때에는 양심적이고 예민하지 않을 수도 있다.)[17] 아마 그것이 대니얼 카너먼과 동료들이 군대(1장 참조)에서 장애물 훈련 때 누가 지휘자 역할을 하는지를 토대로 전투 때 지휘자가 될 사람을 예측한 것이 실패한 한 가지 이유일 것이다. 내가 대학 육상 선수였을 때, 동료 중에는 트랙에서는 한없이 의욕이 넘치고 단호해 보이지만 교실에서는 거의 눈에 띄지 않는 사람도 있었고, 그 반대인 사람도 있었다. 누군가가 열정과 끈기가 있는지 묻는 대신에, 우리는 〈언제〉 그러한지를 물어야 한다. 오가스는 이렇게 말했다. 〈누구든 자신에게 적합한 맥락에 데려다 놓으면, 더 열심히 일할 것이고 바깥에서 볼 때 더 열정과 끈기가 있는 양 보일 것이다.〉

성격은 시간, 경험, 맥락에 따라서 우리가 예상하는 것보다 더 많이 변하기 때문에, 우리는 살아온 시간도 경험도 적고 접하는 맥락의 범위도 좁은 어린 시기에는 확고한 장기 목표를 세울 준비가 제대로 안 되어 있다. 〈나의 이야기〉는 계속 진화하게 마련이다. 우리는 앨리스의 지혜에 귀를 기울여야 한다. 이상한 나라에서 그리폰이 자신의 이야기를 들려 달라고 부탁했을 때, 앨리스는 그날 아침의 모험 이야기에서 시작해야 한다고 판단했다. 「어제까지 거슬러 올라가는 것은 무의미해. 어제의 나는 다른 사람이었으니까.」 앨리스는 진리의 일부를 포착한 것이었다. 그 진리는 직무 적합도를 최대화하는 최선의 방식이 무엇인가에 심오한 결과를 미쳐 왔다.

런던 경영대학원의 조직행동학 교수 허미니아 아이바라Herminia Ibarra는 자신이 〈승진 아니면 탈락up-or-out〉 계층 구조라고 묘사한 기업들에서 젊은 컨설턴트들과 은행원들이 어떻게 승진을 하는지(또는 못 하는지)를 연구했다. 그 연구를 끝낸 지 몇 년 뒤에 다시 추적 조사를 했더니, 한창 주가를 올리던 스타들 중 일부는 새로운 직업을 찾아 이미 떠났거나 떠날 계획을 세우고 있다는 것이 드러났다.

아이바라는 다시 연구를 시작했다. 이번에는 웹 기업가, 변호사, 의사, 교수, IT 전문가도 대상에 포함시켰고, 경력 전환에 초점을 맞추었다. 아이바라는 미국, 영국, 프랑스에서 최소 8년 동안 한 가지 일에 종사한 야심적인 전문가들을 추적했다. 대부분은 30~40대였다. 연구를 하는 동안 그녀는 꽤 경력을 쌓은 전문가들이 때때로 드는 변화의 욕구에 못 이겨서 과도기라는 불안한 시기를 거쳐 새로운 직업으로 옮겨 가는 것을 지켜보았다. 때로는 한 사람이 이 전체 과정을 두 번이나 거치기도 했다. 그녀가 연구 결과를 종합하니, 핵심 전제는 단순하면서 심오했다. 우리는 자신이 누구인지를 미리 아는 것이 아니라, 살아가면서 배운다는 것이다.[18]

아이바라는 우리가 샘플링 활동, 사회 집단, 맥락, 직업, 경력을 통해 살아가면서 직무 적합도를 최대화하고, 나중에 돌이켜 보면서 자신이 살아온 이야기를 끼워 맞춘다고 결론을 내렸다. 그리고 그 과정은 반복된다. 쉬운 말처럼 들린다면, 정반대로 소비자들에게 오로지 자기 성찰을 통해서 자신에게 완벽하게 들어맞는 것을 찾을 수 있다고 확신시키기 위해 십자군 전쟁에 나선 저 엄청난 무리를 생각해 보라. 오로지 그 개념에 기대어서 떼돈을 벌고 있는 직업과 성격 알아보기 퀴즈와 카운슬링 산업이 번성하고 있지 않은가. 아이바라는 내게 말했다. 「자신의 강점을 찾아내자는 이 모든 주장들은 사람들에게 우리가 얼마나 성장하고 진화하고 꽃을 피우고 새로운 것들을 발견할지를 아예 고려하지 않은 채 그냥 이쪽이나 저쪽 칸에 틀어박혀도 좋다고 허가증을 내주라는 말과 같아요. 하지만 사람들은 확실한 답을 원하지요. 그래서 그런 주장들이 먹히는 겁니다. 〈음, 실험을 좀 해보면서 어떻게 되는지 알아봅시다〉라고 말하면 덜 와닿거든요.」

그런 주장들은 이 설문지를 다 채우기만 하면, 이상적인 직업으로 나아가는 길이 훤히 보일 것이라고 약속한다. 심리학자들이 시간과 맥락에 따라서 개인이 변화를 겪는다는 말을 아무리 떠들어 댄다고 해도 신경 쓰지 말라고 말한다. 아이바라는 『월스트리트 저널』에 실린 「새로운 직업으로 나아가는 손쉬운 길」[19] 같은 흔해 빠진 통념에 기댄 기사들을 비판했다. 그 기사는 그저 행동하기 전에 〈자신이 원하는 것이 무엇인지 명확한 그림〉을 그리기만 하면 된다고 단언한다.

대신에 아이바라는 그 신성시되는 격언을 영리하게 뒤집어야 한다고 말했다. 「먼저 행동한 뒤에 생각하는 거죠.」 아이바라는 사회심리학을 토대로 우리 각자가 무수한 가능성들로 이루어져 있다는 주장을 설득력 있게 펼쳤다. 「우리는 〈행동〉함으로써, 새로운 활동을 시도함으로써, 새로운 인맥을 구축함으로써, 새로운 역할 모델을 찾아냄으로써 가능성들을 발견합니다.」 우리는 이론이 아니라 실천을 통해서 자신이 누구인지를 알게 된다.

프랜시스 헤셀바인을 생각해 보라. 그녀는 동년배들이 퇴직할 나이에 가까워질 때까지 계속 새로운 일에 발을 담그곤 하다가, 단기적 계획을 통해 딱 맞는 직업을 찾아갔다는 것을 마침내 깨달았다. 또는 천직을 발견했다고 확신했다가 실제로 해본 뒤에야 자신이 잘못 생각했음을 깨닫는 일을 계속 되풀이한 반 고흐는 어떨까.

아이바라는 극단적으로 직업을 바꾼 사례들을 제시했다. 서른여덟 살의 정신과 의사이자 베스트셀러 작가인 피에르는 한 저녁 모임에서 티베트 라마승과 만난 일을 계기로 굽이굽이 돌아서 불교 수도승이 되었다. 그보다는 더 평범해 보이는 사례들도 있다. 증권 회사의 기술 관리자로 일하는 마흔여섯 살의 루시는 한 조직 개발 컨설턴트로부터 비판적인 평가를 듣고 충격을 받은 뒤, 아예 그 컨설턴트를 개인 코치로 고용했다. 곧 루시는 자신이 기술보다 사람을 관리하는 일(그 컨설턴트가 그녀의 약점이라고 지적했던 분야)에 더 재미를 느낀다는 것을 깨달았다. 서서히 그녀는 이런저런 강좌와 모임에 참석해 인맥을 점점 늘리면서 무엇이 가능한지를 감을 잡아 갔다. 차근차근 약점은 강점이 되어 갔고, 그녀는 조직 개발 코치로 변신했다.

이 전직하는 이야기들에는 공통된 주제가 있다. 주인공은 자신의 일이 만족스럽지 못하다고 느끼기 시작했고, 우연한 기회에 전에는 눈에 들어오지 않았던 세계와 마주침으로써 몇 차례 단기적인 탐사를 시도했다. 조기 전문화의 추종자들에게 그런 전직자들은 손쉬운 비판의 대상이 되었다. 장기 계획을 버리고 빠르게 진화하는 단기적인 실험들을 택하다니, 이해할 수 없는 짓이라는 비판을 받았다. 때로 그들은 하지 말라고 스스로를 설득하려고 시도했다. 주변 사람들도 경솔하게 굴지 말라고 조언했다. 당장 바꾸지 말고, 새로운 관심사나 재능을 그냥 취미 활동으로 삼으면 되지 않느냐고 말했다. 그러나 가볍게 접해 볼수록, 더욱더 바꾸어야 할 때라는 확신이 강해졌다. 새로운 직업이 자신에게 더 맞다는 생각은 하루아침에 드러난 것이 아니라, 헤셀바인의 방식처럼 일시적으로 뭔가를 시도하거나 새로운 역할 모델을 찾는 것으로 시작해 그 경험을 돌이켜 보면서 다음의 단기 계획으로 넘어가는 식으로 이루어졌다. 물론 전직자 중에는 부유해진 이들도 있는 반면, 가난해진 이들도 있었다. 그래도 모두 잠시나마 자신이 뒤처졌다고 느꼈지만, 『괴짜 경제학』의 동전 던지기 연구에서처럼, 모두 바꿈으로써 더 행복해졌다.

아이바라의 조언은 다크호스 연구자들이 말한 단기 계획과 거의 동일하다. 그들의 연구는 〈나는 정말로 어떤 사람이 되고 싶은 것일까?〉라는 질문에 선험적으로 확고한 답이 있을 것이라고 기대하지 말고, 〈내 다양한 가능한 자아들 중 어느 것을 지금 탐구하기 시작해야 할까? 어떻게 하면 그럴 수 있을까?〉와 같은 실제로 검사할 수 있는 더 사소한 질문들을 던짐으로써, 자기 스스로 과학자가 되는 편이 더 낫다는 것을 시사한다. 자신의 가능한 자아들을 가볍게 시험해 보라.* 원대한 계획을 세우기보다는 빨리 할 수 있는 실험들을 찾아보라. 아이바라는 내게 말했다. 「해보면서 배우라는 거죠. 계획한

---

* 「그레이 아나토미」와 「스캔들」의 제작자 숀다 라임스Shonda Rhimes는 〈1년 동안 좋아요 하기Year of Yes〉라는 자기 실험을 통해 그런 탐구를 극단까지 밀고 나갔다. 라임스는 본래 내성적이었고, 예기치 않은 초청은 무조건 거부하곤 했다. 그녀는 그런 생활 습관을 뒤집어서, 1년 동안 모든 일에 〈좋아요〉라고 말하기로 결심했다. 그렇게 1년을 지내자, 그녀는 자신이 무엇을 하고 싶은지를 진정으로 알게 되었다.

뒤에 실행하는 것이 아니라요.」

컴퓨터 과학자이자 에어비앤비, 드롭박스, 스트라이프, 트위치 같은 스타트업에 투자하는 기업인 Y컴비네이터Y Combinator의 공동 창업자인 폴 그레이엄Paul Graham은 어느 고등학교 졸업식에서 연설하고자 썼지만, 실제로 하지는 않은 연설문에 아이바라의 견해를 고스란히 요약했다.[20]

자신이 하고 싶은 일이 무엇인지를 판단하는 것만큼 쉬운 일은 없을 것이라고 생각할지 모르겠지만, 사실 그 일은 어렵습니다. 어느 정도는 대부분의 일자리에 관한 정확한 그림을 얻기가 어렵다는 점 때문이기도 합니다. (……) 지난 10년 동안 내가 했던 일들은 대부분 내가 고등학교에 다닐 때에는 아예 존재하지도 않았습니다. (……) 그런 세상에서 고정된 계획을 갖는다는 것은 좋은 생각이 아닙니다.

그런데 5월마다 전국에서 연설자들은 표준 졸업 연설이라고 부를 만한 것을 합니다. 그런 연설의 주제는 이렇습니다. 〈꿈을 포기하지 마라.〉 그들이 무슨 말을 하려는 것인지 압니다만, 그렇게 표현하는 것은 나쁜 방식입니다. 여러분이 일찌감치 세운 어떤 계획에 얽매여 있다는 의미이기 때문입니다. (……)

목표로부터 거꾸로 해나가는 대신에, 유망해 보이는 상황에서부터 앞으로 해나가세요. 그것이 바로 가장 성공한 사람들이 실제로 하는 방식입니다.

졸업 연설 방식에서는 20년 뒤에 자신이 어디에 있고 싶은지를 먼저 결정합니다. 그러고 나서 묻지요. 거기에 도달하려면 지금 무엇을 해야 할까? 그 대신에 나는 미래의 무언가에 얽매이지 말고, 그저 현재 쓸 수 있는 대안들을 살펴보고 가장 유망한 선택 범위를 제공할 것을 고르라고 제안합니다.

아이바라가 〈계획한 뒤 실행〉 모형이라고 부르는 것 — 먼저 장기 계획을 세우고서 어긋나지 않게 실행한다는 개념으로서, 〈해보면서 배우기〉 모형의 정반대 — 은 천재를 묘사할 때 으레 들먹거려진다. 조각가 미켈란젤로가 대리석 덩어리 앞에 서면 손을 대기도 전에 먼저 완벽한 형상이 머릿속에 떠올랐고, 그냥 나머지 돌을 쪼아 내어 그 안의 형상을 드러냈을 뿐이라는 속설이 널리 퍼져 있다. 대가에 어울리는 아주 멋진 재능이다. 그러나 그 속설은 사실이 아니다. 예술사가 윌리엄 월리스William Wallace는 미켈란젤로가 사실은 해보면서 배우기의 대가였음을 보여 주었다.[21] 미켈란젤로는 끊임없이 생각을 바꾸었고, 조각을 하다가 도중에 계획을 바꾸기도 했다. 그의 조각품 중 5분의 3은 미완성으로 남았다. 그는 하던 작품을 끝내기도 전에 더 나아 보이는 새 작품을 작업하는 쪽으로 옮겨 갔다. 월리스는 분석한 글의 첫머리에 이렇게 썼다. 〈미켈란젤로는 어떤 미술 이론을 그대로 풀어내는 사람이 아니었다.〉 그는 일단 시도했고, 그런 뒤에 거기서부터 나아갔다. 그는 조각가이자 화가이자 건축가였고, 피렌체를 요새로 만들기 위한 공학적 설계도 했다. 20대 후반에 그는 아예 시각 예술을 내팽개치고 시를 쓰면서 시간을 보내기도 했으며(자신이 회화를 얼마나 싫어하게 되었는지를 적은 시도 한 편 있다[22]), 그 시들 중 절반은 미완성이었다.

직무 적합도를 높이고자 열망하는 모든 사람들처럼, 미켈란젤로도 이론이 아니라 실천을 통해서 자신이 누구인지, 그리고 누구를 조각하고 있는지를 배웠다. 그는 먼저 아이디어를 떠올리고서 그것을 시험하고 바꾸고, 더 마음에 드는 작품을 위해 쉽게 포기했다. 미켈란젤로는 실리콘밸리에 잘 어울렸을 것이다. 그는 거침없이 모험을 반복하는 사람이었다. 아이바라의 새로운 격언에 따라 일했다. 〈나는 내가 하는 일을 볼 때 비로소 내가 누구인지를 안다.〉

솔직히 털어놓자. 다크호스 계획을 조사한 뒤에, 나는 그 계획의 신입 회원이 되었다. 단기 계획들로 이루어지는 구불구불한 경력을 쌓아 왔기 때문이다. 나는 그 계획에 공감했다. 어느 정도는 내가 겪은 경험들 때문이기도 하지만, 더 큰 이유는 내가 존경하는 사람들이 그렇다고 말하기 때문이다.

논픽션 작가이자 영화 제작자인 서배스천 정거Sebastian Junger는 스물아홉 살 때 수목 관리자로 일했다. 소나무 꼭대기에 올라가서 나무 다듬는 일을 했는데, 어느 날 사슬톱에 다리가 찢겨 나갔을 때 위험한 직업에 관한 글을 써야겠다는 생각이 떠올랐다. 두 달 뒤 아직 다리를 절뚝거리고 있을 때, 매사추세츠주 글로스터에서 한 어선이 바다에서 사라졌다. 그래서 그는 어업을 주제로 잡았다. 그 결과물이 바로 『퍼펙트 스톰The Perfect Storm』이었다. 정거는 위험한 직업이라는 주제에 계속 매달렸고, 전쟁 다큐멘터리 「레스트레포Restrepo」로 오스카상 후보에 오르기도 했다. 그는 내게 이렇게 말했다. 「그 부상이야말로 내게 일어날 수 있었던 가장 좋은 일이었던 거지요.

내 직업을 바라볼 관점을 제공했으니까요. 내 인생에서 일어난 좋은 일은 거의 다 그 불행까지 거슬러 올라갈 수 있어요. 그래서 나는 어떤 일이 일어날 당시에는 그것이 좋은 일인지 나쁜 일인지 알 수 없다고 봐요. 〈모르는 거죠.〉 알려면 기다려야 합니다.」

내가 좋아하는 소설가들은 더욱 어두운 다크호스일 수도 있다. 무라카미 하루키는 음악가가 되고 싶었지만, 〈악기를 그리 잘 연주하지 못했다〉.[23] 스물아홉 살 때 그는 도쿄에서 재즈바를 운영하고 있었는데, 봄에 야구 경기를 하러 갔다가 배트가 쪼개졌다. 〈이중으로 울리는 아름다운 소리〉[24]가 났다고 썼다. 그 소리는 그에게 소설을 쓸 수 있다는 계시로 와닿았다. 왜 그런 생각을 떠올렸을까? 〈그때도 몰랐고, 지금도 모른다.〉 그는 밤에 글을 쓰기 시작했다. 〈글을 쓴다는 것이 매우 신선하게 느껴졌다.〉 하루키가 쓴 열네 편의 소설(모두 음악이 돋보인다)은 50개 이상의 언어로 번역되었다.

환상소설 작가 패트릭 로스퍼스Patrick Rothfuss는 대학에서 처음에 화학공학을 공부했지만, 〈화학공학이 지루하다는 사실을 깨달았다〉.[25] 그래서 그 뒤로 〈친절하게도 졸업하라는 요청이 오기 전까지〉 9년 동안 이 전공 저 전공을 오락가락하면서 보냈다. 그의 공식 이력에 따르자면, 졸업한 뒤에는 이러했다. 〈패트릭은 대학원에 갔다. 그 이야기는 별로 하고 싶지 않다.〉 그런 한편으로, 그는 조금씩 소설을 쓰고 있었다. 『바람의 이름The Name of the Wind』(화학이 계속 나온다)이라는 그 소설은 전 세계에서 수백만 부가 팔렸고, 「왕좌의 게임」의 뒤를 이어서 TV 시리즈로 제작될 예정이다.

힐러리 조던Hillary Jordan은 우연히도 내가 사는 브루클린 아파트의 아래층에 살았다. 그녀는 내게 15년 동안 광고 일을 한 뒤에 소설을 쓰기 시작했다고 말했다. 그녀의 첫 소설 『치욕의 대지Mudbound』는 사회 참여 소설에 주는 벨웨더상을 받았다. 2018년에 넷플릭스를 통해 영화로 만들어졌고, 오스카상 네 개 부문 후보에 올랐다.

조던과 달리 마리암 미르자하니는 사실 처음에 소설가가 되고 싶었다. 어릴 때 학교 근처 서점에 푹 빠지는 바람에 글을 쓰겠다고 꿈꾸었다. 그녀는 수학 수업도 들어야 했지만, 〈수학에는 별 흥미를 못 느꼈다〉.[26] 이윽고 그녀는 수학을 일종의 탐험으로 생각하기로 했다. 〈정글 속에서 길을 잃고서 약간의 새로운 묘책을 통해 모을 수 있는 모든 지식을 쓰고 행운의 도움도 좀 받아서 길을 찾아내는 것과 비슷하다.〉[27] 2014년 그녀는 수학계에서 가장 유명한 상인 필즈상을 받은 최초의 여성이 되었다.

내가 『스포츠 일러스트레이티드』에서 일할 때 만난 운동선수 중 가장 탄복한 사람은 영국의 철인 3종 선수인(그리고 작가이자 사회사업가이기도 한) 크리시 웰링턴Chrissie Wellington이었다. 그녀는 스물일곱 살 때 처음으로 로드바이크를 타보았다. 네팔에서 하수 위생 처리 시설 구축 계획에 참여하고 있을 때였는데, 자전거 타는 일이 재미있을 뿐 아니라, 히말라야산맥의 고지대에서도 자신이 셰르파를 따라잡을 수 있다는 것을 알았다. 영국으로 돌아온 지 2년 뒤 그녀는 네 번의 철인 세계 선수권 대회에서 우승했고, 늦게 시작해 겨우 5년 동안 활약하면서 출전한 열세 번의 대회에서 연속으로 우승했다. 은퇴할 때 그녀는 이렇게 말했다. 「스포츠에 대한 열정이 사그라진 것은 아닙니다. 다만 새로운 경험과 새로운 도전을 향한 열정이 지금 가장 환하게 타오르고 있을 뿐입니다.」[28]

나는 아일랜드 연극의 애호가이며, 아일랜드 배우인 키어런 하인즈Ciarán Hinds를 좋아한다. 그는 HBO 드라마들에서 맡은 역할로 더 잘 알려져 있다. 「로마」에서 율리우스 카이사르, 「왕좌의 게임」에서 〈빙벽 너머의 왕〉인 만스 레이더 역을 맡았다. 그리고 AMC의 「테러」에도 출연 중이다(디즈니의 「겨울왕국」에서 트롤들의 족장 그랜드 파비의 목소리를 연기한 배우로 가장 잘 알려졌을 수도 있다). 나는 이 책을 쓴다는 구실로 하인즈를 만나서 그가 어떤 길을 걸어왔는지 물었다. 그는 벨파스트의 퀸스 대학교 법대생이 되었을 때 자신의 앞길을 확신하지 못했기에, 〈변덕스러운 방황〉을 했다고 회상했다. 〈스누커, 포커, 실험적인 춤에 아주 관심이 많아서〉 이쪽저쪽으로 금방 관심이 바뀌곤 했다고 말했다. 하인즈가 열두 살 때 학교 연극에서 맥베스 부인 역을 할 때 보았던 지도 교사가 있었는데, 그는 하인즈에게 법학 공부를 때려치우고 연극학교에 들어가라고 했다. 「그는 고맙게도 우리 부모님을 찾아가서 그 문제로 상담까지 하셨죠. 부모님이 좀 걱정하고 계셨거든요. 나는 왕립 연극학교에 들어갔고, 직업 배우로서의 삶이 시작되었지요.」

스티븐 네이페와 고인이 된 그의 협력자이자 공동 저자인 그레고리 화이트 스미스가 쓴 반 고흐 전기는 모든 장르를 통틀어 내가 읽은 최고의 책 중 하나다. 네이페와 스미스는 법학대학원에서 만났는데, 둘 다 법학이 자신에게 안 맞는다는 것을 깨닫고 있었다. 그들은 범죄 실화에서 남성의 차림새에 이르기까지 잡다한 주제에 관한 책들을 함께 쓰기 시작했다. 편집가가 한 장르만 골라서 집중할 필요가 있다고 말할 정도였다. 기꺼이 새로운 분야로 뛰어들곤 하던 성향은 뜻밖의 혜택을 안겨 주었다. 다른 출판사의 편집가가 법률 서비스를 이용하는 이들에게 도움을 줄 안내서를 써달라고 해서, 『최고의 변호사Best Lawyers』라는 책을 썼는데, 그 책을 계기로 업계 동료들의 추천을 받는 출판물들이 대규모로 쏟아져 나왔다. 네이페는 내게 말했다. 「〈사람들이 변호사를 고르는 데 도움을 줄 참고 서적을 쓰자는〉 아이디어를 실현하지 않았다면, 우리 인생은 전혀 달랐을 것이고, 우리가 지금까지 해온 일들도 달랐겠지요.」 그들은 반 고흐 전기를 쓰겠다고 10년 동안 자료 조사를 하거나, 퓰리처상을 받은 잭슨 폴록 전기를 쓸 자원과 자유도 얻지 못했을 것이다.

네이페는 내게 말했다. 「폴록은 아트 스튜던츠 리그Art Students League에서 데생에 가장 재능이 없는 축에 들었어요.」 네이페는 반 고흐처럼 폴록이 전통적인 드로잉 재능이 부족한 탓에, 자신의 미술 창작 규칙을 스스로 창안하게 된 것이라고 주장한다. 지금은 미술에서 표준화된 경로를 제공하는 학교들이 늘어나고 있다. 「화가들이 그런 학교의 획일적인 제품이 되는 경향이 있다는 것이 문제예요.」 화가이기도 한 네이페의 말이다.

아마 그것이 이른바 아웃사이더 미술outsider art에 대한 관심이 폭발적으로 일어난 이유일 수도 있다. 표준화된 시각 미술 훈련 과정을 거치지 않고 미술을 시작한 이들의 작품이다. 물론 공식 재능 계발 체제를 통해 배출된다고 해서 잘못된 것은 결코 아니지만, 그 길만이 존재한다면 가장 뛰어난 재능을 지녔으면서도 탈락하는 이들이 나타날 것이다. 〈아웃사이더 화가〉는 앞서 독학한 재즈 거장의 시각 미술 판박이이며, 그들은 엄청나게 독창적인 작품을 내놓곤 한다. 2018년 미국 국립미술관은 독학한 화가들만의 작품을 모아서 전시회를 열었다. 현재 스탠퍼드대, 듀크대, 예일대, 시카고 미술관은 예술사 강좌에 아웃사이더 미술도 포함시키고 있다. 2015년 애틀랜타 하이 미술관High Museum of Art의 독학 미술 큐레이터로 임용된 캐서린 젠틀슨Katherine Jentleson은 그 화가들이 대개 다른 직업을 갖고 있으면서 원하는 방식으로 이렇게 저렇게 그려 보는 실험을 하면서 미술을 시작했다고 말한다. 「대다수는 퇴직한 뒤에야 열정적으로 작품을 그리기 시작했지요.」

젠틀슨은 내게 조각가이자 화가인 로니 홀리Lonnie Holley를 소개했다. 앨라배마의 아주 가난한 가정에서 자란 유명한 독학 미술가다. 1979년 그가 스물아홉 살 때 누이의 두 아이가 화재 사고로 사망했다. 묘비를 살 돈이 없었기에, 홀리는 근처 공장에서 버려진 사암을 주워다 직접 묘비를 깎았다. 그는 자기 이야기에 놀란 양 눈을 동그랗게 뜨면서 말했다. 「미술이 뭔지도 몰랐다니까요!」 하지만 하고 나니 기분이 좋았다. 그는 다른 가족들의 묘비도 깎았고, 뭐든지 구할 수 있는 재료로 조각을 하기 시작했다. 나는 그의 작품이 전시된 애틀랜타의 한 화랑 문가에서 그와 함께 서 있었는데, 그는 종이 클립을 하나 집더니 금방 이리저리 구부려서 섬세한 얼굴의 윤곽을 만들어 냈다. 그는 그것을 접수대의 여성이 쓰고 있는 연필 지우개에 꽂아서 장식을 했다. 그가 미술을 하지 않고 살았던 시절이 있었다는 것을 상상하기가 어렵다. 그는 뭐든지 손을 대자마자 그것이 다른 무엇이 될 수 있을지 탐사하기 시작하는 듯이 보이기 때문이다.

또 젠틀슨은 애틀랜타에서 북서쪽으로 150킬로미터쯤 가면 파라다이스 가든이라는 곳이 나온다고 알려 주었다. 고인이 된 목사 하워드 핀스터Howard Finster의 그림과 조각으로 가득한 사유지다. 핀스터는 현대 미술계의 프랜시스 헤셀바인이다. 핀스터는 오래전부터 자기 땅에다가 갖가지 도구들부터 과일을 맺는 각종 식물에 이르기까지, 온갖 브라콜라주 작품들을 만들어 왔다. 1976년 쉰아홉 살의 그는 어느 날 자전거를 수리하다가 엄지에 흰 페인트가 묻었다. 그런데 그 얼룩이 꼭 얼굴처럼 보였다. 그는 〈따스한 느낌이 온몸으로 퍼졌다〉[29]고 회상했다. 핀스터는 곧바로 창작 활동에 빠져들었고, 그의 땅은 수만 점의 작품으로 가득 찼다. 반쯤 만화 같은 양식의 그림들도 수천 점 그렸다. 그곳에 가득한 엘비스, 조지 워싱턴, 천사 등 사람과 동물의 상들은 종말론적인 풍경 같은 것을 환상적으로 자아낸다. 머지않아 그는 자니 카슨의 「투나잇 쇼」에도 출연하고 R.E.M과 토킹헤즈의 앨범 표지도 그렸다. 그의 정원에 들어서자 콘크리트 벽에 붙인 양복 차림으로 능글맞게 웃고 있는 핀스터의 거대한 자화상이 환영한다. 그림 아래쪽에 이렇게 적혀 있다. 〈나는 1976년 1월에 그림을 그리기 시작했다. 전혀 배운 적도 없었다. 이것이 내 그림이다. 사람은 시도하지 않으면 자신이 무엇을 할 수 있는지 알지 못한다. 시도하는 것이 자신의 재능을 찾는 해답이다.〉

8장

외부인의 이점

앨프 빙엄Alph Bingham은 먼저 그 점을 인정할 것이다. 자신이 적어도 이론상으로는 초전문화해 있다는 것을 말이다. 그는 이렇게 외쳤다. 「내 박사 학위는 화학도 아니었어요. 유기화학이었지요! 어떤 물질 안에 탄소가 들어 있지 않다면, 학술적으로 볼 때 나는 논의할 자격조차 없는 거겠지요?」

1970년대에 대학원에 다닐 때 빙엄과 동료들은 특정한 분자들을 만드는 방법을 고안해야 했다. 「영리한 친구들이어서 우리는 그런 분자들을 만들 수 있었어요. 그런데 늘 어떤 식으로든 간에 남들보다 더 영리한 해법을 내놓는 이들이 있었어요. 나는 유심히 지켜보았죠. 가장 영리한 해법은 언제나 정규 교과 과정에 속하지 않은 지식에서 나온다는 것을 알아차렸지요.」 어느 날 그는 가장 명석한 학생이 되었다.

그는 한 분자를 네 단계에 걸쳐서 합성하는 우아한 해결책을 내놓았는데, 그 지식의 핵심 부분은 타타르tartar 크림에서 나왔다. 타타르

크림은 빵 굽는 재료였는데, 빙엄이 어릴 때 알고 있던 것이었다. 「지금 화학자 스무 명에게 타타르 크림이 뭐냐고 물으면, 대부분은 고개만 갸우뚱할 겁니다. 나는 해결책을 차별화하는 과정이 무엇인지를 생각했어요. 어떤 교과 과정이나 누구의 비법에도 없는 것을 말이죠. 이렇게 다소 뜬금없이 떠오르는 외부의 사고방식이 언제나 다른 누구의 것보다 더 영리하고, 비용 대비 효과적이고, 능률적이고, 수지 맞는 해결책을 내놓는다는 것을 깨달았지요. 그래서 그 개념으로부터 더 나아가서 문제가 어떻게 해결되는지, 〈어떻게 하면 그런 식으로 문제를 해결하는 조직을 만들 수 있을까?〉 하는 질문으로 나아갔어요.」 여러 해가 지난 뒤, 일라이릴리Eli Lilly의 연구개발 전략 부문 부회장이 되었을 때, 그는 그런 영리한 조직을 구축하는 시도를 해볼 기회를 얻었다.

2001년 봄, 빙엄은 최고 경영자에게 일라이릴리 과학자들을 좌절시켜 온 문제 스물한 가지를 모아서, 누구나 볼 수 있도록 웹사이트에 올려도 되는지 물었다. 경영자는 자문사인 매킨지가 좋은 생각이라고 여긴다면 고려하겠다고 말했다. 빙엄은 이렇게 회고했다. 「매킨지는 이런 투로 대꾸했어요. 〈우리도 모르죠. 그냥 해보고 우리한테 결과를 알려 줄래요?〉」 빙엄은 그렇게 했다. 그런데 해당 문제들을 알려 주었던 과학자들이 그 문제들이 온라인에 올라온 것을 보고는 항의했다. 「모두 최고 과학 책임자CSO에게 자신의 문제가 중대한 기밀이라서 함부로 유출해서는 안 된다고 전자우편을 보낸 거예요. 〈대체 그 문제를 우리보다 잘 풀 수 있는 사람이 있을 거라는 생각이 어디에서 나온 겁니까?〉」 그들의 말도 일리가 있었다. 세계에서 가장 교육 수준이 높고 고도의 전문성을 갖추고 자원도 풍부하게 갖춘 화학자들도 해결하지 못하고 있는 전문적인 문제인데 대체 어느 누가 도움을 줄 수 있단 말인가? CSO는 결국 웹사이트에 올린 문제들을 다 삭제했다.

그러자 빙엄은 설득에 나섰다. 적어도 기업 비밀을 드러내지 않는다는 것이 확실한 문제들은 시도해 볼 가치가 있으며, 설령 효과가 없다고 해도 손해 볼 일이 없지 않은가? CSO는 그의 논리에 고개를 끄덕였다. 그 사이트는 다시 열렸고, 응답이 오기 시작했다. 공교롭게도 당시 미국은 누군가가 우편물로 보내곤 하는 백색 가루인 탄저균 공포에 휩싸여 있었다. 빙엄은 하얀 가루가 담긴 우편물을 받고서 기뻐서 흥분한 사람은 거의 자기뿐이었을 거라고 말했다. 「뜯어서 분광기에 넣고 살펴보곤 했지요. 〈와, 또 하나 얻었어!〉」 일라이 릴리의 화학자들은 낯선 이들이 만들어 내는 물질들에 당혹스러워했다. 빙엄이 추측했듯이, 외부의 지식이 열쇠였다. 「우리가 품었던 가설이 옳았다는 사실이 입증된 거죠. 그래도 나는 이런 지식 주머니들이 다른 분야의 학위들 속에 숨겨져 있었다는 사실이 여전히 놀라웠어요. 변호사가 보내 올 것이라고는 정말로 예상 못했어요.」

분자 합성 해법 중 하나는 화학물질 특허 쪽 일을 하면서 관련 지식을 얻은 변호사가 보냈다. 그는 그 해결책을 떠올릴 때 〈최루 가스를 생각하고 있었습니다〉라고 썼다. 빙엄이 타타르 크림을 떠올린 것과 비슷했다. 빙엄은 이렇게 말했다. 「최루 가스는 그 문제와 아무 관계도 없었어요. 하지만 그는 최루 가스가 우리가 원하는 분자와 화학 구조가 비슷하다는 것을 알아차렸어요.」

빙엄은 기존 기업들이 이른바 국소적 탐색을 통해서 문제에 접근하는 경향이 있다는 것을 알았다. 즉 한 분야의 전문가들을 써서 전에 효과가 있었던 해결책을 써보는 것이다. 한편 외부인들을 초청하는 그의 방식이 너무나 효과가 좋았기에, 일라이릴리는 아예 독립시켜서 별도의 기업을 세웠다. 이노센티브InnoCentive라는 이 회사는 어떤 분야의 기관이든 간에 〈의뢰자〉로부터 비용을 받고 그 〈도전 과제〉를 사이트에 올려서 해결책을 제시한 외부 〈해결자〉에게 보상을 한다. 도전 과제 중 약 3분의 1 남짓은 완전히 해결되었다.[1] 이노센티브가 선정하는 문제들이 당사자인 전문가가 해결 못 한 것이라는 점을 생각할 때 놀라운 비율이다. 그러면서 이노센티브는 해결책이 나올 가능성이 더 높아지는 방향으로 의뢰자가 올리는 문제를 다듬을 수 있다는 것을 깨달았다. 더 다양한 해결자들을 끌어들일 수 있도록 다듬는 것이 바로 요령이었다. 도전 과제가 과학자들뿐이 아니라 변호사와 치과 의사와 수리공에게도 달려들 만한 것으로 비칠수록, 해결될 가능성은 더 높아졌다.

빙엄은 그것을 〈밖에서 안으로outside-in〉의 사고방식이라고 불렀다. 그 문제 자체를 집중적으로 연구하는 분야에서 멀리 떨어진 바깥에서의 경험을 통해 해결책을 찾는 방식이다. 역사적으로 보면, 그런 사고방식이 세계를 바꾼 사례가 많이 있다.

한 예로, 나폴레옹은 자기 군대가 겨우 며칠분의 식량만 갖고 다닐 수 있다는 사실에 몹시 짜증이 났다. 4세기의 한 로마군 사료 기록자는 이렇게 썼다. 〈칼보다 굶주림이 더 야만적이다.〉[2] 그 프랑스 황제는 과학과 기술도 장려했기에, 1795년 식품의 저장 기간을 늘릴 방법을 찾아낸 사람에게 보상을 하겠다고 선포했다.[3] 그 문제는 〈근대 화학의 아버지〉인 아일랜드 과학자 로버트 보일Robert Boyle을 비롯해, 세계적으로 가장 명석한 정신을 지닌 수많은 이들이 한 세기 넘게 연구하고 있던 것이었다. 그 위대한 과학자들은 모두 실패한 반면, 파리의 식도락가이자 제과사인 니콜라 아페르Nicolas Appert가 해냈다.

통조림 제조업 협회Can Manufacturers Institute에 따르면, 아페르는 〈만물박사〉였다. 그는 사탕 제조업자, 포도주 상인, 요리사, 양조업자, 피클 제조업자 등 식품의 세계를 두루 거쳤다. 유달리 폭넓게 다양한 식품들을 접한 덕분에 그는 보존의 과학만을 깊이 파고든 과학자들보다 유리했다. 그는 『온갖 종류의 동물과 식물 재료를 여러 해 동안 보존하는 기술Art of Preserving All Kinds of Animal and Vegetable Substances for Several Years』이라는 쉽게 와닿는 제목의 책에 이렇게 썼다. 〈주방, 양조장, 식료품 저장실, 포도주 저장실뿐 아니라 과자·증류주·채소를 파는 가게, 공장, 저장소에서 많은 나날들을 보냈기에, 나는 식품을 보존하는 기술에만 몰두했던 훨씬 더 많은 이들에게는 없는 장점들을 이용할 수 있었다.〉 그는 두꺼운 샴페인 병 안에 식품을 넣고 밀봉한 다음, 끓는 물에 몇 시간 동안 두었다. 아페르의 혁신은 통조림을 낳았다. 그는 전시용으로 양 한 마리를 통째로 항아리에 담아서 보존하기도 했다.[4] 그의 해결책이 영양소를 아주 잘 보존했기에, 〈뱃사람들의 악몽〉이라고 알려진 괴혈병, 즉 비타민 C 결핍증은 치명적인 저주에서 피할 수 있는 성가신 문제로 바뀌었다. 열이 미생물을 죽인다는 과학적 사실은 그로부터 60년이 지난 뒤에야 루이 파스퇴르Louis

Pasteur가 발견했다. 아페르의 방법은 공중 보건 분야에서 혁신을 이루었고, 나폴레옹에게는 불행하게도 영국 해협 너머로도 전해졌으며, 1815년 워털루 전쟁에서 영국 군대를 먹이는 데 기여했다.[5]

앨프 빙엄을 비판하던 이들은 과거에 영리한 외부인과 아마추어가 기술적 돌파구를 이루었다는 것은 인정하면서도, 초전문화 시대에는 과거의 사례가 그대로 적용될 리가 없다고 가정했다. 도무지 진척이 없고 우리 연구실 바깥의 어느 누구도 우리가 어떤 방향으로 나아가려는지 전혀 모르므로, 우리가 공개하려 하지 않을 만큼 너무나 모호한 정보인, 어떤 다른 분자를 합성하는 데 징검다리로 쓸 분자를 생각해 내고 만들 수 있도록 세계적인 거대 제약 회사인 우리를 도와 달라고? 그러나 전문가들이 해결하지 못한 문제들에서 밖에서 안으로 향하는 해결자들은 빙엄조차도 예상하지 못했던 수준으로 엄청난 기여를 한다는 것이 드러났다. 그는 내게 말했다. 「나사가 30년 동안 붙들고 있던 문제가 해결되었을 때, 나조차도 놀라고 말았죠.」[6]

나사의 난제는 태양 입자 폭풍을 예측할 수가 없다는 것이었다. 그 폭풍 때 태양에서 뿜어진 방사성 물질들은 우주 비행사와 그들이 쓰는 장비에 심각한 피해를 입힐 수 있었다. 당연히 태양을 연구하는 물리학자들은 외부인이 도움을 줄 수 있다는 생각에 회의적이었지만, 30년 동안 연구했어도 아무런 성과가 없었기에 도움을 요청하기로 했다. 그런다고 해서 손해 볼 일도 없었다. 나사는 2009년 이노센티브에 그 문제를 올렸다. 6개월이 지나기 전에 스프린트 넥스텔에서 퇴직해 뉴햄프셔주 시골에 살고 있던 기술자인 브루스 크래진

Bruce Cragin이 망원경으로 전파를 포착하는 방법으로 그 문제를 풀었다. 크래진은 퇴직하기 전에 과학자들과 협력한 적이 있었는데, 그 전문가 팀이 사소한 세부 사항들에 집착하다가 실용적인 해결책을 놓치는 일이 종종 있다는 것을 알아차렸다. 「나는 그런 상황에서 빠져나와 일을 계속 진행하는 것이 내게 도움이 된다고 생각했어요.」 나사의 한 관료는 크래진의 해결책에 처음에는 〈좀 저항이 있었는데, 쓰인 방법론이 달랐기 때문이다〉라고 정중한 표현으로 말했다.

바로 그것이 핵심이었다. 아페르와 크래진은 해당 문제와 얼마간 관련이 있는 일을 한 경험이 있었다. 하지만 밖에서 안으로 향하는 해결자들 중에는 해당 문제와 아예 관련이 없기 때문에 잘 해내는 이들도 있다.

1989년 엑손발데즈호 유조선이 암초에 부딪혀 알래스카의 프린스윌리엄사운드 해안으로 원유가 누출되었다. 환경과 어업에 엄청난 재앙을 가져온 사고였다. 원유가 물과 섞이면, 제거 작업자들이 〈초콜릿 무스〉라고 부르는 걸쭉한 덩어리가 생긴다. 추운 날씨에 누출되면 제거반은 땅콩버터처럼 끈적거리는 덩어리를 걷어 내야 한다. 지독히도 어렵다.

엑손발데즈호 누출이 일어난 지 거의 20년 뒤에도 12만 리터의 원유가 여전히 알래스카 해안에 끈덕지게 달라붙어 있었다. 원유 누출 해역의 정화 작업에서 가장 어려운 일 중 하나는 물에서 걷어 내어 바지선에 실은 원유를 퍼내는 것이다. 2007년 알래스카의 원유 누출 회수 연구소Oil Spill Recovery Institute의 연구 프로그램 관리자 스콧 페그Scott Pegau는 이노센티브에 이 문제를 올려 보기로 했다. 그는 차가운 초콜릿 무스를 회수 바지선에서 꺼내는 해결책을 제시한 사람에게 2만 달러를 상금으로 내걸었다.

아이디어들이 밀려들었다. 대부분은 너무 많은 비용이 들어서 실용적이지 않았다. 그런데 존 데이비스John Davis라는 사람이 낸 해결책은 너무나 저렴하고 단순해서 페그는 낄낄거렸다. 「그걸 본 모두가 그런 반응을 보였어요. 그러면서 말했죠. 〈와, 이건 되겠어.〉」

데이비스는 일리노이에 사는 화학자였는데, 출장을 가기 위해 비행기를 기다리는 동안 원유 누출 문제를 생각하고 있었다. 자연히 그는 화학적 해결책을 먼저 떠올리다가, 생각을 바꾸었다. 데이비스는 내게 말했다. 「이미 화학적인 오염 물질을 치우는 중이라면, 가능한 한 덜 화학적으로 하고 싶을 겁니다.」 오염 물질을 더 집어넣는 것을 피하려면 그렇다. 그는 자신의 전공을 포기하고 동떨어진 유추로 돌아섰다. 「나는 그 문제를 슬러시를 마시는 것으로 상상했어요. 슬러시를 빨아올리려면 빨대로 휘저어야 해요. 그렇게 열심히 하지 않고서도 슬러시를 빨아올리려면 어떻게 해야 할까요?」

슬러시 문제를 생각하고 있자니, 잠깐 건축 일을 도왔던 경험이 떠올랐다. 여러 해 전에 그는 하루 짬을 내어 친구 집에서 옆 호수로 길게 이어지는 콘크리트 계단을 만드는 일을 도왔다. 「그냥 들통을 운반하는 것 같은 힘든 허드렛일을 할 사람이 필요했던 거죠. 솔직히 말하면, 나는 별로 힘이 없었기에 거의 도움이 안 되었어요.」

콘크리트를 비탈 위쪽에서 부어서 아래쪽에 필요한 곳까지 흘려보냈다. 데이비스는 맨 위쪽에 서 있었는데, 콘크리트가 햇볕에 구워지면서 이미 거대한 둔덕처럼 되어 굳어 가고 있는 것이 걱정스러웠다. 그는 친구 동생에게 알렸다. 「잘 봐.」 동생은 그에게 말하면서, 막대기가 달린 모터를 집더니 막대기를 콘크리트 둔덕에 갖다 댔다. 「그 즉시 우우우웅 하면서 죽처럼 되었지요.」 그 막대기는 콘크리트 진동기였고, 말 그대로 금속 막대가 진동하면서 콘크리트 성분들이 서로 달라붙지 않게 했다. 「그 생각이 떠오르는 순간이 바로 유레카의 순간이었죠.」

그는 콘크리트 진동기를 파는 기업에 전화를 걸어서 몇 가지 세부 사항을 알아낸 뒤, 진동기를 바지선에 쉽게 부착해 콘크리트에서 하던 일을 〈초콜릿 무스〉에 적용하는 과정을 그림으로 그렸다. 그림까지 넣은 해결책은 총 3면 분량이었다.

페그는 말했다. 「때로는 그냥 이마를 찰싹 때리면서, 〈와, 대체 왜 그 생각을 못했지?〉라고 말하죠. 그 산업 내에 있는 사람들이 쉽게 푸는 것이라면, 그 산업 내에서 이미 해결되었을 겁니다. 그런 일이 우리가 기꺼이 인정하는 것보다 더 자주 일어난다고 생각해요. 우리는 자신이 속한 업계에서 수집한 모든 정보를 갖고 세상을 보려는 경향이 있고, 때로는 그 결과 벽과 맞닥뜨리곤 하기 때문이지요. 후진해서 다른 길을 찾으려는 노력을 하기가 쉽지 않아요.」 페그는 기본적으로 아인슈텔룽 효과Einstellung effect를 말하고 있다. 문제 해결자가 더 나은 방법을 쓸 수 있을 때에도 친숙한 방법만을 쓰는 경향을 가리키는 심리학 용어다. 데이비스는 그 뒤 머리카락을 제거하는 방법에 관한 도전 과제에서도 보상을 받았다. 어릴 때 씹던 껌을 다리에 붙여서 돌돌 굴려 댔던 기억이 해결책으로 이어졌다.

내가 데이비스에게 자기 분야 바깥의 임의의 경험에서 나오는 동떨어진 유추를 통해서 문제를 파악하는 경향이 있는지 물었을 때, 그는 잠시 생각에 잠겼다. 매일 화학 문제를 대할 때 그렇게 할까? 「음, 아닙니다. 실제로 그렇지는 않아요. 이런 퍼즐이나 문제는 상자 바깥에서 생각해야 하지만요.」

이노센티브는 어느 정도는 전문가들이 점점 더 협소하게 초점을 맞추어 감에 따라서 〈상자〉가 러시아 인형과 더 비슷해지기 때문에 작동한다. 전문가들은 더 하위 분야들로 전문화하며, 그 하위 분야들은 더욱 하위 분야들로 나뉜다. 설령 작은 인형 바깥으로 나간다고 해도, 여전히 좀 더 큰 인형 안에 들어 있을 뿐이다. 크래진과 데이비스는 애초에 상자 바깥에 있었고, 훈련과 자원의 모든 이점을 지닌 듯한 내부인에게는 보이지 않는 뻔한 해결책을 보았다. 해결자 자신도 어떤 기업이나 산업 전체가 풀지 못하고 있는 과제를 자신이 해결할 때 의아해하곤 한다.

한 외부인 해결자는 결핵 치료제의 제조에 생긴 생산 문제를 도와 달라는 존슨앤존슨의 요청에 응답한 뒤 『사이언스』에 이렇게 말했다. 「사흘에 걸쳐서 저녁에 그 해답을 적었어요. 큰 제약 회사가 이런 문제를 왜 풀지 못하는지 이상하다고 생각했지요.」[7] 하버드 혁신 과학연구소의 공동 소장 카림 라카니Karim Lakhani는 이노센티브 해결자들에게 문제가 자신의 전공 분야와 얼마나 관련이 있는지 등급을 매겨 달라고 했다. 〈문제가 해결자의 전문 분야와 거리가 멀수록, 풀 가능성이 더 높았다.〉[8]

라카니와 동료들은 조직의 상자가 점점 더 작아져 감에 따라, 외부인이 온라인으로 참여해 〈기존 기업의 경계 너머에 놓인 (새로운 해결책의) 탐사〉를 하기가 점점 더 쉬워진다고 썼다.[9] 우리는 직관적으로 초전문가만이 현대의 혁신을 이끌 수 있다고 생각할지 모르지만, 전문화가 점점 심해짐에 따라 실제로는 외부인에게 새로운 기회가 열리고 있다.

앨프 빙엄이 간파했듯이, 조직은 어려운 도전 과제에 국소적 탐색을 하는 경향이 있다. 그들은 한 지식 분야의 전문가와 앞서 효과가 있었던 방법에 의지한다(5장에서 말한 대장균 전문가들로만 이루어진 연구실을 생각해 보라). 실패한다면, 그들은 더 이상 나아가지 못한다. 라카니는 가장 어려운 문제들에서는 〈자기 분야 위주의 해결책이 더 안 좋다는 것이 우리 연구를 통해 드러났다〉라고 썼다. 〈큰 혁신은 그 문제의 표면에서 멀리 떨어져 있는 외부인이 해결책을 찾는 방식으로 문제를 재구성할 때 가장 많이 나타나곤 한다.〉[10]

이노센티브가 그 개념을 보여 준 이래로, 고도로 전문화한 분야에서 밖에서 안으로 향하는 해결자를 이용하려는 기업들이 더 많이 등장했다. 캐글Kaggle은 이노센티브와 비슷하지만 기계 학습 분야의 도전 과제들을 올리는 곳이다. 인간의 개입 없이 스스로 배우도록 고안된 인공지능을 말한다.

중국 창사에 사는 슈빈 다이Shubin Dai는 이 글을 쓰는 현재, 4만 명이 넘는 기여자들 중에서 세계 최고 수준에 있는 캐글 해결자다. 그는 낮에는 은행을 위해 데이터 처리를 하는 팀을 이끌지만, 캐글을 통해서 기계 학습에 손을 댈 기회를 얻었다. 그는 인간의 건강 및 자연 보전과 관련된 문제들을 선호한다. 위성 영상을 써서 아마존의 자연적인 삼림 상실과 인위적인 상실을 구별하는 경연에서 우승해 3만 달러를 받기도 했다. 다이는 캐글 블로그에 경연에서 이기는 데 분야 전문성이 얼마나 중요하느냐는 질문에 이렇게 답했다. 「솔직히 말하면, 분야 전문성이 별 도움이 안 된다고 생각합니다. (……) (잘 알려진) 방법을 쓰는 것만으로는 경연에서 이기기가 매우 어렵습니다. 더 창의적인 해결책이 필요하지요.」[11]

컴퓨터과학 교수이자 기계 학습 연구자인 페드로 도밍고스Pedro Domingos는 내게 말했다. 「캐글 건강 문제 경연에서 이기는 사람들은 의학 교육도, 생물학 교육도 전혀 받지 않았을 뿐 아니라, 진정한 기계 학습 전문가도 아닙니다. 지식은 양날의 칼입니다. 우리가 뭔가를 할 수 있게 해주지만, 우리가 할 수 있는 다른 것들을 못 보게 만들기도 하니까요.」

돈 스완슨Don Swanson은 동떨어진 지식의 가닥들을 융합하는 브루스 크래진과 존 데이비스 같은 사람들에게 기회가 오고 있다는 것을 알아차렸다. 스완슨은 1952년에 물리학 박사 학위를 받은 뒤, 산업 컴퓨터 시스템 분석가로 일했다. 그러면서 정보를 체계화하는 일에 관심을 갖게 되었다. 1963년 시카고 대학교로부터 도서관 대학원 Graduate Library School 학장으로 임명되었을 때 기회가 찾아왔다. 민간 기업 출신의 서른여덟 살의 학장이라니, 유별나긴 했다. 대학 당국은 그를 임용하면서 이렇게 발표했다. 〈스완슨은 이 나라의 도서관 대학원을 이끌 최초의 자연과학자다.〉[12]

스완슨은 전문화가 심화되는 양상을 우려했다. 그러다가는 아주 소수의 전문가 집단만이 이용하는 간행물들이 판치고 창의성이 억압되는 일이 일어날 것이라고 걱정했다. 〈기록된 지식의 총량과 (……) 그것을 흡수하는 인간의 능력 한계 사이의 불일치는 현재 엄청날 뿐 아니라 계속해서 커지고 있다.〉[13] 스완슨은 변경을 계속 밀어낸다면, 언젠가는 각 전문 분야에서 변경까지 가는 데에만 평생이 걸리지 않을까 생각했다. 1960년 미국 국립의학도서관은 약 100개의 용어 쌍을 써서 논문들의 색인을 만들 수 있었다.[14] 2010년에는 거의 10만 쌍에 달했다. 스완슨은 이런 공공 지식의 빅뱅이 지속된다면, 하위 전문 분야들이 서로가 아예 보이지 않을 만치 멀리 떨어져 나가는 은하들처럼 될 것이라고 느꼈다. 그는 학제 간 융합적 문제 해결이 중요하다는 것을 알고 있었기에, 이런 추세가 수수께끼처럼 여겨졌다.

스완슨은 위기 때 기회를 보았다. 그는 과학 논문에서 한 번도 인용된 적이 없고 공동으로 연구한 과학자도 전혀 없는 하위 전문 분야들 사이의 정보를 연결하면 어떤 발견을 할 수 있을 것임을 깨달았다. 한 예로, 서로 다른 분야들의 문헌 데이터베이스를 체계적으로 교차 참조함으로써, 그는 마그네슘 결핍증과 편두통 연구 사이에 〈무시된 연결이 열한 건〉[15] 있음을 밝혀냈고, 그 연결들을 검사하자고 제안했다. 그가 발견한 정보는 모두 공공 영역에 있었지만, 결코 연결된 적이 없었을 뿐이었다. 스완슨은 그것을 〈발견되지 않은 공공 지식〉이라고 했다. 2012년 미국두통협회와 미국신경학회는 편두통 예방에 관한 모든 정보를 검토한 끝에 마그네슘을 일반적인 치료제로 봐야 한다고 결론지었다. 마그네슘이 치료제임을 뒷받침하는 증거는 이부프로펜 같은 가장 흔한 치료제들을 뒷받침하는 증거만큼 강력했다.

스완슨은 평소에 결코 겹치지 않는 전문적인 문헌 분야들에 연결되기를 기다리는 학제 간 보물들이 가득 숨겨져 있다는 것을 보여주고자 했다. 그는 다른 사람들이 자신이 했던 일을 할 수 있도록 돕는 컴퓨터 시스템인 애로스미스Arrowsmith를 만들었다. 서로 동떨어져 있지만 관련된 과학 문헌들의 집합을 드러낼 수 있도록 하는 검색 방식이었다. 그럼으로써 서로에게 알려 줄 수 있는 전문 분야들이 서로 동떨어져 가고 있는 상황에서, 다양한 지식 분야들을 연결하는 일을 하는 정보과학 분야를 탄생시켰다.

스완슨은 2012년에 세상을 떠났기에, 나는 그의 딸인 정치철학 교수 주디 스완슨Judy Swanson에게 연락을 했다. 그가 우려한 전문화 문제를 논의한 적이 있는지 알아보고 싶어서였다. 내가 갔을 때 그녀는 학술 대회에 참석 중이었다. 「마침 사회과학에서의 과잉 전문화를 논의하는 중이지요.」밖에서 보면, 주디 스완슨은 꽤 전문적인 양 비쳤다. 교수진을 소개하는 웹페이지에는 그녀의 논문과 저서 44편의 목록이 실려 있는데, 모두 제목에 〈아리스토텔레스〉가 들어가 있었다. 그래서 그녀에게 자신의 전문화를 어떻게 생각하는지 물었더니, 그녀는 좀 놀란 표정을 지었다. 그녀는 자신이 동료들에 비해서 전문화하지 않았다고 생각한다고 답했다. 어느 정도는 자신이 대학생들을 가르치는 데 많은 시간을 쓰고 있기 때문이라고 했다. 아리스토텔레스를 연구하는 일보다 가르치는 일에 시간을 더 많이 쓴다는 것이다. 「그 때문에 좌절감을 느끼기도 해요. 전문적인 연구에 더 집중해야 하지 않을까 하고 말이죠.」 학과들은 이제 그저 자연스럽게 하위 분야들로 쪼개는 차원을 넘어서, 협소함을 이상으로 추켜세우고 있다.

그런 흐름은 직관에 반한다. 카림 라카니가 이노센티브 연구 이후에 말했다시피, 창의적 문제 해결의 열쇠는 〈문제의 《홈구장》[16]이 해결책을 제약하는 것으로 끝나지 않도록〉 다른 접근법을 사용하는 외부인들을 청하는 것이다. 때로 홈구장이 너무나 제약되어 있어서 호기심 많은 외부인이 해결책을 볼 수 있는 유일한 사람일 때도 있다.

한 통의 전자우편의 제목이 내 시선을 사로잡았다. 〈동일한 돌연변이를 지닌 올림픽 메달리스트와 근육위축증 환자.〉 나는 유전학과 운동 능력에 관한 책을 막 내놓은 참이었기에, 내가 놓친 어떤 학술 논문을 지적하는 것이겠거니 짐작했다. 하지만 아니었다. 아이오와주에 사는 서른아홉 살의 여성이자 근육위축증 환자인 질 바일스Jill Viles가 보낸 글이었다. 그녀는 자신의 근육을 위축시키는 유전자 돌연변이가 한 올림픽 단거리 육상선수의 돌연변이와 관련이 있다는 정교한 이론을 갖고 있으며, 필요하다면 정보를 더 보내겠다고 했다.

나는 편지나 뽑아 놓은 뉴스 기사 정도를 예상했다. 그런데 한 무더기의 가족사진, 상세한 진료 기록, 관련 DNA에서 유전자 돌연변이의 상세한 위치를 적은 그림을 묶은 19면에 달하는 서류가 도착했다. 그녀는 정말로 진지하게 독자적인 조사를 해왔던 것이다.

14면에는 파란 비키니를 입고 금발을 헝클어뜨린 채 모래밭에 앉아서 웃고 있는 모습의 사진이 있었다. 몸통은 정상으로 보였지만, 팔이 놀라울 만치 깡말랐다. 눈사람에 끼운 나뭇가지 같았다. 다리는 몸을 지탱할 수조차 없어 보였다. 허벅지나 무릎 관절이나 굵기가 비슷했다.

그 사진 옆에는 프리실라 로페스쉴리엡Priscilla Lopes-Schliep의 사진이 있었다. 캐나다 역사상 최고의 단거리 선수 중 한 명이었다. 그녀는 2008년 베이징 올림픽 100미터 허들 경기에서 동메달을 땄다. 두 사진을 나란히 놓으니 놀라울 만치 확연히 차이가 났다. 프리실라는 다리에 근육들이 밧줄처럼 뻗어 있으면서, 아래팔에 정맥이 불룩하게 튀어나와 있었다. 초등학교 2학년생이 그릴 법한 슈퍼 영웅의 모습과 비슷했다. 나는 두 여성이 동일한 생물학적 청사진에서 나왔을 가능성이 거의 없다고 생각했다.

그런데 질은 프리실라의 온라인 사진에서 훨씬 더 앙상한 자신의 체형에 있는 무언가를 알아보았다. 지방이 없는 자신의 팔다리에서 볼 수 있는 친숙한 양상이 그녀에게서도 보였다. 질은 자신과 프리실라가 같은 돌연변이 유전자를 지니고 있지만 프리실라는 근육위축증이 없기에, 즉 질의 표현에 따르면 어떤 식으로든 〈그것을 피할〉 방법을 발견했기에, 대신에 우락부락한 근육이 만들어진 것이라는 이론을 구상했다. 질은 자신의 이론이 옳다면, 과학자들이 자신과 프리실라를 연구해 자신과 같은 근육을 가진 사람들이 체형 스펙트럼에서 프리실라의 끝 쪽으로 좀 더 나아간 근육을 갖도록 도울 방법을 알아낼 수도 있지 않을까 생각했다. 그녀는 프리실라에게 유전자 검사를 받도록 설득하는 데 내가 도와주기를 바랐다.

시간제 임시 교사가 구글 이미지라는 첨단 의학 장비를 써서 직업상 의사의 검사를 으레 받는 운동선수에 관한 새로운 무언가를 발견한다는 생각이, 내게는 극도로 있을 법하지 않은 일과 지극히 말도 안 되는 일 사이의 어딘가에 놓인 것 같았다. 나는 어느 하버드 유전학자에게 자문을 구했다. 그는 우려했다. 「이 두 여성 사이에 다리를 놓아 주면 일이 안 좋게 끝날 수도 있어요. 사람들은 자신과 어떤 관계가 있다고 생각하는 유명 인사를 알게 되면 걷잡을 수 없이 빠져들곤 해요.」

내가 전혀 생각도 못한 일이었다. 나는 스토커를 부추기고픈 마음은 전혀 없었다. 그래서 질이 자신의 색다른 인생 경험 덕분에 어떤 전문가도 보지 못하는 것을 볼 수 있었다고 확신하기까지는 좀 시간이 걸렸다.

질이 네 살 때 유치원 교사는 질이 잘 비틀거린다는 것을 알아차렸다. 질은 엄마한테 〈마녀의 손가락〉이 자기 정강이를 움켜쥐어서 넘어지게 하는 것 같다고 말했다. 소아과 의사는 가족이 함께 메이요 병원에 가보라고 권유했다.

피 검사를 하니 질, 아빠, 오빠의 크레아틴키나아제 농도가 정상보다 높게 나왔다. 손상된 근육에서 나오는 효소였다. 의사들은 집안에 어떤 근육위축증이 유전되는 것일 수 있다고 말하면서도, 대개 어린 여아에게는 그런 식으로 증상이 나타나지 않는다고 의아해했다. 게다가 질의 오빠와 아빠는 아무 문제가 없어 보였다.

질은 내게 말했다. 「의사들은 우리 집안이 매우 특이하다고 했어요. 그들이 솔직하게 말해 주었다는 점에서는 좋았지요. 그렇지만 들리는 내용은 정말 끔찍했어요.」

그 뒤로 질은 여름마다 메이요 병원에서 검사를 받았고, 결과는 늘 같았다. 그녀는 더 이상 넘어지지 않았지만, 여덟 살 무렵이 되자 팔다리에서 지방이 사라지기 시작했다. 친구들이 손가락으로 감싸 쥘 수 있을 만큼 팔이 가늘어졌고, 다리에서 정맥이 튀어나와 보이기 시작했다. 친구들은 늙는 기분이 어떠냐고 물었다. 질의 엄마는 딸이 외톨이가 될까 봐 너무 걱정스러워서 한 여자아이에게 돈을 줄 테니 딸과 함께 다니라고 몰래 부탁했다. 열두 살 때 질은 자전거에서 바로 앉아 있기가 힘겨워지기 시작했고, 롤러스케이트장에서는 벽에 계속 붙어 있어야 했다.

질은 답을 찾기 시작했다. 아이다운 방식으로였다. 질은 도서관에서 폴터가이스트에 관한 책들을 찾아 읽었다. 「그 때문에 아빠가 몹시 열 받았지요. 이런 식으로 말하셨던 것 같아요. 〈흠, 오컬트에 빠진 거냐?〉 사실 그런 게 아니었어요.」 그냥 자신에게 일어나는 일을 설명할 수가 없었기에, 그녀는 불가해한 병을 앓는 이야기들을 읽을 때면 이렇게 중얼거렸다. 「그래, 알아, 당신 말 믿어.」

집을 떠나서 대학에 들어갈 때쯤, 질은 키가 158센티미터에 몸무게는 39킬로그램이었다. 그녀는 도서관에 가서 모든 과학 학술지를 뒤적거려서 근육병에 관해 찾을 수 있는 것은 다 찾아 읽었다.

어느 날 그녀는 『근육과 신경 *Muscle and Nerve*』이라는 책에서 에머리드레이푸스Emery-Dreifuss라는 희귀한 유형의 근육위축증에 관한 논문[17]을 읽다가 함께 실린 사진을 보고서 깜짝 놀랐다. 이건 아빠 팔인데?

그녀의 아빠는 말랐지만 팔뚝 근육이 유달리 발달해 있었다. 질은 어릴 때 〈뽀빠이 팔〉이라고 불렀다. 에머리드레이푸스 환자를 다룬 다른 논문에는 실제로 뽀빠이 팔 변형이라고 적혀 있었다. 『근육과 신경』 논문에는 에머리드레이푸스 환자들이 관절 움직임에 영향이 미칠 만큼 근육 〈오그라듦〉을 겪는다고 적혀 있었다.

「읽고 있자니 전율이 일었어요.」 그녀는 자신의 근육이 오그라든 모습이 바비 인형과 똑같다고 했다. 팔은 늘 굽어 있고, 목은 뻣뻣하고, 발은 하이힐을 신은 양 계속 기울어져 있다. 그 연구는 에머리드레이푸스가 남성에게만 나타난다고 했지만, 질은 자신이 그 병에 걸려 있음을 확신했고, 겁이 났다. 그 병에는 심장 문제도 함께 나타난다.

그녀는 방학 때 논문을 가득 가방에 쑤셔 넣고 집으로 돌아왔다. 어느 날 그녀는 아빠가 논문들을 넘기고 있는 것을 보았다. 부친은 논문에 실린 증상들을 다 갖고 있다고 말했다. 「음, 나도 알아요. 팔도 그렇고 목도 그렇지요.」 질이 대답하자, 부친은 그 말이 아니라고 했다. 부친이 말한 것은 심장 증상이었다.

여러 해 동안 부친은 불규칙한 심장 리듬이 바이러스 때문이라는 말을 들어 왔다고 했다. 질은 즉시 말했다. 「아니에요. 우리는 에머리드레이푸스 근육위축증에 걸렸어요.」 그녀는 마흔다섯 살의 부친을 모시고 아이오와 심장 센터로 가서 심장 전문의를 만나야겠다고 고집했다. 간호사들은 의원의 진료 의뢰서를 받아 오라고 했지만, 질이 워낙 고집을 부리는 바람에 물러섰다. 심장 전문의는 부친의 가슴에 모니터를 연결한 뒤 하루 동안 심장의 전기 활동을 지켜보았다. 부친의 심장 박동은 20회까지 떨어졌다. 자전거 경주인 투르 드 프랑스에서 우승할 준비를 하는 사람도, 죽음을 앞두고 있는 사람도 아니었는데 그랬다. 의사는 서둘러 응급수술을 해서 심장 박동기를 달았다. 질의 모친인 메리는 내게 말했다. 「아빠 목숨을 구한 거예요.」

하지만 아이오와 심장 센터는 그 가족의 증상이 맞는지 확인할 수 없었다. 질은 문헌 조사를 통해서 이탈리아의 한 연구진이 에머리드 레이푸스증을 가진 가족을 찾고 있다는 것을 알았다. 그들은 그 병의 원인이 되는 유전자 돌연변이의 위치를 알아내고 싶어 했다.

열아홉 살의 질은 가장 멋진 남색 정장을 입고서, 논문들을 들고 디모인의 한 신경과 의사를 찾아가서 이탈리아 연구진과 연결해 달라고 부탁했다. 「안 돼요, 당신은 그 병이 아닙니다.」 그녀는 신경과 의사가 엄격하게 말했다고 떠올렸다. 신경과 의사는 논문을 보라는 말조차 거부했다. 공평하게 말하자면, 질은 남성에게만 나타난다고 알려져 있는 극도로 드문 질병을 가졌다고 자가 진단한 10대 여성이었다. 1995년 그녀는 하는 수 없이 이탈리아 연구진에게 직접 편지를 보냈다. 자신의 사진도 첨부했다.

그녀가 생화학과 진화유전학 연구소로부터 받은 답장은 상대방이 과학자라고 생각한 것이 분명했다. 가족 전체의 DNA를 보내 달라는 내용이었다. 「DNA를 준비할 수 없다면, 그냥 신선한 피도 됩니다.」질은 간호사 친구를 설득해 주사기와 시험관을 집에 갖다 달라고 했다. 다행히도 이탈리아는 일반 우편물로 보낸 혈액을 받았다.

이탈리아에서 답장이 오려면 여러 해가 걸릴 터였지만, 질은 이미 확신하고 있었다. 메이요 병원에 갔을 때, 그녀는 엄마의 만류에도 개의치 않고 진료 서류에 〈에머리드레이푸스병〉이라고 직접 적어 넣었다.

1999년 이탈리아로부터 전자우편이 도착했다.[18] 그녀는 잠시 흥분이 가라앉기를 기다렸다가 편지를 열었다. 그녀는 LMNA, 흔히 라민lamin이라고 하는 유전자에 돌연변이가 있었다. 그녀의 아버지도 있었다. 형제 두 명과 여동생 한 명에게도 있었다. 에머리드레이푸스병이 있는 다른 네 가족들에게서도 같은 돌연변이를 찾아냈다고 적혀 있었다. 질이 옳았던 것이다.

라민 유전자는 모든 세포의 한가운데에서 다른 유전자들이 전구처럼 켜지고 꺼지는 방식에 영향을 끼치는 단백질들의 덩어리를 만드는 일을 하며, 그럼으로써 몸에서 지방과 근육이 만들어지는 양상에 영향을 미친다. 질의 유전체를 이루는 30억 개의 G, T, A, C 문자 중 하나가 우연히도 아주 안 좋은 자리에 잘못 입력되었던 것이다.

질은 병을 일으키는 돌연변이를 새로 발견하는 데 도움을 주었다는 사실에 기뻤다. 「그런데 지독히도 얄궂었지요. 그 모든 게 G 하나가 C로 바뀌어서 일어났으니까요.」

부친의 심장이 마침내 멎은 것은 2012년 예순세 살 때였다.

그때쯤 질은 전동 스쿠터로 이동 수단을 바꾸었고, 혼인해서 아들도 하나 낳았고, 의학적 탐정 일도 그만둔 상태였다.

부친을 잃은 지 며칠 뒤, 여동생이 지방이 없다는 것이 확연히 드러나는 극도로 근육질인 올림픽 육상선수의 온라인 사진을 보여 주었다. 「나는 사진을 힐긋 보고서 말했죠. 어쩌라고! 우리는 저런 근육이 없어. 뭘 말하려는 거야?」 질은 그렇게 말했지만, 곧 호기심을 느꼈다.

질은 사실 오래전부터 지방에 궁금증이 많았다. 그녀의 팔다리에는 근육뿐 아니라 지방도 없다는 게 확연히 눈에 띄었다. 10여 년 전인 스물다섯 살 때, 존스홉킨스의 한 연구실 책임자가 그녀의 이야기를 듣고서 라민 돌연변이체 실물을 확보하고 싶어서 여름 인턴십을 제안했다. 논문들을 훑어서 라민 돌연변이가 일으키는 증상들을 찾아내는 일을 그녀에게 맡겼다. 그녀는 부분 지방 이상증partial lipodystrophy이라는 놀라울 만치 희귀한 질병과 마주쳤다. 팔다리의 지방이 빠지면서 피부가 정맥과 근육에 찰싹 달라붙는 질병이었다. 이번에도 질은 그 내용이 자기 가족에게 해당한다는 것을 알았다. 그녀가 아주 희귀한 유전병을 하나가 아니라, 둘을 지닐 수 있을까? 그녀는 한 의학 총회에 사진을 들고 가서 의사들에게 성가시게 물어 댔다. 의사들은 그녀가 지방 이상증이 아니라, 더 흔한 질병을 갖고 있다는 진단을 내렸다. 이른바 인턴 증후군이었다. 「의대생이 새로운 질병을 많이 접하다 보면, 자신이 그 병에 걸렸다는 생각에 빠지게 되죠.」

구글에서 프리실라의 사진들을 보았을 때, 그때 일이 다시금 떠올랐다. 경기할 때의 사진뿐 아니라, 집에서 어린 딸을 안고 있는 사진들도 있었다. 소매 없는 사진들에서 지방은 없이 정맥이 튀어나온 팔이 보였고, 엉덩이에서도 근육들의 윤곽이 뚜렷이 보였다. 「나는 우리가 같은 부류임을 알았어요. 그것도 아주 희귀한 부류요.」

질이 눈을 뗄 수 없었던 것은 이번이 세 번째였다. 첫 번째는 자기 가족의 에머리드레이푸스병이었고, 두 번째는 지방 이상증도 갖고 있다고 생각했을 때였다. 이제 그녀는 프리실라에게서 똑같이 지방이 없는 양상을 보고 있었다. 그러나 그들이 동일한 지방 질환을 앓고 있다면, 자신은 근육이 거의 사라지고 없는데, 프리실라는 어떻게 근육의 도움을 두 배로 받는 것일까? 질은 생각했다. 「내게는 크립토나이트인데, 그녀한테는 로켓 연료라니요. 우리는 서로 더 이상 다를 수가 없는 만화책 슈퍼 영웅들 같았지요. 그녀의 몸은 어떻게든 간에 근육 소실을 피할 방법을 찾아낸 거였어요.」 그녀는 경기장에 쳐들어가서 전동 스쿠터로 뒤쫓는 짓을 하지 않으면서, 어떻게 하면 프리실라에게 유전자 검사를 받도록 요청할 수 있을지 1년 동안 고심했다.

우연히도 내가 아침 프로그램에 출연해 운동선수와 유전학에 관한 이야기를 할 때 질은 텔레비전 근처에 있었다. 「나는 생각했죠. 〈오, 이건 신의 섭리야.〉」 그녀는 내게 서류를 보내고서 프리실라와 연락할 수 있는지 물었다. 마침 프리실라의 대리인인 크리스 미샤시브Kris Mychasiw와 나는 트위터에서 서로를 팔로우하고 있었기에, 그에게 메시지를 보냈다. 그는 생물학적으로 양쪽 극단에 있는 듯한 이 두 여성에 관한 이야기가 도저히 있을 법하지 않게 여겨지겠지만, 내가 질의 노력에 대단히 깊은 인상을 받았다는 점을 설명하자 수긍했다. 그는 그 메시지를 프리실라에게 전했다.

프리실라는 이렇게 회상했다. 「이런 투로 전했지요. 〈아이오와에 사는 부인인데, 당신과 똑같은 유전자를 갖고 있다면서, 대화를 나누고 싶대.〉 나는 이런 식으로 대답한 것 같아요. 〈음, 잘 모르겠네요.〉」 그는 그냥 내 전화를 한 번 받아 보라고 했다.

체형 때문에, 유럽의 언론들은 프리실라가 스테로이드를 쓰고 있다고 공공연히 비난했다. 온힘을 다해 올림픽 결승선을 지나는 그녀의 몸에 남성 보디빌더의 얼굴을 합성해 온라인에 올린 사람도 있었다. 「꽤 마음이 상했어요.」 프리실라는 내게 말했다. 2009년 베를린에서 열린 세계 선수권 대회에서 그녀는 은메달을 따기 몇 분 전에 약물 검사를 받았다. 경기 직전의 약물 검사는 금지되어 있음에도 그랬다. 내가 전화를 하자, 그녀는 사진을 보여 주고 싶어 했다. 그녀는 고등학생 때 이미 유달리 깡마르고 정맥이 튀어나와 있었다. 그녀의 가족사진에는 정맥이 튀어나온 모습의 여성들이 담겨 있었다. 한 노인은 물결치는 듯한 위팔두갈래근을 드러내고 있었다. 굵은 정맥이 팔꿈치를 뱀처럼 지나가고 있었다. 통화를 끝낸 뒤 프리실라는 질과 대화를 하기로 동의했다.

그들은 전화로 쉽게 하나가 되었다. 어릴 때 튀어나온 정맥 때문에 얼마나 놀림을 받았는지를 서로 이야기하면서였다. 프리실라는 토론토의 한 호텔 로비에서 질과 그녀의 모친을 만나기로 했다. 질은 프리실라를 보고서 깜짝 놀랐다. 「맙소사, 내 가족을 보는 것 같았어요.」 그들은 호텔 복도로 가서 서로의 몸을 비교했다. 크기는 전혀 달랐지만, 지방이 없어서 드러난 부위들의 모습은 동일했다. 프리실라는 이렇게 생각했다. 「정말 뭔가가 있구나. 조사해 보자, 알아보자.」

프리실라의 라민 유전자를 검사하겠다고 나설 의사를 찾는 데 1년이 걸렸다. 질은 한 의학 학술 대회에 가서 텍사스 대학교 사우스웨스턴 의학 센터의 저명한 지방 이상증 전문의인 아비마뉴 가르그 Abhimanyu Garg에게 접근했다. 그는 검사를 하고, 지방 이상증인지 판단해 주기로 했다.

이번에도 질이 옳았다. 그녀와 프리실라는 둘 다 지방 이상증을 갖고 있었을 뿐 아니라, 더니건형Dunnigan type이라는 똑같은 희귀한 유형의 부분 지방 이상증을 갖고 있었다.

프리실라와 질은 동일한 유전자의 서로 다른 지점에서 DNA 문자가 바뀌었다. 바뀐 지점이 다른 것이 질에게서는 근육과 지방이 다 사라진 반면, 프리실라에게서는 지방만이 사라지고 근육은 더 늘어난 특이한 차이를 빚어낸 듯하다.

가르그 박사는 즉시 프리실라에게 전화를 걸었다. 그녀는 아이들과 장을 보다가 전화를 받았다. 「나는 맛있는 버거와 감자튀김을 먹을 생각을 하고 있었어요.」 그녀는 점심을 먹은 뒤에 자신이 전화를 해도 되겠느냐고 물었다. 그러자 그는 버거는 먹지 말라고 했다. 「이렇게 말한 것 같아요. 〈샐러드만 먹어야 해요. 안 그러면 췌장염에 걸릴 거예요.〉 나는 이렇게 대꾸한 것 같아요. 〈뭐라고요?〉」

올림픽에 출전하려고 훈련을 하고 있었음에도, 발견하지 못한 지방 이상증 때문에 프리실라의 혈중 지방 농도는 정상 수준의 세 배였다. 가르그는 내게 말했다. 「심각한 문제였어요.」프리실라는 즉시 식단 조절을 하고 약을 먹기 시작했다.

질은 부친의 삶을 연장시켰을 뿐 아니라, 이제 — 구글 이미지를 이용해 — 한 운동선수에게 인생을 바꿀 의학적 조치를 받도록 했다. 프리실라는 질에게 전화해서 말했다. 「병원에 갈 필요가 없게 해 준 거예요.」

가르그도 질이 해온 일에 놀랐다. 그들은 그가 본 지방 이상증 환자들 중에서도 근육 발달의 가장 극단적인 사례였다. 그 스펙트럼의 양쪽 끝에 해당했다. 질과 프리실라는 정상적인 상황이었다면 결코 같은 의사의 진료실로 향하지 않았을 것이다. 가르그는 말했다. 「환자가 자신의 병에 관해 많이 알아보는 것은 당연해요. 하지만 다른 사람에게 손을 뻗어서 그들의 문제도 파악한다는 것은 정말로 놀라운 일이지요.」

질은 거기에서 멈추지 않았다. 그녀는 프랑스 생물학자 에티엔 르페Etienne Lefai의 연구를 접했다. 르페는 세포가 섭취한 지방을 곧바로 쓸지 아니면 저장했다가 나중에 연료로 쓸지를 판단하는 일을 돕는 SREBP1이라는 단백질을 연구하는 초전문가였다. 르페는 그 단백질이 동물의 몸에 쌓이면 극단적인 근육 위축이나 극단적인 근육 발달이 일어날 수 있다는 것을 보여 주었다. 질은 무턱대고 그에게 연락을 취해서 자신과 프리실라를 전혀 다르게 만든 생물학적 메커니즘이 SREBP1과 라민의 상호작용이 아닌지 알아낼 수 있지 않겠느냐고 제안했다.

르페는 강한 프랑스어 억양으로 내게 이렇게 말했다. 「반사적으로 이런 말이 튀어나왔지요. 〈정말로 좋은 질문이군요. 정말, 대단히 좋은 질문이에요!〉」그는 라민 유전자 돌연변이가 SREBP1의 조절에 변화를 일으킬 수 있는지, 그리하여 근육과 지방을 동시에 잃게 할 수 있는지를 연구하기 시작했다. 「그녀가 연락하기 전까지 어떻게 유전 질환을 연구할 수 있을지 감조차 잡지 못했어요. 지금은 우리 연구실의 연구 방향까지 바뀌었어요.」

전문가들이 더 많은 정보를 생산할수록, 호기심 많은 아마추어들이 널리 이용할 수 있지만 흩어져 있는 정보의 가닥들을 엮어서 기여할 기회는 더 많아진다. 돈 스완슨은 이를 발견되지 않은 공공 지식undiscovered public knowledge이라고 했다. 인류 지식의 보고가 더 커지고 접근하기가 더 쉬워질수록, 호기심 많은 이용자들이 첨단 영역에서 연결을 이룰 기회는 더 늘어난다. 이노센티브 같은 작업은 언뜻 보면 직관에 완전히 반하지만, 전문화가 가속될수록 더욱 결실을 보고 있다.

그러나 비전문가에게 기회를 제공하는 것이 새로운 지식의 증가만은 아니다. 선두로 나서기 위해 경쟁할 때, 많은 유용한 지식은 그냥 뒤에 남겨져서 사라진다. 그것은 창작하고 발명하고 싶어 하지만 최첨단 분야에서 일할 수 없거나 그러고 싶지 않은 이들에게 또 다른 유형의 기회를 제공한다. 그들은 뒤돌아봄으로써 앞으로 나아갈 수 있다. 그들은 기존 지식을 발굴해 새로운 방식으로 이용할 수 있다.

9장
시든 기술을 활용하는 수평적 사고

일본은 쇄국 정책을 펼친 200년 동안 화투를 금지했다.[1] 화투는 도박뿐 아니라 바람직하지 못한 서양 문화의 영향과 관련이 있었기 때문이다. 19세기 말에 일본이 세계에 문호를 개방하면서 화투 금지 조치도 마침내 사라졌다. 그러자 1889년 가을, 한 젊은이가 교토에 작은 목공소를 열고서 창문에 〈닌텐도(任天堂)〉라는 상호를 내걸었다.

그 말의 정확한 의미는 잊혔다. 〈운은 하늘에 맡기자〉라는 뜻일 수도 있지만, 〈화투 판매 허가를 받은 기업〉이라는 말을 좀 시적으로 표현한 것일 가능성도 높았다. 1950년경에는 직원이 100명으로 늘어 있었고, 창업자의 증손자인 스물두 살의 청년이 가업을 물려받은 상태였다. 그러나 골치 아픈 상황이 닥치고 있었다. 1964년 도쿄 올림픽이 다가오고 있었고, 일본 성인들은 화투 대신 파친코로 도박을 하고 있었으며, 볼링 열풍이 불면서 사람들이 여가 활동에 쓰는 돈이 그쪽으로 몰렸다. 절박해진 젊은 회장은 70여 년 동안 화투로 버터 온 사업을 다각화하고자 했다. 그는 여기저기 투자를 하기 시작했다. 식품 산업은 결코 밀려날 일이 없을 것이라고 생각해서, 만화 캐릭터를 내걸고 즉석 쌀밥과 식품업에 뛰어들었다. (뽀빠이 라면 수프를 본 적이 있는지?) 이어서 그는 택시업에 뛰어들었다가 실패했고, 〈러브호텔〉 대실 전문업을 시도했다가 역시 실패했다. 그 일로 언론의 화제가 되기도 했다. 닌텐도는 빚더미에 올라앉았다. 결국 회장은 기업 혁신을 도와줄 젊은 대학 졸업자를 뽑기로 결심했다.

그다지 가망성이 없어 보이는 생각이었다. 닌텐도는 교토에 있는 소기업이었던 반면, 일본 대학생들은 도쿄의 대기업에 들어가기를 열망했다. 긍정적으로 보자면, 아직 화투는 수요가 있었고, 이제 기계로 제작하고 있었기에 비용 대비 효과가 더 좋아졌다. 1965년 회장은 요코이 군페이(横井軍平)라는 전기공학을 전공한 젊은 대학 졸업생을 고용했다. 간신히 졸업해서 주요 전자 회사들에 지원했지만 다 떨어진 인물이었다. 「닌텐도에 들어가서 뭘 할 건데?」 요코이의 급우들은 의아해하며 물었지만, 그는 걱정하지 않았다. 훗날 그는 이렇게 회상했다. 「어쨌든 나는 교토를 떠나고 싶지 않았어요. 나는 어떤 직업을 갖겠다고 꿈꾼 적도 없었으니까, 별문제 없었지요.」[2] 그가 맡은 일은 화투 제작 기계를 관리하는 것이었다. 몇 대 안 되었으므로, 요코이가 유지 관리 부서 자체였다.

그는 오래전부터 취미 활동에 열심이었다. 피아노, 볼룸 댄스, 합창, 스킨다이빙, 모형 기차 수집, 자동차 수리 개조 등등. 대부분은

* 요코이의 생각과 인용문은 그가 공동 저술한 『요코이 군페이 게임관(横井軍平ゲ__ム館)』을 비롯한 그의 저술과 인터뷰 내용에서 따왔다.

모노즈쿠리monozukuri, 즉 〈만드는 일〉이었다. 그는 뚝딱이tinkerer였다. 자동차 스테레오가 나오기 전에, 그는 테이프 녹음기를 차 라디오에 연결하여, 방송 내용을 녹음했다가 다시 틀곤 했다. 닌텐도에 입사해서 처음 몇 달 동안, 별로 할 일이 없었기에 그는 이런저런 장비를 만지작거렸다. 어느 날 그는 나뭇조각을 이리저리 잘라 붙여서 그냥 쭉 뻗을 수 있는 팔을 하나 만들었다. 만화에서 본 로봇의 배가 열리면서 권투 장갑이 튀어나오는 것과 비슷했다. 일종의 용수철 장치 장난감이었다. 양쪽 손잡이를 안쪽으로 당기면 팔이 쭉 늘어나면서 양쪽 끝이 모여서 뭔가를 붙들도록 되어 있었다. 이제 몸을 움직이지 않고서도 좀 떨어져 있는 물건을 집을 수 있었다.

회장은 새로 고용한 직원이 한가로이 뭔가를 만들고 만지작거리는 모습을 보고는 사무실로 불렀다. 「한소리 들을 거라고 생각했죠.」 그러나 지푸라기라도 잡고 싶은 상태였던 회장은 요코이에게 그 장치를 게임용 장난감으로 만들어 보라고 했다. 요코이는 그 팔로 움켜질 수 있는 색깔 공을 몇 개 추가했고, 그렇게 〈울트라 핸드Ultra Hand〉가 곧바로 출시되었다. 닌텐도 최초의 장난감이었다. 그 장난감은 120만 개가 팔렸다. 회사는 빚의 상당액을 갚을 수 있었다. 그 일로 요코이의 유지 관리 업무는 끝났다. 회장은 그를 닌텐도 최초의 연구개발 부장으로 임명했다. 즉석 쌀밥을 잠깐 만들던 공장은 장난감 공장으로 변신했다.

그 뒤로도 더 많은 장난감들이 성공을 거두었지만, 요코이에게 깊은 영향을 미친 것은 첫해에 겪은 참담한 실패였다. 바로 드라이브 게임이었다. 경주 트랙에 놓인 플라스틱 차를 운전대를 써서 모는 탁상 장난감이었다. 트랙이 전기 모터를 통해 돌아가는 형태였다. 닌텐도 최초의 전동 장난감이었는데, 완전히 실패했다. 내부 작동 장치에 당시의 첨단 기술을 채택했지만 너무 복잡하고 허약했을 뿐 아니라 비싸고 제작하기도 어려웠다. 한마디로 결함투성이였다. 그러나 그 실패를 계기로 요코이는 30년 동안 갈고닦게 될 창의적인 사고를 갖추게 되었다.

요코이는 자신의 기술적 한계를 잘 알고 있었다. 게임의 역사를 줄줄 꿰고 있는 한 애호가는 이렇게 표현했다. 〈그는 기술이 햇볕에 눈이 녹는 속도보다 더 빠르게 발전하는 시대에 전자공학을 공부했다.〉[3] 요코이는 완전히 새로운 현란한 기술의 산물을 개발하기 위해 분투하는 전자 회사들과 경쟁하려는 욕망(또는 능력)이 전혀 없었다. 게다가 닌텐도는 반다이, 에포크, 다카라 등 일본의 오래된 거대 완구 회사들과 그들에게 유리한 시장에서 경쟁할 수가 없었다. 그 점과 드라이브 게임을 염두에 두고서 요코이는 〈시든 기술을 활용하는 수평적 사고lateral thinking with withered technology〉[4]라는 접근법을 창안했다. 수평적 사고는 1960년대에 나온 용어로서, 낡은 개념에 새로운 용도를 부여할 수 있도록 서로 동떨어진 듯한 개념들이나 분야들을 통합하는 식으로, 정보를 새로운 맥락에서 들여다보는 것을 의미했다. 〈시든 기술〉은 오래되어서 아주 잘 이해되어 있고 쉽게 이용할 수 있으며, 전문가의 지식이 굳이 필요 없는 기술을 뜻했다. 그의 철학의 핵심은 값싸고 단순한 기술을 아무도 생각하지 못한 방식으로 활용하자는 것이었다. 그는 자신이 신기술을 더 깊이 파고들 수 없다면, 기존 기술을 더 폭넓게 살펴보기로 했다. 그는 스스로 첨단 영역에서 물러나서 모노즈쿠리를 시작했다.

그는 트랜지스터에 값싼 기성품 검류계를 연결했는데, 그것으로 직원들 사이에 흐르는 전류를 측정할 수 있다는 것을 알아차렸다. 요코이는 그 기계가 소년과 소녀가 손을 잡고 즐기는 장난감이 될 수 있지 않을까 상상했다. 당시의 일본 사회 분위기에서는 좀 위험한 착상이기는 했다.* 이 러브 테스터Love Tester는 전기가 통하는 두 손잡이와 측정기로 이루어진 단순한 기기였다. 두 사람이 각자 손잡이를 쥐고서 손을 맞잡으면, 회로가 완성되었다. 측정기는 두 사람 사이의 사랑을 측정하는 양 전류를 검출했다. 손바닥에 땀이 더 많이 날수록, 두 사람 사이에는 전기가 더 잘 흘렀다. 이 장난감은 10대 사이에 유행했고, 어른들의 모임도 흥겹게 해주었다. 요코이는 고무되었다. 그는 값싸고 심지어 낡은 것이 된 기술을 새로운 방식으로 쓰는 일에 몰두하기 시작했다.

1970년대 초에는 RC(무선 조종) 장난감 자동차가 인기가 있었지만, 좋은 RC 장난감은 한 달 봉급에 맞먹을 만큼 비쌌기에 어른들만의 취미 생활이었다. 종종 그랬듯이, 요코이는 RC 장난감을 대중화할 방법을 고심했다. 그래서 그는 그 기술을 퇴보시켰다. 가격이 비싼 것은 무선 제어 채널을 여러 개 써야 했기 때문이었다. 자동차는 기본적으로 두 개 채널을 썼다. 하나는 엔진 출력을 조종하고, 다른 하나는 운전대를 조종하는 데 썼다. 장난감에 기능이 더 많이 들어갈수록 채널도 더 늘려야 했다. 요코이는 그 기술에서 반드시 필요

---

* 트위스터Twister 보드게임은 1960년대 말에 일본에서 실패했는데, 당시의 주된 사회 규범에 맞지 않았기 때문이다. 〈에로티즘 상자〉라는 별명을 얻었다.

한 최소한의 기능만 남기고 나머지는 다 걷어 냈다. 그 결과 오로지 좌회전만 할 수 있는 단일 채널 RC 자동차가 탄생했다. 제품명은 레프티 RX였다. 가격이 전형적인 RC 장난감의 10분의 1도 안 되는 제품이었고, 오로지 시계 반대 방향으로만 돌면서 경주를 하는 용도였다. 하지만 아이들은 장애물을 만날 때에도 좌회전만으로 솜씨 좋게 장애물을 피해 달려가는 법을 금세 터득했다.

1977년의 어느 날, 요코이는 도쿄로 출장을 갔다가 고속열차로 돌아오고 있었다. 깜박 잠들었다가 깼는데, 한 직장인이 퇴근길의 지루함을 달래기 위해서 계산기를 두드리며 노는 모습이 보였다. 당시에는 장난감을 가능한 한 인상적일 만치 크게 만드는 것이 추세였다. 요코이는 생각했다. 어른이 출퇴근길에 드러나지 않게 갖고 놀 수 있는 작은 게임기를 만들면 어떨까? 그는 그 생각을 잠깐 하다가 제쳐 두었다. 그런데 어느 날 회장의 운전기사로 나섰을 때 다시 떠올랐다. 원래 운전기사가 독감에 걸리는 바람에 쉬어야 했는데, 100명에 달하는 닌텐도 직원 중에 회장의 캐딜락처럼 운전대가 왼쪽에 달려 있는 차를 몰아 본 사람이 요코이밖에 없었기 때문이다. 요코이는 외국 차에 관심이 많아서 그런 차도 몰아 본 경험이 있었다. 요코이는 운전을 하다가 소형 게임기라는 아이디어를 이야기했다. 〈그는 고개를 끄덕거렸지만, 그다지 관심이 없어 보였다.〉

그런데 일주일 뒤에 계산기 제조사인 샤프의 경영진이 방문해 요코이는 깜짝 놀랐다. 요코이가 운전을 한 그날 회의에서 닌텐도 회장은 샤프 회장 옆자리에 앉았는데, 자기 운전사에게 들은 아이디어를 이야기했던 것이다. 샤프는 계산기 시장을 놓고서 몇 년째 카시오와 전쟁 중이었다. 1970년대 초에 계산기는 한 대에 수백 달러나 나갔지만, 부품 값이 점점 싸지고 기업들이 시장을 차지하기 위해 치열하게 경쟁하면서 가격이 급격히 낮아졌고 시장은 포화 상태가 되었다. 그래서 샤프는 LCD 화면의 새로운 용도를 찾기 위해 애쓰는 중이었다.

샤프 경영진은 무릎 위에 올려놓고서 두 손의 엄지로 조종할 수 있는 명함 지갑만 한 비디오 게임기라는 요코이의 아이디어를 들었을 때 흥미를 느끼면서도 한편으로 회의적인 태도도 보였다. 이미 싸구려가 된 기술을 재활용하기 위해 새로운 협력 관계를 맺을 가치가 있을까? 샤프 측은 요코이가 제안한 게임기에 쓸 수 있을 만치 화면을 매끄럽게 움직이도록 만드는 것이 가능한지조차 확신하지 못했다. 곡예사가 두 팔을 좌우로 빠르게 움직이면서 공들을 떨어뜨리지 않는 모습을 구현할 수 있을까? 우여곡절이 있었긴 해도, 샤프 기술자들은 요코이에게 적당한 크기의 LCD 화면을 만들어 주었다. 화면을 얻은 요코이는 한 가지 심각한 문제에 직면했다. 작은 게임기에 전자 부품들을 촘촘하게 집어넣다 보니, 부품들이 화면의 액정에 닿아서 뉴턴 고리라는 밝고 어두운 띠무늬가 생기면서 화면이 일그러졌다. 그래서 LCD와 기판 사이에 아주 살짝 공간을 띄어야 했다. 그는 화투 제작을 토대로 아이디어를 하나 떠올렸다. 기존 화투 인쇄기를 미세하게 조정해, 오돌토돌한 점이 수백 개 찍혀 있는 모양으로 기판을 만들어서 액정과의 간격을 살짝 벌릴 수 있었다.[5] 막판에 일종의 장식용으로 한 직원이 몇 시간 동안 작업에 매달려 시계가 화면에 뜨도록 하는 프로그램을 짰다. 이미 손목시계에 LCD

화면이 쓰이고 있었으므로, 어른들이 〈게임 앤 워치Game & Watch〉를 살 구실을 만들어 준 것이다.

1980년 닌텐도는 세 가지 모델의 게임 앤 워치를 내놓았다. 가장 많이 팔린다면 10만 대쯤 팔리지 않을까 기대했다. 그런데 첫해에 60만 대가 팔렸다. 세계 시장에서는 생산량이 수요를 따라잡을 수 없을 정도였다. 1982년에 내놓은 동키콩 게임 앤 워치는 무려 800만 대가 팔렸다. 게임 앤 워치는 11년 동안 계속 생산되면서 4340만 대가 팔렸다. 나중에는 요코이가 수평적 사고를 통해 발명한 또 한 가지가 추가되었다. 바로 방향 조종 패드인 〈D패드〉였다. 엄지만을 써서 원하는 방향으로 캐릭터를 움직일 수 있는 장치였다. 게임 앤 워치가 성공한 뒤, 닌텐도는 D패드를 컨트롤러에 붙여서 새로운 닌텐도 엔터테인먼트 시스템Nintendo Entertainment System(NES)을 만들었다. 이 가정용 콘솔 덕분에 아케이드 게임은 전 세계 수백만 가정으로 진출함으로써, 비디오 게임의 새 시대가 열렸다. 게임 앤 워치와 NES라는 두 성공 사례를 다시 결합함으로써 요코이는 또 한 번 수평적 사고의 걸작을 내놓았다. 개발자가 만든 게임을 카트리지에 담아서 끼우는 휴대용 콘솔인 게임 보이Game Boy였다.

기술의 관점에서 보면, 1989년 당시에도 게임 보이는 우스꽝스러웠다. 요코이 개발진은 최대한 줄이고 또 줄였다. 게임 보이의 프로세서는 예전에 최첨단이었다. 1970년대였다면 말이다. 1980년대 중반에 가정용 콘솔 기기는 화질을 놓고 열띤 경쟁을 벌이고 있었다. 그런데 게임 보이는 눈에 거슬릴 정도로 질이 낮았다. 시궁창에 낀 점액과 뭉그러진 알팔파의 중간쯤인 초록색이 가미된 총 네 단계의 음영으로 이루어진 작은 흑백 화면이었다. 캐릭터를 좌우로 빠르게 움직이면 뭉개지기도 했다. 게다가 게임 보이는 기술적으로 더 우월한 세가와 아타리의 휴대용 콘솔과 경쟁해야 했다. 하지만 게임 보이는 그들을 완패시켰다.

게임 보이는 시든 기술의 미흡한 점을 사용자 경험으로 보완했다. 게임 보이는 저렴했다. 그리고 커다란 옷 주머니에 들어갈 만한 크기였다. 또 거의 파손되지가 않았다. 떨어뜨려서 설령 화면에 금이 간다고 해도 — 그러려면 아예 내동댕이쳐야 했다 — 여전히 작동했다. 배낭에 넣어 두었다가 깜빡 잊고 세탁기에 그대로 집어넣어도, 며칠 뒤에 바짝 마르면 다시 작동했다. 전력을 왕창 잡아먹는 컬러 화면 게임기들과 달리, AA 건전지로 며칠(또는 몇 주) 동안 작동시킬 수 있었다. 그리고 오래된 하드웨어는 닌텐도 안팎의 개발자들에게 매우 친숙했다. 그들은 신기술을 배우느라 허덕이지 않으면서 창의력과 속도를 마음껏 발휘할 수 있었고, 아이폰 앱의 초기 개발자들이 그랬듯이 게임들을 쏟아 냈다. 테트리스, 슈퍼마리오 랜드, 파이널 판타지 레전드, 온갖 스포츠 게임들이 첫해에 나와서 대성공을 거두었다. 단순한 기술을 채택함으로써 요코이 개발진은 하드웨어 경쟁에서 비켜서는 한편으로 게임 프로그래밍 업계 전체를 자기편으로 끌어들였다.

게임 보이는 첨단 기술을 버리고 대신에 휴대성과 저렴한 가격을 채택함으로써, 비디오 게임판 소니 워크맨이 되었다. 1억 1870만 대가 팔림으로써 20세기에 월등하게 많이 팔린 콘솔이 되었다.[6] 화투 판매 허가를 받은 작은 기업치고는 나쁘지 않은 성과였다.

당시에 존경을 받고 있었어도, 요코이는 〈시든 기술을 활용하는 수평적 사고〉 개념으로 게임 보이를 개발하는 일을 승인받기 위해 내부적으로 힘겹게 밀어붙이고 애써야 했다. 나중에 그는 이렇게 말했다. 「회사를 납득시키기가 정말로 어려웠어요.」 그러나 요코이는 사용자가 게임에 혹한다면, 기술적 성능은 부차적인 문제가 될 것이라고 확신했다. 「칠판에 동그라미를 두 개 그린 뒤에 〈눈사람〉이라고 말하면, 모두가 그것이 눈의 하얀 색깔이라고 인식할 겁니다.」[7]

요코이는 게임 보이가 출시되었을 때, 직원 한 명이 〈잔뜩 찌푸린 표정으로〉 찾아왔다고 회상했다. 직원은 경쟁 회사의 휴대용 게임기가 아주 잘 팔리고 있다고 보고했다. 요코이가 컬러 화면이냐고 묻자, 직원은 그렇다고 답했다. 「그러면 괜찮아.」

남들이 버리고 떠난 뒤 그 기술의 새로운 용도를 찾아내는 요코이의 전략은 심리학계에 잘 알려진 한 창의력 훈련이 요구하는 것을 떠올리게 한다. 색다른 용도Unusual Uses 또는 대안 용도Alternative Uses 검사에서, 참가자는 한 사물의 독창적인 용도를 떠올려야 한다. 화면에 〈벽돌〉이 보이면, 참가자는 먼저 친숙한 용도들을 떠올릴 것이다(벽의 재료, 문 굄, 무기 등). 더 높은 점수를 받으려면, 개념상 동떨어져 있으면서 다른 참가자들이 거의 제시하지 않는, 그렇지만 실현 가능한 용도를 말해야 한다. 벽돌이라면 이런 것들이다. 문진, 호두까개, 인형 장례식의 관, 변기 물통에 넣어서 물 사용량을 줄이는 용도. (2015년 『애드 에이지Ad Age』는 수평적 사고를 통해서 가뭄 때 캘리포니아 화장실에서 쓸 고무 벽돌을 만든 〈드랍 어 브릭Drop-A-Brick〉 계획의 창안자들에게 〈올해의 공익 광고상〉을 수여했다.)

창의성을 설명하는 포괄적인 이론 같은 것은 분명히 없다. 그러나 사람이 사물의 친숙한 용도만을 떠올리는 경향이 있다는 것은 잘 알려져 있으며, 그것을 기능적 고착functional fixedness이라고 한다. 가장 유명한 사례는 〈촛불 문제〉[8]다. 참가자들에게 양초, 압정 상자, 성냥갑을 주고서, 촛농이 아래 탁자에 떨어지지 않도록 벽에 양초를 붙이라는 과제를 준다. 참가자들은 초를 녹여서 벽에 붙이거나 압정으로 초를 꽂으려고 시도하지만, 둘 다 불가능하다. 그런데 압정을 상자 〈바깥에〉 꺼낸 상태로 주었을 때에는 빈 상자를 초 받침대로 쓸 수 있음을 알아차리고서 상자를 압정으로 벽에 붙이고 그 위에 초를 놓음으로써 문제를 해결할 가능성이 더 높았다. 요코이에게는 압정이 언제나 상자 밖에 놓여 있었다.

물론 요코이에게 협소한 전문가가 필요했다는 점은 분명하다. 닌텐도가 고용한 최초의 진정한 전자공학자는 오카다 사토루(岡田智)였다. 그는 퉁명스럽게 말했다. 「요코이는 전자공학에 약했어요.」[9] 오카다는 게임 앤 워치와 게임 보이를 요코이와 공동으로 설계했다. 「장치의 내부 시스템은 내가 주로 맡았고, 요코이는 디자인과 인터페이스 쪽에 더 치중했지요.」[10] 요코이가 애플의 스티브 잡스라면 오카다는 스티브 워즈니악이었다.

그 점은 요코이가 먼저 인정했다. 「나는 어떤 전문 기술도 갖고 있지 않아요. 모든 것들을 모호하게 알고 있을 뿐이죠.」 그는 젊은 직원들에게 기술만 만지작거리지 말고, 아이디어도 갖고 놀라고 조언했다. 그는 기술자가 되지 말고, 생산자가 되라고 했다. 「생산자는 반도체 같은 것이 있다는 것을 알지만, 반도체 속에서 어떤 일이 일어나는지까지는 알 필요가 없어요. 그런 건 전문가에게 맡기면 됩니다.」또 그는 이렇게 주장했다.「모두가 상세하고 복잡한 기술을 배우는 접근법을 취합니다. 어느 누구도 그렇게 하지 않는다면, 기술자로 빛을 발하는 사람도 없겠지요. 기술자의 관점에서 나를 보면, 〈이 멍청이 좀 봐〉처럼 될 겁니다. 하지만 일단 두 가지 제품을 내놓아서 대성공을 거두고 나면, 이 〈멍청이〉라는 단어는 어디론가 사라지는 듯해요.」

그는 부서가 커질 때 자신의 철학을 퍼뜨렸고, 모두에게 낡은 기술의 대안 용법을 생각하라고 요구했다. 그는 확고하게 정해진 해법들을 갖춘 기존 전자 완구 제조사가 아니라 화투 생산업체에 취직한 덕분에, 자신의 기술적 한계 때문에 아이디어가 방해를 받지 않았다는 것이 행운이었다고 보았다. 회사가 커짐에 따라 그는 젊은 기술자들이 시든 기술의 새로운 용도를 떠올리더라도 너무 어리석게 보일까 봐 그 아이디어를 말하지 못하는 건 아닐지 걱정했다. 그래서 그는 분위기를 조성하기 위해 회의 때 일부러 괴상한 아이디어를 불쑥 내뱉기 시작했다.「젊은 사람들이 〈음, 내가 여기서 이런 말을 할 자리가 아닌 것 같지만요……〉라는 말을 하기 시작하면, 다 끝장나는 겁니다.」

불행히도 요코이는 1997년에 교통사고로 생을 마감했다. 그러나 그의 철학은 살아남았다. 2006년 닌텐도 회장은 닌텐도 위Nintendo Wii가 요코이의 가르침을 그대로 따른 결과물이라고 말했다.「오해받을까 하는 걱정 없이 말할 수 있는 것이 있다면, 닌텐도가 차세대 게임 콘솔을 만들고 있는 것이 아니라고 말하고 싶습니다.」[11] 닌텐도 위는 이전 콘솔에 있던 아주 단순한 게임들과 기술을 썼지만, 움직임을 이용한 제어 방식을 채택함으로써 말 그대로 게임의 판세를 바꾸었다. 하드웨어는 기본적인 수준이었기에, 닌텐도 위는 혁신적이지 않다고 비판받았다. 하버드 경영대학원 교수 클레이튼 크리스텐슨Clayton Christensen은 닌텐도 위가 사실은 가장 중요한 유형의 혁신이었다고 주장했다. 〈힘을 실어 주는 혁신empowering innovation〉, 즉 그보다 앞서 등장한 개인용 컴퓨터와 마찬가지로 새로운 소비자와 새로운 일자리를 만들어 내는 혁신이다. 비디오 게임에 전혀 새로운 (때로는 더 오래된) 고객을 끌어들였기 때문이다. 크리스텐슨과 동료는 닌텐도가 〈다른 방식으로 단순하게 혁신을 했다〉라고 썼다.[12] 〈새로운 고객이 비디오 게임 시스템을 이용하는 것을 막는 장벽이 기존 그래픽의 질이 아니라, 게임 행위의 복잡성임을 이해했다.〉영국의 엘리자베스 여왕은 손자인 윌리엄 왕자가 위 볼링을 하는 것을 보고 자신도 함께 하는 모습으로 언론을 장식하기도 했다.

요코이의 가장 큰 실패는 자신의 디자인 철학에서 벗어났을 때 일어났다. 그의 마지막 닌텐도 계획 중 하나는 버추얼 보이Virtual Boy였다. 실험적인 기술을 구현한 게임용 헤드셋이었다. 전파를 많이 뿜어내는 프로세서를 썼는데, 휴대전화가 등장하기 전이었기에 그런 프로세서를 사용자의 머리에 아주 가까이 댔을 때 얼마나 안전한지 아무도 알지 못했다. 그래서 프로세서를 금속판으로 감싸야 했고, 그 결과 장치가 너무 무거워져서 고글 역할을 제대로 할 수 없었다. 결국 책상 앞에 앉아서 써야 하는 장치가 되고 말았고, 사용자는 화면을 보기 위해 부자연스러운 자세를 취해야 했다. 시대를 앞선 제품이었지만, 아무도 사지 않았다.

요코이의 가장 큰 성공은 수평적으로 생각했을 때 일어났다. 그는 전문가가 필요했지만, 기업이 커지고 기술이 발전할 때 수직적 사고를 하는 초전문가들이 계속 가치를 지니는 반면 수평적 사고를 하는 제너럴리스트는 그렇지 않게 될까 봐 걱정했다. 요코이는 이렇게 설명했다. 「(아이디어를 고갈시키는) 손쉬운 방법은 컴퓨터 성능의 세계에서 경쟁하는 것입니다. 그렇게 될 때 (……) 화면 제조사와 전문가 그래픽 디자이너가 이깁니다. 그러면 닌텐도의 존재 이유가 사라져요.」 그는 첨단 기술 분야에서도 수평적 사고와 수직적 사고를 하는 이들이 함께 일할 때 최고라고 느꼈다.

저명한 물리학자이자 수학자인 프리먼 다이슨Freeman Dyson은 이런 식으로 표현했다. 우리에게는 눈앞에 집중하는 개구리와 멀리 보는 새가 둘 다 필요하다. 그는 2009년에 이렇게 썼다. 〈새는 높이 날면서 멀리 지평선까지 폭넓게 수학적 경관을 살핀다. 우리의 생각을 통합하고 경관의 다양한 영역에서 나온 다양한 문제들을 하나로 엮는 개념들을 좋아한다. 한편 개구리는 그 아래 진흙탕에 살면서 주위에서 자라는 꽃들만 본다. 개구리는 특정한 대상의 세세한 부분들을 좋아하며, 문제를 한 번에 하나씩 해결한다.〉13 다이슨은 수학자로서의 자기 자신을 개구리라고 하면서도 이렇게 주장했다. 〈새가 더 멀리 보기 때문에 개구리보다 낫다거나, 개구리가 더 깊이 보기 때문에 새보다 낫다라는 주장은 어리석다.〉 그는 세상은 넓은 동시에 깊다고 썼다. 〈세상을 탐사하려면 새와 개구리가 협력해야 한다.〉 다이슨은 어느 한 협소한 전공 분야만을 배운 개구리들이 과학 분야에 점점 넘쳐 나서 과학 스스로가 변화할 수 없는 상황이 될까 봐 우려한다. 〈젊은이들에게도 과학의 미래에도 위태로운 상황이다.〉

다행히 오늘날에도, 첨단 영역에서도, 가장 초전문화된 전문 분야에서도 새와 개구리가 함께 번성할 수 있는 땅을 조성하는 것이 가능하다.

앤디 오더커크Andy Ouderkirk는 그 이야기를 떠올리면서 웃음을 터뜨렸다. 「경영자인 세 신사와 함께 있었는데, 그들이 바이알 하나를 집어든 채 나를 멀뚱멀뚱 쳐다보면서 〈이게 획기적인 반짝이라고?〉라고 말하던 순간을 영영 못 잊을 겁니다.」

일반 반짝이는 말 그대로 반짝거린다. 이 반짝이는 환하게 빛났다. 마치 바이알 안에 어떤 마법의 무지갯빛을 내뿜는 반딧불이가 가득 들어 있는 듯했다. 오더커크는 다층 광학 필름을 응용할 방법들을 많이 구상했지만,[14] 반짝이는 정말로 놀라운 발견이었다. 「나는 물리화학자입니다. 대개는 획기적인 발견이 아주 복잡한 첨단 기술의 산물이라고 생각하지요.」

오더커크는 미네소타에 본사를 둔 3M의 발명가다. 6,500명에 달하는 과학자와 공학자 중에서 가장 높은 지위인 〈기업 과학자corporate scientist〉 스물여덟 명 중 한 명이다. 획기적인 반짝이로 나아가는 길은 브루스터 법칙Brewster's law이라는 200년 된 물리학 원리를 생각하는 방식에 도전하면서 시작되었다. 브루스터 법칙은 어떤 표면도 모든 각도에서 거의 완벽하게 빛을 반사할 수 없다는 의미라고 해석되어 왔다.

오더커크는 광학적 특성이 서로 다른 얇은 플라스틱 막을 여러 층 겹치면 모든 방향에서 오는 다양한 파장의 빛들을 원하는 대로 회절시키고 반사시키는 필름을 만들 수 있지 않을까 생각했다. 그는 광학 전문가 집단에게 자문을 구했는데, 불가능하다는 답변을 받았다. 바로 그가 듣고자 했던 답이었다. 「그들이 〈와, 좋은 생각인데? 해봐, 될 것 같아〉라고 말한다면, 그 일을 최초로 해내는 사람이 될 가능성이 얼마나 되겠어요? 정확히 0입니다.」

사실 그는 그 일이 물리적으로 가능하다고 확신했다. 자연이 이미 개념 증명을 제공했다. 무지갯빛으로 반짝이는 푸른 모르포나비는 사실 파란 색소가 전혀 없다.[15] 그런데도 날개는 하늘색과 사파이어 색을 띠고 있는데, 층층이 겹쳐진 얇은 비늘들이 파란색 파장의 빛을 반사하고 회절시키기 때문이다. 더 흔히 볼 수 있는 사례들도 있다. 플라스틱 물병은 빛의 각도에 따라서 다르게 빛을 반사한다. 「누구나 아는 사실이죠. 그리고 그건 누구나 폴리머에 관해 뭔가를 안다는 말이에요. 우리는 매일 그런 것들을 봅니다. 하지만 그걸 보고서 광학 필름을 만들겠다고 생각한 사람은 아무도 없었어요.」[16]

그는 소규모 팀을 꾸려서 그 일을 해냈다. 절묘하게 각기 다른 파장의 빛을 반사하거나 회절시키거나 통과시키는 폴리머 층을 수백 겹 겹쳐서 머리카락 굵기보다 얇은 필름을 만들었다. 전형적인 광학 필름이나 심지어 거울과도 달리, 다층 광학 필름은 빛을 거의 완벽하게 반사할 수 있고, 빛이 어떤 각도로 들어오든 간에 상관없다. 심지어 층층이 빛을 반사시켜서 보는 사람의 눈으로 되돌려 보내기 때문에 빛을 더 강하게 만들 수도 있다. 그 반짝이가 바로 그러했다. 일반적인 반짝이는 모든 방향에서 오는 빛을 다 반사하지는 못하는 반면, 이 획기적인 반짝이는 모든 방향의 빛을 한꺼번에 반사함으로써 눈부시게 빛났다.

불가능하다고 여겨졌던 이 발명품은 반짝이 차원을 넘어서 좀 더 다양하게 응용되었다. 휴대전화와 노트북에는 보통 백라이트에서 화면까지 빛이 지나가는 동안에 흡수되곤 하는 빛을 반사하고 〈재순환시키는〉 다층 광학 필름이 들어 있다. 그래서 더 많은 빛을 사용자의 눈으로 보낼 수 있고, 그 덕분에 화면을 밝게 유지하는 데 들어가는 전력이 크게 줄어든다. 또 LED 전구, 태양 전지판, 광섬유의 효율도 높인다. 영사기의 에너지 효율도 대폭 향상시킴으로써 작은 배터리로도 동영상을 밝게 비출 수 있다. 2010년 칠레에서 금과 구리를 캐는 광부 서른세 명이 약 800미터 깊이의 갱도에 69일 동안 갇혀 있었는데, 구조대는 약 10센티미터의 구멍을 통해 다층 광학 필름이 장착된 호주머니에 들어갈 만한 크기의 영사기를 내려보냈다. 덕분에 광부들은 가족이 보낸 메시지, 안전 지침, 그리고 칠레와 우크라이나의 축구 경기도 볼 수 있었다.

다층 광학 필름은 비교적 저렴하며 대량 생산할 수 있다. 둘둘 말린 상태에서는 반들거리는 포장지로 착각할 수도 있다. 환경을 해치지 않으면서 매출이 수십억 달러에 달하는 발명품이다. 그런데 그전에는 어떻게 플라스틱 물병을 보면서 그런 생각을 떠올린 사람이 아무도 없었을까? 오더커크는 최근에 나온 광학 전문 서적에 〈이 기술은 정밀하게 구현할 수 없다〉고 적혀 있었다고 했다. 「그 주제의 진정한 전문가가 쓴 겁니다. 책을 쓸 정도였다면 그 주제를 잘 알고 있었겠지요. 문제는 인접한 주제를 몰랐다는 거죠.」

2013년 『R&D 매거진』은 오더커크를 올해의 발명가로 선정했다. 3M에서 30년 넘게 근무하면서, 그는 170건의 특허에 이름을 올렸다. 그 과정에서 그는 발명, 발명 팀, 발명가의 구성 요소에 관심을 갖게 되었다. 이윽고 그는 그 구성 요소들을 체계적으로 조사하기로 결심했다. 그는 싱가포르에 있는 난양 공대의 교수 한 명, 분석학자 한 명과 팀을 짰다. 그들은 〈인접한 주제〉가 대단히 중요하다는 것을 밝혀냈다.

오더커크와 두 연구자는 발명가의 어떤 측면이 가장 큰 기여를 하는지를 알기 위해서 먼저 3M의 발명가들을 조사하기 시작했다.[17] 그들은 어느 한 기술에 집중하는 매우 전문가형인 발명가와, 어느 분야를 선도하는 전문가는 아니지만 여러 분야에 걸쳐서 두루 일해 온 종합형 발명가가 있다는 것을 알았다.

그들은 특허들을 조사하고, 오더커크가 3M 내부 자료에 접근할 수 있었기에 각 발명가가 실제 상업적 성공에 얼마나 기여했는지도 살펴보았다. 전문가specialist와 종합가generalist 양쪽 다 기여를 했다. 어느 한쪽이 다른 한쪽보다 일방적으로 뛰어난 양상을 보이지는 않았다(깊이도 폭도 그다지 갖추지 못한 발명가들은 거의 기여를 못했다). 전문가는 어려운 기술적 문제를 장기적으로 파고들고 개발 과정에서 나타날 장애물을 예측하는 데 뛰어났다. 종합가는 어느 한 분야를 너무 오래 붙들고 있으면 지겨워하는 경향을 보였다. 그들은 분야들을 통합하고, 한 분야의 기술을 다른 분야에 적용함으로써 부가가치를 높였다. 발명가의 폭이나 깊이만으로는 그 사람의 발명이 〈3M의 노벨상〉이라는 칼턴상Carlton Award을 받을 가능성이 얼마나 될지 예측할 수 없었다.

오더커크 연구진은 발명가의 유형이 하나 더 있다는 것을 밝혀냈다. 연구진은 그들을 〈석학형polymath〉이라고 했다. 두루 알면서 적어도 한 분야를 깊이 아는 이들이었다. 발명가의 깊이와 폭은 그들의 경력을 통해 측정했다. 미국 특허청은 기술을 450가지 범주로 분류한다. 운동 기기, 전기 접속기, 해양 추진기 등이다. 전문가형은 그 범주들 중 좁은 범위에서만 특허를 갖는 경향이 있었다. 어떤 전문가는 특정한 몇 종류의 화학적 성분으로 이루어진 플라스틱 한 종류만을 다년간 연구할 수도 있었다. 한편 종합가형은 마스킹 테이프에서 시작해 수술용 접착제로 나아갔다가, 동물 의약품으로 나아갈 수도 있었다. 그들의 특허는 여러 범주에 걸쳐 있었다. 석학형은 어느한 핵심 분야를 깊이 알았다. 그래서 그들은 그 분야에서 많은 특허를 땄다. 그러나 전문가형만큼 깊지는 않았다. 또 그들은 폭도 넓은편이었는데, 종합가형보다도 더 폭이 넓었다. 수십 가지 기술 범주에 걸쳐서 일했다. 그들은 한 분야에서 쌓은 전문성을 전혀 새로운 분야에 적용하는 일을 되풀이했는데, 이는 끊임없이 새로운 기술을 배우고 있다는 의미였다. 석학형의 경력을 훑어보니, 〈인접한 주제〉를 배우면서 폭이 뚜렷하게 넓어진 한편으로 깊이는 사실상 조금 얕아졌음이 드러났다. 그들은 3M에서 성공을 거두고 칼턴상을 받을 확률이 가장 높았다. 기술의 변경을 끊임없이 밀어붙이는 일을 하는 기업에서, 세계적인 수준의 기술 전문화 자체는 성공의 핵심 요소가 아니었다.

오더커크는 석학형이다. 그는 중학교 교사가 화산 분출 모형을 보여 준 뒤로 화학에 흥미를 느꼈다. 그는 일리노이 북부의 한 지역 대학을 거쳐서 화학 박사 학위를 받은 뒤에, 화학적 배경과 전혀 무관한 3M의 레이저 연구실에 들어갔다. 「본래는 (기체상) 분자들 사이의 진동 에너지 전달률 분야에서 세계적인 전문가가 되는 쪽의 공부를 했지요. 그런데 학업을 하는 내내 어느 누구도 그것도 좋긴 하지만, 그 밖의 것들도 좀 알면 좋을 것이라는 이야기를 해주지 않았어요.」[18] 오더커크의 특허는 광학에서 치과용 금속 가공에 이르기까지 다양하다. 특허청은 그가 출원한 발명들을 서너 범주로 동시에 분류하는 일이 흔했다. 여러 기술 분야를 융합한 것들이기 때문이다.

그는 혁신가들을 분류하는 일에 푹 빠진 나머지 컴퓨터 알고리듬을 짜서 지난 세기에 나온 특허 1천만 건을 분석해 혁신가들의 유형을 파악하고 분류했다. 전문가형의 기여도는 제2차 세계 대전 무렵과 그 뒤로 급증했지만, 더 최근에는 줄어들어 왔다. 「전문가형의 기여도는 특히 1985년경에 정점에 달했어요. 그 뒤로 급격히 낮아지다가 2007년경에 일정한 수준을 유지했는데, 자료를 보면 최근 들어서 다시 떨어지기 시작했어요. 지금 그 이유를 알아보려 애쓰고 있지요.」 그는 현재 추세의 원인을 콕 짚을 수 없다는 점을 강조한다. 그의 가설은 그저 조직이 이제 예전보다 전문가형을 덜 필요로 한다는 것이다. 「정보가 더 폭넓게 이용 가능해지면서, 단지 어떤 분야를 발전시키기 위해 누군가를 고용할 필요성이 줄어들었어요. 사실상 지식을 누구나 얻을 수 있으니까요.」 그는 통신 기술이 특정한 협소한 문제를 연구하는 데 필요한 초전문가의 수를 제한해 왔다고 주장한다. 그들이 이룬 획기적인 발견이 영리하게 응용하는 일을 하는 이들, 즉 그 세계의 요코이들에게 금방 널리 퍼지기 때문이라는 것이다.

통신 기술은 다른 분야들에서는 확실히 그렇게 해왔다. 예를 들어 20세기 초에 아이오와주에만 오페라하우스가 1천 곳이 넘었다.[19] 인구 1,500명당 하나 꼴이었다. 음악당이면서 극장이기도 했고, 수백 개의 지역 공연단과 수천 명의 배우들에게 상근 일자리를 제공했다. 넷플릭스와 훌루 이후 시대로 넘어가자, 이제 모든 소비자는 원할 때 언제든 메릴 스트립의 영화를 볼 수 있게 되면서 아이오와주에는 오페라하우스가 한 곳도 남아 있지 않다. 수천 명의 상근 배우들도 모두 사라졌다. 오더커크의 자료는 기술 분야에서 협소하게 집중하는 전문가형에게도 비슷한 일이 일어나고 있음을 시사한다. 그런 전문가는 여전히 중요하지만, 그들의 연구 결과를 널리 쉽게 접할 수 있으므로 그들의 수가 더 적어도 충분하다.

돈 스완슨이 예측했던 이 추세는 연장되면서 요코이 같은 연결자들과 석학형 혁신가들에게 엄청난 기회를 제공했다. 오더커크는 내게 말했다.「정보가 점점 널리 퍼지게 되면서, 전문가보다 더 폭넓게 보면서 있는 것들을 새로운 방식으로 결합하는 일을 시작하기가 훨씬 쉬워졌어요.」

전문화는 명확하다. 곧장 계속 나아가는 것이다. 폭은 함양하기가 좀 더 까다롭다. 프라이스 워터하우스 쿠퍼스의 한 자회사는 10년 넘게 기술 혁신을 연구했는데, 연구개발비와 성과 사이에 통계적으로 의미 있는 관계가 전혀 없다고 나왔다(지출액 하위 10퍼센트는 예외였다. 그런 기업들은 다른 기업들에 비해 더 성과가 더 나빴다).[20] 지식을 통합하는 종합가형과 석학형을 양성하려면 돈 이상의 무언가가 필요하다. 바로 기회다.

제이시리 세스Jayshree Seth는 다양한 기술 분야들을 넘나들 수 있었던 덕분에 기업 과학자가 되었다. 한 기술 분야에 머물러 있는 것은 그녀의 성미에 맞지 않다. 세스는 석사 학위를 따기 위해 했던 연구에 별 열정을 못 느꼈기에, 주변 사람들의 충고를 무시하고 클락슨 대학교의 다른 연구실로 옮겨서 화학공학으로 박사 학위를 땄다. 「사람들이 말하더군요. 〈이 분야의 기초 지식이 없으니까 너무 오래 걸릴 것이고, 이미 석사 학위를 딴 이들에 비해 뒤처질 거야.〉」명확히 정리하자면 이렇다. 그녀가 들은 조언은 이미 시작했으니 설령 좋아하지 않는다고 해도, 게다가 뛰어든 지 그리 오래되지 않았다고 해도, 지금 하고 있는 분야의 일을 계속하라는 것이다. 이는 매몰 비용 오류를 고스란히 드러낸 조언이다.

그녀는 3M에 입사한 뒤, 다시금 대담하게 관심 분야를 바꾸었다. 박사 학위를 받은 분야가 아닌 다른 분야를 택했는데, 개인적인 이유 때문이었다. 클락슨 연구실에서 함께 공부한 남편도 3M에 입사하기로 했는데, 남편이 지원하려는 자리를 비워 주기 위해서였다. 그녀는 분야를 바꾸었다. 결과는 성공이었다. 세스는 50건이 넘는

* 〈성과〉에는 매출 증가, 혁신에 따른 수익, 주식 배당금, 시가총액 등의 척도가 포함되었다.

특허를 갖고 있다. 신축성이 있고 재사용이 가능한 테이프에 바를 압력에 민감한 새로운 접착제를 개발하는 데 기여했고, 아기가 몸부림쳐도 빠지지 않는 기저귀도 개발했다. 그녀는 재료과학을 공부한 적이 없으며, 〈그다지 뛰어난 과학자도 아니〉라고 주장했다. 「내 말은 내가 지금 하고 있는 일을 할 자격을 기본적으로 갖추고 있지 않다는 거죠.」 그녀는 자신의 혁신 접근법이 거의 탐사 보도 활동과 비슷하다고 했다. 직원들 사이를 열심히 돌아다니면서 일을 해결한다는 점이 다를 뿐이다. 그녀는 자신이 오직 깊게만 파고드는 〈I형 사람〉에 비해 폭도 지닌 〈T형 사람〉이라고 했다. 다이슨의 새와 개구리 비유를 떠올리게 한다. 「나 같은 T형인 사람은 T의 기둥을 만들기 위해 기꺼이 I형인 사람에게 찾아가서 질문을 할 수 있어요. 내 성향은 이야기를 짜서 문제를 공략하는 거예요. 먼저 근본적인 질문들이 무엇인지 파악해요. 실제로 그 분야를 아는 사람에게 그 질문들을 하면, 본래 이 모든 지식을 지니고 있는 것처럼 자신이 있어야 할 정확한 곳에 있게 되는 거죠. 모자이크를 짜는 겁니다. 그냥 타일들을 모아서 붙이고 있는 거예요. 내가 이 모든 사람들에게 접근할 수 없는 네트워크 안에 있다고 상상해 보세요. 그러면 일이 잘 풀리지 않겠지요.」

오더커크는 3M에 들어와서 첫 8년 동안, 100개가 넘는 팀과 일했다. 아주 다양한 기술에 걸쳐 영향을 미칠 수 있는 다층 광학 필름 같은 중요한 계획을 누가 건네 준 것은 결코 아니었다. 폭이 넓었기에 그런 문제들을 파악할 수 있었던 것이다. 「잘 정의되고 잘 이해된 문제를 연구한다면, 전문가형이 아주 잘합니다. 모호함과 불확실성이 커질 때에는 폭이 점점 더 중요해지죠. 시스템 차원의 문제들이 대개 그래요.」

스페인의 경영학 교수 에두아르도 멜레로Eduardo Melero와 네우스 팔로메라스Neus Palomeras의 연구도 오더커크의 개념을 뒷받침한다. 그들은 880개 기관의 3만 2천 개 팀이 15년 동안 따낸 기술 특허들을 분석한 뒤, 각 발명가가 팀들 사이를 옮겨 다닌 경로를 추적하고, 각 발명이 미친 영향도 추적했다.[21] 연구진은 각 기술 분야의 불확실성을 측정했다. 즉 불확실성이 높은 분야에서는 전혀 쓸모가 없다는 것이 입증된 특허도 많지만 대성공을 거둔 것들도 일부 있었다. 불확실성이 낮은 분야에서는 더 뻔히 드러나는 다음 단계들로 곧바로 이어지는 발전과 적절히 유용한 특허가 더 많다는 점이 특징이었다. 그런 분야에서는 전문가들의 팀이 유용한 특허의 소유자가 될 가능성이 더 높았다. 반면 불확실성이 높은 분야 — 어떤 질문이 결실을 볼지가 덜 명확한 분야 — 에서는 아주 다양한 기술 분야들에서 일한 사람들이 속해 있는 팀이 대성공을 거둘 가능성이 더 높았다. 분야의 불확실성이 클수록, 폭이 넓은 사람을 채용하는 것이 더 중요했다. 케빈 던바가 연구한 분자생물학 집단이 유추적 사고를 써서 문제를 풀었듯이, 불확실한 상황에서는 폭이 차이를 만들었다.

멜레로와 팔로메라스처럼, 다트머스 경영대 교수 앨바 테일러Alva Taylor와 노르웨이 경영대학원 교수 헨리크 그레베Henrich Greve는 조금 덜 기술적인 영역에서 개인의 폭이 창의성에 미치는 영향을 살펴보고자 했다. 바로 만화책이었다.

만화책 산업에는 창의성이 폭발한 시대가 있었다.[22] 1950년대 중반부터 1970년까지, 만화 창작자들은 정신의학자 프레드릭 웨덤 Fredric Wertham이 의회 청문회에서 만화가 아이들을 나쁜 길로 이끈다고 비난한 뒤로, 자기 검열을 하기로 동의했다(사실 웨덤은 자기 연구를 조작했거나 꾸며 냈다[23]). 1971년 마블 코믹스는 이 관행을 깼다. 미국 보건복지부는 마블 편집장 스탠 리Stan Lee에게 마약 남용을 경계하는 교육적인 이야기를 써달라고 부탁했다. 그러자 리는 스파이더맨 만화에서 피터 파커의 절친이 마약을 남용한다는 이야기를 썼다. 업계 자기 검열 기관인 만화 규율 위원회Comics Code Authority는 승인하지 않았다. 그래도 마블은 출간을 강행했다. 그 만화가 워낙 인기를 끌자 그 즉시 검열 기준이 완화되었고, 창의성의 수문이 왈칵 열렸다. 만화 창작자들은 복잡한 감정 문제를 가진 슈퍼 영웅들을 선보이기 시작했다. 『마우스Maus』는 퓰리처상을 받은 최초의 그래픽 노블이었다. 아방가르드풍의 『러브 앤드 로케츠Love and Rockets』에는 독자와 함께 나이를 먹어 가는 다양한 인종의 인물들이 등장했다.

테일러와 그레베는 각 창작자의 경력을 추적하고 그 시기 이후로 234개 출판사에서 나온 만화책 수천 권의 상업적 성공 정도를 분석했다. 만화가 출간되려면 한 명 이상의 창작자, 이야기, 대화, 그림, 레이아웃 디자인이 통합되어야 한다. 연구진은 한 개인이나 팀 창작자가 내놓은 만화책의 평균 가치를 높이는 것이 무엇이고, 무엇이 가치 변동을, 즉 창작자가 자신의 전형적인 작품에 비해서 장엄하게 실패하거나 엄청난 성공을 거두는 만화책을 내놓을 가능성을 증가시킬지를 예측했다.

테일러와 그레베는 전형적인 산업 생산 학습 곡선이 나올 것이라고 예상했다. 창작자는 반복을 통해 학습하므로, 주어진 기간에 더 많은 작품을 내놓는 창작자는 평균적으로 더 나은 작품을 낼 것이라고 추측했다. 그들의 생각은 틀렸다. 또 산업 생산의 사례에서처럼, 그들은 출판사가 자원을 더 많이 가질수록 창작자가 평균적으로 더 나은 작품을 내놓을 것이라고 추측했다. 그 예측도 틀렸다. 그리고 그들은 창작자가 그 업계에서 일한 세월이 더 길수록, 평균적으로 더 나은 작품을 내놓을 것이라고 지극히 직관적인 예측도 했다. 그것도 틀렸다.

심하게 반복되는 작업량은 성과에 부정적인 영향을 미쳤다. 일한 햇수는 아무런 영향도 미치지 않았다. 경험도 반복 작업도 자원도 아니라면, 창작자가 평균적으로 더 나은 작품을 내놓고 혁신을 이루는 데 도움을 준 것이 무엇이었을까?

답(과로하지 않는 것 외에)은 창작자가 코미디에서 범죄, 환상, 성인, 논픽션, 과학적 상상에 이르기까지 스물두 가지 장르를 얼마나 많이 다루었는가였다. 창작자들의 차이를 낳은 것은 경험의 기간이 아니라, 경험의 폭이었다. 창작자가 폭넓게 장르들을 경험할수록 평균적으로 더 나은 작품을 내놓고 혁신을 일으킬 가능성이 더 높았다.

창작자 개인은 처음에는 팀보다 혁신성이 떨어졌지만 — 대성공을 거두는 작품을 내놓을 확률이 더 낮았다 — 경험의 폭이 더 넓어지면 사실상 팀을 능가했다. 네 가지 이상의 장르에서 일한 개인 창작자는 팀원들의 경력을 더하면 경험한 장르의 수가 같은 팀보다 더 혁신적이었다. 테일러와 그레베는 이렇게 주장했다. 〈개인은 팀보다 다양한 경험을 더 창의적으로 통합할 수 있다.〉

그들은 논문 제목을 「슈퍼맨인가 판타스틱 포인가?Superman or the Fantastic Four?」로 지었다. 〈지식 기반 산업에서 혁신을 추구할 때는, 한 명의《초인》을 찾는 것이 최선이다. 필요한 다양한 지식을 겸비한 사람을 찾을 수 없다면,《환상적인》팀을 구성해야 한다.〉 다양한 경험은 팀을 이루어 창작할 때 효과가 있으며, 한 개인이 그 경험을 다 지니고 있을 때에는 더욱 효과가 있다. 그 논문을 읽고 있자니 내가 좋아하는 만화 창작자들이 떠올랐다. 일본 만화와 애니메이션 창작자인 미야자키 하야오는 「센과 치히로의 행방불명」이라는 꿈속의 이야기 같은 작품으로 가장 잘 알려져 있을 것이다. 일본에서 「타이타닉」을 넘어서서 최고 흥행한 작품이다. 그러나 그전까지 그는 만화와 애니메이션 분야에서 거의 모든 장르의 작품을 내놓았다. 그는 순수한 판타지와 동화에서 역사적 허구, 과학적 허구, 익살극, 삽화를 곁들인 역사 글, 액션과 모험에 이르기까지 다양한 작품을 냈다. 소설가이자 영화 시나리오 작가이자 만화가인 닐 게이먼Neil Gaiman 도 미술에 관한 뉴스 기사와 수필에서 가장 어린 독자가 읽을 수 있는(또는 옆에서 읽어 주는 것을 들을 수 있는) 것뿐 아니라 주류 성인 독자를 몰입시키는 심리학적으로 복잡한 정체성을 살펴보는 이야기 등 모든 장르의 소설에 이르기까지 폭넓은 작품을 내놓았다. 조던 필Jordan Peele은 만화 창작자는 아니지만 시나리오를 쓰고 감독도 한 첫 영화인 「겟 아웃」이 매우 독특하다는 평을 받으면서 성공했는데, 공포 영화에서 적절한 시점에 정보를 드러내는 솜씨를 코미디 대본을 쓸 때 터득했다고 한다. 테일러와 그레베는 이렇게 결론지었다. 〈전문화는 창작 활동에 큰 지장을 줄 수 있다.〉

가능한 한 거의 벗어나지 않으면서 기존 성과물을 재창조하는 것이 목표인 친절한 환경에서는 전문가들의 팀이 탁월한 능력을 발휘한다. 수술진은 특정한 수술을 반복할 때 실수를 줄이고 속도도 더 빨라지며, 특히 전문화한 외과의는 반복 여부와 상관없이 더 나은 결과를 낸다.[24] 수술을 받아야 한다면, 그 수술을 전문으로 하면서 그 수술 경험이 많고, 수술진 구성원도 동일한 의사를 찾아가시라. 자신의 인생이 3미터 퍼트를 앞두고 있는 상황일 때 타이거 우즈가 등장하기를 바라는 것과 똑같다. 그들은 같은 일을 여러 번 반복해 왔으며, 전에도 성공적으로 해낸 잘 이해된 절차를 이제 다시 해야 한다. 항공기 승무원들도 마찬가지다. 함께 일한 경험이 있는 팀은 순조로운 운항에 필요한 잘 이해된 일들을 대단히 효율적으로 수행하게 된다. 연방교통안전위원회가 주요 비행 사고의 데이터베이스를 분석했더니, 73퍼센트가 승무원들이 함께 일하는 첫날에 일어났음이 드러났다.[25] 수술이나 퍼트처럼, 최고의 운항도 오래전부터 잘 이해되어 있고 관련된 모든 이들을 통해 최적화한 틀에 박힌 절차에 따라 모든 일이 진행되는 것이다. 놀랄 일도 아니다.

그러나 경로가 불분명할 때 — 화성 테니스 — 틀에 박힌 절차는 더 이상 먹히지 않는다. 오더커크는 내게 말했다. 「어떤 도구는 특정한 상황에서 조금씩이긴 하지만 중요한 방식으로 기술을 발전시키면서 환상적으로 작동합니다. 그런 도구는 잘 알려져 있고 잘 쓰이지요. 하지만 그 도구는 획기적인 혁신에서 멀어지게도 만들 겁니다. 사실, 획기적인 혁신을 점진적인 개선으로 바꿀 겁니다.」

유타 대학교의 애비 그리핀Abbie Griffin 교수는 현대의 토머스 에디슨들을 연구해 왔다.[26] 그와 두 동료는 그들을 〈연쇄 혁신가serial innovator〉라고 부른다. 연구진이 그들을 가리키는 표현들은 이제 익숙하게 들린다. 〈모호함의 높은 포용력〉, 〈시스템적 사고〉, 〈주변 분야로부터의 추가 기술 지식〉, 〈기존에 있던 것의 전용〉, 〈유추를 써서 발명 과정에 유용한 입력을 얻는 데 능숙함〉, 〈동떨어진 단편적인 정보들을 새로운 방식으로 연결하는 능력〉, 〈다양한 출처에서 나온 정보들을 종합〉, 〈아이디어들 사이를 훨훨 넘나드는 듯함〉, 〈폭넓은 관심사〉, 〈다른 기술자들보다 더 많이(그리고 더 폭넓게) 읽고 관심의 폭이 더 넓음〉, 〈다수의 영역에 걸쳐서 의미 있게 배울 필요성〉, 〈연쇄 혁신가는 자기 분야 바깥의 기술 전문성을 지닌 다양한 사람들과 의사소통할 필요도 있다〉. 감이 잡히는지?

창의성 연구자인 딘 키스 사이먼턴은 찰스 다윈을 〈직업적 외부인professional outsider으로 볼 수 있다〉라고 했다.[27] 다윈은 대학 교수도 아니었고 어떤 기관에서 일하는 과학자도 아니었지만, 과학계에 넓게 인맥을 갖추고 있었다. 한때 그는 따개비 연구에 집중했지만, 너무 싫증이 나서 따개비 논문의 서문에 이렇게 적었을 정도다. 〈이 주제에 더 이상 시간을 쓰지 않을 것이다.〉[28] 3M의 종합가형과 석학형처럼, 그는 한 분야에 오래 머물면 지겨워졌고, 그래서 오래 머물지 않았다. 패러다임을 바꾼 그의 연구에는 폭넓은 네트워크가 대단히 중요한 역할을 했다. 다윈의 일지를 연구한 심리학자 하워드 그루버 Howard Gruber는 다윈이 〈자신과 같은 과학적 종합가가 실험적으로 공략하기에 적당한〉 실험들만을 개인적으로 했다고 썼다. 그 밖의 모든 것들은 서신 교환에 의존했다. 제이시리 세스가 썼던 방식도 비슷했다. 다윈은 늘 여러 연구 과제 사이를 넘나들었다. 그루버는 그것을 〈모험의 망〉이라고 불렀다. 그가 과학적 주제로 서신을 주고받은 사람은 적어도 231명에 달했고,[29] 그들은 지렁이에서 인간의 성선택에 이르기까지 그의 관심사를 토대로 약 열세 개 집단으로 묶을 수 있다. 그는 그들에게 온갖 질문들을 했다. 그리고 그들의 답신에서 원하는 정보가 든 부분을 오려서 공책에 붙였다. 〈때로 혼란스러워 보일 만큼 개념들이 뒤엉키는〉 식이었다. 너무 버거워질 만치 공책이 혼란스러워지면, 각 면을 찢어 내서 탐구 주제별로 묶었다. 종자를 갖고 실험을 할 때는 프랑스, 남아프리카, 미국, 아조레스 제도, 자메이카, 노르웨이의 지질학자, 식물학자, 조류학자, 패류학자뿐 아니라, 이런저런 일로 알게 된 수많은 아마추어 자연사학자와 일부 정원사들과 서신을 주고받았다. 그루버가 썼듯이, 창작자의 활동은 〈바깥에서 보면 당혹스러울 만치 잡다〉[30]하게 느껴질 수 있지만, 각 활동을 진행 중인 모험들 중 어느 하나에 대응시켜서 〈지도화〉할 수 있다. 그루버는 이렇게 결론지었다. 〈어느 면에서 찰스 다윈의 가장 큰 업적은 다른 이들이 이미 알아낸 사실들을 나름의 해석을 통해 집대성한 것이다.〉 그는 수평적 사고 통합자였다.

애비 그리핀과 공저자들은 저서 『연쇄 혁신가Serial Innovators』의 뒷부분에서는 자료와 관찰을 차분하게 전달하던 태도에서 벗어나서,

인력 자원 관리자를 위해 조언한다. 그들은 성숙한 기업의 HR 방침이 직원들을 아주 잘 정의된 전문화한 업무에 끼워 맞추는 식이어서 잠재적인 연쇄 혁신가가 〈네모난 구멍에 끼워진 둥근 못〉처럼 되어서 솎아 내지는 상황을 우려한다. 그들의 관심 폭은 규정에 깔끔하게 들어맞지 않는다. 그들은 여러 전문 분야를 들락거리는 〈π형 사람들〉이다. 그리핀 연구진은 이렇게 조언했다. 〈관심의 폭이 넓은지 보라. 여러 가지 취미와 직업을 가졌는지 보라. (……) 지원자가 자신의 일을 이야기할 때, 다른 시스템들과의 경계나 접점에 초점을 맞추는 경향이 있는가?〉 한 연쇄 혁신가는 자신의 모험의 망을 〈무엇에 연결되어 있는지 거의 개의치 않은 채 물 위에서 까딱거리고 있는 낚시찌 다발〉이라고 했다. 뮤지컬 「해밀턴Hamilton」의 창작자인 린마누엘 미란다Lin-Manuel Miranda도 같은 개념을 우아하게 표현했다. 「지금 내 뇌에는 많은 앱이 떠 있어요.」[31]

그리핀 연구진은 연쇄 혁신가들이 자기 회사의 현재 고용 방식 아래에서는 자신들이 탈락했을 것이라는 말을 으레 한다는 점에 주목했다. 그들은 이렇게 썼다. 〈기계적인 구인 방식은 계속 반복하여 적용할 수 있지만, (혁신) 잠재력이 높은 많은 구직자들을 떨어뜨린다.〉 앤디 오더커크는 내가 처음 만났을 때, 미네소타 대학교에서 잠재적 혁신가를 식별하는 법을 가르치는 강좌를 계획하고 있었다. 「그런 사람들 중에 학교에서 좌절을 겪는 이들이 많을 겁니다. 본래 그들은 폭이 아주 넓기 때문이지요.」

불확실한 환경과 사악한 문제에 부딪힐 때, 경험의 폭은 이루 헤아릴 수 없는 가치를 지닌다. 친절한 문제를 대면할 때에는 협소한 전문화가 매우 효율적일 수 있다. 문제는 초전문가가 협소한 분야에서 전문성이 있다는 이유로, 그들이 그 전문 기술을 마법처럼 사악한 문제들에까지 확대 적용할 수 있을 것이라고 우리가 기대하곤 한다는 것이다. 그 결과는 재앙이 될 수 있다.

10장

전문성에 속다

내기가 이루어졌다. 인류의 운명을 건 내기였다.[1]

한쪽 당사자는 스탠퍼드 대학의 생물학자 폴 에를리히Paul Ehrlich 였다. 의회 증언, 「투나잇 쇼」(스무 번 출연했다), 베스트셀러 『인구 폭탄 The Population Bomb』(1968)을 통해서 에를리히는 이미 파국을 막을 수 없을 정도로 인구가 과잉 상태에 들어갔다고 주장했다. 그 책 표지의 왼쪽 아래 구석에는 불타고 있는 도화선이 그려져 있었다. 〈폭탄이 계속 째깍거리고 있다〉는 것을 상기시키려는 의도였다. 그는 자원 부족으로 10년 안에 수억 명이 굶어 죽을 것이라고 경고했다. 『뉴 리퍼블릭』은 세계 인구가 이미 식량 공급량을 초월했다는 경고를 내보내기도 했다. 〈기근은 이미 시작되었다〉라고 선언했다. 그것은 냉철하고 확고한 수학적 계산 결과였다. 인구는 기하급수적으로 증가해 온 반면, 식량 공급량은 그렇지 못했기 때문이다. 에를리히는 나비 전문가였고, 그 분야에서 탁월한 업적을 냈다. 그는 자연이 동물 개체군을 섬세하게 조절하는 것이 아님을 아주 잘 알고 있었다. 동물 개체군은 폭발적으로 불어났다가 가용 자원을 싹 먹어치우고 나면 붕괴했다. 그는 이렇게 썼다. 〈생물학자는 이런 개체군 성장 곡선에 익숙하다.〉[2]

에를리히는 저서에서 〈앞으로 일어날 재앙 유형들〉을 제시하면서 가상의 시나리오들을 전개했다. 한 시나리오는 1970년대에 미국과 중국이 대규모 기아 사태가 서로의 탓이라고 비난하다가 결국 핵전쟁을 벌인다고 말한다. 그 시나리오는 온건한 편이다. 더 심각한 시나리오에서는 기근이 지구 전체로 퍼진다. 도시들은 폭동과 계엄 상황을 오간다. 미국의 대통령 환경 자문위원들은 한 자녀 갖기 정책과 IQ가 낮은 사람의 불임화 정책을 권고한다. 러시아, 중국, 미국은 핵전쟁을 벌이게 되고, 그 결과 북반구의 3분의 2는 사람이 거주할 수 없는 곳으로 변한다. 남반구에는 군데군데 고립된 집단들이 살아남겠지만, 곧 환경이 열악해져서 인류는 전멸한다. 한편 〈밝은〉 시나리오에서는 인구 억제가 시작된다. 교황은 가톨릭 신자들이 자녀를 덜 낳아야 한다고 선포하고, 낙태에도 축복을 내린다. 기근이 널리 퍼지고, 국가들은 위태위태해진다. 1980년대 중반이 되면 거대한 죽음의 물결이 마침내 끝나고 농경지들은 다시 회복되기 시작할 수 있다. 밝은 시나리오는 기아로 죽는 사람이 5억 명에 불과할 것이라고 예측한다. 에를리히는 〈과연 이보다 더 낙관적인 시나리오를 짜낼 수 있겠는가〉라고 독자에게 물으면서, 호의적인 외계인이 선물 꾸러미를 들고서 찾아온다는 시나리오는 고려하지 않겠다고 덧붙였다.

경제학자 줄리언 사이먼Julian Simon은 에를리히의 도전을 받아들여서 더 낙관적인 전망을 제시했다. 1960년대 말은 〈녹색 혁명〉[3]의 전성기였다. 치수 기술, 잡종 종자, 관리 전략 등 다른 분야들의 기술이 농경에 도입되면서, 세계의 작물 생산량이 증가하고 있었다. 사이먼은 혁신이 에를리히의 방정식을 바꾸고 있다고 보았다. 인구 증가가 사실상 해법이 될 것이라고 보았다. 인구가 증가한다는 것은 뛰어난 아이디어가 더 많이 나오고 기술적 돌파구가 더 많이 생긴다는 뜻이기 때문이었다. 그래서 사이먼은 내기를 제안했다. 에를리히에게 앞으로 10년 동안 자원이 고갈되고 혼란이 지속됨에 따라서 가격이 더 오를 것이라고 예상하는 금속을 다섯 가지 고르라고 했다. 에를리히가 다섯 가지 금속을 1천 달러어치 구입했다고 가정하고서, 10년 뒤에 가격이 떨어졌다면 그 차액을 사이먼에게 지불하자는 것이었다. 가격이 올라갔다면, 사이먼이 그 차액을 지불하게 된다. 따라서 에를리히가 지불하는 금액은 최대 1천 달러로 한정된 반면, 사이먼이 지불할 금액에는 한계가 없는 셈이었다. 내기는 1980년에 공식적으로 이루어졌다.

1990년 10월, 사이먼의 우편함에 576.07달러짜리 수표가 와 있었다. 에를리히가 진 것이다. 다섯 가지 금속의 가격 모두 떨어졌다. 기술 발전은 늘어나는 인구를 지탱했을 뿐 아니라, 해마다 모든 대륙에서 1인당 식량 공급량도 늘었다.[4] 영양 부족에 시달리는 이들의 비율이 0으로 떨어진 것은 아니었지만, 역사상 지금처럼 낮았던 적은 한 번도 없었다. 1960년대에는 세계 인구 10만 명당 50명이 해마다 기근으로 사망했다. 지금은 0.5명에 불과하다. 게다가 교황의 지지를 받지 못했음에도, 세계의 인구 성장률은 급격히 떨어지기 시작했고 그 추세는 지금까지 이어지고 있다. 유아 사망률이 낮아지고 교육(특히 여성의)과 개발의 수준이 높아짐에 따라, 출생률이 떨어졌다. 세계 인구의 절댓값이 계속 증가하고 있으므로 인류에게는 혁신이 더 필요하겠지만, 인구 증가율은 빠르게 떨어지고 있다. 유엔은 금세기 말에 인구가 거의 정점에 다다르거나, 즉 증가율이 0에 다다르거나 감소 단계에 들어갈 수도 있다고 내다본다.[5]

에를리히의 기아 예측은 거의 마법처럼 틀렸다. 그가 예측을 한 것은 기술 발전이 그 세계의 곤경을 극적으로 개선하기 시작할 때, 인구 증가율이 기나긴 감소 추세에 들어가기 직전이었다. 그러나 내기에서 졌음을 인정한 바로 그해에 그는 다른 책에서 더욱 강하게 자신의 견해를 밀어붙였다. 영향이 나타날 시간이 조금 미루어졌을 뿐, 〈인구 폭탄은 이미 폭발했다〉[6]는 것이다.

잇달아 잘못된 예측을 내놓았음에도, 에를리히는 엄청난 추종자를 끌어 모았고 저명한 상들을 잇달아 수상했다. 한편 사이먼은 에를리히가 경제 원리를 무시했다고 느끼는 학자들과 실현되지 않는 비관적인 예측이 끊임없이 쏟아지는 데 짜증이 난 이들의 지도자가 되었다. 사이먼 진영은 에를리히가 내세운 유형의 과도한 규제가 인류를 파국에서 구해 줄 혁신 자체를 짓밟을 것이라고 주장했다. 두 사람은 각자 자기 진영의 등불이 되었다. 그리고 둘 다 틀렸다.

나중에 경제학자들이 1900년부터 2008년까지 금속들의 가격을 10년 단위로 조사했더니,[7] 세계 인구가 네 배로 늘어난 그 기간 전체로 따진다면 에를리히가 63퍼센트는 이겼을 것임이 드러났다. 한마디로 말하면 이렇다. 상품 가격은 인구 효과를 따지는 지표로서 적합하지 않다는 것이다. 10년 동안만 본다면 더욱 그렇다. 두 사람이 자신의 세계관을 옹호하는 데 쓸 수 있다고 확신한 그 변수는 사실 그들의 세계관과 거의 관련이 없었다. 상품 가격은 거시 경제적 주기에 맞추어서 오르락내리락하며, 그 내기가 이루어진 10년은 경기 후퇴기여서 가격이 하락했다. 에를리히와 사이먼은 그냥 동전을 던져서 둘 다 자신이 이겼다고 선언한 것이나 다름없었다.

두 사람은 물러서지 않았다. 각자 자신이 과학과 논란의 여지가 없는 사실들을 중시한다고 선언했다. 그리고 둘 다 상대방이 지닌 생각의 가치를 계속 도외시했다. 에를리히는 인구(그리고 파국) 측면에서는 틀렸지만, 환경 파괴 측면에서는 옳았다. 사이먼은 식량과 에너지 공급량에 인간의 창의성이 영향을 미친다고 본 쪽에서는 옳았지만, 대기 질과 수질도 좋아질 것이라고 주장한 점에서는 틀렸다. 역설적이게도 대기 질과 수질의 개선은 기술 혁신과 시장의 힘으로 자연스레 이루어진 것이 아니라, 에를리히를 비롯한 이들이 강조한 규제를 통해서 이루어졌다.

예일대 역사가 폴 세이빈Paul Sabin은 지적인 논쟁 상대가 〈서로의 논증을 더욱 날카롭고 더 낫게 갈고닦을 때〉 이상적이라고 썼다. 〈폴 에를리히와 줄리언 사이먼에게 일어난 일은 정반대였다.〉 그들은 자신의 견해를 지지하는 정보만을 더 많이 그러모으면서 점점 더 교조적이 되어 갔고, 그들의 세계 모형은 미흡하다는 것이 점점 더 확연히 드러났다.

자신의 세계 모형을 뒷받침하는 증거를 더 그러모을수록 예측이 나아지기는커녕 더 나빠진다는 모순되는 사실 앞에서도 세계가 이런 식으로 돌아간다는 자신의 원대한 개념에 더욱 깊이 매몰되는 특이한 부류의 사상가들이 있다. 그들은 매일같이 텔레비전과 라디오에 출연해 점점 더 나쁜 예측들을 떠들어 대면서도 자신이 이기고 있다고 선언한다. 덕분에 그들은 엄밀한 연구의 대상이 되기에 딱 좋다.

그 연구는 1984년 국립연구회National Research Council의 미국-소련 관계 위원회의 회의로부터 시작되었다. 새로 임용된 심리학자이자 정치학자인 필립 테틀록Philip Tetlock은 서른 살로서, 다른 위원들과 나이 차가 크게 나는 최연소 위원이었다. 그는 위원들이 소련의 의도와 미국의 정책을 놓고 토론할 때 주의 깊게 귀를 기울였다. 저명한 전문가들은 자신만만하게 권위 있는 예측들을 내놓았는데, 테틀록은 그들이 때로 서로 완벽하게 모순되는 예측들을 내놓고 있으며 반론에 전혀 개의치 않는다는 사실을 알고서 놀랐다.

테틀록은 전문가의 예측 자체를 연구해 보기로 결심했다.[8] 냉전이 한창일 때, 그는 평균적으로 자기 전문 분야에서의 경력이 12년을 넘는 고학력 전문가(대부분 박사 학위를 가진) 284명이 내놓은 단기 및 장기 예측을 수집하기 시작했다. 그는 그들에게 국제 정치와 경제 분야의 질문을 했고, 예측이 구체적으로 이루어지도록 미래의 사건이 일어날 확률값을 제시해 달라고 요청했다. 운 좋게 또는 운 나쁘게 맞히거나 틀리는 사례를 진정한 예측 능력과 구분할 수 있으려면, 충분한 시간에 걸쳐서 충분히 많은 예측을 모아야 했다. 그 연구는 20년 동안 진행되었고, 그는 8만 2,361건의 미래 예측 확률 추정값을 모았다. 그 결과는 미래가 지극히 사악한 세계임을 뚜 렷이 보여 주었다.

평균적으로 전문가는 예측 능력이 엉망이었다. 전문 분야, 경력, 학위, 심지어 (일부가 지닌) 기밀 정보 접근권 모두 아무런 상관이 없었다. 그들은 단기 예측도 안 좋았고, 장기 예측도 안 좋았으며, 모 든 분야에서 다 안 좋았다. 전문가들이 불가능하다거나 거의 불가능 하다고 단언한 사건 중에서는 15퍼센트가 연구 기간 내에 실제로 일 어났다. 확실히 일어난다고 단언한 사건 중에서는 25퍼센트 이상이 연구 기간 내에 일어나지 않았다. 〈예측은 어려우며, 미래 예측은 더 욱 어렵다〉는 덴마크 속담이 들어맞았다. 전문가와 비교했을 때 아 마추어는 결코 천리안을 더 갖춘 것이 아니었음에도 적어도 어떤 사 건이 불가능하다거나 확실하다고 예측할 가능성이 더 적었기에, 어 색한 웃음으로 무마하려는 상황을 더 적게 겪었다. 즉 전문가가 그 런 행동이 무마하는 것이라고 믿었다면 말이다.

많은 전문가는 자신의 판단에 전반적인 결함이 있다는 사실을 결 코 인정하지 않았다. 결과를 보면서도 그랬다. 그들은 예측이 맞았 을 때에는 전적으로 자신의 능력 덕분이라고 보았다. 전문성 덕분에 세계를 올바로 이해할 수 있었던 것이 틀림없다고 여겼다. 예측이 크게 어긋났을 때에는 으레 거의 맞힐 뻔했는데 빗나간 것이라고 우 겼다. 그 상황을 명확히 이해하고 있었으며, 사소한 사항 하나만 조 금 다르게 전개되었더라면 딱 맞혔을 것이라고 주장했다. 또는 에를 리히처럼 자신이 제대로 이해했으며, 그저 시간상으로 조금 어긋났 을 뿐이라고 주장하기도 했다. 성공은 언제나 완벽한 성공이었고,

실패는 언제나 성공할 뻔했는데 운이 조금 나빴을 뿐이었다. 전문가들은 계속 실패하면서도 여전히 실패가 아니라고 확신했다. 테틀록은 이렇게 결론지었다. 〈예측자들이 자신이 얼마나 잘하고 있다고 생각하는지와 실제로 얼마나 잘하는지 사이에 신기한 반비례 관계가 나타나곤 한다.〉[9]

또 명성과 정확성 사이에도 〈비뚤어진 반비례 관계〉가 있었다. 예측이 신문 특집란이나 텔레비전에 더 자주 등장하는 전문가일수록, 늘 틀렸을 가능성이 더 높았다. 아니, 늘 틀린 것은 아니었다. 그보다는 테틀록과 공저자가 저서 『슈퍼 예측 Superforecasting』에서 간결히 표현했듯이, 〈대강 침팬지가 다트를 던지는 것 정도의 정확도〉로 예측했을 뿐이다.

테틀록이 연구 초기에 제시한 질문 중에는 소련의 미래에 관한 것도 있었다. 열정적인 개혁가인 미하일 고르바초프가 소련을 변화시킬 것이고 그 체제를 얼마간 유지할 수 있을 것이라고 예측한 전문가들(대개 자유주의자)도 있었고, 소련이 개혁에 익숙하지 않으며 개혁 자체가 파괴적인 성격을 지니고 있기에 결국 소련이 무너질 것이라고 느낀 전문가들(대개 보수주의자)도 있었다. 양쪽 다 일부는 맞고 일부는 틀렸다. 고르바초프는 소련을 세계에 개방하고 시민들에게 권한을 부여함으로써 진정한 개혁을 이루었다. 그러나 그 개혁은 러시아 이외의 공화국들에서 억눌려 있던 세력들을 자극했고, 결국 소련 체제는 무너졌다. 에스토니아가 주권 독립을 선언한 것을 시작으로, 그 세력들은 소련을 해체시켰다. 양쪽 전문가 진영은 소련이 급격히 해체되는 양상에 경악했고, 그들이 예측한 사건들의 전개 과정과는 너무나도 어긋났다. 그러나 각 전문가 집단 내에는 실제로 벌어지는 양상에 그럭저럭 좀 더 들어맞는 예측을 한 하위 집단이 있었다.

에를리히나 사이먼과 달리, 이 소집단은 어느 한 접근법에 매달리지 않았다. 그들은 각 논증에서 이것저것 취해서 언뜻 볼 때 모순되는 듯한 세계관을 통합할 수 있었다. 그들은 고르바초프가 진정한 개혁가이며, 소련이 러시아 바깥에서 정당성을 상실했다는 데 동의했다. 이 통합가들 중 일부는 실제로 소련의 종말이 가까워졌으며, 진정한 개혁이 촉매가 될 것이라고 예측했다.

이 통합가들은 훨씬 더 많은 문제들에서 동료들보다 더 뛰어난 예측 능력을 보였지만, 장기 예측에 특히 뛰어났다. 이윽고 테틀록은 그들에게 철학자 이사야 벌린Isaiah Berlin에게서 빌린 용어들을 별명으로 붙여 주었고, 그 별명은 심리학계와 정보 수집 분야 전체에서 유명해졌다. 〈큰 것 하나를 파고드는〉 시야 좁은 고슴도치와 〈얇게 많이 아는〉 통합가인 여우였다.

고슴도치형 전문가는 깊지만 좁았다. 평생을 한 문제만 연구하면서 보내는 이들도 있었다. 에를리히와 사이먼처럼, 그들도 자신의 전공이라는 안경을 통해서 세상이 어떻게 돌아가는지를 설명하는 산뜻한 이론을 구축하고서 모든 사건을 그 이론에 끼워 맞췄다. 테틀록은 고슴도치가 자기 전공이라는 한 전통 안에서 〈헌신적으로 몰두하며 (……) 애매한 문제들에 정형화한 해결책을 내놓는다〉고 했다. 그들에게 결과는 중요하지 않았다. 그들은 성공도 실패도 자신이 옳음을 입증하는 사례라고 여겼고, 자신의 생각을 더욱 깊이 파고드는 일에 몰두했다. 그럼으로써 그들은 과거의 일을 예상했던 것이라고 설명하는 데에는 뛰어난 능력을 발휘했지만, 미래를 예측하는 쪽으로는 다트를 던지는 침팬지나 다름없었다. 한편 테틀록의 설명에 따르면, 여우는 〈다양한 전통들로부터 이것저것 취사선택하고, 모호함과 모순을 받아들인다〉. 고슴도치가 협소함을 대변하는 반면, 여우는 어느 한 분야나 이론에 구애받지 않고 폭넓음을 구현했다.

믿어지지 않겠지만, 고슴도치는 자기 전문 분야 내에서의 장기 예측 능력이 유달리 떨어졌다. 그들이 자기 분야에서 학식과 경험을 더 쌓을수록 사실상 예측 능력은 더욱 악화되었다. 가지고 있는 정보가 더 많을수록, 그들은 어떤 이야기든 간에 자기 세계관에 더 잘 끼워 맞출 수 있었다. 그 덕분에 고슴도치는 한 가지 뚜렷한 이점을 지니게 되었다. 자신이 선호하는 열쇠구멍을 통해서 세상의 모든 사건을 들여다보았기에, 그들은 일어나는 모든 일을 설득력 있는 이야기로 쉽게 구성할 수 있었고, 매우 권위 있는 태도로 그런 이야기를 들려줄 수 있었다. 다시 말해 그들은 TV가 원하는 인물이 되었다.

테틀록은 누가 뭐래도 여우다. 그는 펜실베이니아 대학교 교수이며, 필라델피아에 있는 그의 집을 방문했을 때 나는 그가 동료들과 가볍게 나누고 있는 정치에 관한 대화에 휩쓸렸다. 그의 아내이자 동료인 바버라 멜러스Barbara Mellers도 함께였다. 멜러스는 심리학자이자 의사 결정 분야의 저명한 연구자다. 테틀록은 한쪽 방향에서 이야기를 시작했다가, 스스로에게 질문을 한 뒤에 정반대로 입장을 바꾸곤 했다. 그는 경제학, 정치학, 역사학을 오가면서 현재 심리학에서 쟁점이 되고 있는 것에 관해 재빨리 요점을 제시했다. 그런 뒤 잠깐 멈추었다가 덧붙였다. 「하지만 인간 본성과 선한 사회가 어떤 체제를 지녀야 하는가에 관한 여러분의 가정이 다르다면, 전혀 다른 식으로 보게 되겠죠.」 대화에 새로운 생각이 제시될 때마다, 그는 〈논의를 위해서 요약해 보죠〉라고 금방 화제를 바꾸곤 했다. 그럼으로써 다른 분야의 시각이나 정치적 또는 감정적 측면에서 이야기를 전개하곤 했다. 그가 실제로 어떤 것을 믿는지 구별하기 어려울 때까지 그는 인스타그램 필터 같은 개념들도 논의하려고 시도했다.

2005년에 그는 전문가의 판단력에 관한 자신의 오랜 연구 결과를 발표했는데, 미국 정보고등연구계획국Intelligence Advanced Research Projects Activity(IARPA)이 그 연구에 관심을 보였다. 미국 정보 조직의 가장 어려운 도전 과제들을 연구하는 일을 지원하는 정부 기관이다. 2011년 IARPA는 4년에 걸친 예측 경연 대회를 열었다. 각 연구자가 이끄는 다섯 개 팀이 경쟁하는 대회였다. 각 팀은 적합하다고 여기는 사람을 얼마든지 뽑아서 훈련시키고 시험할 수 있었다. 각 팀은 4년 동안 매일 미국 동부 시간으로 오전 9시에 예측을 내놓았다. 질문들은 어려웠다. 해당 날짜에 유럽연합에서 어느 회원국이 탈퇴할 확률이 얼마나 될까? 해당 날짜에 니케이 지수는 종가가 9,500을 넘을까? 동중국해에서 해군끼리 충돌해 사망자가 열 명을 넘을 확률이 얼마나 될까? 예측자들은 원하는 대로 몇 번이고 예측을 갱신할 수 있었다. 그러나 예측의 정확도에 따라서 보상하는 체계가 시간도 고려하기 때문에, 질문의 해당 날짜가 되기 직전에 한 예측은 별 점수를 못 얻었다.

테틀록과 멜러스가 이끄는 팀은 좋은 판단 프로젝트Good Judgment Project라는 이름이었다. 그들은 경연 첫해에 화려한 경력을 자랑하는 전문가들을 모집하는 대신에, 자원자들을 공개 모집했다. 그들은 간단한 심사를 거쳐서 3,200명으로 첫 예측 팀을 꾸렸다. 그들 중에서 가장 여우다운 소수의 예측자들을 찾아냈다. 어떤 특정 분야를 깊이 공부하지 않았으면서 다방면에 관심을 갖고 독서하는 습관이 있는 좀 영리한 사람들이었다. 그런 뒤 그들의 예측에 가중치를 부여했다. 그들의 팀은 다른 팀들을 대패시켰다.

2년째에 좋은 판단 프로젝트는 상위 〈초예측자들〉을 열두 개의 온라인 팀에 무작위로 배치해 정보와 아이디어를 공유할 수 있도록 했다. 그들이 다른 대학교 연구진이 이끄는 팀들을 너무나 월등한 차이로 이기는 바람에, IARPA는 다른 팀들을 아예 대회에서 탈락시켰다. 테틀록의 표현을 빌리자면, 일반 대중 가운데에서 뽑은 자원자들이 기밀 자료에 접근할 수 있는 노련한 정보 분석가들을 〈기밀로 유지해야 할 만치 큰 차이로〉 이겼다(하지만 그는 좋은 판단 프로젝트가 정보 조직 분석가들로 이루어진 팀보다 약 30퍼센트 뛰어난 성과를 보였다고 시사한 『워싱턴 포스트』 기사를 언급하긴 했다).

최고의 예측가들은 개인 차원에서도 여우 같았을 뿐 아니라, 유달리 뛰어난 협력자로서의 자질도 지니고 있었다. 정보를 공유하고 예측을 함께 논의하는 일을 아주 잘했다. 모든 팀원은 각자 개인적으로도 예측을 내놓아야 했지만, 팀 점수는 종합적으로 매겼다. 평균적으로 소규모의 초예측 팀은 구성원 〈개인별〉 예측보다 50퍼센트 더 정확했다. 초예측 팀은 훨씬 더 많은 이들로 이루어진 팀의 지혜를 넘어섰다. 많은 이들로 이루어진 집단은 예측값들을 종합하면 평준화하기 때문이다. 또 초예측 팀은 예측 시장도 이겼다. 예측 시장에서는 예측자들이 주가 같은 미래 사건의 결과를 놓고 〈거래〉를 하며, 군중의 예측이 시장 가격이 된다.

지정학적 및 경제적 사건을 예측하는 일이 복잡해서 협소한 전문가들로 이루어진 팀, 즉 팀이 한 분야를 극도로 깊이 파고들 수 있도록 해줄 전문가들이 필요한 양 보일지도 모른다. 그러나 실제로는 정반대였다. 만화책 창작자와 신기술에 특허를 내는 발명가가 그렇듯이, 불확실성과 대면했을 때에는 개인의 폭이 아주 중요했다. 가장 여우다운 예측자들은 혼자서도 인상적인 결과를 냈지만, 함께했을 때 팀 작업의 가장 고귀한 이상을 보여 주는 모범 사례가 되었다. 그들은 부분의 합보다 컸다. 그것도 훨씬 컸다.

최고의 좋은 판단 프로젝트 예측자들을 가치 있는 팀 동료로 만드는 자질 중 몇 가지는 그들과 이야기를 나누어 보면 뚜렷이 드러난다. 그들은 명석하며, 그 점에서는 테틀록이 처음에 연구한 고슴도치 전문가들에 맞먹는다. 그들은 미국의 빈곤율이나 경작지 비율을 추정하는 등 이런저런 숫자들을 쉽게 주고받는다. 그리고 그들은 레인지를 지닌다.

스콧 이스트먼Scott Eastman은 내게 자신이 〈결코 한 세계에 완벽하게 들어맞지 않는다〉고 말했다. 그는 오리건주에서 자랐고 수학과 과학 경시 대회에도 나갔지만, 대학에서는 영문학과 미술을 공부했다. 그는 자전거 수리공, 주택 도장업자, 주택 도장업체 창업자, 수백만 달러의 신탁 재산 관리자, 사진작가, 사진 강사, 루마니아 대학교의 시간 강사 — 문화인류학에서 인권까지 다양한 주제를 가르쳤다 — 등 다양한 직업을 전전했다. 가장 특이한 경력은 루마니아 중부의 작은 도시인 아브리그에서 시장의 수석 자문가로 일한 것이다. 신기술을 지역 경제에 통합하는 것에서 언론에 대응하고 중국 사업가들과의 협상에 참여하는 것에 이르기까지 온갖 일을 했다.

이스트먼은 자기 생애를 마치 우화집처럼 술술 풀어낸다. 각 경험에는 나름의 교훈이 따라붙는다. 「주택 페인트칠이 내게 가장 큰 도움이 된 직업 중 하나라고 생각해요.」 보호 시설을 찾는 난민부터 오랫동안 할 일거리가 없겠느냐고 잡담을 떨곤 했던 실리콘밸리의 억만장자에 이르기까지 다양한 동료 및 고객과 상호작용할 기회를 제공했다는 것이다. 그는 그 일이 다양한 관점을 수집할 기름진 토양이었다고 했다. 그러나 주택 페인트칠은 지정학적 예측을 배우는 일과 별 관련이 없을 듯하다. 동료 팀원들처럼 이스트먼도 어디에서든 간에 기회가 있을 때마다 늘 새로운 관점을 수집하면서, 끊임없이 자신의 지적 범위를 넓혀 간다. 따라서 그에게는 어느 토양이든 다 기름지다.

이스트먼은 시리아의 발전을 예측하는 쪽으로는 기괴할 만치 정확했지만, 러시아가 자신의 약점이라는 것을 깨닫고도 놀랐다. 러시아어를 공부했고, 러시아 주재 전직 대사와 친구이기 때문이다. 「러시아 쪽으로는 모든 면에서 유리할 것이 분명한데, 많은 질문들을 죽 훑어보니, 러시아가 내겐 가장 약한 분야 중 하나였던 겁니다.」

그는 어떤 주제를 아주 잘 알고 있다는 것이 예측에는 별 도움이 안될 때가 많다는 사실을 깨달았다. 「따라서 (팀의) 누군가가 어떤 분야의 전문가임을 안다면, 나는 아주 기뻐하면서 그 사람에게 가서 이런저런 질문을 하면서 무엇을 깊이 알고 있는지 알아볼 겁니다. 하지만 〈됐어, 저 생화학자가 어떤 약물이 시판될 가능성이 높다고 말했으니까, 틀림없이 그럴 거야〉라고 그냥 말하고 넘어가지는 않을 겁니다. 한 분야에 너무 깊이 매몰되어 있다가는 멀리 보기가 어렵지요.」 이스트먼은 최고 예측자의 핵심 특성을 이렇게 묘사했다. 「정말로 모든 것들에 진정으로 호기심을 갖는 겁니다.」

엘런 커즌스Ellen Cousins는 재판 변호사를 위해 사기를 조사하는 일을 한다. 당연히 의학부터 경영에 이르기까지 다양한 분야들을 조사한다. 또 그녀는 개인적으로 다양한 분야에 관심을 갖고 있다. 역사 유물 수집에서 자수, 레이저 식각, 자물쇠 따기에 이르기까지 다양하다. 그녀는 더 높은 등급의 명예 훈장을 받아 마땅한 퇴역 군인들을 위해 무료 조사도 해준다(때로 성과도 있다). 그녀는 이스트먼과 똑같은 것을 느꼈다. 그녀는 협소한 전문가는 가치를 따질 수 없는 자원이지만, 〈그들의 시야가 좁을 수도 있다는 점을 이해해야 합니다〉라고 말했다. 「그래서 나는 그들로부터 의견이 아니라, 사실을 취하려고 애써요.」 박식한 발명가처럼, 이스트먼과 커즌스는 전문가들로부터 게걸스럽게 사실을 그러모아서 통합한다.

초예측자들의 온라인 상호작용[10]은 불쾌해지지 않으면서 의견 차이를 표출하는 극도로 정중한 반론 펼치기 연습이다. 누군가가 〈자신만만하네요. 그런데 잘 와닿지 않는데, 이걸 한번 설명해 보세요〉

라고 말할 때도 드물게 있다. 커즌스는 말했다. 「그래도 신경 안 써요.」 그들이 추구하는 것은 합의가 아니다. 그들은 다양한 관점들, 많은 관점들을 모으고자 한다. 테틀록은 최고의 예측자들을 잠자리 눈을 가진 여우라고 꽤 괴상한 모습으로 묘사하기도 했다. 잠자리 눈은 수만 개의 낱눈으로 이루어져 있으며, 각 낱눈은 저마다 보는 방향이 다르다. 낱눈들의 정보는 뇌에 모여서 통합된다.

나는 어느 팀이 2014년 매우 변동이 심한 시기에 특정한 날의 미국 달러화와 우크라이나 흐리우냐의 환율 종가가 얼마가 될지를 예측하는 과정을 지켜보았다. 10흐리우냐 미만일까, 10에서 13흐리우냐 사이일까, 13흐리우냐를 넘을까? 논의는 한 팀원이 세 가지 가능성이 맞을 확률을 퍼센트로 제시하면서 『이코노미스트』 기사를 공유하는 것으로 시작되었다. 그러자 또 한 사람이 『블룸버그』 링크와 온라인 환율 변동 추세 자료를 제시하면서 세 확률을 다르게 예측한 값을 내놓았다. 〈10~13흐리우냐〉라는 쪽이다. 세 번째 팀원은 두 번째 주장에 동의했다. 네 번째 팀원은 우크라이나 국가 재정이 엉망이라는 정보를 제시했다. 다섯 번째 팀원은 세계정세에 따라서 환율이 어떻게 달라지거나 달라지지 않는지에 관한 더 폭넓은 문제를 언급했다. 그러자 대화를 시작한 팀원이 다시 글을 올렸다. 그는 다른 이들의 주장들에 설득되어서 자신의 예측값을 수정했지만, 그래도 〈13흐리우냐를 넘을〉 가능성은 과대평가된 것이라고 생각했다. 그들은 정보를 공유하고, 서로의 견해에 반박하고, 예측을 갱신하는 일을 계속했다. 이틀 뒤에 금융 분야 전문가인 팀원은 자신이 흐리우냐가 강세를 띨 것이라고 생각했던 사건들이 일어났을 때 오히려 약세로 돌아섰다는 이야기를 했다. 그는 그 현상이 자신이 예상한 것과 정반대였으며, 그것을 자신이 잘못 이해하고 있다는 징표로 받아들여야 한다고 팀원들에게 알리고자 하는 것이라고 했다. 정치가들과 대조적으로, 가장 능숙한 예측자는 제정신이 아닌 양 오락가락하는 모습을 보인다. 팀은 마침내 〈10~13흐리우냐〉일 가능성이 높다는 쪽으로 의견을 모았고, 그 예측은 옳았다.

한편 2000년부터 2010년에 걸쳐서 독일 심리학자 게르트 기게렌처Gerd Gigerenzer는 바클레이, 시티 그룹, JP모건 체이스, 뱅크 오브 아메리카 메릴린치 등 가장 유명한 국제 은행 스물두 곳이 내놓은 연간 달러-유로화 환율 예측을 조사했다. 해마다 모든 은행은 연말 환율을 예측했다. 세계의 가장 뛰어난 전문가들을 비롯한 이들이 내놓은 그런 예측들을 조사한 기게렌처의 결론은 매우 단순했다. 〈달러-유로화 환율의 예측들은 쓸모없다.〉[11] 10년 중 6년은 스물두 개 은행이 예측한 모든 범위에서 아예 벗어났다. 초예측자가 자신을 혼란스럽게 하는 환율 추세 변화에 재빨리 주목하고서 생각을 수정하는 반면, 주요 은행들은 기게렌처가 분석한 10년 동안 개별적인 변화들을 도외시한 채 예측을 내놓았다.

최고의 팀들에서 이루어지는 상호작용의 특징은 심리학자 조너선 배런Jonathan Baron이 〈적극적 열린 마음active open-mindedness〉[12]이라고 한 것이다. 최고의 예측자들은 자신의 생각을 검증이 필요한 가설로 본다. 그들의 목표는 자신의 전문성으로 팀원들을 설득하는 것이 아니라, 팀원들이 자신의 개념을 반증하는 것을 돕도록 부추기는 것이다. 인류 전체로 볼 때, 이는 정상은 아니다. 〈공립학교에 예산을 더 지원하면 교육과 학습의 질이 크게 개선될까?〉 같은 어려운 질문을 했을 때, 사람들은 자연히 〈내 편을 드는〉 개념들을 다수 떠올린다. 웹브라우저로 무장하고 있지만 그들은 자신의 생각이 틀렸을 수도 있을 이유를 아예 검색조차 하지 않는다. 우리가 반대되는 생각을 떠올릴 수 없기 때문이 아니라, 그렇게 하지 않으려는 본능이 강하기 때문이다.

캐나다와 미국의 연구진은 2017년에 교육 수준이 높으면서 정치적 견해가 각기 다른 성인들을 대상으로 쟁점이 되는 현안들에 관한 각자의 믿음을 지지하는 주장이 담긴 글을 읽도록 했다. 그런 뒤에 반대되는 견해의 글을 읽으면 보상을 주겠다고 하자, 3분의 2는 반론을 아예 〈보지 않겠다〉고, 진지하게 고려할 생각조차 없다고 했다.[13] 반대 견해를 회피하는 것은 단순히 어리석음이나 무지의 산물이 아니다. 예일대 법학 및 심리학 교수인 댄 칸Dan Kahan은 교육 수준이 높은 사람일수록 정치적으로 양극화한 주제에 〈더〉 교조적인 견해를 보일 가능성이 높다는 것을 밝혀냈다. 칸은 그들이 자신의 직감을 뒷받침하는 증거를 더 잘 찾아내기 때문일 수 있다고 본다. 해당 주제를 살펴볼 시간이 더 많을수록, 그들은 더 고슴도치형이 된다.

브렉시트 투표를 놓고 논쟁이 격화되고 있던 시기에 유럽연합 잔류파와 탈퇴파의 주류를 대상으로 소규모 연구가 이루어졌다.[14] 그들은 피부 발진을 치료한다는 피부 크림의 효능에 관한 가짜 통계는 올바로 해석할 수 있었다. 그러나 똑같은 통계 자료를 이민자의 범죄율이 증가하거나 낮아진다는 것을 시사하는 자료라고 제시했을 때, 갑자기 그들은 수학을 모르는 사람이 된 양 자신의 정치 신념에 맞지 않는 통계를 잘못 해석했다. 칸은 같은 통계 자료를 피부 크림과 총기 규제에 관한 자료라고 미국인들에게 제시했을 때에도 동일한 현상이 나타나는 것을 보았다.[15] 또 칸은 성격에는 특정한 성향에 맞서 싸우는 요소도 있다는 것을 밝혀냈다. 바로 과학적 호기심이었다. 과학적 지식이 아니라, 과학적 〈호기심〉 말이다.[16]

칸 연구진은 소비자 시장 조사처럼 보이는 설문지에 관련 질문들을 슬쩍 끼워 넣어서 사람들이 특정한 내용이 담긴 동영상을 시청한 뒤에 후속 정보를 찾아보는 양상을 추적함으로써 과학적 호기심을 탁월하게 측정했다. 동영상 중에는 과학과 관련된 내용도 있었다. 과학적 호기심이 가장 강한 이들은 자신이 현재 믿고 있는 것에 맞든 맞지 않든 간에 새로운 증거를 늘 찾아보는 쪽을 택했다. 과학적 호기심이 덜한 이들은 고슴도치형이었다. 그들은 반대되는 증거에 더 거부감을 보였고, 관련 지식을 습득할수록 더 정치적으로 편향된 태도를 보였다. 과학적 호기심이 강한 이들은 그 성향에 맞섰다. 그들의 여우다운 정보 사냥은 진짜 여우의 먹이 사냥과 비슷했다. 자유롭게 돌아다니면서 주의 깊게 귀를 기울이고 가리지 않고 먹어 댄다. 테틀록이 최고의 예측자들을 평한 말처럼, 중요한 것은 그들이 무엇을 생각하느냐가 아니라, 어떻게 생각하느냐다. 최고의 예측자들은 적극적 열린 마음을 지닌다. 또 그들은 호기심이 극도로 강하며, 반대되는 개념을 단순히 고려하는 차원이 아니라 분야 간 경계를 뛰어넘어서 적극적으로 찾아본다. 적극적 열린 마음을 측정하는

방법을 개발한 심리학자 조너선 배런은 이렇게 썼다. 〈깊이는 폭이 없이는 미흡할 수 있다.〉[17]

찰스 다윈은 역사상 가장 호기심이 많고 적극적으로 열린 마음을 추구한 사람 중 한 명이었을 것이다. 그가 처음에 구상한 진화 모형들 중 네 가지는 창조론 또는 지적 설계에 속했다[18](다섯 번째 모형은 창조를 논외로 치부했다). 그는 자신이 구축하고 있는 이론에 반대되는 사실이나 관찰 사례를 접하면 공책에 꼭 기록하곤 했다. 그는 자신의 생각을 가차 없이 공격하면서 이 모형을 버리고 다음 모형을 떠올리곤 했고, 마침내 모든 증거들에 들어맞는 이론에 도달할수 있었다. 그러나 그가 그 평생의 연구에 뛰어든 것은 적극적 열린 마음을 지닌 동료, 아니 사실상 조언자 덕분이었다. 존 스티븐스 헨슬로John Stevens Henslow는 사제이자 지질학자이자 식물학 교수였으며, 다윈이 비글호에 타도록 주선했다. 출항하기 전, 그는 다윈에게 찰스 라이엘Charles Lyell이 쓴 『지질학 원리Principles of Geology』라는 논란 많은 신간을 읽어 보라고 추천했다. 라이엘은 지구가 현재까지 꾸준히 이어져 온 과정들을 통해서 아주 서서히 변해 왔다고 주장했다. 헨슬로는 라이엘의 지질학 설명을 신학과 완전히 별개로 보고서 받아들일 수가 없었기에, 다윈에게 〈그 책에서 주장하는 견해를 결코 받아들이지는 말라〉고 경고했다.[19] 그러나 여우다운 방식으로, 그는 자신의 거부감을 내치고서 다윈에게 그 책을 읽어 보라고 추천했다. 그 책은 다윈에게 일종의 계시가 되었다. 과학사가 재닛 브라운Janet Browne은 이렇게 썼다. 〈과학의 역사에서 가장 놀라운 상호작용 중 하나는, 라이엘의 책이 다윈에게 자연을 생각하는 법을 가르

쳤다는 것이다.)[20]

지금까지 한 이야기 중 어떤 것도 고슴도치 전문가가 불필요하다고 말하지는 않는다. 고슴도치는 중요한 지식을 생산한다. 아인슈타인은 고슴도치였다.[21] 그는 복잡성의 밑에 놓인 단순성을 보았고, 그것을 증명할 우아한 이론을 찾아냈다. 그러나 그는 생애의 마지막 30년을 자신이 출범시키는 데 한몫을 한 양자역학에 내재된 혼란스러워 보이는 무작위성을 없앨 하나의 만물의 이론을 추구하는 일로 보냈다. 천체물리학자 글렌 매키Glen Mackie는 이렇게 썼다. 〈한 가지 합의가 이루어져 있는 듯하다. 말년의 아인슈타인이 수학적 곁눈가리개를 쓰고 있어서, 관련된 발견들에 개의치 않았고 자신의 조사 방법을 바꿀 수도 없었다는 것이다.〉[22] 아인슈타인은 비유적으로 신은 주사위 놀이를 하지 않는다고 주장했다. 원자의 구조를 밝힌(토성의 고리와 태양계라는 유추를 써서) 동시대인 닐스 보어Niels Bohr는 아인슈타인이 열린 마음을 지녀야 하고, 신이 우주를 어떻게 움직인다는 말은 하지 말라고 대꾸했다.[23]

고슴도치는 복잡성을 대할 때 그 밑에 자신의 전문 분야에서 체계화한 단순한 결정론적 인과 법칙이 깔려 있다고 보는 경향이 있다. 체스 판에서 되풀이해 나타나는 패턴 같은 것이 있다고 생각한다. 여우는 남들이 단순한 원인과 결과라고 착각하는 것에서 복잡성을 본다. 그들은 원인과 결과의 관계가 대부분 결정론적인 것이 아니라, 확률론적인 것임을 이해한다. 모르는 것도 있고 행운도 있으며, 역사는 반복되는 양 보일 때에도 정확히 똑같이 반복되지 않는다. 그들은 자신들이 말 그대로 사악한 학습 환경에서 일하고 있음을 인정한다. 이기든 지든 간에 그 경험으로부터 무언가를 배우기가 무척 어려울 수 있는 환경이다.

자동 피드백이 없는 사악한 분야에서는 경험만으로 수행이 개선되지 않는다. 효과적인 마음의 습관이 더 중요하며, 그런 습관은 계발할 수 있다. 4년에 걸친 예측 경연 대회에서, 테틀록과 멜러스 연구진은 여우 습관을 들이는 기본 훈련을 한 시간만 해도 정확성이 향상된다는 것을 보여 주었다.[24] 그 습관 중 하나는 5장의 벤처 투자자와 영화광이 투자 수익률과 영화 수익률을 더 잘 예측하도록 도운 유추적 사고와 매우 흡사했다. 기본적으로 예측자들은 해당 질문의 내적인 세부 사항에만 초점을 맞추는 대신에 구조적으로 깊은 유사성을 지닌 다양한 사건들의 목록을 작성함으로써 예측력을 향상시킬 수 있다. 100퍼센트 새로운 사건은 거의 없으며 — 테틀록의 말마따나 유일무이함은 정도의 문제다 — 목록을 작성함으로써 예측자는 암묵적으로 통계학자처럼 생각하게 된다.

예를 들어, 2015년에 예측자들에게 그리스가 그해에 유로존에서 떠날 것인지를 물었다. 그때까지 유로존을 떠난 나라가 없었으므로, 그 질문은 매우 색다르게 보였다. 그러나 국제 협상의 실패, 국제 협약의 탈퇴, 강제 화폐 개혁의 사례들이 많이 있었으므로, 최고의 예측자들은 오로지 현재 상황 특유의 세부 사항들에만 협소하게 초점을 맞추는 대신에 통상적으로 일어나는 일들을 토대로 삼을 수 있었다. 세부 사항들 — 내부 관점 — 에서 시작하는 것은 위험하다. 고슴도치 전문가는 자기 전문 분야에 속한 어떤 문제의 세세한 사항들을 충분히 알고도 남기에 댄 칸이 말한 바로 그런 일을 한다. 즉 모든 것을 포괄하는 자신의 이론에 들어맞는 세부 사항들만 취사선택한다. 그들의 심오한 지식은 자기 자신에게 나쁘게 작용한다. 뛰어난 예측자는 개인적 경험이나 어느 한 전문 분야에 토대를 둔 직관에 의지하기보다는 당면한 문제와 거리를 두고서 구조적으로 공통점을 지닌 전혀 무관한 사건들을 살펴본다.

예측 훈련의 또 다른 측면은 예측 결과를 철저하게 해부해 교훈을 찾는 것이다. 특히 나쁜 것으로 드러난 예측들이다. 그들은 기회가 생길 때마다 엄격한 피드백을 생성함으로써, 자동적인 피드백이 전혀 없는 사악한 학습 환경을 좀 더 친절하게 만들었다. 테틀록의 20년에 걸친 연구를 보면, 여우와 고슴도치 둘 다 성공한 예측을 한 뒤에는 그 예측을 더욱 강하게 보강함으로써 금세 자신의 믿음을 갱신했다. 그러나 당혹스러운 결과가 나올 때면, 여우는 그에 맞추어서 자신의 생각을 수정할 확률이 훨씬 더 높았다. 고슴도치는 거의 바꾸지 않았다. 일부 고슴도치는 크게 틀린 것으로 드러난 권위적인 예측을 했는데, 그 뒤에 더욱 〈잘못된 방향으로〉 이론을 갱신했다. 그들은 틀리게 만든 원래의 믿음을 더욱 확신하게 되었다. 테틀록은 말했다. 〈판단력이 좋은 사람이란 자신의 믿음에 집착하지 않는 사람이다.〉 내기에서 지면, 그들은 이겼을 때 승리의 논리를 강화하는 것과 마찬가지로 패배의 논리를 받아들인다.

이를 한마디로 학습이라고 한다. 때로 학습은 경험을 완전히 옆으로 치워 놓는 것을 수반한다.

11장
친숙한 도구를 버리는 법 배우기

운동선수 같은 모습에 옅은 갈색이 섞인 금발의 제이크가 먼저 말한다. 그는 경주에 출전하고 싶어 한다. 「그냥 다 동의하는 게 어때? 출전하자고.」

가을날의 이른 오후였다.[1] 제이크를 비롯한 하버드 경영대학원 2학년생 일곱 명은 그늘을 찾아 점심을 먹으면서 대화를 나누고 있었다.* 교수는 카터 레이싱Carter Racing이라는 역사상 가장 유명한 경영대 사례 연구 중 하나가 담긴 3면짜리 유인물을 나누어 주었다. 가상의 카터 레이싱 팀이 한 시간 안에 시작될 올 시즌 가장 큰 대회에 출전할지 여부를 결정하는 것이 과제였다.

출전하자는 쪽의 논리는 이러했다. 전용 터보차저에 힘입어서 카터 레이싱 팀은 스물네 번 출전해 열두 번 입상을 했다(상위 5위 이내로). 덕분에 한 석유 회사와 이미 후원 계약을 했고, 명성 있는 (마

---

* 실명을 써도 좋다고 허락한 이들을 제외한 나머지 학생들의 이름은 가명으로 바꾸었다.

찬가지로 허구의) 굿스톤타이어로부터 후원하겠다는 가계약을 맺은 상태였다. 팀은 지난번 경주에서 우승했다. 올 시즌 네 번째 우승이었다. 오늘 경주는 전국으로 TV 중계가 될 예정이며, 팀이 5위 안에 들면 굿스톤으로부터 200만 달러의 후원을 받을 가능성이 높았다. 팀이 기권해 출전하지 않을 경우 참가비는 일부만 돌려받게 되고 후원금도 일부 돌려줘야 했다. 그러면 올 시즌에 무려 8만 달러의 적자를 볼 터였고, 이런 대박을 칠 기회를 다시 접하지 못할 수도 있었다. 그러니 출전하는 것이 당연해 보였다.

이제 출전을 반대하는 논리를 살펴보자. 지금까지 출전한 스물네 번의 경주 중에서 일곱 번은 엔진이 고장 났고, 그때마다 차가 손상되었다. 마지막으로 출전한 두 번의 경주에서 정비 팀은 새로운 엔진 점검 방식을 썼는데 아무런 문제도 발견되지 않았다. 그러나 그들은 전에 무엇이 문제를 일으켰는지는 확신할 수 없었다. 전국으로 중계되는 대회에서 엔진이 고장 난다면, 후원사인 석유 회사도 손을 뗄 것이고, 굿스톤과도 작별일 것이고, 맨 땅에서 다시 시작해야 하거나 아예 업계를 떠나야 할지도 몰랐다. 그렇다면 출전해야 할까, 말아야 할까?

학생들은 투표부터 해본다. 출전하자는 쪽이 세 명, 기권하자는 쪽이 네 명이다. 이제 논의가 시작된다.

제이크는 엔진이 고장 나는 상황까지 고려해도, 가장 큰 성과를 거둘 확률이 50퍼센트라고 말한다. 굿스톤의 후원을 따냈을 때 들어오는 돈이 엔진 고장으로 지고 기존 후원사를 잃었을 때 입는 손해액보다 훨씬 더 많다는 것이다. 팀이 기권하면, 지금까지 좋은 성적을 냈음에도 올 시즌을 적자로 마감하게 된다. 「모두 알겠지만, 그건 지속 가능한 사업 모델이 아니야.」

「출전하지 않아도 될 만큼 여유를 부릴 수 있는 상황이 아니라고 봐.」저스틴이 말한다.

알렉산더도 동의를 표하면서, 반대하는 쪽에 묻는다. 「어떻게 설득하면 생각을 바꾸겠니?」

맞은편에 하버드 후드티를 입고 앉아 있는 메이는 계산 결과를 내놓는다. 「내가 볼 때, 출전하지 않을 때의 위험이 출전했을 때의 손실 위험(또 엔진이 고장 나는 것)의 약 3분의 1에 불과해.」메이는 자신이 손실 경감에 초점을 맞추고 있다고 덧붙이면서, 기권을 원한다고 말한다.

사례 연구 유인물에는 팀의 대표인 BJ 카터가 막판에 정비 팀을 불러 모았다고 적혀 있다. 엔진 정비사인 팻은 고등학교를 중퇴했고 복잡한 공학 쪽 교육을 받은 적이 없지만, 10년 동안 경주차를 정비해 왔다. 그는 기온이 문제일 수도 있다고 주장했다. 추운 날에 터보차저가 달구어질 때 엔진 부품들마다 팽창률이 서로 달라서 엔진을 밀봉하는 금속 부분인 헤드 개스킷이 고장 나는 것일 수 있다는 설명이다. 팻은 엔진이 고장 나는 양상이 매번 다르긴 했지만, 일곱 번 모두 헤드 개스킷이 파손되었다고 했다(그중 두 번은 개스킷이 두 곳 이상 파손되었다). 그는 실제로 어떤 일이 일어나는지는 몰랐지만, 잠시 살펴보았을 때 떠오른 생각은 그것뿐이었다. 그는 여전히 출전을 강력하게 주장하고 있었고, 새 굿스톤 유니폼을 입을 생각에 들떠 있었다. 지금 기온은 섭씨 4.4도이며, 올 시즌의 경주일 중 가

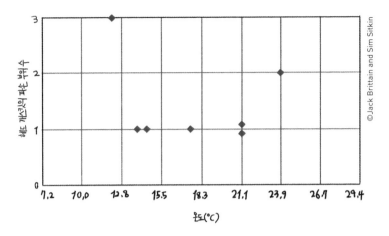

그림 4: 기온에 따른 헤드 개스킷의 파손 부위 수

장 춥다. 정비 팀장인 로빈은 기온 데이터를 보자는 팻의 생각을 받아들였다. 그는 엔진 고장 사례와 기온을 그래프로 표시해 보았는데, 아무런 상관관계도 보이지 않았다(그림 4).

검은 머리칼을 한쪽으로 빗어 넘긴 모습의 드미트리는 출전에 확고하게 반대한다. 그는 개스킷 파손과 기온 사이에 일관성 있는 관계가 뚜렷이 보이지 않는다는 데에는 동의한다. 개스킷은 가장 추운날(11.6도)에 세 곳, 가장 더운 날(23.9도)에 두 곳이 파손되었으니까. 그런데 엔진에 최적 기온 범위가 있다고 한다면? 즉 너무 춥지도 않고 너무 덥지도 않은 기온 범위가 있다고 가정한다면? 드미트리는 말한다. 「고장이 무작위로 나는 것이라면, 완주해서 5위 안으로 들어올 확률이 50퍼센트겠지. 하지만 무작위적이지 않다면 확률은 더 낮아져. 오늘은 한 번도 겪어 보지 않은 아주 낮은 기온이야. 기온과 상관관계가 있는지 여부를 알지 못하지만, 만약 있다고 한다면 고장 날 가능성이 높아.」

줄리아는 정비사 팻의 기온과 관련이 있을지 모른다는 생각을 〈헛소리〉로 여기지만, 드미트리와 마찬가지로 엔진 문제를 오늘 출전했을 때의 확률을 계산하는 데 필요한 정보를 전혀 제공하지 못하는 일종의 블랙박스라고 본다. 줄리아는 자신이 위험 회피를 하고 있다고 인정하면서, 개인적으로는 자동차 경주에 결코 참여하지 않을 것이라고 말한다.

드미트리를 제외하고, 다른 이들은 모두 알렉산더의 표현처럼 기온과 엔진 고장 사이의 〈상관관계가 0〉이라는 데 동의한다. 「나 혼자야?」 드미트리가 묻자, 몇몇이 낄낄거린다.

제이크는 정비사 팻의 추론을 유달리 못 미덥게 여긴다. 「팻이 정말로 뛰어난 정비사라고는 생각하지만, 근본 원인을 분석하는 데 뛰어난 기술자라고는 보지 않아. 그 둘은 전혀 다른 거야.」 제이크는 팻이 인상적인 특정 기억의 중요성을 과대평가하는, 잘 알려진 인지 편향에 빠진 것이라고 본다. 어느 추운 날에 개스킷이 세 군데 파손되었다는 것 말이다. 제이크가 말한다. 「우리는 이 그래프를 이해하기 위해서 필요한 정보도 갖고 있지 않아. 경주에 스물네 번 나갔어. 맞지? 그중에 기온이 약 11.6도였는데 고장이 안 난 사례는 몇 번이나 되지? 너의 주장을 반박하려는 건 아니야.」 그는 드미트리에게 웃음을 지어 보이면서 달래듯이 손을 토닥인다.

엔진에 문제가 없었던 경주들의 기온 데이터가 있으면 좋을 것이며, 있는 데이터만으로는 막막하다는 데 모두가 동의한다. 저스틴은 출전하자는 쪽 전체를 향해 말한다. 「내 생각에 너희는 우리가 경주를 사례로 다루기 때문에, 경주를 하겠다고 하는 거야.」

논의는 투표 결과가 출전하지 않는 쪽으로 나온 처음으로 다시 돌아가서 끝날 듯하다. 그런데 메이가 자신의 계산 결과를 재검토하면서 상황이 달라진다. 메이는 선언한다. 「마음을 바꿨어. 출전하는 쪽으로 표를 던질래.」 경제적 이득과 손실 가능성을 비교한 메이는 카터 레이싱 팀이 5위 이내로 완주할 확률이 26퍼센트 — 현재 확률의 절반 — 만 되어도 출전하는 쪽이 더 낫다는 계산 결과를 내놓는다. 설령 추위 때문에 그 확률이 바뀐다고 해도, 〈26퍼센트까지 낮아지지는 않을 테니까, 그래도 안전하다〉는 것이다. 그녀는 드미트리의 자료 해석이 편향되었다고 본다. 카터 레이싱 팀은 11.6도에서 27.8도까지의 기온에서 경쟁해 왔으며, 엔진 고장은 18.3도 미만에서 네 번, 그 이상에서는 세 번 일어났다. 메이는 드미트리가 11.6도라는 자료점에 너무 기대고 있다고 말한다. 개스킷이 세 군데나 파손되었다는 이유에서다. 하지만 그래도 엔진 고장 횟수로는 한 번일 뿐이라는 것이다.

이때 제이크가 끼어들어 기온 도표에서 각자가 원하는 것만 보고 있는 듯하니까, 〈그 문제를 일단 제쳐두는 것이 어떻겠느냐〉고 말한다. 그는 메이의 기댓값 논증이 마음에 든다고 한다. 「그건 우리가 확실히 받아들일 수 있다고 봐. 기본적으로 수학을 토대로 하는 것들은 원래 다 그렇거든. 동전을 던져서 못 맞히면 100달러를 잃고 맞히면 200달러를 딴다면, 난 매번 동전을 던질 거야.」 그는 카터 레이싱 팀이 마지막 두 번의 경주 때 새로운 엔진 점검 방식을 채택했는데 아무런 문제도 찾아내지 못했다는 점을 상기시킨다. 「그것은 자료점 중 하나일 뿐이지만, 적어도 내 논증이 맞는 방향이라고 가리키고 있어.」

메이는 드미트리에게 묻는다. 「네가 출전해도 괜찮다고 생각하는 기온이 몇 도야? 엔진 고장은 21.1도에서 두 번, 17.2도에서 한 번, 11.6도에서 한 번 일어났어. 우리에게 안전한 기온이란 없어.」

드미트리는 이미 겪어 본 기온들을 범위로 설정하고 싶어 한다. 무언가 예상한 대로 작동하지 않고 있으므로, 그 기온 범위를 넘어서면 뭐든지 미지의 영역에 놓인다. 그는 자신의 권고 범위가 지극히 임의적인 것임을 안다.

그들은 최종 투표를 한다. 메이가 마음을 바꾸면서 4 대 3으로 출전하는 쪽으로 결정이 난다. 그들은 각자 자료를 배낭과 가방에 넣으면서 수다를 떤다.

마티나는 사례 연구 유인물에서 팀 대표 BJ 카터가 정비 팀장 로빈에게 의견을 묻는 대목을 빠르게 큰 소리로 읽는다. 로빈은 카터에게 이렇게 말했다. 「운전자는 목숨을 걸고 달리고, 내 경력은 매번 경주 성적에 달려 있고, 당신은 동전까지 싹싹 긁어서 이 일에 투자하고 있어요.」 로빈은 대표에게 꽁무니만 빼다가는 경주에서 이길 수 없다는 점을 상기시켰다.

마티나는 마지막 질문을 한다. 「이건 그냥 돈 문제야, 맞지? 출전이 누군가를 죽이러 가는 건 아니잖아?」

몇몇이 서로를 쳐다보면서 웃음을 터뜨린다. 그리고 그들은 각자 흩어져 떠난다.

다음 날 강의실에 온 학생들은 지금까지 카터 레이싱 사례를 과제로 받은 전 세계의 학생들 중 대다수가 출전하는 쪽을 택했다는 말을 듣는다. 교수는 강의실을 돌아다니면서, 어떤 논리로 출전하거나 기권하는 쪽을 택했는지를 물어본다.

경주하는 쪽을 택한 팀들은 확률 추정값과 의사 결정 나무를 제시한다. 학생들은 달리다가 엔진이 고장 나면 운전자가 위험할지를 놓고 의견이 갈린다. 대다수는 기온 자료가 논점을 흐리기 위해 제시된 것이라고 본다. 한 여학생이 이렇게 말하자, 여기저기서 고개를 끄덕인다. 「레이싱을 해서 뭔가 얻기를 바란다면, 그런 위험은 감수해야지요.」그녀의 팀은 7 대 0의 만장일치로 경주를 택했다.

드미트리는 반대 의견을 내고, 교수는 그의 견해를 무자비하게 걸고넘어진다. 드미트리는 모든 집단이 상정하는 모든 확률 의사 결정 나무가 엔진 고장이 무작위적으로 일어난다는 가정을 버린다면 무의미해진다고 주장한다. 그는 이유는 모르겠지만 정비 팀장이 엔진이 고장 나지 않았던 경주들의 기온 데이터를 제시하지 않았기 때문에, 데이터가 유달리 모호하다고 덧붙인다.

「알았어, 그러면 여기서 정량적인 질문을 하나 하지.」교수는 말을 잇는다. 「추가 정보를 원한다면 알려 달라고 내가 어제 몇 번이나 말했지?」강의실 여기저기서 헉 하는 소리가 들린다. 교수는 스스로 답한다. 「네 번이야. 추가 정보가 필요하면 알려 달라고 네 번이나 말했다고.」그 누락된 데이터를 요청한 학생은 아무도 없었다. 교수는 새 그래프를 보여 준다. 모든 경주 때의 기온이 나와 있는 그래프다. 이런 모습이다.

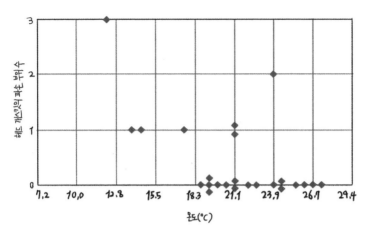

그림 5: 기온에 따른 헤드 개스킷의 파손 부위 수(고장 나지 않은 사례 포함)

18.3도 이하에서 경주를 할 때마다 엔진에 고장이 났다. 그런 뒤 교수는 고장이 났는지 안 났는지 각 경주에 꼬리표를 붙인 뒤, 그 이진수를 토대로 단순한 통계 분석을 한다. 학생들에게 친숙한 로지스틱 회귀 분석이라는 것이다. 그는 학생들에게 4.4도에서 엔진이 고장 날 확률이 99.4퍼센트라고 알려 준다. 「아직도 경주를 하겠다는 사람 있나요?」 그렇게 물은 뒤, 그는 놀라운 이야기를 들려준다.

기온과 엔진 고장 데이터는 우주 왕복선 챌린저호를 발사하기로 한 나사의 비극적인 결정을 그대로 따온 것이며, 세부 사항만을 수정해 우주 탐사를 자동차 경주라는 맥락으로 바꾼 것이다. 제이크의 얼굴이 새하얗게 질린다. 챌린저호는 개스킷이 아니라 오링O-ring이 파손되었다. 왕복선을 추진하는 미사일처럼 생긴 로켓 부스터의 외벽에 난 접합부를 밀봉하는 고무 띠다. 추운 기온에는 오링의 고무가 딱딱해지면서, 밀봉이 덜 되는 일이 일어났던 것이다.

사례 연구에 나온 인물들은 챌린저호 발사 전날 밤에 열린 비상 대책 회의에 참석한 나사의 관리자와 기술자 및 로켓 부스터의 제작사 모턴 사이어콜Morton Thiokol의 임원을 토대로 비슷하게 재구성했다. 대책 회의를 연 이유는 발사가 이루어질 플로리다의 1986년 1월 27일 날씨가 유달리 추웠기 때문이다. 회의를 마친 뒤, 나사와 사이어콜은 발사 절차를 진행하라고 승인했다.

1월 28일 오링은 로켓 부스터 벽의 접합부를 제대로 밀봉하는 데 실패했다. 불붙은 가스가 접합부를 통해 바깥으로 곧장 새어 나왔고, 챌린저호는 발사된 지 73초 뒤에 폭발했다. 타고 있던 일곱 명 모두 사망했다.

카터 레이싱 사례 연구는 절묘하게 작용했다. 학생들이 비상 대책 회의에서 발사를 진행하도록 승인한 기술자들의 입장을 얼마나 정확히 대변하고 있는지 정말로 기이할 정도였다. 교수는 그 교훈을 노련하게 풀어냈다.

「여러분 모두처럼, (나사나 사이어콜의) 어느 누구도 아무런 문제가 없었던 때의 열일곱 개 자료점을 요청하지 않았습니다. 그 자료는 분명히 존재했고, 그들은 우리가 했던 것처럼 논의를 하고 있었습니다. 내가 여러분의 위치에 있다면, 아마 이렇게 말했겠지요. 〈하지만 수업 시간에 교사는 대개 필요한 자료를 다 주지 않나요?〉 그러나 회의에서 누군가가 파워포인트로 작성한 데이터를 여러분 앞에 보여 줄 때 종종 그렇듯이, 우리는 누군가가 눈앞에 보여 주는 데이터에만 의존해서 논의를 하곤 합니다. 우리는 이런 말을 잘 하지 않아요. 〈이게 우리가 결정을 내리고자 할 때 필요한 자료가 맞나요?〉」

챌린저호 사고를 조사한 대통령 위원회는 문제가 없던 비행 자료를 단순히 포함시키기만 했어도 오링 손상과 기온 사이의 상관관계가 드러났을 것이라고 결론지었다. 시카고 대학교의 한 조직심리학 교수는 그 누락된 데이터가 대책 회의의 〈모든 참석자들이 공통적으로 지닌 한 가지 직업적 약점〉[2]으로 귀결되는 근본적인 실수라고 썼다. 〈그랬다면 추운 날씨에 발사하는 것을 반대하는 논리를 정량화할 수 있었을 텐데, 그렇지 못했다.〉 그는 기술자들이 제대로 배우지 못한 것이라고 단언했다.

사회학자 다이앤 본Diane Vaughan의 저서 『챌린저호 발사 결정The Challenger Launch Decision』은 나사로부터 그 비극의 원인을 설명한 결정판으로 받아들여졌다. 책에는 이렇게 적혀 있다. 〈더욱 놀라운 점은 그들이 관련 자료를 《갖고 있었다》는 사실이다. 작성되었다면 자신들의 입장을 뒷받침하는 데 필요한 정량적인 상관관계 데이터를 제공했을 자료, 그들(발사를 연기하고 싶어 한 사이어콜의 몇몇 기술자들)이 있다고 상상하지도 못했고 만든 적도 없던 바로 그 도표가 실제로는 존재했다.〉

전 세계의 경영대 교수들은 30년 동안 카터 레이싱을 가르쳐 왔다. 불완전한 데이터를 토대로 결정을 내릴 때의 위험과 눈앞에 제시된 것에만 의존할 때의 어리석음을 놀라울 만치 잘 보여 주기 때문이다.

그러나 놀랄 일이 하나 더 남아 있다. 지금까지 말한 이 모든 이야기들이 틀렸다는 것이다. 챌린저호 발사 결정은 정량 분석에 실패한 사례가 아니었다. 나사의 진정한 실수는 정량 분석에 지나치게 의존했다는 것이다.

연소가 시작되기 전, 챌린저호의 오링은 부스터의 위아래 부분들을 연결하는 접합부에 착 달라붙어 있었다. 점화가 되자, 연소 가스가 아래 부스터 쪽으로 확 뿜어졌다. 바로 그 순간 접합부를 이루는 금속판들 사이가 아주 짧은 시간 동안 살짝 벌어졌다. 그리고 고무로 된 오링이 즉시 팽창하면서 그 틈새를 메워서 접합부를 밀봉 상태로 유지했다. 그런데 기온이 떨어졌을 때에는 오링의 고무가 딱딱해지는 바람에 팽창이 빠르게 이루어질 수 없었다. 오링이 더 차가울수록, 1초도 안 되는 짧은 순간이긴 해도 접합부가 밀봉되기까지 시간이 더 걸렸고, 그사이에 연소 가스는 부스터 벽으로 뿜어질 수 있었다.

그렇긴 해도 대개는 기온이 문제가 되는 일은 없었다. 본래 오링은 연소 가스가 직접 닿는 것을 아예 차단하는 특수한 단열 퍼티로 덮여 있었기 때문이다. 오링 문제가 전혀 없었던 열일곱 번의 비행 — 카터 레이싱에서 엔진 문제가 전혀 없었던 열일곱 번의 경주에 해당한다 — 에서 퍼티는 완벽하게 제 역할을 했다. 그런 비행 때에는 기온에 상관없이 오링에 어떤 문제가 생길지 여부를 전혀 알 수가 없었다. 연소 가스가 오링에 아예 닿지 못했으므로 문제 자체가 생기지 않았다.

그러나 접합부를 조립할 때 가끔 퍼티에 미세한 구멍이 나곤 했다. 오링에 문제가 생겼던 일곱 차례의 비행 때에는 연소 가스가 보호 퍼티에 난 구멍으로 밀려들면서 오링에 닿았다. 그 일곱 개의 자료점만이 오링이 손상되거나 망가질 수 있는지 여부와 관련이 있었다.

그리고 카터 레이싱에서는 개스킷 파손이 매번 동일한 문제였던 것과 달리, 그 일곱 번의 비행에서는 오링 문제가 두 가지 양상으로 나타났다. 첫 번째는 마모였다. 다섯 차례의 비행에서는 점화 때 부스터 쪽으로 새어 나온 연소 가스가 오링에 닿아서 고무 표면을 마모시켰다. 이는 생사를 가르는 문제는 아니었다. 그래도 오링이 제 역할을 할 만큼 고무가 충분히 남아 있었다. 그리고 마모는 기온과 전혀 상관이 없었다.

두 번째는 블로바이blow-by, 즉 틈새로의 가스 누출이었다. 점화 때 고무 링이 즉시 팽창하면서 접합부를 완전히 밀봉하지 않는다면, 연소 가스는 〈새어 나와서〉 부스터 벽에 곧바로 닿을 수 있었다. 블로바이는 생사를 가르는 문제였으며, 기술자들은 나중에야 알게 되었지만, 기온이 떨어져서 오링의 고무가 딱딱해지면 대단히 안 좋아졌다. 앞서 두 차례의 비행에서 블로바이가 나타나긴 했지만, 왕복선은 그래도 무사히 돌아왔다.

따라서 카터 레이싱 사례에서 제시되는 것과 달리, 비상 대책 회의에서 발사에 반대했던 사이어콜 기술자들은 사실 오링 손상과 관련이 있는 스물네 개의 자료점을 지니고 있던 것이 아니었다. 하버드 학생들이 유인물을 통해 받았던 것과 달리, 일곱 개도 아니었다. 그들이 지닌 자료점은 겨우 두 개뿐이었다.

그렇다면 다음 그림은 무엇을 말하고 있는 것일까?

역설적이게도 당시 모턴 사이어콜의 로켓 부스터 사업 책임자였

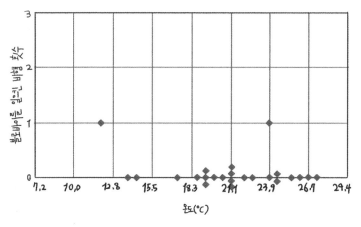

그림 6: 기온 변화와 블로바이를 일으킨 비행 횟수

던 앨런 맥도널드Allan McDonald는 내게 이렇게 말했다. 「관련이 있는 자료점들만을 보면, 그것만 갖고서는 결론을 내릴 수 없다는 나사의 입장(대책 회의 때)이 옳았던 거죠.」 놓쳤다는 99.4퍼센트 확실한 것은 원래 없었다. 기술자들이 제대로 못 배운 것도 결코 아니었다.

당시 사이어콜 기술자들은 나사가 재앙을 피하도록 도왔을 수도 있는 다른 중요한 정보를 제공했다. 그러나 그 정보는 정량적인 것이 아니었기에, 나사 관리자들은 받아들이지 않았다. 카터 레이싱 사례는 기술자들이 제대로 된 숫자들을 보기만 했다면, 답을 얻을 수 있었다고 가르친다. 그러나 사실 그 제대로 된 숫자들 안에는 답이 아예 들어 있지 않았다. 챌린저호의 발사 결정은 진정으로 불명료했다. 그것은 사악한 문제였고, 불확실성으로 가득했으며, 기존 경험의 테두리 너머에 있었다. 데이터를 더 많이 요구하는 것이 사실상 문제 자체가 되는 상황이었다.

340

그 유명해진 비상 대책 회의에는 세 곳에서 서른네 명의 기술자가 전화로 참여했다. 모든 관리자는 기술자이기도 했다. 사이어콜의 기술자 로저 보절레이Roger Boisjoly는 블로바이가 일어났던 두 차례의 비행이 있은 뒤 접합부를 개인적으로 살펴본 적이 있었다.[3] 그는 사진도 찍어 두었다. 23.9도일 때 비행한 뒤에는 접합부의 오링 너머에 아주 가늘게 회색 검댕이 묻어 있었다. 오링이 밀봉하기 전에 소량의 가스가 누출되었음을 뜻했다. 재앙을 일으킬 수준은 결코 아니었다. 11.6도일 때 비행한 뒤에는 접합부에 더 넓게 새까만 검댕이 묻어 있었다. 연소 가스가 훨씬 더 많이 누출되었음을 뜻했다. 보절레이는 11.6도 발사 때 누출이 그렇게 심하게 일어난 이유가 낮은 기온에 오링이 딱딱해져 있어서 점화 때 팽창해 밀봉하는 데 시간이 더 걸렸기 때문이라고 추정했다. 추론은 옳았지만, 그는 그 생각을 입증할 자료를 갖고 있지 않았다. 나중에 보절레이는 이렇게 증언했다. 「내 걱정을 정량적인 수치로 제시하라는 요구를 받았는데, 제시할 수가 없었습니다. 정량화할 데이터가 전혀 없었으니까요. 하지만 좋지 않다는 것은 안다고 말했지요.」

유달리 강한 기술 문화 덕분에, 나사는 정량적으로 엄밀한 〈비행 준비 검토〉 절차를 개발해 운용해 왔다. 초예측자 팀의 토의처럼, 그런 검토 때에는 생산적으로 반론이 제기되곤 했다. 관리자들은 기술자들에게 묻고 또 물으면서 주장을 뒷받침하는 데이터를 제시하라고 압박했다. 이 과정은 놀라울 만치 잘 작동했다. 우주 왕복선은 지금까지 만들어진 기계 중 가장 복잡한 것이었음에도[4] 스물네 차례나 무사히 비행을 마쳤다. 그러나 비상 대책 회의에서는 바로 그 정량적인 문화가 판단을 흐리게 만든 주범이 되었다.

　기술자들의 조언에 따라서 전화 회의에 참석한 맥도널드와 사이어콜의 두 부회장은 처음엔 발사를 중지하자는 의견을 냈다.[5] 챌린저호는 이미 발사 승인이 난 상태였으므로, 이번에도 멈추면 열한 번째 취소하는 것이었다. 나사 당국이 사이어콜 기술자들에게 비행하기에 안전한 기온 범위가 정확히 어떻게 되느냐고 묻자, 그들은 11.6도를 최저 한계로 삼으라고 권했다. 지금까지 발사가 이루어진 날들 중에서 가장 추웠던 날의 기온이었다.

　나사 관리자 래리 멀로이Larry Mulloy는 당혹스러웠다. 그는 왕복선을 발사할 수 있는 기온 범위가 영하 0.5도에서 영상 37.2도라고 보고 있었기 때문이다. 막판에 제시된 11.6도라는 한계는 완전히 새로운 발사 기준을 설정하는 것이었다. 한 번도 논의된 적이 없었고, 뒷받침하는 정량적인 데이터도 없었으며, 갑자기 겨울 날씨가 찾아오면 우주 탐사를 못한다는 의미였다. 그를 좌절하게 만드는 주장이었다. 나중에 그는 〈멍해졌다〉라고 썼다.

　사이어콜의 기술자들은 어떻게 그 숫자를 도출한 것일까? 나사의 한 관리자는 이렇게 회고했다. 「전에도 11.6도에서 비행했기 때문이라고 하더군요. 내가 볼 때 아무런 근거도 없는 말이었어요. 기술이 아니라 관습에 따른 거였지요.」[6] 보절레이는 그 주장을 뒷받침할 데이터를 달라는 요구를 또다시 받았다. 「지금 제출된 것이 전부라고 말했지요.」

　회의가 교착 상태에 빠지자, 사이어콜 부회장 한 명이 5분간의 〈오프라인 임원 회의〉를 요청했다. 논의를 한 사이어콜 임원들은 제공할 추가 데이터가 전혀 없다고 결론 내렸다. 30분 뒤 전화 회의를 재개했을 때 그들은 새로 결정한 사항을 알렸다. 발사를 진행하자는 쪽으로 의견을 모았다는 것이다. 사이어콜의 공식 문서에는 이렇게 적혀 있다. 〈기온 데이터는 불분명해서 주요 오링 블로바이를 예측하기가 어렵다.〉

전화 회의에 참석한 나사와 사이어콜의 임직원들은 나중에 조사관들과 언론에, 자신들이 〈기술적으로 약한 입장〉이었다는 말을 되풀이했다. 그들의 진술에는 반복되는 후렴구 같은 말들이 있었다. 〈정량화할 수 없었다〉, 〈근거 자료가 주관적이었다〉, 〈타당한 기술적 분석이 이루어지지 않았다〉, 〈결론적인 데이터가 없었다〉. 아무튼 나사는 사업 평가실에 이런 글귀가 적힌 명판을 건 기관이었다. 〈신이라면 믿겠지만, 신이 아니라면 데이터를 제시하라.〉[7]

맥도널드는 내게 말했다. 「기술자들의 우려는 대체로 접합부를 뜯었을 때 그 안에 검댕이 갇혀 있음을 보여 주는 사진 몇 장에 근거를 두었을 뿐이었어요. 한 번은 기온이 선선할 때, 또 한 번은 그보다 좀 더 따뜻했을 때 생겼지요. 로저 보절레이는 그 차이가 뭔가 말하고 있다는 것은 분명하지만, 정성적인 평가라고 생각했지요.」 나사의 멀로이는 나중에 사이어콜의 논리를 지휘 체계를 따라 올라가면서 전달할 때 〈벌거벗겨지는 양 느껴졌다〉고 주장했다. 확고한 정량적인 자료가 없었기에, 〈나는 그 논리를 방어할 수가 없었다〉.

나사가 그토록 줄곧 성공을 거둘 수 있도록 기여한 바로 그 도구, 다이앤 본이 나사의 DNA에 들어 있는 〈독창적인 기술 문화〉라고 부른 것이 데이터라는 그 익숙한 대상이 존재하지 않는 상황에서는 갑작스럽게 괴팍하게 작용했다. 낯선 도전 과제에 직면했을 때, 나사 관리자들은 그 친숙한 도구를 내려놓지 못했다.

심리학자이자 조직행동 전문가인 칼 웨익Karl Weick은 공수 소방대원*과 산불 진화 대원의 죽음에 뭔가 특이한 점이 있음을 발견했다.[8] 그들이 장비를 버려야만 빠르게 닥쳐오는 불길을 피해 달아날 수 있는 상황에서도 장비를 간직하고 있었다는 점이다. 웨익은 그런 행동이 더 큰 무언가를 상징하는 것이라고 보았다.

1949년 몬태나주의 만굴치 산불은 노먼 매클린Norman Maclean의 『젊은이들과 불Young Men and Fire』을 통해 유명해졌다. 공수 소방대원들은 〈10시 화재〉일 것이라고 예상하고서 낙하산을 폈다. 다음 날 오전 10시까지는 불길을 잡을 것이라는 의미였다. 그런데 협곡의 한쪽에서 타고 있던 불이 협곡을 건너서 대원들이 있던 가파른 비탈로 옮겨 붙었다. 불길은 초속 3.4미터의 빠른 속도로 메마른 풀들을 태우면서 비탈을 따라 올라왔다.[9] 현장 지휘자인 와그너 도지Wagner Dodge는 대원들에게 장비를 버리라고 소리쳤다. 두 명은 즉시 장비를 내려놓고 산등성이까지 전력으로 달려서 안전하게 피했다. 그러나 다른 대원들은 장비를 지닌 채 달리다가 그만 불길에 휩싸이고 말았다. 한 명은 달리다가 너무 지쳐서 그냥 주저앉았다. 등에 진 무거운 장비를 벗을 생각도 못한 채였다. 대원 열세 명이 사망했다. 만굴치 비극은 안전 훈련의 개선으로 이어졌지만, 그 뒤로도 산불 진화 대원들이 장비를 버리지 못해 불길에 휩싸이는 일이 계속 일어났

* 낙하산을 타고 내려가서 화재를 진압하는 일을 하는 미국의 소방대원 — 옮긴이주.

다.[10]

1994년 콜로라도주 스톰킹산에서 공수 소방대원들과 산불 진화 대원들은 만굴치 때와 같은 상황에 처했다. 불길이 골짜기를 건너뛰어서 그들의 아래쪽 감벨참나무 숲에 옮겨 붙었다. 한 생존자는 골짜기에서 〈제트기가 이륙하는 것 같은〉[11] 소리가 났다고 했다. 남녀 열네 명이 밀려오는 불길을 피하지 못하고 목숨을 잃었다. 시신 수습 작업의 분석 보고서에는 〈한 희생자는 여전히 백팩을 메고 있었다〉라고 적혀 있었다. 〈희생자는 손에 사슬톱을 들고 있었다.〉 그는 안전지대에서 겨우 75미터 떨어진 곳에서 목숨을 잃었다. 생존자인 쿠엔틴 로즈Quentin Rhoades는 산 위로 270미터나 달린 뒤에야 「내가 아직도 어깨에 톱을 지고 있었다는 것을 깨달았어요!」 「그리고 어처구니없게도 톱을 내려놓기 위해 불이 붙지 않을 만한 곳을 찾기 시작했어요. (……) 내가 톱을 내려놓다니 믿을 수가 없다고 생각했던 기억도 나요.」[12] 미국 산림청과 국토관리청은 대원들이 처음부터 장비를 내려놓고 달렸더라면 살아남았을 것이라는 분석 결과를 내놓았다.

1990년대에 네 건의 화재에서 유능한 산불 진화 대원 스물세 명이 장비를 버리라는 명령을 거부하다가 장비와 함께 스러져 갔다. 로즈는 이윽고 사슬톱을 버리긴 했지만, 톱을 내려놓으면서 왠지 어색하다는 느낌을 받았다. 웨익은 해병들에게서도 비슷한 현상이 나타난다는 것을 발견했다. 그들은 배를 버릴 때 앞쪽에 강철을 덧댄 안전화를 벗으라는 명령을 무시했다가 물속으로 가라앉거나 구명정에 구멍을 내곤 했다. 또 전투기 조종사들은 고장 난 비행기에서 탈출하라는 명령을 거부했다. 세계적인 명성을 지닌 고공 줄타기 곡예사인 칼 월렌더는 줄 위에서 기우뚱했을 때 발아래 줄을 잡는 대신에 균형 봉을 잡는 바람에 35미터 아래로 떨어져 목숨을 잃었다. 게다가 그는 떨어지면서 봉을 잠깐 놓쳤다가 공중에서 다시 잡기도 했다. 웨익은 이렇게 썼다. 〈자신의 도구를 버린다는 것은 배운 것 잊기, 적응, 융통성을 상징한다. 사람들이 자신의 도구를 내려놓기를 꺼리는 태도 자체가 이런 드라마를 비극으로 바꾼다.〉[13] 그가 볼 때 소방대원은 바로 그런 사례인 동시에, 정상적으로 돌아갈 때에는 신뢰할 수 있는 조직이 비정상적인 상황에서도 자신이 믿는 방법을 고집함으로써 때로 당혹스러운 결정을 내리곤 하는 사례를 연구하면서 알아낸 것들의 비유 역할도 했다.

웨익은 노련한 집단이 항공기 사고든 화재 사고든 간에 낯선 상황에 처했을 때 적응하려고 하기보다는 오히려 경직된 태도를 보이며, 〈자신이 가장 잘 아는 것으로 회귀하는〉 모습을 보곤 했다. 낯선 상황을 감싸서 친숙하고 편안한 공간으로 만들려는 양 집단 전체가 한 마리의 고슴도치처럼 행동했다. 마치 그렇게 하면 실제로 앞서 경험했던 것이 된다는 듯 말이다. 산불 진화 대원들에게는 소방 장비야말로 자신이 가장 잘 아는 것이다. 웨익은 이렇게 썼다. 〈진화 장비는 소방대원에게 자긍심을 부여하며, 애초에 소방대원을 출동시키는 근본 이유이기도 하다. 장비가 소방대원의 본질을 정의하는 핵심적인 역할을 하고 있다는 점을 생각할 때, 장비를 버리는 행위가 실존적 위기감을 불러일으키는 것도 놀랄 일이 아니다.〉 매클린은 간결하게 표현했다. 〈소방대원에게 진화 장비를 버리라는 말은 소방

관임을 잊으라는 말과 같다.〉

웨익은 산불 진화 대원이 확고한 〈하면 된다can do〉 문화에 소속되어 있으며, 장비를 버리는 행동은 그 문화의 일부가 아니라고 설명했다. 불을 통제할 능력을 잃는다는 의미가 되기 때문이다. 쿠엔틴 로즈의 사슬톱은 소방대원으로서의 자기 자신의 일부가 되어 있었기에, 자신의 팔이 여전히 달려 있다는 사실을 깨닫지 못하는 것처럼 톱을 여전히 들고 있다는 사실도 깨닫지 못했다. 톱을 계속 들고 뛴다는 것이 어처구니없게 느껴졌을 때에도, 로즈는 자신이 장비를 버리고 있다는 사실을 〈믿을 수가 없었다〉. 래리 멀로이가 정량적인 논거 없이 마지막에 발사를 중단하자고 말할 때 느꼈던 것처럼, 그도 벌거벗겨진 양 느꼈다. 나사에서 정성적인 논리를 받아들인다는 것은 기술자임을 잊으라는 말과 같았다.

사회학자 다이앤 본은 로켓 부스터를 담당한 나사와 사이어콜의 기술자들을 인터뷰할 때, 나사 자체의 유명한 〈하면 된다〉 문화가 〈우리는 모든 절차를 따랐기 때문에〉, 〈(비행 준비 검토) 절차가 공격적이고 반론도 검토하기 때문에〉, 〈지침서에 적힌 대로 했기 때문에〉 아무 문제가 없다는 믿음으로 표현된다는 것을 알아차렸다. 나사 기술자들에게는 익숙한 절차가 바로 도구였다. 그들은 언제나 절차 규칙에 따라서 일을 했다. 그러나 챌린저호의 상황은 통상적인 절차의 테두리 바깥에 놓여 있었으므로, 〈하면 된다〉는 웨익이 〈상황에 맞추자make do〉 문화라고 부르는 것으로 대체되었어야 했다. 기존 규정에 들어맞지 않는 정보를 버리기보다는 임시로 활용해야 했다.

추운 날씨가 〈좋지 않다〉는 로저 보절레이의 정량화할 수 없는 논리는 나사의 문화에서 감정적인 논리로 여겨졌다. 사진의 해석을 토대로 한 논리였다. 통상적인 정량적 기준에 들어맞지 않았으므로, 받아들일 수 없는 증거로 간주되어 무시되었다. 본은 로켓 부스터 담당 집단의 하면 된다 태도가 〈순응에 토대를 두었다〉고 간파했다. 그 비극이 일어난 뒤에 원격 회의에 참석한 다른 기술자들도 보절레이의 견해에 동의했지만, 정량적인 논거를 댈 수가 없었기에 가만히 있었다는 사실이 드러났다. 그들의 침묵은 동의로 받아들여졌다. 챌린저호 비상 대책 회의에 참석했던 한 기술자는 나중에 이렇게 말했다. 〈내 견해를 뒷받침할 데이터를 지니고 있지 않다고 느낀다면, 상사의 견해가 내 견해보다 낫다.〉

친숙한 장비를 버리는 행동은 칼 웨익이 과잉 학습 행동overlearned behavior이라고 부르는 것에 의지하는 노련한 전문가들에게 특히 어려운 일이다. 즉 그들은 그 행동이 너무나 자동화해서 더 이상 특정 상황에서 쓰이는 도구라고 인식되지 않을 정도까지, 동일한 도전 과제에 똑같은 식의 반응을 반복해 왔다. 예를 들어 항공 사고들을 조사했더니 상황이 대폭 달라졌을 때에도 〈승무원들이 원래 계획한 대로 계속하기로 결정하는 것이 일반적인 양상〉[14]이었음이 드러났다.

칼 웨익이 세계 최고의 산불 진화 대원 중 한 명인 폴 글리슨Paul Gleason을 만났을 때, 그는 자신의 지휘 방식이 의사 결정보다는 감 잡기에 가깝다고 생각한다고 말했다. 글리슨은 이렇게 설명했다. 「내가 결정을 하면, 그 결정은 일종의 소유물이 됩니다. 그 결정에 자부심을 갖게 되고, 옹호하고, 누가 의문을 제기하면 듣지 않으려 하죠. 반면에 무언가에 감을 잡는 것이라면, 그건 더 역동성을 띠고 남의 말에 귀를 기울이면서 바꿀 수 있지요.」[15] 그는 웨익이 〈얼마간 지닌 직감〉이라고 부른 것을 실천한다. 글리슨은 대원들에게 확고하게 지시를 했지만, 이유를 누구나 알 수 있도록 합리적으로 하며, 뒤에 팀 전체가 화재에 대해 어떻다고 감을 잡으면 그에 맞추어서 계획을 수정했다.

챌린저호 비상 대책 회의가 있던 날 밤, 불확실한 상황에서 절차를 따른다는 것이 너무나 엄청난 일이었기에, 나사의 멀로이는 사이어콜에게 최종 발사를 권고했다는 사실과 그 근거를 문서로 작성해 서명해 달라고 요청했다. 지금까지 최종 승인은 언제나 구두로 이루어졌다. 멀로이와 함께 있던 사이어콜의 앨런 맥도널드는 거부했다. 대신 유타에 있는 맥도널드의 상사 중 한 명이 문서에 서명해 팩스로 보냈다. 앞서 데이터를 요구했던 멀로이조차도 그 결정이 꺼림칙했지만, 그런 한편으로 그는 나사의 궁극적인 도구, 즉 신성한 절차가 위험으로부터 보호해 줄 것이라고 느꼈던 것이 분명하다. 결국 그 절차는 모든 가용 정보를 종합해 올바른 결정을 내리는 쪽이 아니라, 일단 내린 결정을 어떻게 하면 옹호할 수 있는지에 더 치중하는 꼴이 되고 말았다. 소방대원처럼, 나사 관리자도 자신의 장비와 하나가 되어 있었다. 맥도널드의 말처럼, 정량화한 데이터만을 중시하는 태도는 기온과 고장 사이에 아무런 관계가 없다는 나사의 입장을 사실상 뒷받침했다. 나사가 평소에 쓰는 정량화 기준은 그들이 소중히 여기는 도구였지만, 그 상황에서 쓴 것은 잘못된 일이었다.

그날 밤에는 내려놓았어야 했다.

물론 돌이켜 보면서 말하기는 쉽다. 명확한 기술적 정보에 익숙한 관리자 집단은 당시에 아무 정보도 지니고 있지 않았다. 기술자들도 그런 정보가 없이는 말하지 말아야 한다고 느꼈다. 챌린저호 사고가 일어나기 전에도 그 뒤에도 우주 왕복선을 탔고, 수십 년 뒤에 나사의 안전 및 임무 보증 책임자가 된 우주 비행사는 〈신이라면 믿겠지만, 신이 아니라면 데이터를 제시하라〉라는 명판이 자신에게 어떤 의미였는지를 이렇게 설명했다. 「그 글귀의 행간은 이런 겁니다. 〈우리는 당신의 의견에는 관심이 없다. 데이터를 들고 오면 말을 들어주겠지만, 당신의 의견 따위는 필요 없다.〉」[16]

노벨상을 받은 물리학자 리처드 파인먼Richard Feynman은 챌린저호 사고를 조사한 위원회의 일원이었는데, 한 청문회에서 보절레이의 데이터가 그의 주장을 입증하지 않는다는 말을 되풀이하고 있던 나사 관리자에게 일침을 놓았다. 「데이터가 전혀 없다면, 이성을 써서 판단해야지요.」[17]

정의상 바로 이런 것들이 사악한 환경이다. 산불 진화 대원과 우주 왕복선 기술자는 가장 도전적인 상황에서 시행착오를 겪으면서 훈련을 할 수가 없다. 웨익은 믿음직하면서 융통성도 갖춘 팀이나 조직은 재즈 악단과 비슷하다고 본다. 모든 구성원이 과잉 학습을 해야 하는 기본적인 것들 ─ 음계와 코드 ─ 이 있긴 하지만, 그것들은 역동적인 환경에서 감 잡기를 위한 도구일 뿐이다. 낯선 도전 과제를 해내고자 할 때 버리거나 재창조하거나 전용하지 못할 도구는 전혀 없다. 가장 신성시하는 도구조차도 그렇다. 너무나 당연한 것이 되어서 아예 눈에 띄지 않게 된 도구조차도 그렇다. 물론 말이야 쉽다. 실제로는 그렇지 못하다. 그 도구가 조직 문화의 핵심을 이룰 때에는 더욱 그렇다.

토니 레스메스Tony Lesmes 대위는 아프가니스탄 북서부 바그람 공군 기지의 자기 부대는 오로지 누군가가 정말로 불운한 상황에 처했을 때에만 출동한다고 했다. 레스메스는 공군 항공 구조대원pararescue jumper(PJ)들을 이끌었다. 밤에 낙하산을 타고 적진으로 침투해 추락한 항공기의 조종사를 구하는 일 같은 구조 임무를 수행하는 특수 작전 부대다. PJ는 군인, 응급 구조사, 구조 잠수부, 소방관, 산악 구조대원, 낙하산 부대원이기도 하다. 그들의 휘장에는 세계를 양팔로 감싸고 있는 천사의 그림과 함께 〈남들은 살 수 있도록〉이라는 글귀가 적혀 있다.

바그람의 PJ에게 전형적인 하루 같은 것은 없었다. 어느 날은 지도에도 없는 우물에 빠진 병사를 구조하기 위해 산 위에서부터 현수하강을 했다. 또 어느 날은 총격전으로 다친 해병대원들을 구하기 위해 돌진했다. PJ는 다른 부대가 임무에 나설 때 따라가기도 하지만, 대개는 스물네 시간 경계 태세를 유지한 채 부대에 머물러 있었다. 그러다가 구조 활동에 필요한 기본 정보를 제공하는 아홉 줄로 된 통보 서식인 〈9-라인〉을 받으면 출동했다. 2009년 어느 가을날에도 그런 일이 일어났다. 통보는 외상을 입은 병사가 있음을 뜻하는 알파였다. 그러면 구조대는 몇 분 안에 공중에 떠 있어야 했다.

전달된 정보는 미흡했다. 육군 호송대의 장갑차들이 줄지어 가고 있는데 길가에서 폭탄이 터졌다는 내용이었다. 현장은 헬리콥터로 약 30분 떨어진 곳에 있었다. 중상자들이 생겼을 텐데, 몇 명이 얼마나 다쳤는지, 폭탄이 탐색 구조 활동을 겨냥한 함정인지, 즉 적이 구조대를 기다리면서 매복하고 있는지 여부도 불분명했다.

PJ는 으레 정보가 불충분한 상황에서 일해 왔지만, 이번에는 그들조차도 감을 잡기 어려웠다. 레스메스는 금속 절단기와 다이아몬드 톱 같은 중장비를 가져가야 한다는 것은 알았다. 「장갑차는 승용차 문짝처럼 뜯고 들어갈 수가 없거든요.」하지만 무게는 활동에 지장을 주었다. 높은 산악 지대에서는 특히 그랬다. 헬기에 짐을 너무 실으면, 떠오르기가 쉽지 않기 때문이다. 게다가 연료도 부족해질 수 있었다. 더 큰 문제는 공간이었다. PJ는 저마다 장비를 지니고 타야 하며, 두 대의 헬기에는 각각 커다란 밴 정도의 공간밖에 없었다. 그들은 즉시 후송해야 할 만큼 중상을 입은 병사가 몇 명일지, 따라서 공간을 얼마나 비워 두어야 할지 알지 못했다.

레스메스에게 확실한 것은 하나뿐이었다. 폭발 현장에 다시 돌아갈 필요가 없도록 부상자들을 실을 공간을 충분히 확보해야 한다는 것이었다. 중상자는 응급 치료를 하고서 싣는 데 시간이 더 걸리게 마련이었다. 현장에 더 오래 머물수록, 구조 작전이 적군에게 발각될 위험이 그만큼 더 커졌다. 그러다가는 구조대를 구하러 다른 구조대가 가야 하는 상황이 벌어질 수도 있었다.

그는 스물일곱 살이었고, 바로 전해에는 미국에서 허리케인 구조대를 지휘했다. 아프가니스탄은 그의 첫 장기 해외 파병 근무지였고, 그는 해외 파병 경험이 풍부한 더 나이 많은 대원들을 지휘하고 있었다. 대개 레스메스는 대원 두 명을 작전실로 불러서 정보를 얻고 상황을 파악하는 데 도움을 받곤 했다. 「때로 다른 대원들이 내가 미처 생각도 못한 정말로 좋은 질문을 할 수 있거든요. 그래서 가능한 한 많은 정보를 공유하려고 하지만, 시간이 많지 않지요.」 그러나 이번에는 추가 정보가 거의 없었다. 「할리우드 영화에서는 드론이 현장 상공을 날면서 모든 정보를 제공하지요. 그건 영화에서나 가능해요.」

그는 완전 군장을 한 채 헬리콥터로 향했다. 대원들도 완전 군장을 하고 있었다. 상황은 통상적인 의사 결정 트리에 들어맞지 않았다. 그는 당면한 문제들을 죽 제시하고서 대원들에게 물었다. 어떻게 하면 좋을까?

그냥 장비를 구석으로 더 많이 꽉꽉 밀어 넣자는 대원도 있었다. 환자를 더 실어야 한다면 PJ 몇 명이 육군 부대와 함께 남으면 된다고 말하는 대원도 있었다. 가장 심하게 다친 병사들을 후송하고, 다시 가야 할 필요가 있다면 폭발 현장에서 호송대를 이동시킨 뒤 덜 눈에 띄는 곳에서 만나기로 하면 된다고 말한 대원도 있었다. 그러나 폭탄은 바위투성이 지형에서 차량 행렬의 한가운데에서 터졌다. 레스메스는 호송대의 이동 능력이 얼마나 남아 있을지도 알지 못했다.

「이점을 제공할 만한 그 어떤 실질적인 해결책도 나오지 않았어요. 나는 후송 속도를 더 높이고, 무게를 더 줄이고, 부상자를 위한 공간을 더 확보하고 싶었지요. 거리와 시간표와 제약과 적의 상황을 모른다는 사항들이 추가되었지요. 최악의 시나리오에서 성공할 준비가 되어 있지 않다고 느껴지기 시작했어요. 패턴 인식은 없었어요. 그것은 정상적인 패턴 너머에 있었으니까요.」 다시 말해, 그는 자신이 원하는 명확한 정보를 지니고 있지 않았다. 제한된 정보를 토대로 레스메스는 중상자가 세 명은 넘을 것이고, 열다섯 명은 안 될 것이라고 추측했다. 그러자 한 가지 생각이 구체화하기 시작했다. 부상자들을 태울 공간을 더 확보할 수 있는 방법이었다. 그는 이 상황에서 결코 내려놓은 적이 없는 도구를 내려놓을 수 있었다. 바로 자기 자신이었다.

레스메스는 대규모 인명 피해 범주인 알파 작전 때에는 반드시 부대와 함께 출동했다. 그는 현장 지휘관이었다. 그의 역할은 대원들이 〈고개를 숙인 채〉 부상자의 목숨이나 팔다리를 구하는 일에 여념이 없을 때 상황을 전반적으로 지휘하는 것이었다. 그는 현장의 안전을 확보하고, 대원들과 기지와 환자를 실어 나르기 위해 대기하고 있는 헬기 조종사 사이에서 의사소통을 하고, 총격전이 벌어지면 무선으로 지원을 요청하고, 대개 다른 부대에 속한 현장의 장교들에게 협조를 구하는 등의 일을 맡았다. 폭발 현장의 부상자들은 당연히 감정적으로 혼란에 빠져 있었다. 펜타닐 사탕*을 빨고 있는 피투성이 동료를 지켜보는 병사들은 필사적으로 돕고 싶겠지만, 그들을 이동시켜야 했다. 그리고 현장을 통제해야 했다. 그는 자신이 추측한 것보다 부상자가 더 많지만 않으면, 선임 대원들이 현장에서 응급 처치를 하면서 지휘를 할 수 있을 것이라고 판단했다. 자신은 후송되는 부상병들을 위해 야전 병원이 대비할 수 있도록 돕고, 작전 센

* 진통제가 든 사탕 — 옮긴이주.

터에서 헬기의 움직임을 조율하고, 무선을 통해 현장의 대원들을 지휘할 수 있을 터였다. 타협안이었지만, 어차피 모든 선택은 타협안이었다.

레스메스는 대원들에게 자신의 〈가설〉을 제시했다. 그는 가설이라고 말했다. 문득 떠오른 직감이었다. 그는 대원들에게 말했다. 「대원들이 반론을 펴기를 바랐어요.」 그는 장비와 부상병을 위한 공간을 확보하기 위해 자신은 기지에 남아 있을 계획이라고 말했다. 헬기의 프로펠러는 돌고 있었고, 이른바 골든아워, 즉 중상자를 구할 수 있는 중요한 시간이 째깍거리면서 줄어들고 있었다. 그는 그들에게 빨리 말하라고 재촉했고, 어떤 말을 하든 고려할 것이라고 했다. 몇 명은 입을 다물고 있었다. 몇 명은 반대했다. 단체 행동은 그들의 가장 기본적인 도구였다. 즉 누군가가 내려놓으라고 말할 때까지는 내려놓을 수 있다는 것을 깨닫지 못하는 도구였다. 한 대원은 지휘관의 역할이 함께 가는 것 아니냐며 당연히 가야 한다고 단호하게 말했다. 한 대원은 화를 냈다. 또 한 대원은 겁나서 그러냐고 반사적으로 물었다. 그는 지금 지휘관은 당신이며, 지금까지 하던 대로 해야 한다고 말했다. 레스메스가 겁이 난 것은 분명하지만, 목숨 때문은 아니었다. 「만약 안 좋은 일이 생겼을 때 장교가 거기에 없었다면, 열 명의 가족들에게 뭐라고 말해야 할지 생각해 보세요.」

그 이야기를 할 때 우리는 수도 워싱턴의 제2차 세계 대전 기념비 앞에 앉아 있었다. 그는 죽 감정을 드러내지 않다가, 그 대목에서 갑자기 울음을 터뜨렸다. 「그 체계 전체가 그 훈련과 그 친숙함, 그 단결심에 토대를 두고 있습니다. 대원 몇 명이 그렇게 화난 이유를 충분히 이해해요. 우리의 표준 작전 절차를 깨는 거였으니까요. 즉 내 판단에 의문이 제기된 거였지요. 하지만 내가 간다면, 우리는 구조 현장을 두 번 가야 할 수도 있었습니다.」대원들의 반대는 감정적이고 원칙론적인 것이었지, 전술적 차원의 것이 아니었다. 지금까지 대원들의 의견에 따라 계획을 바꾼 적도 있었지만, 이번에는 아니었다. 그는 남고, 대원들만 출동해야 할 때였다. 이윽고 헬기는 날아올랐고, 레스메스는 작전실로 돌아갔다. 「그 즉시 심란해졌지요. 나는 일어나는 상황을 볼 수 있었고, 혹시라도 일이 잘못되면 구조 헬기가 추락하는 모습을 말 그대로 쳐다보고만 있어야 하니까요.」

다행히 구조 임무는 대성공이었다. 대원들은 폭발 현장에서 부상병들을 응급 치료했고, 헬기로 후송해야 할 중상자는 일곱 명이었다. 중상자들은 헬기에 꽉꽉 채워졌다. 몇 명은 야전 병원에서 절단 수술을 받아야 했지만, 그래도 모두 살아남았다.

상황이 종료된 뒤에, 선임 대원은 올바른 결정이었다고 인정했다. 또 한 대원은 몇 달 동안 아무 말도 하지 않다가, 레스메스가 자신들을 그렇게 신뢰했다는 사실에 놀랐다고만 말했다. 처음에 화를 냈던 대원은 얼마 동안 여전히 화난 상태였다. 또 한 대원은 내게 이렇게 말했다. 「내가 그 입장이었다면, 분명히 이렇게 말했을 겁니다. 〈그래, 다 같이 가는 거야.〉 정말로 힘든 결정이었을 겁니다.」[18]

레스메스는 내게 말했다. 「잘 모르겠어요. 지금도 가끔 그때 결정을 생각하면 심란해요. 일이 잘못될 수도 있었고, 그러면 나쁜 결정이었겠지요. 아마 운이 좋았던 것일 수도 있습니다. 당시에는 그 어떤 결정도 그다지 좋게 보이지 않았어요.」

356

대화를 끝낼 때, 나는 장비를 내려놓지 못하는 산불 진화 대원에 관한 웨익의 연구를 들려주었다. 웨익은 노련한 전문가들은 중압감을 받는 상황에서 자신이 가장 잘 아는 것에 기대곤 한다고 설명했다. 나는 레스메스에게 아마 그의 대원들이 익숙한 방식을 선호하기 때문에 자동적으로 그저 감정적인 반응을 보인 것일 수도 있다고 말했다. 단체 행동이라는 신성불가침의 도구조차도 내려놓아야 할 때가 분명히 있지 않겠는가? 「예, 음…….」 그는 동의하면서 고개를 끄덕였다. 물론 내가 말하는 것은 쉽다. 그는 잠시 침묵했다가 말했다. 「그렇지만 그게 모든 것의 기본 토대라서요.」

챌린저호 관리자들은 순응이라는 실수를 저질렀다. 그들은 특이한 도전 과제에 직면했을 때 통상적인 도구를 고수했다. 레스메스 대위는 신성한 도구를 내려놓았고, 그 방식은 먹혔다. 일단 감정이 가라앉자, 몇몇 대원들은 그것이 올바른 결정이었다고 인정했다. 물론 결코 인정하지 않은 대원도 있었다. 그때를 회상하자 레스메스는 눈물을 흘렸다. 그것은 〈모두가 행복했습니다〉로 끝나는 동화라고는 할 수 없었다. 앨런 맥도널드는 내게 말하기를, 나사가 발사를 취소했다면 취소를 밀어붙인 기술자들은 〈겁쟁이〉로 치부되었을 것이라고 했다. 겁쟁이는 우주 산업에 맞지 않다. 나사 기술자 메리 섀퍼 Mary Shafer는 이렇게 말한 바 있다. 〈완벽한 안전을 고집하는 사람은 현실 세계에서 살아갈 배짱이 없는 것이다.〉[19] 조직이 자신의 도구를 유능하게 다루면서 그것을 내려놓을 수도 있는 전문가를 기르기가 어렵다는 것도 놀랄 일이 아니다. 그러나 도움이 될 수 있는 조직

전략이 하나 있다. 기이하게 들리겠지만, 뒤섞인 메시지를 보내는 것이다.

〈일치congruence〉는 조직의 구성 요소들, 즉 가치, 목표, 전망, 이념, 리더십 양식 같은 것에 문화적으로 〈들어맞음〉을 가리키는 사회과학 용어다. 1980년대 이래로 일치는 조직 이론의 한 기둥이 되어 왔다. 효율적인 문화는 일관성과 튼튼함을 갖추고 있다. 모든 신호가 명확히 같은 방향을 가리킬 때, 자기 강화적인 일치단결의 양상이 나타나며, 모든 이들은 일치단결을 좋아한다.

저명한 사업가들 중 누구누구가 일치를 지지한다는 식의 이야기가 많이 나와 있다. 그러나 한 산업 전체에 걸쳐서 다양한 조직들을 처음으로 체계적으로 살펴본 연구를 보면 그렇지 않다.[20] 연구진은 고등 교육 기관 334곳의 문화적 일치를 조사했는데, 일치 여부가 조직의 성공 척도에 아무런 영향도 미치지 못한다는 것이 드러났다. 일치성이 강한 기관의 관리자, 부서의 장, 수탁자는 질문을 받았을 때 자사의 문화를 더 쉽게 분류했지만, 그 문화는 학생들의 학업과 경력 계발에서 교직원의 만족도와 대학의 재정 건전성에 이르기까지, 성과에 아무런 영향도 미치지 못했다. 이 연구자는 더 나아가 기업 수천 곳을 조사했다. 그녀는 가장 능률적인 지도자와 조직이 레인지를 지닌다는 것을 알았다.[21] 즉 그들은 사실상 모순을 간직하고 있었다. 위계적인 것과 개인적인 것을 동시에 체계적이면서 기업 전체 차원에서 요구하고 함양할 수 있었다. 어느 정도의 모호함은 해롭지 않은 듯했다. 그러면 의사 결정을 내릴 때 유달리 가치 있는 방식으로 조직의 연장통을 더 늘릴 수 있다.

필립 테틀록과 바버라 멜러스는 모호함을 용인하는 사상가가 최고의 예측가임을 보여 주었다. 테틀록의 대학원생이었다가 현재 텍사스 대학교 교수로 있는 셰팔리 파틸Shefali Patil은 그들과 함께 문화가 의사 결정자에게 둘 이상의 도구를 쓰도록 하고, 더 융통성을 발휘하도록 하고, 더 쉽게 배우도록 하는 형태의 모호함을 구축할 수 있는지를 알아보는 연구를 했다.

한 실험에서는 실험 참가자들에게 입사 지원자들의 능력을 예측해야 하는 인력 자원 관리자 역할을 맡도록 했다.[22] 관리자들에게는 지원자의 이런저런 재능에 가중치를 부여해 평가하는 방법을 담은 표준 평가 과정을 알려 준 뒤에, 그 예측 결과를 토대로 평가될 것(그리고 보상을 받을 것)이라고 말했다. 현실 세계를 압축한 한 시뮬레이션에서는 각 예측을 한 뒤에, 해당 지원자가 실제로 직원 평가 때 어느 정도의 평점을 받았는지를 볼 수 있도록 했다. 어떤 시기에 뽑은 지원자들은 표준 평가 과정에 따라 예측된 정도의 수행 능력을 보여 주었다. 반면에 전혀 가깝지 않을 때도 있었다. 그러나 시간이 흐를수록 각 관리자는 결과가 어떤지 알려 주든 상관없이 표준 절차에 순응하게 되었다. 설령 그 표준 절차가 무력하다는 것이 명확히 드러났을 때에도, 더 나은 방식을 쉽게 찾을 수 있을 때에도 그렇게 했다. 그들은 경험을 통해서 배우지 못했다. 그러다가 한 가지 변화를 주자 달라졌다. 순응적인 관리자들에게 성공한 집단이 독립심과 이의 제기를 우선시한다고 주장하는 연구 결과가 실린 가짜 『하버드 비즈니스 리뷰』를 나누어 주었을 때였다. 마치 기적처럼 그들은 더 마음을 열고서 학습을 하기 시작했다. 그들은 표준 평가 절차를 언제 수정하거나 폐기해야 할지를 명확히 간파하기 시작했다. 그들은 경험을 통해 학습을 해나갔고, 그에 따라서 예측의 정확도가 높아져 갔다. 그 관리자들은 불일치로부터 혜택을 보고 있었다. 형식적이면서 순응주의적인 기업 절차 규정들은 의사 결정에서 개인의 자율성과 전형적인 업무 처리 과정에서의 견해 차이를 중시하는 비공식적인 문화와 균형을 이루었다.

불일치는 반대 방향으로도 작용했다. 표준 평가 절차를 알려 주긴 했지만 예측의 정확도만 보겠다는 말을 들은 인력 자원 관리자들은 그 절차를 버리고 규칙을 만들기 시작했다. 그들은 표준 절차가 정말로 들어맞을 때가 언제인지 알아볼 생각도 하지 않았다. 그러다가 성공한 집단이 단결, 충성심, 공통의 토대를 우선시한다는 연구 결과가 실린 가짜 『하버드 비즈니스 리뷰』를 제공하자 변화가 나타났다. 이제 관리자는 학습 기계가 되었다. 그들은 기존 절차가 유용할 때에는 잘 따랐지만, 그렇지 않을 때에는 서슴없이 그 절차에서 벗어나곤 했다. 나사의 관리자들도 그래야 했다.

경영대학원 학생들은 오랫동안 일치 모형이 타당하다고 교육을 받았으며, 우수한 관리자는 업무의 모든 요소들을 하나로 통합해 모든 영향들이 상호 강화하는 문화를 조성할 수 있어야 한다고 배웠다. 단결을 향하든 개인주의를 향하든 간에 말이다. 그러나 문화는 사실 내부 통합을 너무 심하게 이룰 수도 있다. 테틀록은 불일치가 〈대조 검토 수단을 구축하는 것〉이라고 말했다.

이 실험을 통해서 효과적인 문제 해결 문화는 서로 반대 방향으로 미는 두 힘으로 표준 업무 절차 ─ 그것이 무엇이든 간에 ─ 의 균형을 맞추는 것임이 드러났다. 관리자가 순응적으로 업무를 처리하는 데 익숙하다면, 개인주의를 부추기는 것이 〈양손잡이적 사고〉를 활용하고 각 상황에서 어떤 방법이 먹히는지를 학습하도록 도왔다. 관리자가 즉흥적인 판단을 내리는 데 익숙하다면, 충성심과 단결심을 장려하는 것이 같은 역할을 했다. 주류 문화를 파악한 뒤에 반대 방향으로 밀어냄으로써 다양성을 촉진해 조직의 레인지를 넓히는 것이 비법이다.

챌린저호 발사 때, 나사의 〈하면 된다〉 문화는 극단적인 절차 책임process accountability이 집단주의적 사회 규범과 결합된 형태로 표출되었다. 모든 것이 표준 절차를 따르고 순응하도록 맞추어져 있었다. 절차가 너무나 엄격했기에 통상적인 규칙에 들어맞지 않는 증거는 내쳤고, 그 절차가 너무나 신성불가침처럼 되었기에 래리 멀로이는 통상적인 과정을 따랐다고 적힌 서명한 서류를 받음으로써 보호를 받는다고 느꼈다. 의견 차이는 비행 준비 검토 단계에서는 가치가 있었지만, 가장 중요한 순간에 가장 중요한 기술진은 오프라인 회의를 요청했고, 그 자리에서 남모르게 순응할 방법을 모색했다. 한 기술자는 데이터가 없다면, 〈상사의 견해가 내 견해보다 낫다〉라고 말할 정도였다.

레스메스 대위와 이야기를 나눌수록, 그가 일탈하는 결정을 내리기 어렵게 만드는 유달리 강력한 집단 문화 내에서 강한 성과 책임 ─ 설령 표준 절차에서 어긋난다고 할지라도 해결책을 찾아야 한다는 ─ 을 느꼈다는 생각이 들었다. 그는 파틸, 테틀록, 멜러스가 말하는 〈융통성 있는 양손잡이적 사고를 촉진하는 교차 압력의 힘〉을 활

용했다. 그 논문의 부제목은 이러했다. 〈무심코 하는 순응과 무모한 일탈의 위험 사이에서 균형 잡기.〉

초예측 팀도 동일한 문화적 교차 압력을 활용했다. 한 팀은 오로지 구성원들의 예측이 정확한지를 토대로 판단을 내렸다. 그러나 내부적으로 좋은 판단 프로젝트는 집단 문화를 장려했다. 논평은 일종의 기댓값이었다. 팀원들은 유용한 논평에 표결을 했고, 그런 논평을 절차의 이정표로 삼았다. 어떤 인생의 좌우명처럼 말이다.

챌린저호 이전에, 나사에는 오랫동안 불일치를 활용하는 문화가 정착되어 있었다. 아폴로 11호가 처음 달에 착륙했을 당시의 비행 책임자였던 진 크란츠Gene Kranz도 동일한 주문, 즉 〈신이라면 믿겠지만, 신이 아니라면 데이터를 제시하라〉라는 높이 떠받드는 원칙을 따르고 있었지만, 그는 계층 구조의 모든 층에 있는 기술자들과 직원들의 견해를 알아보는 습관도 지니고 있었다.[23] 동일한 직감을 두 사람에게서 들으면, 그는 데이터가 없어도 통상적인 절차를 중단하고서 조사를 했다.

달로 보낼 우주선을 추진하는 로켓 개발을 맡은 마셜 우주 비행 센터의 책임자였던 베르너 폰 브라운Wernher von Braun은 나사의 엄격한 과정과 지속적인 견해 차이와 분야를 초월한 의사소통을 장려하는 비공식적이면서 개인주의적인 문화 사이에서 균형을 잡고자 했다. 폰 브라운은 〈월요일 노트〉를 시작했다. 매주 기술자들은 자신에게 가장 중요한 현안을 1면 분량으로 적어서 제출했다. 폰 브라운은 각 종이의 여백에 직접 의견을 적은 뒤에, 그 종이들을 다 모아서 회람시켰다. 그 덕분에 직원들은 다른 부서의 기술자가 어떤 일에 매달려 있고, 이런저런 문제들이 얼마나 쉽게 생겨날 수 있는지 알게 되었다. 월요일 노트는 엄격했지만, 비공식적이었다.[24]

1969년 달 착륙이 이루어진 지 이틀 뒤에 타자기로 찍은 한 노트에서 폰 브라운은 한 기술자가 액체 산소통의 압력이 예기치 않게 떨어지는 이유를 추측한 짧은 대목에 주목했다. 그 문제는 이미 달 착륙 임무와 무관해져 있었지만, 나중에 비행할 때 다시 제기될 수 있었다. 폰 브라운은 이렇게 적었다. 〈이 문제를 가능한 한 정확히 파악합시다. 배후에 다른 문제가 더 있는지, 점검이나 대책이 필요한지를 알아내야 합니다.〉 크란츠처럼 폰 브라운도 문제, 직감, 나쁜 소식을 적극적으로 찾았다. 심지어 그는 그런 문제를 제기한 사람에게 보상을 했다. 그런데 크란츠와 폰 브라운의 시대가 지난 뒤, 〈신이 아니라면 데이터를 제시하라〉라는 절차 문화는 그대로 남아 있었지만, 비공식적 문화와 개인의 직감이 지닌 힘은 쪼그라들었다.

1974년 윌리엄 루커스William Lucas가 마셜 우주 비행 센터의 책임자가 되었다. 나사의 한 수석 역사가는 루커스가 명석한 기술자였지만, 〈문제가 생긴 것을 알 때면 화를 내곤 했다〉라고 적었다. 앨런 맥도널드는 내게 루커스가 〈전령을 쏘아 죽이는 유형의 인간〉이라고 말했다. 루커스는 폰 브라운의 월요일 노트를 전적으로 상향 의사소통 체계로 변질시켰다. 그는 자신의 의견을 적지도 않았고, 회람시키지도 않았다. 어느 시점에서 그 노트는 채워야 할 표준 서류 형식으로 변모했다. 월요일 노트는 절차 문화에서 엄격한 형식을 갖춘 또 하나의 절차가 되었다. 나사의 다른 공식 역사가는 이렇게 썼다. 〈그 즉시 노트의 질이 떨어졌다.〉[25]

루커스는 챌린저호 재앙 직후에 퇴직했지만, 이미 확립된 절차 문화는 그대로 유지되었다. 또 한 차례 인명이 희생된 나사의 우주 왕복선 사고인 2003년의 컬럼비아호 폭발은 챌린저호 사고의 문화적 복사판이었다. 나사는 특수한 상황에서도 여전히 통상적 절차라는 도구에 기댔다. 컬럼비아호 재앙은 절차 책임과 집단 위주의 규범 사이에 더욱 강력해진 불행한 일치를 낳았다. 기술자들은 자신이 완전히 이해하지 못했지만 정량적으로 제시할 수 없는 기술적 문제가 생기자 점점 걱정에 휩싸였다. 결국 그들은 국방부에 가서 손상되었다고 생각한 우주 왕복선 부위의 고해상도 사진을 요청했다. 그런데 그 사실을 안 나사의 관리자들은 외부의 도움을 받지 말라고 막았을 뿐 아니라, 〈적절한 통로〉가 아닌 통로로 접촉했다고 국방부에 사과까지 했다.[26] 나사의 고위층은 절차 위반이 다시는 일어나지 않을 것이라고 약속했다. 컬럼비아 사고 조사 위원회는 나사의 문화가 〈명령 사슬, 절차, 규칙과 지침서 준수를 강조했다〉라고 결론지었다. 〈규칙과 절차가 업무 조정에 필수적이긴 하지만, 의도하지 않은 부정적인 효과가 나타났다.〉 그런데 다시금 〈위계질서와 절차를 충실히 지키기〉가 재앙으로 끝을 맺었다. 이번에도 하급 기술자들은 정량화할 수 없는 걱정거리들을 안고 있었다. 그러나 그들은 〈데이터의 요구가 엄중하고 억압적이어서〉 침묵하는 쪽을 택했다.

챌린저호 재앙과 컬럼비아호 재앙의 관리적 및 문화적 측면들이 너무나 기이할 만치 비슷했기에, 조사 위원회는 나사가 〈학습 기관〉으로서 제 기능을 하지 못했다고 선언했다. 문화적 교차 압력이 없을 때, 나사는 파틸의 연구에서 강한 일치 문화에 놓인 실험 참가자들과 똑같이 학습이라는 것을 하지 못했다.

하지만 나사에는 그 중요한 문화적 교훈을 배운 이들도 있었고, 그들은 때가 되었을 때 그 교훈을 이용했다.

2003년 봄, 나사는 우주 왕복선 컬럼비아호를 잃은 지 겨우 두 달 뒤, 제작하기까지 무려 40년에 걸쳐서 7억 5천만 달러가 든 중요한 계획을 폐기할지 여부를 결정해야 했다. GP-B(중력 탐사선 B)[27]는 아인슈타인의 일반 상대성 이론을 직접 검증하도록 설계된 기술적 경이였다. 꿀단지 안에서 도는 볼링공처럼, 지구의 질량과 회전이 시공간의 천에 어떻게 주름을 일으키는지를 측정하기 위해 우주로 발사될 예정이었다. GP-B는 나사 역사상 가장 장기 계획이라는 명성을 지니고 있었다. 찬사가 아니었다.

그 계획은 나사가 창설된 바로 다음 해에 구상되었다. 그런데 기술적 문제들 때문에 발사는 여러 차례 연기되었고, 아예 폐기될 뻔한 상황도 세 번이나 있었다. 나사 간부들은 그 계획이 실현 가능하다고 더 이상 생각하지 않았지만, 의회에 로비를 하는 능력이 탁월한 스탠퍼드의 한 물리학자 덕분에 계속 예산을 확보할 수 있었다.

해결해야 할 기술적 도전 과제들은 엄청나게 많았다. 탐사선은 지금까지 만들어진 물체들 중 가장 둥글어야 했다. 석영 자이로스코프 로터는 크기가 탁구공만 하고 거의 완벽한 구형이어야 했다. 지구만큼 커진다면 가장 높은 산이 2.4미터 높이에 불과할 만치 정밀해야 했다. 그리고 자이로스코프는 액체 헬륨 속에 넣어서 섭씨 영하 232도로 냉각시켜야 했고, 정확한 제어가 가능한 대단히 정밀한 추진체가 달려 있어야 했다. 이 기술을 개발하기까지 무려 20년이나 걸렸으며,[28] 마침내 시험 비행 준비를 마친 상태였다.

의회는 나사를 예의 주시하고 있었다. 컬럼비아호 사고 직후인지라, 탐사선을 발사했다가 거창하게 실패했을 때 무사히 넘어갈 수 있는 상황이 아니었다. 하지만 GP-B를 한 번 더 미루었다가는 마지막이 될 수도 있었다. GP-B 프로그램 관리자 렉스 제버던Rex Geveden은 내게 이렇게 말했다. 「이걸 날려 보내라는 압력이 엄청났지요.」 불행히도 발사 전 비행 준비 검토를 하던 기술자들은 한 가지 문제를 발견했다.

한 전자기기 상자의 전력 공급 장치가 중요한 과학 장비를 간섭하고 있었다. 다행히도 그 상자는 임무를 시작할 때에만, 즉 자이로스코프를 회전시킬 때에만 작동시키면 되었다. 그 뒤에 꺼버리면 되므로 심각한 문제는 아니었다. 그러나 그 문제는 예기치 않았던 것이다. 만일 그 상자에 다른 결함이 있어서 실험을 시작하기 위해 자이로스코프를 회전시키지 못한다면, 임무는 완전히 헛수고가 될 터였다.

자이로스코프는 이미 거대한 보온병 같은 통 안에 들어가 있었다. 통 안에는 냉각된 상태의 액체 헬륨이 채워지고 밀봉되어 발사 준비가 끝난 상태였다. 그 상자를 살펴보려면, 설치하는 데 3개월이 걸린 부품들을 다 꺼내야 했다. 게다가 발사를 미루면 비용이 1천만~2천만 달러가 추가로 들어갈 터였다. 몇몇 기술자는 그냥 놔둘 때보다 떼어내는 과정에서 부품들이 손상될 가능성이 더 높다고 여겼다. 탐사선을 납품한 주계약자는 스탠퍼드 대학교였고, 스탠퍼드 쪽 책임자는 말했다. 〈성공할 수 있다고 확신했다. 그래서 나는 날려야 한다고 강력하게 밀어붙였다.)[29] 나사의 수석 기술자와 GP-B의 수석 과학자도 발사해야 한다고 강력하게 주장했다. 게다가 탐사선은 발사를 위해 캘리포니아의 반덴버그 공군 기지로 이미 옮겨져 있었고, 발사가 미루어지면 GP-B가 지진에 노출될 가능성이 커질 터였다. 그렇다면 발사를 해야 할까, 말아야 할까?

결정은 제버던의 손에 달려 있었다. 「이루 말할 수 없는 스트레스에 시달렸지요.」 그는 내게 말했다. 최근의 대재앙이 벌어지기 전에도 그는 얼마간 직감을 갖고 있었다. 전자기기 상자가 어떻게 관리되었을지 생각할 때면 꺼림칙한 기분이 들었다. 그러나 상자가 탐사선에 장착되어 있는 한, 아무런 정보도 얻지 못할 터였다.

제버던은 1990년에 나사에 들어왔는데, 나사 문화를 계속 예리하게 주시하고 있었다. 「나사의 여러 부서를 거치는 동안, 정말로 순응의 문화가 팽배해 있다는 것을 깨달았지요.」 재직 초기에 그는 나사가 주최하는 단합 대회에 참석했다. 바로 첫날, 강사가 참석자들에게 의사 결정에서 가장 중요한 원칙 중 하나를 꼽으라면 무엇이겠느냐고 물었다. 강사는 스스로 답하며, 합의에 도달하는 것이라고 했다. 「그래서 나는 말했죠. 〈우주 왕복선 챌린저호를 발사한 사람들은 그 말에 동의하지 않을 것 같은데요.〉 합의는 이루면 좋은 것이지만, 우리는 행복을 최적화하는 것이 아니라, 결정을 최적화해야 하는 겁니다. 나는 그 문화에 뭔가가 잘못되었다는 생각을 죽 갖고 있었어요. 시스템에 건강한 긴장이 없었어요.」[30] 나사는 여전히 신성시하는 절차를 지니고 있었고, 제버던은 갈등을 그냥 어두컴컴한 구석으로 치워 버리는 집단 문화를 어디에서나 볼 수 있었다. 그는 이렇게 회상했다. 「누군가가 〈오프라인으로 하죠〉라는 말을 하지 않으면, 회의 자체가 거의 시작되지 않았어요.」 모턴 사이어콜의 그 악명 높은 오프라인 회의와 똑같았다.

제버던은 예전에 크란츠와 폰 브라운이 했던 식으로, 형식적인 절차 문화에 비공식적인 개인주의를 곁들여서 균형을 잡기 위해 나름대로 애썼다. 「의사소통의 사슬은 비공식적이어야 합니다. 명령의 사슬과 완전히 별개로요.」 그는 무언가 옳지 않다고 느끼면 이의를 제기할 책임을 모두가 지닌 문화를 원했다. 그는 의심스러운 점들을 살펴보기로 결심했다.

그는 스탠퍼드의 전자기기 관리자를 몹시 존중했다. 그 관리자는 전에도 동일한 유형의 전원 공급 장치를 다룬 적이 있었는데, 그 장치가 고장 나기 쉽다고 보았다. 그는 나사의 수석 기술자 및 그 계획의 수석 과학자와 공식 회의를 가졌는데, 그들은 둘 다 상자를 그대로 놔두자고 주장했다. 제버던은 비공식적인 개인 만남도 가졌다. 그러다가 나사의 한 직원으로부터 그 상자를 만든 록히드마틴의 한 중간 관리자가 걱정을 했다는 말을 들었다. 챌린저호의 오링처럼, 그 상자의 문제는 해결할 수 있는 것이긴 했으나 예기치 못했던 것이다. 알려지지 않은 미지의 문제였다.

수석 기술자와 스탠퍼드 책임자의 권고와 반대로, 제버던은 발사를 취소하고 상자를 꺼내기로 결정했다. 상자를 꺼내자, 기술자들은 곧 상자에 전혀 엉뚱한 부품이 쓰였다는 것을 비롯해, 원래 설계도에는 분명히 없었던 설계 문제를 세 가지나 금방 찾아냈다. 깜짝 놀란 록히드마틴은 즉시 상자의 회로 하나하나를 꼼꼼히 조사했다. 문제가 스무 가지나 발견되었다.

GP-B가 우주의 신들로부터 상상할 수 있는 모든 장애물을 제거하라는 요구를 받은 양, 상자를 꺼낸 지 한 달 뒤에 발사장 인근에서 지진이 일어났다. 발사체는 조금 손상을 입었지만, 다행히도 탐사선은 무사했다. 4개월 뒤인 2004년 4월, 마침내 GP-B는 발사되었다. 그리하여 지구가 자전하면서 주변의 시공간이라는 천에 주름을 일으킨다는 아인슈타인의 개념을 지지하는 직접적인 증거를 최초로 얻을 수 있었다.[31] 그 기술은 더 큰 유산을 남겼다. GP-B를 만드는 데 쓰인 부품들은 디지털 카메라와 인공위성을 개선하는 데 쓰였다. 센티미터 단위의 정밀도를 지닌 GPS는 항공기 자동 이착륙 시스템과 정밀 농법에 적용되었다.

다음 해에 대통령은 나사 국장을 새로 임명했다. 새 국장은 나사의 확고한 절차 책임에 교차 압력 역할을 할 수 있는 개인주의와 견해 차이에 따른 토론이 필요하다고 천명했다. 그는 제버던을 부국장으로 임명했다. 본질적으로 나사의 최고 운영 책임자이며, 정무직을 제외한 가장 높은 지위였다.

2017년 제버던은 BWX 테크놀로지스의 새 CEO로 취임해 자신이 얻은 교훈을 적용했다. 화성에 유인 탐사선을 보낼 수 있는 원자력 추진 기술을 비롯해 다양한 목표를 천명한 기업이었다. BWX 테크놀로지스의 의사 결정자들 중에는 퇴직한 군 지도자들이 있었다. 그들이 소중히 간직한 도구는 확고한 위계질서였다. 그래서 제버던은 CEO가 되었을 때, 협조를 기대한다는 짧은 쪽지를 썼다. 「결정을 내리려 할 때 내 결정과 다른 의견이 나오기를 기대하며, 그것이 조직의 건강을 나타내는 징표라고 했지요. 일단 결정이 이루어진 뒤에는 순응과 지지를 원하겠지만, 결정에 대해서 전문가다운 방식으로 어느 정도 논쟁을 허용해야 합니다.」 그는 명령의 사슬과 의사소통의 사슬 사이엔 차이가 있으며, 그 차이가 건강한 교차 압력을 나타낸다고 강조했다. 「나는 그들에게 알렸습니다. 맨 밑바닥까지 조직의 모든 수준에 있는 사람들과 의사소통을 할 것이고, 수상쩍다거나 편협한 시선으로 보지 말라고요. 그들에게 말했지요. 명령 사슬에 속한 결정을 방해하지는 않겠지만, 언제든 조직의 어느 누구와도 정보를 주고받을 것이라고요. 고위층의 목소리만 들어서는 조직을 제대로 파악할 수가 없거든요.」

그의 말을 듣다 보니 걸스카우트 CEO 프랜시스 헤셀바인의 〈순환 관리〉가 떠올랐다. 조직 구조가 사다리 대신에 동심원들로 배열되어 있는 형태다. 그 한가운데에는 헤셀바인이 있었다. 정보는 여러 방향으로 흐를 수 있었고, 한 원에서 단 한 명의 높은 사람이 관문 역할을 하는 것이 아니라, 한 원의 모든 이들이 다음 원의 사람들과 의사소통을 할 무수한 출입구였다. 그녀가 내게 설명했을 때, 그것은 제버딘이 퍼뜨리려고 애썼고, 레스메스 대위가 실행했던 바로 그런 유형의 불일치와 매우 비슷해 보였다. 불일치, 따라서 건강한 긴장을 낳는 명령 사슬과 의사소통 사슬의 분화 말이다. 강한 형식적인 문화와 비공식적인 문화가 이따금 혼동을 일으키지만 이것은 효과적으로 혼합된 문화다. 심리학과 경영학 교수 세 명은 100년 동안 히말라야산맥을 오른 등반대 총 5,104개 팀을 분석했는데, 위계질서가 강한 문화를 가진 나라에서 온 팀들은 정상까지 더 많이 올라갔지만, 그 과정에서 더 많은 사람이 죽었다는 것이 드러났다.[32] 이 추세는 단독 등반가에게서는 드러나지 않았다. 오로지 팀에서만 나타났으며, 연구진은 위계질서를 강조하는 팀이 명확한 명령의 사슬로부터 혜택을 보지만, 문제를 불분명하게 만드는 일방적인 의사소통의 사슬로부터 피해를 본다고 주장했다. 성공하는 동시에 살아남으려면 위계질서와 개인주의의 요소를 다 갖출 필요가 있었다.

한 문화에서 서로 반대 방향으로 밀어내고 있는 듯한 측면들을 함양하는 것은 어려운 균형 잡기 행위다. 정보가 부족한 공수 구조대원이나 우주 왕복선 기술자의 정량적인 직감에 적용되는 보편적인 규칙 같은 것은 전혀 없다. 실험 연구를 통해 드러났듯이, 불일치는 사람들이 유용한 단서를 발견하고 감을 잡았을 때 기존 도구를 내려놓도록 돕는다.

칼 웨익의 도구 연구 논문을 읽고 있자니, 내가 대학원생 때 겪은 일이 떠올랐다. 당시 나는 모리스 유잉호라는 연구선을 타고서 태평양을 돌아다니고 있었다. 그 배는 해저에 음파를 발사해 돌아오는 메아리를 영상화해서 수중 화산을 찾아내는 일을 했다. 그 과정에서 나는 오로지 화산이라는 안경을 통해서 세상을 보는 화산 전문가를 몇 명 알게 되었다. 소행성 충돌이 공룡 멸종의 주된 원인이거나 적어도 아주 중요한 원인이라는 증거가 충분한데도, 그들은 화산 분출이 진짜 원인이라고 주장했다. 한 명은 내게 말하기를, 설령 소행성 충돌이 있었다고 해도, 그것은 그저 운 좋게 맞아 떨어진 최종 타격에 불과할 뿐이라고 했다. 그는 모든 대량 멸종 사건들이 화산 때문에 일어난 것이라고 보는 듯했다. 그렇다는 압도적 증거가 있는 사건도 있긴 하지만, 거의 증거가 없는 사건이 있음에도 말이다. 나는 오로지 화산학자의 말만 듣다 보면, 모든 멸종이 화산 때문에 일어난 것처럼 보인다는 것을 알아차렸다. 그 점이 반드시 세계에 나쁜 것만은 아니다. 그들은 주류 개념에 도전하며, 그럼으로써 시야가 협소했던 전문가들에게 어느 누구도 살펴보지 않았던 화산 지식을 찾아보도록 자극한다. 그러나 어느 전문 분야 전체가 특정한 도구에 전적으로 의지해 성장한다면, 재앙 수준의 근시안적 사고가 배태되는 결과가 나올 수 있다.

예를 들어, 심장 중재술 전문의는 스텐트를 삽입해 가슴 통증을 치료하는 일을 전문으로 한다. 스텐트는 막힌 혈관을 열어 놓는 금속관이다. 이 방법은 더할 나위 없이 타당해 보인다. 가슴 통증 때문에 찾아온 환자의 영상을 찍으니 동맥이 좁아져 있어서 스텐트를 끼워 동맥을 열어서 심근경색을 예방한다. 이 논리가 너무나 타당해 보여서 한 저명한 심장 전문의는 〈눈-협착 반사oculostenotic reflex〉라는 용어까지 만들어냈다.[33] 〈눈〉을 뜻하는 라틴어와 〈좁은〉을 뜻하는 그리스어를 합친 말이다. 한마디로 혈관이 좁아진 것을 보기만 하면, 반사적으로 넓히려 한다는 것이다. 그런데 스텐트를 더 보수적인 형태의 치료와 비교한 무작위 임상 시험들에서는 안정적인 가슴 통증을 겪는 환자들에게 스텐트가 심근경색을 예방하고 수명을 연장하는 효과가 전혀 없다고 나왔다.

심장 중재술 전문의는 복잡한 계통의 아주 미미한 일부만 보고서 치료를 한다. 심혈관 계통은 주방의 싱크대가 아니며, 어느 막힌 관하나를 뚫는다고 해도 별 도움이 안 될 때가 많다. 게다가 스텐트 시술을 받은 환자 50명 가운데 약 한 명은 시술로 인한 심각한 합병증에 시달리거나 사망할 것이다.[34] 이런 전반적인 증거가 있음에도, 그 도구를 쓰는 것이 전문인 심장의들은 스텐트 시술이 효과가 없다는 것을 아예 믿지 않으려 한다.[35] 그 시술을 한다고 해서 별로 돌아오는 보상이 없는 상황에서도 그렇다. 그들에게 스텐트를 쓰지 말라고 말하는 것은 심장 중재술 전문의임을 잊으라는 말과 같다. 논리적으로 보이지만 도움이 안 된다는 것이 드러난 중재술을 사용하려는 본능 — 때로 선의에서 행해지는 — 은 2015년 연구에서 발견된 것을 설명해 줄지도 모른다. 심장 기능 상실이나 심장 정지가 일어난 환자들은 전국 심장학 학회에 참석하느라 최고의 심장 전문의 수천 명이 자리를 비웠을 때 입원하면 사망할 가능성이 더 적었다는 것이다.[36] 심장 전문의 리타 F. 레드버그Rita F. Redberg는 이렇게 썼다. 〈큰 심장학 학회가 열릴 때면 나는 동료들과 함께 이 학회장이 심근경색이 일어났을 때 세상에서 가장 안전한 곳이라고 농담을 하곤 했다. 그러나 분석 결과 정반대임이 드러났다.〉[37]

마찬가지로 현재 의학의 전 분야에서, 특정한 도구를 사용하면서 출현한 모든 전문 분야에서도 심란한 발견들이 이루어지고 있다. 세계에서 가장 흔한 정형외과 수술 중 하나는 찢긴 반달연골 — 무릎연골 — 을 원래 모양으로 깎는 것이다. 어떤 환자가 무릎이 아프다고 말한다. MRI를 찍어 보니 반달연골이 찢겨 있다. 자연히 외과의는 바로잡고 싶어 한다. 그런데 핀란드의 정형외과 병원 다섯 곳에서 수술과 〈가짜 수술〉을 비교하는 실험이 이루어졌다.[38] 가짜 수술은 무릎 통증이 있으며 반달연골이 찢긴 환자를 수술실로 데려와서 외과의가 절개를 하고 수술하는 척한 다음 다시 꿰맨 뒤, 물리 치료를 받도록 하는 것이다. 연구진은 가짜 수술도 똑같은 효과가 나타난다는 것을 발견했다. 반달연골이 찢겨 있는 사람들 중 대다수는 아무런 증상도 없으며, 찢어진 것조차 결코 모를 것이다. 그리고 반달연골이 찢겨 있고 무릎 통증이 있는 사람이라고 해도, 찢김과 통증이 전혀 무관할 수도 있다.

제아무리 고해상도 그림이라고 해도 커다란 그림 퍼즐의 작은 조각들을 따로 떼어놓고 보듯이 하면, 인류의 가장 큰 도전 과제들을 제대로 파악할 수가 없다. 우리는 열역학 법칙을 오래전부터 알고 있었지만, 산불의 번짐을 예측하기란 어렵다. 우리는 세포가 어떻게 활동하는지 알지만, 세포로 이루어진 한 사람이 어떤 시를 쓸지는 예측할 수 없다. 각 부분만을 근시안적으로 보는 것으로는 부족하다. 건강한 생태계는 생물 다양성을 필요로 한다.

오늘날 역사상 유례없는 수준으로 전문화를 낳는 노력들이 이루어지고 있는 상황에서도 폭넓음의 등대들이 있다. 역사가 아널드 토인비가 말한 삶을 사는 이들이다. 〈어떤 도구도 전능하지 않다.《모든》문을 여는 마스터키 같은 것은 결코 없다.〉그들은 어느 한 가지 도구를 휘두르기보다는, 전체 도구 보관소를 지키고 도구를 더 모으는 일을 한다. 그리고 그들은 초전문화 세계에서 레인지의 힘을 보여 준다.

12장
의도적인 아마추어

1954년 1월 23일은 토요일이었다. 올리버 스미시스Oliver Smithies 는 으레 그랬듯이 토론토에 있는 연구실에 나와 있었다. 자신이 〈토요일 아침 실험〉이라고 부른 것을 하기 위해서였다. 토요일에는 아무도 나오지 않았기에, 평일 때와 달리 엄격한 제약을 받지 않으면서 자유롭게 실험을 할 수 있다고 느꼈기 때문이다. 토요일에는 이런저런 사항들을 꼼꼼하게 따질 필요가 없었다. 그는 이 시간을 활용해 주중에는 시간과 장비의 낭비라고 여겨졌을 법한 실험에 매달렸다. 자신의 주된 연구 과제와 거의 상관없긴 하지만, 흥미롭다고 여기는 실험을 해볼 수 있었다. 그는 뇌가 매일 하는 일이 아닌 다른 것을 생각할 기회를 주어야 한다고 말하곤 했다. 〈토요일에는 완전히 합리적으로 살 필요가 없다.〉

스미시스가 속한 연구실은 인슐린을 연구하고 있었고, 인슐린 전구물질(前驅物質)을 찾는 것이 그가 맡은 일이었다. 그 연구는 전혀 진척이 없는 상태였다. 연구를 하려면 각 분자를 분리해야 했는데,

당시에는 특수한 종류의 젖은 종이를 써서 분리했다. 종이에 분자 혼합물을 찍은 뒤 전기를 통하게 했다. 그러면 분자들이 종이의 섬유 사이로 움직이면서 서로 분리되었다. 그런데 인슐린은 그 자리에 들러붙어서 꼼짝하지 않았다. 스미시스는 그 지역의 아동병원에서 종이 대신에 젖은 녹말을 써서 그런 시도를 했다는 이야기를 들은 적이 있었다. 녹말을 쓰면 분자가 꼼짝하지 않는 문제를 해결할 수 있었지만, 분리시킨 뒤 녹말을 50조각으로 잘라서 어느 조각에 어떤 분자가 들어 있는지 하나하나 분석해야 했다. 그러려면 엄청난 시간이 걸릴 테니, 아예 시작하지 않는 편이 나았다. 그런 고민을 하고 있는데, 그의 머릿속에 뭔가 떠올랐다. 열두 살 때의 일이었다.

스미시스는 영국 핼리팩스에서 자랐다. 그는 어머니가 아버지의 셔츠 깃에 녹말풀을 먹여서 빳빳하게 만드는 모습을 지켜보곤 했다. 어머니는 셔츠를 끈적거리는 뜨거운 녹말풀에 담갔다가 꺼내어 다림질을 했다. 그는 어머니를 도와서 녹말풀을 만들곤 했는데, 녹말이 식으면 엉겨 붙어서 젤리처럼 되었다.

스미시스는 연구동의 마스터키를 갖고 있었기에, 비품장을 뒤져서 녹말가루를 찾아냈다. 가루를 물에 풀어서 끓인 뒤 식히자 젤이 되었다. 그는 종이 대신에 그 젤로 분리 실험을 해보았다. 전류를 가하자, 인슐린 분자들이 젤을 따라 움직이면서 크기별로 분리되었다. 그날의 실험일지에 그는 〈아주 유망함!〉이라고 적었다.[1] 그 뒤 여러 해에 걸쳐서 이른바 〈젤 전기영동gel electrophoresis〉 기술은 점점 다듬어졌고, 그리하여 생물학과 화학에 혁신을 일으켰다. DNA 조각들과 혈청 성분들을 분리해 연구하는 데 널리 쓰여 왔다.

2016년에 스미시스를 찾아갔을 때, 그는 연구실에 있었다. 당시 나이가 아흔 살이었다. 그는 콩팥이 크고 작은 분자들을 어떻게 분리하는지를 생각하고 있었다. 「지금 그게 토요일 아침 이론 실험이지요.」

스미시스가 이야기할 때 든 인상은 그가 실험을 정말로 즐긴다는 것이었다. 연구실에서만이 아니라, 평소 생활에서도 그랬다. 그는 내가 이 책에서 탐구하겠다고 나선 많은 원칙들을 스스로 구현한 사람이었다. 바깥에서 보면, 그는 극도의 초전문가 같다. 아무튼 그는 분자생화학자였다. 스미시스의 전공이 사실 분자생화학이 아니라는 사실을 무시한다면 그렇다. 그는 처음에 의학을 공부하다가 화학과 생물학을 결합하는 일을 하고 있는 한 교수의 강의를 듣고서 생각을 바꾸었다. 「그는 어떤 의미에서는 아직 창안되지 않은 새로운 학문을 강의했던 겁니다. 경이로웠지요. 그래서 나는 생각했어요. 〈저걸 하고 싶어. 화학을 좀 배워 놔야겠어.〉」그는 동전을 던져서 결정하기로 했고, 화학을 공부하는 쪽으로 돌아섰다. 그는 자신이 뒤처져 있다는 생각은 결코 한 적이 없었다. 오히려 정반대였다. 「정말로 아주 유익했지요. 결국 나는 생물학적 배경이 탄탄했고 생물학에 겁먹지 않았고, 이어서 화학도 두려워하지 않게 되었으니까요. 분자생물학에 뛰어든 초창기에 그 덕을 많이 봤어요.」오늘날 초전문화처럼 보이는 것이 사실 당시에는 대담한 융합이었던 것이다.

내가 만났을 때 그는 노스캐롤라이나 대학교의 교수였다. 그는 9개월 뒤에 아흔한 살을 일기로 세상을 떠났다. 삶이 다하는 날까지 그는 학생들에게 수평적으로 생각하고, 경험의 폭을 넓히고, 나름의 길을 개척하면서 직무 적합도를 탐색하라고 권했다. 그는 내게 이렇게 말했다. 「이렇게 가르치려고 애써요. 〈박사 지도교수의 클론으로 끝나지 말라〉고요. 갈고닦은 기술을 똑같은 일을 하는 데 쓰지 말라고요. 그 기술을 새로운 문제에 적용하거나, 자신이 접한 문제에 전혀 새로운 기술을 시도해 보라고요.」

스미시스는 자신의 말을 실천한 인물이었다. 50대에 그는 안식년을 맞이했을 때, 같은 건물의 2층 아래에 있는 연구실로 가서 DNA를 다루는 법을 배우기로 했다. 그는 인슐린의 전구물질을 결코 발견하지 못했지만, 2007년 노벨상을 받을 당시에는 유전학자가 되어 있었다. 동물을 대상으로 연구할 수 있도록 질병 유발 유전자를 변형시킬 방법을 조사하고 있었다. 그 점에서 그는 늦깎이 전문가였다. 나는 그에게 최근에 어느 큰 연구 전문 대학교의 단과대 학장과 나눈 이야기를 들려주었다. 그 학장은 데이터 분석 기법을 써서 직원의 기여도를 평가하고 임금과 승진을 결정하는 연구를 하고 있었다. 학장은 내게 화학자는 박사 학위를 받은 지 20년 뒤에는 무능한 존재가 되어 있기 마련이라고 했다. 스미시스는 웃음을 터뜨렸다. 「참나, 나는 가장 중요한 논문을 예순 살쯤에 발표했어요.」 2016년에 연구자 1만 명의 경력을 분석했더니, 경험과 기여도 사이에는 아무런 일관적인 관계가 없다고 나왔다.[2] 가장 큰 영향을 미친 논문이 생애 첫 논문일 수도 있고, 열 번째 논문이거나 마지막 논문일 수도 있다(물론 연구자가 젊었을 때 논문을 더 많이 발표하는 경향은 있었다).

내가 스미시스에게 녹말풀 셔츠 기억이 시든 기술을 이용한 수평적 사고의 사례라고 말하자, 그는 자신이 1990년에 에드윈 서던

Edwin Southern과 게어드너상(나중에 노벨상을 받을 가능성이 높음을 예고하는 상 중 하나)을 공동 수상했다고 덧붙였다. 서던도 언뜻 볼 때 전혀 상관이 없어 보이는 어릴 적 기억을 연관 지어서 큰 발견을 했다. 「그는 사이클로스타일 인쇄를 떠올렸지요.」 광택지와 스텐실 방식을 이용한 오래된 등사 방식이었다. 서던은 그 기억을 토대로 〈서던 블롯법Southern blot〉을 개발했다. 특정한 DNA 분자를 검출하는 방법이다. 요코이 군페이가 알았다면 즐거워했을 것이다. 그러나 그런 기술들은 투유유(屠呦呦)가 활용한 낡은 기술에 비하면 아무것도 아니었다. 투유유는 중국 국적인 사람 중에서 최초로 2015년 노벨 생리의학상을 받았으며, 모든 분야를 통틀어 최초로 노벨상을 받은 중국 여성이었다.

투유유는 〈3무(無) 교수〉라고 알려져 있다. 중국과학원의 회원도 아니었고, 외국에서 연구원 생활을 한 경험도 없었으며, 대학원 학위도 없었기 때문이다. 투유유보다 앞서 과학자들이 말라리아 치료제를 찾기 위해 검사한 화합물은 24만 가지나 되었다.[3] 투유유는 현대 의학과 전통 의학에 다 관심이 있었는데, 4세기의 중국 연금술사가 쓴 책[4]에서 개똥쑥으로 치료약을 만들었다는 내용을 읽고서 영감을 얻었다. 그야말로 가장 낡은 기술이라고 할 수 있을 것이다. 그녀는 아르테미시닌artemisinin이라는 개똥쑥 추출물로 실험을 시작했다(처음에는 혼자서). 아르테미시닌은 현대 의학이 발견한 가장 놀라운 약물 중 하나로 꼽힌다. 아프리카의 말라리아 환자 중에서 아르테미시닌 기반의 치료법으로 나은 사람이 2000년부터 2015년 사이에 1억 4600만 명에 달하는 것으로 추정된다.[5] 투유유는 많은 불리함을 안고 있었지만, 변두리에 있었기에 오히려 남들이 감히 들여다보려고 하지 않는 곳을 살펴보기가 훨씬 수월했다는 이점을 지니고 있었다. 스미시스가 토요일 아침에 추구했던 것도 바로 그런 이점이었다.

스미시스는 연구자로 지내는 동안 150권에 달하는 연구 일지를 썼다. 그는 일지를 죽 넘기면서 내게 중요한 기록이 있는 면들을 보여 주면서 계속 반복했다. 「이것도 토요일에 했네요.」 내가 그 점을 지적하자, 그는 말했다. 「맞아요, 나는 사람들에게 늘 말하곤 해요. 〈왜 당신들은 토요일에 안 나왔냐고!〉」

물론 이런 돌파구는 드물게 예외적으로 일어난 것들이었다. 어느 토요일 오전 실험 때에는 사고로 중요한 장비가 망가졌다. 또 악취가 나는 화학물질에 신발이 흠뻑 젖은 날도 있었다. 그는 신발을 밖에 내놓아서 충분히 냄새를 날렸다고 생각했는데, 지나가던 할머니가 옆 사람에게 어디서 시체 냄새가 나지 않느냐고 묻는 소리를 들었다. 스미시스는 〈무엇이든 갖다가〉 실험하려는 욕구를 떨치지 못했고, 동료들도 다 눈치챘다. 그래서 동료들은 망가진 장비를 내버리는 대신에 〈NBGBOKFO〉라고 쪽지를 붙여서 그를 위해 놔두곤 했다.[6] 〈아주 좋지는 않지만, 올리버에게는 괜찮음no bloody good, but OK for Oliver〉의 약어였다.

창의적인 사상가들을 조사할 때 반복해서 나타나는 주제는 그들이 열정적으로, 더 나아가 어린아이처럼 즐겁게 매달린다는 것이다. 맨체스터 대학교의 물리학자 안드레 가임Andre Geim은 (스미시스와는 전혀 무관하게) 〈금요일 밤 실험〉을 하고 있다. 2000년 그에게 이 그노벨상을 안겨 준 연구도 금요일 밤에 시작되었다. 이그노벨상은 언뜻 볼 때 터무니없거나 사소해 보이는 연구에 주어진다. 이그노벨 상의 마스코트는 로댕의 「생각하는 사람The Thinker」 조각상에서 착 안한 것인데, 이 〈골칫거리The Stinker〉는 그 조각상이 발판에서 굴러 떨어져서 바닥에 누워 있는 모습이다. 선정된 수상자에게는 먼저 상 을 받을 의향이 있는지 물어본다. 자신의 평판을 고려해 볼 수 있도 록 하기 위해서다. 가임은 강한 자석으로 개구리를 공중 부양한 실 험으로 그 상을 받았다(개구리와 그 개구리가 들어 있는 물은 반자성 을 띤다. 즉 자기장에 밀려난다).

말할 필요도 없지만, 금요일 밤 실험은 연구비 지원을 받지 않으며, 대부분은 아무 성과도 없다. 그러나 개구리 실험 이후에, 또 다른 금 요일 밤 실험으로 〈도마뱀붙이 테이프〉가 탄생했다. 도마뱀붙이의 발에서 착안한 접착 물질이었다. 스카치테이프를 붙였다 떼어서 흑 연을 얇게 벗겨 내는 실험도 있었다.[7] 흑연은 연필심의 원료다. 이 낮 은 수준의 기술에서 시작된 연구는 그래핀의 생산으로 이어졌고, 그 업적으로 가임과 그의 동료 콘스탄틴 노보셀로프Konstantin Novoselov 는 2010년 노벨 물리학상을 받았다. 그래핀은 두께가 사람 머리카락 굵기의 10만 분의 1이면서, 강철보다 200배 더 튼튼한 물질이다.[8] 유 연하면서 유리보다 투명하고 탁월한 전도체다. 거미에게 그래핀을 먹이자 케블라 방탄조끼보다 훨씬 더 튼튼한 거미줄을 자아냈다.[9] 그 래핀은 원자 하나 두께의 탄소 띠로 이루어져 있으며, 그전까지는 오 로지 이론상으로만 존재한다고 여겨졌다. 가임과 노보셀로프가 세계에서 가장 권위 있는 학술지 한 곳에 논문을 제출했을 때, 심사자 중 한 명은 불가능한 일이라고 평했고, 또 한 명은 〈흡족할 만한 과학적 발전〉을 이룬 것이 아니라고 평가했다.[10]

예술사가인 세라 루이스Sarah Lewis는 창의적인 성취 사례를 연구하는데, 가임의 마음 자세가 〈의도적인 아마추어〉의 모범 사례라고 보았다.[11] 그녀는 〈아마추어〉가 원래 모욕하는 말이 아니라, 어떤 특정한 일에 몰두하는 사람을 가리키는 라틴어였음을 지적했다. 〈혁신과 숙달의 한 가지 역설은, 돌파구가 길을 가기 시작할 때가 아니라 마치 막 시작한 척하면서 이리저리 방황할 때 일어나곤 한다는 것이다.〉 가임은 한 과학 소식지로부터 자신의 연구 방식이 어떤지 말해 달라는 요청을 받고(노벨상을 받기 2년 전에) 이렇게 답했다. 〈좀 특이하다고 말해야겠다. 나는 깊이 파고들지 않는다. 얕게 뜯어먹는다. 그래서 박사 후 연구원이었던 이래로 약 5년마다 다른 주제로 옮겨 가곤 했다. (……) 요람에서 무덤까지 늘 같은 것만 연구하고 싶지가 않다. 때로 나는 재탐구가 아니라, 오로지 탐구에만 관심이 있다고 농담하곤 한다.〉[12] 가임이 인생의 〈곧게 뻗은 철로〉라고 부르는 것에서 벗어나면 〈심리적으로 불안〉하지만, 거기에는 나름의 이점이 있다. 〈그 분야에서 일하는 이들이 결코 질문할 생각을 하지 않은 것들을 질문할〉[13] 수 있고 동기 부여도 되기 때문이다. 그의 금요일 저녁은 스미시스의 토요일 아침과 비슷하다. 평일의 표준적인 연구 활동이 폭넓게 방랑하면서 이루어지는 탐사와 균형을 이룬다. 그들은 물리학과 생물학이 만나는 분야에서 연구를 한 노벨상 수상자 막스 델브뤼크Max Delbrück가 〈한정된 너저분함 원리principle of limited sloppiness〉[14]라고 부른 것을 실천한다. 델브뤼크는 너무 신중해지지 않도록 주의를 기울이라고 경고했다. 그랬다가는 자신도 모르게 탐사 범위를 제한할 것이라고 말했다.

노보셀로프는 가임의 박사 과정 학생이었는데, 가임은 동료로부터 노보셀로프가 다른 연구실에서 〈인생을 낭비하고 있는 양 보인다〉는 말을 듣고서 그를 받아들였다. 연구실을 옮긴 노보셀로프는 장비들은 이전 연구실에 있던 것과 비슷했지만, 〈관심 있는 분야를 스스로 연구할 기회와 융통성〉이 주어진다는 것을 알았다.[15] 『사이언스』에 실린 그의 이력에는 〈폭을 향하여〉와 〈얇게 펴기〉라는 항목들이 있었다. 지난 40년 동안의 역대 노벨 물리학상 수상자 중 가장 젊은 나이인 서른여섯 살에 수상했다는 내용이 없었더라면, 그가 한참 뒤처져 있고 정말로 별 볼 일 없는 사람처럼 들릴 내용이었다.

반 고흐나 프랜시스 헤셀바인, 많은 젊은 운동선수들처럼, 노보셀로프도 바깥에서 보면 뒤처진 사람처럼 보였을 것이다. 갑자기 전혀 그렇지 않다는 것이 드러나기 전까지는 말이다. 그는 운이 좋았다. 그는 정신적 방랑을 효율성이라는 미명 아래 박멸되어야 하는 해충으로서가 아니라, 경쟁 우위 요소로 보는 일터를 만났기 때문이다.

조기 교육이라는 종파로부터는 그런 유형의 보호를 받기가 점점 힘들어지고 있다. 어느 시점에서 우리 모두는 정도의 차이는 있지만 전문화하므로, 일찍부터 전문화에 매달리는 것이 논리적으로 보일 수 있다. 다행스럽게도 조기 교육 종파에 맞서서 균형을 잡아 주는 일을 하는 개척자들이 있다. 그들은 지금까지 말한 모든 것을 다 갖추기를 원한다. 깊은 경험에서 우러나온 지혜를 갖추면서 정신적 방랑을 하고, 전문가를 양성하는 훈련 프로그램을 받으면서도 제임스 플린의 과학적 안경을 활용할 폭넓은 개념 기술을 갖추고, 학제 간 교배의 창의적인 힘을 지니기를 원한다. 그들은 자기 자신만이 아니라 모든 사람을 위해서, 그리고 초전문화와 동의어인 분야들에서도 타이거의 추세를 뒤집고 싶어 한다. 그들은 발견의 미래가 거기에 달려 있다고 주장한다.

아르투로 카사드발Arturo Casadevall과 몇 분만 이야기를 나누어 보면, 그가 잔이 아직 반이나 차 있다고 보는 부류임을 알게 된다. 그의 생애에서 가장 흥분되었던 날 중 하나는 중력파가 검출되었을 때다. 그런데 중력파는 그의 전공 분야가 아니다. 그는 눈을 동그랗게 뜨면서 이야기를 한다. 「10억 년 전 우주 공간에서 두 블랙홀이 충돌했고, 그 중력파는 10억 년 동안 시공간으로 퍼져 나갔습니다. 그 신호가 생겨났을 때, 지구의 생명은 〈단세포〉 상태였어요. 그런데 그 중력파가 지구에 도달할 무렵에 인류는 두 대의 간섭계를 건설해 검출했지요. 그러니 정말로 대단한 성취라고 할 수 있습니다.」 그는 의학 박사 학위와 전공 분야 박사 학위도 갖고 있으며, 자신의 분야인 미생물학과 면역학에서 스타 과학자이기도 하다. 그는 에이즈와 탄저균을 연구해 왔고, 곰팡이 질병의 진행 과정 쪽으로도 중요한 발견들을 해왔다. 과학자의 생산성과 인용 횟수의 척도인 〈h지수〉에서 그는 최근에 아인슈타인을 넘어섰다.* 그래서 그가 2015년 존스홉

* 과학자들이 발표하는 논문이 예전보다 훨씬 더 많으므로, 완전히 공정한 비교라고 할 수는 없지만, 그래도 여전히 카사드발은 아주 희귀한 부류에 속한다.

킨스 블룸버그 공중보건대에 분자미생물학 및 면역학 과장으로 부임해 과학 연구가 위기에 처해 있다고 경고했을 때, 동료들은 그 말을 진지하게 받아들였다.

새 동료들에게 한 강연에서 카사드발은 진보의 속도가 느려지고 있는 한편, 과학 문헌이 철회되는 비율은 점점 높아지면서 새 연구 결과가 발표되는 비율을 넘어서고 있다고 선언했다. 「이 추세가 계속된다면, 몇 년 안에 모든 문헌이 철회될 겁니다.」[16] 물론 블랙 유머였지만, 그래도 나름 자료에 토대를 두고 있었다. 그는 이 문제가 어느 정도는 젊은 과학자들이 생각하는 법을 배우기도 전에 전문화를 위해 달려들기 때문에 나타난다고 주장했다. 결국 그들은 좋은 연구 결과를 내놓을 수도 없고, 동료들의 나쁜(또는 기만적인) 연구 결과를 간파할 능력도 갖추지 못하게 된다는 것이다.

카사드발이 뉴욕시 알베르트 아인슈타인 의대의 편한 자리를 버리고 존스홉킨스로 옮긴 이유는 새 자리가 그에게 대학원 과학 교육, 더 나아가 〈모든〉 교육이 어떠해야 한다고 생각하는 것의 원형을 창조할 기회를 제공했기 때문이다.

주류 추세와 달리, 카사드발은 생물학 및 교육학 교수인 군둘라 보슈Gundula Bosch와 함께 탈전문화 교육을 하고 있다. 전문가들 중에서도 가장 특수한 분야의 전문가가 되고자 하는 학생들도 대상으로 삼는다. R3 이니셔티브 — R3는 엄밀함Rigor, 책임Responsibility, 재현성Reproducibility을 뜻한다 — 라는 이 교육 프로그램은 철학, 역사학, 논리학, 윤리학, 통계학, 커뮤니케이션, 리더십을 포함하는 융합 강좌들로 시작한다. 〈우리는 무엇이 진실인지 어떻게 아는가?〉라는 강좌에서는 여러 분야를 역사적으로 훑으면서 어떤 증거 유형들이 있는지를 조사한다. 〈과학적 오류의 해부〉라는 강좌에서는 학생들이 탐정이 되어서 실제 연구 결과들을 훑으면서 부정행위가 있었는지, 또는 엉성한 방법이 쓰였는지 단서를 찾아보는 한편으로, 오류와 우연한 발견이 어떻게 엄청난 발견으로 이어지는지도 배운다.

카사드발이 2016년에 한 전문가 토론회에서 폭넓은 교육이 필요하다는 견해를 피력하자, 토론자로 나선 『뉴잉글랜드 의학회지』(매우 권위가 있으면서 논문 철회율이 높은 학술지[17])의 편집가는 의사와 과학자를 양성하는 교과 과정은 가뜩이나 꽉 차 있는데 거기에 교육 시간을 더 추가한다는 것은 불합리한 일이라고 반박했다. 「그럴 때 나는 말하곤 합니다. 시간은 그대로 유지하되, 다른 모든 상세한 내용은 좀 줄이자고요. 2주 사이에 깡그리 잊게 될 아주 세세하고, 아주 전문적이고, 아주 심오한 것들을 엄청나게 많이 제시하는 지독히도 전문적인 지식을 가르치는 강좌들을 과연 다 들을 필요가 있는 걸까요? 특히 오늘날 모든 정보가 휴대전화에 다 들어 있는 시대에 말입니다. 우리는 인류의 모든 지식을 찾아볼 수 있는 휴대전화를 갖고 다닙니다. 그러나 그 지식을 어떻게 통합할지에는 전혀 관심이 없어요. 우리는 사람들에게 생각이나 추론을 하는 법을 가르치지 않고 있어요.」

의사와 과학자는 자신이 쓰는 도구들의 바탕에 깔린 기본 논리조차 배우지 않고 넘어갈 때가 많다. 2013년 의사와 과학자로 이루어진 한 연구진은 하버드와 보스턴 대학교의 산하 및 협력 병원에 있는 의사와 의학생들에게 의학에서 으레 접하는 유형의 문제를 하나 제시했다.

발병률이 1,000분의 1인 질병을 찾아내는 검사에서 거짓 양성 반응이 나올 확률이 5퍼센트라면, 검사에서 양성으로 나온 사람이 실제로 그 병에 걸렸을 확률이 얼마나 될까? 증상이나 징후는 전혀 모르는 상태라고 가정하자.[18]

정답은 약 2퍼센트(정확히 말하면 1.96퍼센트)다. 즉 약 2퍼센트만이 실제로 그 병을 지니고 있다. 의사와 의학생들 중 정답을 맞힌 사람은 4분의 1에 불과했다. 가장 많이 나온 답은 95퍼센트였다. 진단 검사를 직업으로 삼는 전문가들에게는 아주 단순한 문제임에도 말이다. 표본이 1만 명이라고 하면 그 병에 걸린 사람은 열 명일 것이고, 그들은 검사 때 실제로 양성으로 나온다. 한편 거짓 양성 반응을 보이는 사람은 5퍼센트이므로, 500명이 된다. 따라서 검사에서 양성으로 나온 510명 중 열 명, 즉 1.96퍼센트만이 실제로 병에 걸려 있다. 이 문제는 직관적이지는 않지만, 어려운 것도 아니다. 모든 의학생과 의사는 이 문제를 풀 수학 능력을 지니고 있다. 따라서 제임스 플린이 명석한 대학생들의 기본 추론 능력을 검사했을 때 알아차렸던 것처럼, 이들도 그럴 능력을 갖고 있음에도 불구하고 자기 직업에 필요한 폭넓은 추론 도구를 쓸 준비가 되어 있지 않은 것이 분명했다.

카사드발은 내게 말했다. 「적어도 강좌들을 통해서 학생들에게 사실들을 가득 불어넣는 의학과 기초 과학 분야에서는 어느 정도 그 지식의 배경뿐 아니라, 사고 도구도 가르쳐야 한다고 봅니다. 그런데 지금은 모든 것이 거꾸로 가고 있어요.」

그는 현행 시스템을 중세 길드에 비교했다. 그는 동료와 공동 저술한 글에 이렇게 썼다. 〈중세 때 유럽에 출현한 길드 체계는 장인들과 상인들이 전문적인 기술과 상업을 보호하고 유지하기 위해 고안한 것이었다. 비록 그런 길드는 오랜 도제 생활을 통해서 자기 분야의 기술을 완벽하게 갈고닦은 고도로 훈련된 전문가들을 배출하곤 했지만, 보수주의를 부추기고 혁신을 억누르는 역할도 했다.〉[19] 훈련과 직업상의 유인책은 전문화를 촉진함으로써, 지적으로 서로 고립된 섬들을 만드는 데 맞추어져 있었다.

한 특정한 미생물을 연구하는 과학자들만을 초청하는 학술 대회들은 점점 늘어나고 있다. 반면 종이에 베였을 때의 신체 반응을 완전히 이해하는 일은 면역 반응이 하나의 통합 체계임에도 혈액학과 면역학의 초전문가들이 각자 그 퍼즐의 특정한 조각에만 초점을 맞추기 때문에 지장을 받았다.

「평생을 한 세포 유형만 붙들고 연구할 수 있다면, 연구비를 따면서 그 일을 계속할 가능성이 훨씬 더 높아집니다. 통합하라는 압력조차 없지요. 사실 B세포가 대식세포와 어떻게 통합되는지(면역계의 기본 상호작용 중 하나인)*를 연구하겠다고 연구비 신청서를 쓴다면, 그 신청서를 아무도 검토하지 않을 수도 있어요. 대식세포 연구자에게 보내면 이렇게 말할 겁니다. 〈참나. 왜 내게 보낸 거야? 나

---

* 상처로 세균이 들어오면, B세포는 세균에게 달라붙는 항체를 분비하고, 세균을 파괴하는 대식세포를 세균이 있는 곳으로 안내한다.

는 B세포를 모른다고.〉 이 체계는 우리를 각자 참호에 처박아 놓고 있어요. 기본적으로 나란히 판 참호들 속에 한 명씩 들어가 있는 겁니다. 그런데 일어서서 옆 참호에서 누가 뭘 하고 있는지 들여다보는 사람이 거의 없어요. 관련이 있을 때가 많은데도요.」**

이 말에서 단어 몇 개만 바꾸면, 그가 묘사한 나란히 판 참호 체계는 다른 많은 분야들에도 들어맞을 수 있다. 이 책을 위해 취재할 때, 미국 증권거래위원회의 한 임원이 내가 전문화에 관한 책을 쓰고 있다는 말을 들었다면서 연락해 왔다. 그 임원은 전문화가 2008년 세계 금융 위기 때 결정적인 역할을 했다는 사실을 알고 있느냐고 물었다. 「보험 감독 기관은 보험만 주시했고, 은행 감독 기관은 은행만 주시했고, 증권 감독 기관은 증권만 주시했고, 소비자 감독 기관은 소비자만을 주시했어요. 하지만 신용 보증 업무는 이 모든 시장들에 다 걸쳐 있지요. 그런데 우리는 상품들을 전문 분야별로 나누고, 규제도 전문 분야별로 나누었죠. 그러다가 문제가 생긴 겁니다. 〈이 시장들 전체는 누가 관리하지?〉 전문 분야별로 나누어 접근하다 보니 시스템 전체를 못 본 거지요.」

2015년 카사드발은 지난 35년 동안 생명의학 연구비가 기하급수적으로 증가해 왔지만, 발견의 속도는 느려져 왔다는 것을 보여 주었다.[20] 영국이나 미국 같은 생명의학 분야의 첨단을 달리는 나라들

** 학제 간 융합 연구는 초전문화를 시사하는 것이 아니라는 이유로 폄하되곤 한다. 과학자 다이애나 로텐Diana Rhoten과 스테파니 퍼먼Stephanie Pfirman은 『인사이드 하이어 에드Inside Higher Ed』에 여성이 융합 연구에 종사할 가능성이 더 높은 듯하지만, 젊은 여성들은 융합 연구를 하지 말라거나 〈절대로 진지하게 할 생각을 말라〉고 말리는 말을 으레 듣는다고 썼다.

의 기대 수명은 수십 년 동안 늘어나다가 최근 들어서는 다시 짧아지고 있다.[21] 해마다 전 세계에서 독감으로 사망하는 사람이 수십만 명에 달하지만, 우리는 1940년대에 나온 성가신 방식으로 생산되는 백신에 여전히 의존하고 있다. 카사드발의 모친은 아흔세 살인데, 그가 1980년대에 전공의로 일할 때 쓰던 다섯 가지 약을 처방받고 있다. 「그중 두 가지는 나보다 오래된 겁니다.」 다른 두 종류도 그보다 그리 젊지 않다. 「그것밖에 못하고 있다는 사실이 도무지 믿어지지가 않아요.」 그는 잠시 말을 멈추고는 고개를 기울이면서 몸을 앞으로 내밀었다. 「누군가 학제 간 연구비 신청서를 쓰면, 그 신청서는 A나 B 어느 한쪽을 극도로 전문적으로 연구하는 전공자에게 전달됩니다. A와 B의 경계면에 있는 접점을 볼 수 있는 사람에게 전달된다면 운이 좋은 거죠. 그 경계면에서 엄청난 발전이 이루어진다는 것은 누구나 인정하지만, 과연 누가 그 경계면을 지키고 있겠어요?」

그래도 전문 분야 사이의 경계면, 그리고 서로 배경이 전혀 다른 창작자들 사이의 경계면을 연구하는 이들이 있어 왔으며, 그런 경계면은 지키고 있을 가치가 있다.

노스웨스턴과 스탠퍼드의 연구진이 창의적인 성과를 내는 네트워크들을 분석했더니, 〈보편적인〉 양상이라고 볼 수 있는 것이 하나 드러났다.[22] 경제학 연구진을 살펴보든 생태학 연구진을 살펴보든, 브로드웨이 뮤지컬을 쓰고 작곡하고 제작하는 팀을 살펴보든 간에, 번성하는 생태계는 팀들 사이의 경계가 흐릿했다.

성공한 집단의 기름진 토양 역할을 하는 전문가 네트워크에서는,

개인들이 조직과 분야의 경계를 가로질러서 팀들 사이를 수월하게 돌아다니면서 새로운 협력자를 찾아냈다. 반면에 성공하지 못한 팀들을 낳는 네트워크는 고립된 소규모 집단들로 쪼개져 있었고, 그 안에서 늘 같은 사람들끼리만 함께 일하고 있었다. 효율적이고 편안하겠지만, 창의적인 엔진은 분명히 아니었다. 네트워크를 연구하는 노스웨스턴 물리학자 루이스 A. 누네스 아마랄Luís A. Nunes Amaral은 〈성공한 팀과 성공하지 못한 팀을 비교하면 네트워크 자체가 달라 보인다〉고 말한다.[23] 아마랄의 말은 개별 팀보다는 성공한 팀을 낳는 더 큰 생태계를 비교하는 쪽이다.

대성공을 거두든 대실패로 끝나든 간에 어느 시기에 브로드웨이 뮤지컬의 상업적 운명은 특정한 유명인의 명성보다는 관계자들이 얼마나 잘 화합해 활기차게 협력하느냐와 더 관련이 있었다.[24] 1920년대에는 콜 포터, 어빙 벌린, 조지 거슈윈, 로저스와 해머스타인(비록 둘은 아직 협력 작업을 하지 않고 있었지만) 등이 제작한 뮤지컬이 수십 편 나왔지만, 새 작품들 중 90퍼센트는 처참한 실패로 끝났다. 경계를 넘는 일이 거의 없이, 늘 하던 사람끼리만 계속 협력하는 정체된 시기였다.

아마랄과 공동 연구를 한 사회학자 브라이언 우지Brian Uzzi는 새로운 협력을 통해서 창작자는 〈한 분야에서 당연시하는 개념을 새로운 분야로 들여오는데, 그럴 때 그 개념은 갑자기 새로운 발명으로 여겨진다〉고 했다. 그는 인간의 창의성이 기본적으로 〈생각의 수출입 산업〉이라고 말했다.

우지는 인터넷이 알려지기 전인 1970년대에 자연과학과 사회과학 양쪽에서 시작된 수출입 추세를 분석했다.[25] 성공한 팀일수록 구성원들이 훨씬 더 다양한 경향이 있었다. 서로 다른 기관에서 온 구성원들이 섞여 있는 팀일수록 그렇지 않은 팀보다 성공할 가능성이 더 높았고, 다른 나라에서 온 구성원이 섞여 있는 팀도 마찬가지로 유리했다.

수출입 모형에 들어맞는 또 다른 사례는 해외에서 연구를 하는 과학자들 — 국내로 돌아오든 그렇지 않든 간에 — 이 그렇지 않은 이들보다 더 영향력이 큰 연구 성과를 내놓을 가능성이 높다는 것이다. 이 추세를 밝혀낸 경제학자들은 이민자의 〈중개〉 기회가 한 가지 이유일 수 있다고 제시했다.[26] 한 시장에서 널리 쓰이는 개념을 다른 시장에 도입할 기회를 갖는다는 것이다. 그렇게 도입된 개념은 더 희귀하기에 더 높은 가치를 지니게 된다.* 새 기술을 낡은 문제에 적용하거나, 새 문제를 낡은 기술에 적용하라는 올리버 스미시스의 조언을 떠올리게 한다. 전형적인 형식들 — 힙합, 브로드웨이 뮤지컬, 미국의 역사적 인물의 전기 등 — 의 비전형적 조합은 요행을 바라는 흥행 전략이 아니다.

우지 연구진은 지식의 비전형적인 조합이 중요한지를 알아보기 위해, 다양한 학문 분야들의 논문 1800만 편을 분석했다.[27] 어떤 논문이 거의 인용될 일이 없는 다른 연구 분야에서 인용된다면, 그 논문은 지식의 비전형적인 조합으로 쓰인 사례로 분류했다. 대다수의

* 창의성 연구자 딘 키스 사이먼턴은 일본의 혁신 역사를 연구했는데, 쇄국 정책을 펼치다가 전 세계에 문호를 개방하면서 이민자가 갑자기 밀려들었을 때 소설과 시에서 도자기와 의학에 이르기까지 다양한 분야에서 창의성이 폭발적으로 증가한 것으로 드러났다.[28]

논문은 오로지 기존 지식의 관습적인 조합에 기댄 것들이었다. 즉 학술지에 실린 다른 논문의 참고문헌 목록에 함께 적혀 있곤 하는 논문들을 인용하는 식이었다. 그런데 〈대박〉을 친 논문, 즉 나온 뒤로 10년 동안 다른 과학자들로부터 엄청나게 많이 인용된 논문은 꽤 관습적인 조합이긴 하지만, 색다른 지식 조합도 추가한 것이었다.

또 다른 국제적인 연구진은 50만 편이 넘는 연구 논문을 분석했다.[29] 그들은 어떤 논문이 전에는 〈결코〉 양쪽에 인용된 적이 없는 두 학술지에 함께 인용되면 〈새로운〉 것이라고 분류했다. 그러자 열 편 중에서 겨우 한 편만이 새로운 조합이었고, 여러 가지 새로운 조합의 논문은 스무 편에 겨우 한 편 꼴임이 드러났다. 연구진은 각 연구 논문이 끼친 영향을 시간별로 추적했다. 그러자 새로운 지식 조합을 이룬 논문은 덜 저명한 학술지에 실릴 가능성이 더 높았고, 또 발표될 당시에는 무시될 가능성이 훨씬 높다고 나왔다. 즉 처음 출발할 때는 느리게 나아갔다. 그러나 3년이 지나자, 새로운 지식 조합을 이룬 논문은 관습적인 논문보다 더 많이 인용되었고, 인용되는 횟수가 더욱 빠르게 늘어나기 시작했다. 15년 뒤에 보면, 여러 가지 새로운 지식 조합을 이룬 논문이 인용 횟수가 가장 많은 상위 1퍼센트에 들어가 있을 가능성이 훨씬 높았다.

요약하면 이렇다. 서로 동떨어진 지식 사이에 다리를 놓는 연구는 연구비 지원을 받을 가능성이 더 적고, 저명한 학술지에 실릴 가능성도 더 적고, 발표되었을 때 외면당할 가능성도 더 높지만, 장기적으로 보면 인류 지식의 도서관에서 대성공을 거둘 가능성이 더 높다.[30]

카사드발은 사례를 먼저 들면서 이야기를 끌어간다. 그와 대화를 나눌 때면 『안나 카레니나』, 『페더럴리스트』, 아이작 뉴턴과 고트프리트 라이프니츠가 과학자이자 철학자이기도 했다는 사실, 로마 제국이 혁신성을 잃은 이유, 호메로스의 『오디세이아』에 멘토르가 묘사된 방식 속에 멘토링의 핵심이 들어 있다는 내용 등 온갖 이야기가 섞이곤 한다. 그는 능글맞게 웃으면서 말했다. 「열심히 떠들어 대죠. 만나는 사람들에게 매일 뭐든 간에 자기 분야 너머의 논문을 읽으라고 늘 조언해요. 그러면 대부분은 이렇게 말합니다. 〈다른 분야의 논문까지 읽을 시간이 없어요.〉 그러면 나는 말하죠. 〈아니, 시간은 있어요. 그게 훨씬 더 중요한 일입니다.〉 우리 세계는 점점 커져 가고 있어요. 그러니 언젠가는 그런 연결을 이루어야 할 순간이 찾아올 겁니다.」

카사드발의 연구 계획 중 하나는 체르노빌 원자력 발전소 사고 현장으로 로봇을 들여보냈다는 신문 기사를 읽었을 때 떠올랐다. 30년이 지났음에도 여전히 심각하게 오염되어 있는 곳으로였다. 기사에는 로봇이 검은 곰팡이를 갖고 돌아왔다는 내용도 실려 있었다. 곰팡이는 버려진 원자로를 지저분한 샤워 커튼처럼 뒤덮고 있었다. 「그런데 왜 검은 곰팡이일까요?」 카사드발은 일부러 과장하면서 질문했다. 〈그러자 그 질문은 다른 질문으로 이어졌다.〉 그 결과 그의 연구진은 놀라운 발견을 했다. 그 곰팡이가 방사선으로 살아간다는 것이었다.[31] 즉 방사성 물질을 먹어서가 아니라 방사선 자체로부터 에너지를 얻었다.

카사드발은 연구실 바깥에서 얻은 경험들과 그 경험들이 오늘날의 자신에게 어떤 기여를 했는지를 강조한다. 그의 가족은 그가 열한 살 때 쿠바를 탈출해 퀸스 지역에 정착했다. 열여섯 살 때 그는 맥도날드에 첫 직장을 얻었고, 스무 살이 될 때까지 그곳에서 일했다. 그는 자신의 경력에 여전히 그 직업을 적고 있으며, 존스홉킨스에서 인터뷰를 할 때도 그 점을 확실하게 밝혔다. 「아주 아주 좋은 경험이었어요. 거기에서 일하면서 많은 것을 배웠지요.」 압력에 대처하는 방법 같은 것들이다. 그의 남동생도 거기에서 일했는데, 강도가 들이닥쳤을 때 잠시 인질이 되기도 했다. 「동생은 목격자 진술을 하기 위해 이틀 동안 증언대에 섰는데, 변호사들이 동생의 억양을 놀려 댔어요. 그래서 열 받아서 로스쿨에 들어가겠다고 결심했죠. 지금은 재판 변호사로 성공했지요.」 맥도날드를 떠난 뒤 카사드발은 은행 출납원으로 일했다(「거기서도 강도를 당했죠!」). 부친은 아들이 좀 더 든든한 일자리를 갖기를 원했고, 그래서 그는 지역 대학에 들어가서 해충 방역 자격증을 땄다. 그 자격증은 지금도 그의 방에 걸려 있다. 바로 옆에는 국립의학원 회원으로 선출되었다는 증서가 걸려 있다.

카사드발은 자기 전공 분야에서 유명하다. 그는 연구비를 따는 데 아무런 문제가 없으며, 연구비를 심사하는 위원으로도 종종 참여한다. 현재의 전문화 추세가 지속된다면, 그는 계속 잘나갈 것이다. 하지만 그는 그 체계를 무너뜨리는 것을 인생의 가장 중요한 목표로 삼고 있다. 그는 기초 과학이 정처 없는 탐사보다 효율성 쪽으로 점점 기울어질수록, 인류의 가장 크나큰 도전 과제들을 해결할 가능성은 점점 줄어든다고 믿고 있다.

라슬로 폴가르는 딸들을 대상으로 체스 실험을 할 때, 체스 이외의 분야에 협소한 전문화와 효율적인 교육이라는 자신의 방식을 적용해 아이 1천 명을 교육한다면, 〈암과 에이즈 같은 문제들〉이 해결될 가능성이 높아질 것이라고 주장했다. 카사드발은 혁신의 역사를 연구하는 사람이다. 그는 HIV/에이즈가 유행할 무렵에 의사이자 과학자가 되었다. 그런 경험 때문에 그는 그런 주장에 격렬하게 반대한다. 「내가 의대에 들어갔을 때, 의대에서는 레트로바이러스가 사람에게 결코 질병을 일으키지 않는다고 가르쳤어요. 몇몇 동물 종양에서 나타나는 신기한 것에 불과했지요. 1981년에 듣도 보도 못한 새로운 질병이 출현했어요. 1984년에야 레트로바이러스인 HIV가 원인이라는 것이 밝혀졌지요. 1987년에 첫 치료제가 나왔고요. 1996년에는 더 이상 그 병으로 죽지 않을 만치 효과가 있는 치료제가 나왔어요. 어떻게 그런 일이 가능했을까요? 제약사들이 갑자기 치료약을 만드는 일에 뛰어든 덕분일까요? 아닙니다. 진정으로 돌아보면서 분석해 보면, 그 병이 출현하기 전에 사회가 아주 힘들게 번 돈 중 일부를 레트로바이러스라는 신기한 것을 연구하는 데 투자했다는 것이 드러납니다. 동물에게서만 나타나는 신기한 것을 말이죠. 그래서 HIV가 레트로바이러스임이 밝혀졌을 무렵에는 이미 프로테아제(효소의 일종)를 차단하면 그 바이러스를 불활성화할 수 있다는 것을 알고 있었던 겁니다. 그래서 HIV가 출현했을 때, 사회는 아무런 쓸모도 없는 호기심의 대상에 투자함으로써 얻은 〈엄청난〉 양의 지식을 서가에서 곧바로 꺼낼 수 있었어요. 미국의 모든 연구비를 다 알츠하이머병에 쏟아붓는다고 해도 결코 해결책을 찾지 못할 가능성이 매우 높지요. 그러나 알츠하이머병의 답은 오이에 들어 있는 잘못 접힌 단백질에서 나올 수도 있어요. 그런데 오이에 관한 연구비 신청서를 어떻게 쓸 건가요? 신청서를 누구에게 보낼 건가요? 누군가가 오이에 든 접힌 단백질에 관심을 갖게 되고, 그것이 타당한 과학적 질문이라면, 하도록 놔두어야 해요. 오이를 고문하도록요.」

카사드발의 전반적인 요점은 혁신의 생태계가 레인지와 비효율을 의도적으로 보존해야 한다는 것이다. 그는 힘겨운 싸움을 하고 있다.

2006년 기자 생활을 막 시작했을 때, 나는 미국 상원의 과학과 우주에 관한 소위원회에서 연 기금 정책 청문회에 참석했다.[32] 의장은 텍사스 상원 의원인 케이 베일리 허치슨Kay Bailey Hutchison이었다. 허치슨은 잔뜩 쌓여 있는 과학자들이 제출한 연구비 신청서 서류들을 죽 훑으면서 제목을 큰 소리로 읽곤 했다. 제목이 새로 상업화할 수 있는 기술로 곧바로 이어질 가능성이 없어 보이면, 그녀는 서류 더미에서 휙 치우면서 이런 종류의 연구가 미국이 인도와 중국보다 앞서 나가는 데 대체 어떤 도움이 되겠느냐고 회의실에 있는 사람들에게 물었다. 허치슨이 기술 혁신을 방해한다고 분류한 분야들 중에는 생물학, 지질학, 경제학, 고고학도 있었다. 그녀가 실험실에서의 백신 합성으로 이어질 루이 파스퇴르(그는 원래 화가였다)의 닭에게 콜레라를 감염시키는 연구를 과연 어떻게 평가했을지 궁금하다. 또 시간이 중력이 센 곳과 약한 곳에서 서로 다르게 흐른다는 아인슈타인의 기발한 개념을 조사하겠다는 연구는? 그 이론은 휴대전화 같은 장치에서 GPS 위성의 시계를 중력을 감안해 조정해서 지상의 시계와 동조시켜서 활용하는 꽤 유용한 기술의 핵심을 이룬다.

제2차 세계 대전 때 페니실린의 대량 생산과 맨해튼 계획을 포함해 미국 국방과학을 총괄했으며, MIT 학장을 역임했던 배너바 부시 Vannevar Bush는 1945년에 프랭클린 루스벨트 대통령이 요구한 보고서를 내놓았다. 성공적인 혁신 문화가 무엇인지 설명하라는 것이었다. 보고서 제목은 「과학, 그 끝없는 변경Science, the Endless Frontier」이었다. 그 보고서를 토대로 국립과학재단이 설립되었고, 3세대에 걸친 재단의 지원으로 도플러 레이더와 광섬유에서 웹브라우저와 MRI까지 엄청나게 성공한 과학적 발견들이 이루어졌다. 부시는 이렇게 썼다. 〈폭넓은 전선에 걸쳐서 과학 발전은 미지의 것을 탐사하려는 호기심에 이끌리는 방식으로, 스스로 선택한 주제를 연구하는 자유로운 지성의 자유로운 활동의 산물이다.〉

최근 몇 년 사이에 거의 해마다 노벨상 시상이 있을 때면 한 가지 신기한 현상이 나타나곤 한다.[33] 수상자 중 누군가는 오늘날이라면 자신이 그런 돌파구를 이룰 수 없었을 것이라는 말을 수상 소감에 늘 끼워 넣곤 한다는 것이다. 2016년 일본의 생물학자 오스미 요시노리(大隅良典)는 노벨상 수상 강연을 불길한 말로 끝맺었다. 「과학에서 진정으로 독창적인 발견은 예측할 수 없고 뜻하지 않은 사소한 발견을 통해 촉발되곤 합니다. (……) 과학자는 자기 연구가 응용될 수 있다는 직접적이고 가시적인 증거를 달라는 요구를 점점 더 받고 있습니다.」 그리하여 조기 교육 열기는 원점으로 돌아온다. 즉 탐험

가는 찾아 나서기도 전에 자신이 무엇을 발견하게 될지 말할 수 있을 만큼 초효율적으로 대단히 협소하게 전문화한 목표를 추구해야 한다.

카사드발처럼 오스미도 응용이 최종 목표임을 알고 있지만, 문제는 거기에 도달하는 최선의 방법이 무엇인가다. 응용에 치밀하게 초점을 맞춘 기관들은 결코 부족하지 않다. 그중 몇 군데는 이 책에도 실려 있다. 그런데 왜 연구 세계 전체가 그런 식으로 전문화한 것일까? 지식인의 〈자유 활동〉이란 말은 지독히도 비효율적인 양 들린다. 성장하는 축구 선수가 특정한 기술을 갈고닦는 데 매진할 수 있는 시간을 자유 활동에 쓴다는 것과 같다. 그런데 돌파구가 어떻게 이루어지는지를 누군가가 실제로 시간을 들여서 연구하면, 바로 그렇게 나온다. 즉 2014년 월드컵에서 우승한 독일 팀의 선수들이 어떻게 성장했는지를 조사했더니, 〈이 선수들이 덜 체계적인 훈련을 했고, (……) 그중에서도 놀이 활동이 더 많은 비율을 차지했다.〉[34]

기본적으로 모든 초전문화는 좋은 의도를 갖고 이루어지는 효율성 추구 욕구다. 운동 기술을 계발하거나, 제품을 조립하거나, 장치의 작동법을 배우거나, 신기술을 연구할 가장 효율적인 방법을 찾아내려는 욕구다. 그러나 비효율성도 함양할 필요가 있다. 협소하게 초점을 맞춘 효율적인 발전이라는 폴가르식 지혜는 협소하게 구축된 친절한 학습 환경에서만 적합하다.

카사드발은 말했다. 「미지의 세계로 나아갈 때는 그냥 탐사하는 것이 대부분을 차지하게 됩니다. 비효율적이 되어야 해요. 지금은 이야기를 나누고 종합하는 시간이 완전히 사라졌어요. 사람들은 점심을 사무실로 싸들고 옵니다. 점심을 먹는 시간이 비효율적이라고 느끼는 거죠. 하지만 점심을 먹는 시간이 아이디어가 떠오르고 연결을 이루기에 가장 좋은 시간일 때가 종종 있어요.」

공학자 빌 고어Bill Gore는 듀폰을 떠나서 창업을 한 뒤에 고어텍스를 발명했다. 그는 기업이 위기 때 분야들 사이의 경계가 걷히면서, 시장에 가장 영향을 미칠 창의적인 일을 한다는 것을 간파한 뒤에 창업을 하기로 마음먹었다. 그는 이렇게 말하기도 했다. 〈의사소통은 사실 카풀을 할 때 이루어진다.〉 그는 이른바 〈장난치는 시간〉을 기업 문화의 일부로 삼았다.[35]

결론
자신의 레인지를 확장하기

내가 자료들을 보면 엘리트가 될 운동선수들이 대개 조기 전공자가 〈아님을〉 시사한다는 글을 쓰고 강연을 하기 시작했을 때, 반응 (특히 부모들의)은 확연히 두 범주로 나뉘었다. (1) 단순한 불신, 즉 「못 믿겠어요.」 (2) 「그래서요? 한마디로 조언하면요?」 반 고흐나 안 드레 가임이나 프랜시스 헤셀바인처럼 자신에게 안성맞춤인 자리에 다다르고 싶을 때 필요한 실험의 여정과 폭에 관한 조언을 한 문장으로 요약한다면? 그런 이들이 걸은 길이 그렇듯이, 나의 폭과 전문화 탐험도 비효율적이었고, 조언할 한 문장을 찾는 일로 시작한 것이 이 책으로 귀결되었다.

대중 매체에 실린 회고담을 보면, 혁신과 자기 발견의 이야기들이 A에서 B까지 차근차근 나아가는 여행처럼 여겨질 수 있다. 엘리트 운동선수의 여정을 다룬 영감을 자극하는 설명들은 직선 경로를 따른 것처럼 보이지만, 더 깊이 또는 시간의 흐름에 따라 살펴보면 이야기는 점점 모호해진다. 타이거의 경로라는 인기 있는 개념은 우회, 폭, 실험의 역할을 깎아내린다. 타이거의 경로는 불확실성이 적고 효율성이 높은 깔끔한 처방이기 때문에 매혹적이다. 어쨌든 이른 출발의 유리함을 누가 싫어하겠는가? 반면 실험은 깔끔한 처방이 아니지만, 흔하고, 이점이 있고, 그럴 듯하게 동기 부여를 부추기는 전형적인 말뿐인 처방보다 실패를 더 견뎌 낼 것을 요구한다. 돌파구가 이루어지려면 그만큼 큰 실패도 겪게 마련이다.

창의성 연구자 딘 키스 사이먼턴은 저명한 창작자들이 내놓은 작품이 더 많을수록, 실패하는 것도 많으며, 엄청난 성공을 거둘 가능성도 더 높아진다는 것을 보여 주었다.[1] 토머스 에디슨은 1천 가지가 넘는 특허를 갖고 있었지만, 대부분은 완전히 하찮은 것들이었고, 특허가 거부된 것들은 훨씬 더 많았다. 그는 엄청나게 많은 실패를 거듭했지만, 대량 생산된 전구, 축음기, 영사기의 원형 등 성공한 사례들은 세상을 뒤흔들었다. 셰익스피어는 『리어왕』과 『맥베스』의 사이에 『아테네의 타이먼 Timon of Athens』이라는 미흡한 작품을 썼다. 조각가 레이철 화이트리드Rachel Whiteread는 가임의 이그노벨상/노벨상 양쪽 수상과 비슷한 업적을 이루었다.[2] 그녀는 매해 영국 최고의 미술 작품에 주는 터너상을 받은 최초의 여성이 되는 동시에, 최악의 영국 미술가를 선정하는 〈반터너상〉도 받았다. 게다가 양쪽 상을 〈같은 해〉에 받았다. 나는 닌텐도에 관해 쓰기 위해 비디오 게임의 역사를 조사할 때, 현재 심리 치료사로 일하는 하워드 스콧 워쇼Howard Scott Warshaw라는 사람이 예전에 아타리의 비디오 게임 디자이너였다는 사실을 알았다. 그는 극도로 조악한 기술을 창의적인 방법으로 활용해 「야스 리벤지Yar's Revenge」라는 SF 게임을 만들었다.

이 게임은 1980년대 초에 아타리 2600 콘솔용 게임으로 대성공을 거두었다. 덕분에 아타리는 미국 역사상 가장 빨리 성장하는 기업이 되었다. 같은 해에 워쇼는 영화 「E.T.」의 게임판도 만들었다. 이번에도 그는 제한된 기술을 실험했다. 그런데 이 게임은 대실패였다. 비디오 게임 역사상 가장 큰 상업적 실패 사례라는 말까지 나왔으며, 아타리 계열사 전체를 하룻밤 사이에 몰락시킨 주범이라는 혹평을 받았다.*

그것이 바로 실험이라는 무질서한 경로를 나아가는 방식이다. 독창적인 창작자는 스트라이크 아웃을 많이 당하지만, 만루 홈런도 친다. 하지만 사실 야구에 비유하는 것은 적절하지 않다. 경영서 작가 마이클 시먼스Michael Simmons는 그 점을 잘 표현했다. 〈야구는 한쪽 끝이 잘려 나간 결과 분포를 지닌다. 스윙을 할 때, 공을 아무리 잘 치든 간에 낼 수 있는 점수는 최대 4점에 불과하다.〉[3] 야구 너머의 세계에서는 〈어쩌다 한 번씩 타석에 올라설 때 1천 점까지도 낼 수 있다〉. 돌파구 창안이 행운이라는 뜻이 아니다. 행운이 도움이 되기는 하겠지만 말이다. 돌파구는 이루기가 어렵고 일관적이지도 않다는 뜻이다. 아무도 가지 않은 곳으로 간다는 것은 사악한 문제다. 따라갈 잘 정의된 공식도 완벽한 피드백 체계도 없다. 그 점에서는 주식 시장과 비슷하다. 주가가 치솟기를 원한다면, 낮을 때 꾹 참고 기다려야 한다. 이노센티브 창업자 앨프 빙엄은 내게 이렇게 말했다.

* 비디오 게임 「E.T.」가 워낙 엄청난 실패로 끝났기에, 〈1983년 대규모 비디오 게임 매장〉이 이루어졌다는 도시 괴담까지 생겨났다. 아타리가 뉴멕시코의 한 쓰레기 매립장에 게임 CD 수백만 장을 묻었다는 것이다. 2014년 다큐멘터리를 찍는 이들이 그곳을 발굴했다. 파보니 실제로 묻혀 있긴 했는데, 수백만 장에는 한참 못 미쳤다.

「돌파구와 오류는 처음에는 아주 비슷해 보입니다.」

　내가 탐구하고자 나선 의문은 초전문화를 점점 더 요구하는 체계 내에서 폭, 다양한 경험, 학제 간 탐구의 힘을 어떻게 포착하고 함양할 것인가였는데, 자신이 누구인지를 이해하려면 먼저 자신이 무엇을 할지를 결정해야 한다는 것이다.

　이 책의 앞부분에서 나는 운동선수와 음악가를 살펴보았다. 그들이 사실상 조기 전문화와 동의어이기 때문이다. 그러나 엘리트가 되는 운동선수들을 보면, 폭넓은 초기 경험과 지연된 전문화가 일반적이다. 음악가들은 놀라울 만치 다양한 경로를 통해서 대가가 되지만, 조기 초전문화가 기능 발달에 반드시 필요한 것은 아닐 수 있으며, 특히 즉흥 연주 형식 쪽에서는 그런 사례가 거의 없다. 비록 스포츠에서처럼 초전문화를 함으로써 엄청난 돈을 버는 데 관심이 많은 어른들에게는 조기 초전문화가 반드시 필요한 것처럼 보일지라도 말이다.

　스비아토슬라프 리히터Sviatoslav Richter는 20세기의 가장 위대한 피아니스트 중 한 명이었다. 그는 스물두 살 때에야 정식 레슨을 받기 시작했다.[4] 스티브 내시Steve Nash는 키가 비교적 표준 범위에 들어가는 캐나다인이며, 열세 살 때에야 농구를 하기 시작했다.[5] 그는 NBA의 MVP로 두 번이나 선정되었다. 이 글을 쓰는 지금, 나는 열여덟 살에 바이올린을 배우기 시작한 직업 연주자의 음악을 듣고 있다. 물론 그녀는 처음 배우려고 할 때 나이가 너무 많으니 포기하라는 말을 들었다. 그녀는 현재 초보자인 성인들을 가르치는 일에 집중하고 있다. 즉 깔끔한 전문화 이야기는 그 이야기를 퍼뜨리는 데 가장 성공을 거둔, 이런 비교적 친절한 분야들에서조차도 잘 들어맞지 않는다.

따라서 조언을 한 문장으로 요약하면 이렇다. 〈뒤처진다고 느끼지 마라.〉 두 로마 역사가는 율리우스 카이사르가 젊었을 때 스페인에서 알렉산드로스 대왕 조각상을 보고 눈물을 흘렸다는 일화를 적었다.[6] 카이사르는 이렇게 말했다고 한다. 「알렉산드로스는 내 나이에 그토록 많은 나라를 정복했는데, 나는 이 나이까지 기억에 남을 만한 일을 전혀 한 것이 없구나.」 하지만 머지않아 그런 걱정은 지난 일이 되었다. 카이사르는 로마 공화정을 이끌게 되었고, 이어서 독재자로 군림하다가 동료에게 살해당했다. 크게 성공한 대다수의 젊은 운동선수들처럼, 그도 짧게 전성기를 끝냈다고 말하는 편이 공정하겠다. 더 젊은 남들과 비교하지 말고, 오늘의 자신을 어제의 자신과 비교하라. 사람은 저마다 발전 속도가 다르다. 그러니 누군가를 보면서 자신이 뒤처져 있다는 느낌을 받지 말기를. 당신은 자신이 정확히 어디로 나아가고 있는지조차도 모를 수 있다. 그러니 뒤처져 있다는 느낌은 아무런 도움이 안 된다. 대신에 허미니아 아이바라가 진취적으로 직무 적합도를 추구하는 이들을 위해 제시했듯이, 실험을 계획하기 시작하라. 자기 나름의 금요일 밤 실험이나 토요일 아침 실험을 하라.

미켈란젤로가 대리석 덩어리를 대했던 방식처럼 자신의 항해와 계획에 접근하라. 하면서 기꺼이 배우고 수정하고, 필요하다는 마음이 들면 이전의 계획을 포기하고 완전히 방향을 바꾸기도 하라. 기술 혁신에서 만화책에 이르기까지 다양한 분야의 창작자들을 연구한 결과들은 각각의 전문가 집단이 폭넓은 개인의 공헌을 완전히 대체할 수 없다는 것을 보여 준다. 한 직장이나 아예 분야 자체를 바꾼다고 할 때에도, 그 경험은 낭비가 아니다.

마지막으로, 전문화 그 자체에는 아무런 문제가 없다는 점도 명심하자. 우리 모두는 어느 시점에는 정도의 차이가 있지만 전문성을 갖추게 된다. 내가 처음 이 주제에 관심을 갖게 된 것은 조기 초전문화를 일종의 인생 해킹이라고, 즉 다양한 경험과 실험에 시간을 낭비하지 않게 막아 줄 처방이라고 제시하는, 입소문을 타고 빠르게 퍼지는 글들을 읽고 관련 학회의 기조 강연들을 지켜보면서였다. 나는 이 책에서 그런 논의에 생각거리를 제공했기를 바란다. 다양한 분야들에서 이루어진 연구들은 정신적 방황과 개인적인 실험이 힘의 원천이며, 조기 교육의 유리함이 과대평가되었다고 말하고 있기 때문이다. 미국 연방 대법관 올리버 웬들 홈스Oliver Wendell Holmes는 한 세기 전에 생각의 자유로운 교환에 관해 이렇게 썼다. 〈그것은 하나의 실험이다. 모든 인생이 나름의 실험이듯이.〉[7]

지면의 제약 때문에 인용문을 많이 포함시키긴 했지만 전부 다 넣지는 못했다. 이 주에서는 금요일 밤(또는 토요일 아침) 실험에 관심이 있는 이들에게 출처를 상세히 제공하는 한편으로, 이 책을 쓰기위해 했던 취재의 자취를 넣고자 했다. 이 책에 실린 인용문들은 대부분 직접 인터뷰를 통해 얻은 것이다. 그렇지 않을 때에는 본문이나 여기에 출처를 적었다. 한정된 지면에 가능한 한 많은 인용문을 넣기 위해서, 여기 실린 책과 논문에는 부제목을 뺐다.

서문: 로저 페더러 vs. 타이거 우즈

1. G. Smith, "The Chosen One," *Sports Illustrated*, December 23, 1996. (게다가 얼 우즈는 아래 인용된 출처에 그 사진도 넣었다.)

2. 이 절에 실린 타이거 우즈의 유년기 이야기의 주된 출처: E. Woods (with P. McDaniel, foreword by Tiger Woods), *Training a Tiger: Raising a Winner in Golf and Life* (New York: Harper Paperbacks, 1997).

3. J. Benedict and A. Keteyian, *Tiger Woods* (New York: Simon & Schuster, 2018).

4. Smith, "he Chosen One."

5. R. Jacob, "Ace of Grace," *Financial Times,* January 13, 2006, online ed.

6. R. Stauffer, *The Roger Federer Story: Quest for Perfection* (Chicago: New Chapter Press, 2007 [Kindle ebook]).

7. J. L. Wertheim, *Strokes of Genius* (New York: Houghton Mifflin Harcourt, 2009 [Kindle ebook]).

8. Stauffer, *The Roger Federer Story.*

9. K. A. Ericsson, R. T. Krampe, and C. Tesch-Römer, "The Role of Deliberate Practice in the Acquisition of Expert Performance," *Psychological Review* 100, no. 3 (1993): 363-406.

10. A. Gawande, *The Checklist Manifesto* (New York: Metropolitan Books, 2010).

11. 영국이 재능 계발 과정을 어떻게 바꾸었는지를 탁월하게 살펴본 문헌. O: Slot, *The Talent Lab* (London: Ebury Press, 2017).

12. 서문에 인용한 것들을 포함하여 스포츠를 포함한 다양한 분야에서 샘플링과 지연된 전문화의 추세를 살펴본 전 세계의 연구 문헌들(첫 번째 논문은 훈련 시간을 보여 주는 그래프의 자료 출처다): K. Moesch et al., "Late Specialization: The Key to Success in Centimeters, Grams, or Seconds (CGS) Sports," *Scandinavian Journal of Medicine and Science in Sports* 21, no. 6 (2011): e282-90; K. Moesch et al., "Making It to the Top in Team Sports: Start Later, Intensify, and Be Determined!," *Talent Development and Excellence* 5, no. 2 (2013): 85-100; M. Hornig et al., "Practice in the Development of German Top-Level Professional Football Players," *European Journal of Sport Science* 16, no. 1 (2016): 96-105 (epub ahead of print, 2014); A. Güllich et al., "Sport Activities Differentiating Match-Play Improvement in Elite Youth Footballers — A 2-Year Longitudinal Study," *Journal of Sports Sciences* 35, no. 3 (2017): 207-15(epub ahead of print, 2016); A. Güllich, "International Medallists' and Nonmedallists' Developmental Sport Activities — A Matched-Pairs Analysis," *Journal of Sports Sciences* 35, no. 23 (2017): 2281-88; J. Gulbin et al., "Patterns of Performance Development in Elite Athletes," *European Journal of Sport Science* 13, no. 6 (2013): 605-14; J. Gulbin et al., "A Look Through the Rear View Mirror: Developmental Experiences and Insights of High Performance Athletes," *Talent Development and Excellence* 2, no. 2 (2010): 149-64; M. W. Bridge and M. R. Toms, "The Specialising or Sampling Debate," *Journal of Sports Sciences* 31, no. 1 (2013): 87-96; P. S. Buckley et al., "Early Single-Sport Specialization," *Orthopaedic Journal of*

Sports Medicine 5, no. 7 (2017): 2325967117703944; J. P. Difiori et al., "Debunking Early Single Sports Specialization and Reshaping the Youth Sport Experience: An NBA Perspective," *British Journal of Sports Medicine* 51, no. 3(2017): 142-43; J. Baker et al., "Sport-Specific Practice and the Development of Expert Decision-Making in Team Ball Sports," *Journal of Applied Sport Psychology* 15, no. 1 (2003): 12-25; R. Carlson, "The Socialization of Elite Tennis Players in Sweden: An Analysis of the Players' Backgrounds and Development," *Sociology of Sport Journal* 5 (1988): 241-56; G. M. Hill, "Youth Sport Participation of Professional Baseball Players," *Sociology of Sport Journal* 10 (1993): 107-14; F. G. Mendes et al., "Retrospective Analysis of Accumulated Structured Practice: A Bayesian Multilevel Analysis of Elite Brazilian Volleyball Players," *High Ability Studies* (advance online publication, 2018); S. Black et al., "Pediatric Sports Specialization in Elite Ice Hockey Players," *Sports Health: A Multidisciplinary Approach* (advance online publication, 2018). 2018년 월드컵에서 우승한 프랑스는 수십 년 전에 공식 경쟁보다 체계적이지 않은 놀이에 중점을 둠으로써 늦깎이가 나올 여지를 마련하는 쪽으로 유소년 발달 경로를 바꾸었다. 프랑스 최고의 어린 축구 선수는 또래의 미국 선수보다 출전하는 공식 경기가 절반에 불과할 수 있다. 프랑스 국가 교육 체계에서는 아이가 공식 경기에 출전할 때, 코치가 시시콜콜 지시하는 것을 막기 위해서 경기 중에 선수들과 거의 대화하지 못하게 한다.「선수들을 원격 조종하는 일이 전혀 없어요. (……) 알아서 뛰도록 놔둡니다.」이 유소년 체계를 설계하는 데 기여한 루도비치 데브루Ludovic Debru는 2018년 애스펀 연구소 프로젝트 플레이 서밋Project Play Summit에서 그렇게 말했다.

13. J. Brewer, "Ester Ledecka Is the Greatest Olympian at the Games, Even If She Doesn't Know It," *Washington Post*, February 24, 2018, online ed.

14. J. Drenna, "Vasyl Lomachenko: 'All Fighters Think About Their Legacy. I'm No Different,'" *Guardian*, April 16, 2018, online ed.

15. M. Coker, "Startup Advice for Entrepreneurs from Y Combinator," *VentureBeat*, March 26, 2007.

16. P. Azoulay et al., "Age and High-Growth Entrepreneurship," NBER Working Paper No. 24489 (2018).

17. G. Tett, *The Silo Effect: The Peril of Expertise and the Promise of Breaking Down Barriers* (New York: Simon & Schuster, 2015 [Kindle ebook]).

18. A. B. Jena et al., "Mortality and Treatment Patterns Among Patients

Hospitalized with Acute Cardiovascular Conditions During Dates of National Cardiology Meetings," *JAMA Internal Medicine* 175, no. 2 (2015): 237–44. See also: R.F. Redberg, "Cardiac Patient Outcomes during National Cardiology Meetings," *JAMA Internal Medicine* 175, no.2 (2015): 245.

1장: 조기 교육이라는 종교

1. 폴가르 자매의 삶은 많은 책과 기사에 자세히 실려 있다. 수전 폴가르를 인터뷰한 내용 외에, 이 장에 실린 상세한 내용을 찾아보기에 가장 좋은 문헌들은 다음과 같다. Y. Aviram (director), *The Polgar Variant* (Israel: Lama Films, 2014); S. Polgar with P. Truong, *Breaking Through: How the Polgar Sisters Changed the Game of Chess* (London: Everyman Chess, 2005); C. Flora, "The Grandmaster Experiment," *Psychology Today*, July 2005, online ed.; P. Voosen, "Bringing Up Genius: Is Every Healthy Child a Potential Prodigy?," *Chronicle of Higher Education*, November 8, 2015, online ed.; C. Forbes, *The Polgar Sisters* (New York: Henry Holt, 1992).

2. Polgar with Truong, *Breaking Through.*

3. *People* staff, "Nurtured to Be Geniuses, Hungary' Polgar Sisters Put Winning Moves on Chess Masters," *People*, May 4, 1987.

4. L. Myers, "Trained to Be a Genius, Girl, 16, Wallops Chess Champ Spassky for $110,000," *Chicago Tribune*, February 18, 1993.

5. Aviram, *The Polgar Variant.*

6. W. Hartston, "Man with a Talent for Creating Genius," *Independent*, January 12, 1993.

7. "Daniel Kahneman — Biographical," Nobelprize.org, Nobel Media AB 2014. 나는 2015년 12월에 점심 식사를 함께하면서 카너먼의 삶과 일에 관해 이야기를 나누는 기쁨을 누렸다. 더 상세한 내용은 그의 저서 참조. *Thinking, Fast and Slow* (New York: Farrar, Straus & Giroux, 2011).

8. 카너먼에게 영향을 준 책은 지금도 유용하다. Paul E. Meehl, *Clinical Versus Statistical Prediction* (Minneapolis: University of Minnesota Press, 1954). 밀의 책에 자극을 받아서 전문가들이 경험을 통해 실력이 아니라 확신만 쌓곤 한다는 것을 보여 주는 엄청난 연구들이 쏟아졌다. 그런 연구들 중 일부를 탁월하게 개괄한 문헌: C. F. Camerer and E. J. Johnson, "The Process–Performance Paradox in Expert Judgment: How Can Experts Know So Much and Predict So Badly?," in *Toward a General Theory of Expertise*, ed. K. A. Ericsson and

Jacqui Smith (Cambridge: Cambridge University Press, 1991).

9. D. Kahneman and G. Klein, "Conditions for Intuitive Expertise: A Failure to Disagree," *American Psychologist* 64, no. 6 (2009): 515–26.

10. 학습 환경을 다룬 로빈 호가스의 탁월한 책. *Educating Intuition* (Chicago: University of Chicago Press, 2001).

11. L. Thomas, *The Youngest Science* (New York: Penguin, 1995), 22.

12. 카스파로프는 1997년 5월 5일자 『뉴스위크』의 표지에 「뇌의 마지막 대결The Brain's Last Stand」이라는 제목과 함께 실렸다.

13. 카스파로프와 그 조수인 미그 그린가드Mig Greengard는 아주 친절하게 내 질문들에 답해 주었다. 추가 정보는 카스파로프가 2017년 6월 5일 조지타운 대학교에서 한 강연과 카스파로프와 그린가드의 저서 『딥 씽킹*Deep Thinking*』(New York: PublicAffairs, 2017) 참조.

14. S. Polgar and P. Truong, *Chess Tactics for Champions* (New York: Random House Puzzles & Games, 2006), x.

15. Kasparov and Greengard, *Deep Thinking*.

16. 인간-컴퓨터 체스 협력 관계를 탁월하게 다룬 책: T. Cowen, *Average is Over* (New York: Dutton, 2013).

17. 에르난데스는 프리스타일 체스의 미묘함을 설명하고 토너먼트에 관한 자료를 제공하는 등 다방면으로 친절하게 이야기를 했다. 그는 전통적인 체스의 엘로 평점 방식에 따르면 윌리엄스가 약 1,800점일 것이라고 본다.

18. The program was "My Brilliant Brain."

19. A. D. de Groot, *Thought and Choice in Chess* (Amsterdam: Amsterdam University Press, 2008).

20. Chase and Simon's chunking theory: W. G. Chase and H. A. Simon, "Perception in Chess," *Cognitive Psychology* 4 (1973): 55–81.

21. F. Gobet and G. Campitelli, "The Role of Domain-Specific Practice, Handedness, and Starting Age in Chess," *Developmental Psychology* 43 (2007): 159–72. 개인별 발전 속도 차이는 다음 문헌 참조. G. Campitelli and F. Gobet, "The Role of Practice in Chess: A Longitudinal Study," *Learning and Individual Differences* 18, no. 4 (2007): 446–58.

22. 트레퍼트는 서가에서 서번트를 찍은 동영상들을 보여 주었다. 그는 자신의 연구를 상세히 설명한 책을 썼다. *Islands of Genius* (London: Jessica Kingsley Publishers, 2012).

23. A. Ockelford, "Another Exceptional Musical Memory," in *Music and the*

Mind, ed. I. Deliège, and J. W. Davidson (Oxford: Oxford University Press, 2011). 서번트와 무조 음악을 다룬 다른 문헌들: L. K. Miller, *Musical Savants* (Hove, East Sussex: Psychology Press, 1989); B. Hermelin et al., "Intelligence and Musical Improvisation," *Psychological Medicine* 19 (1989): 447–57.

24. N. O'Connor and B. Hermelin, "Visual and Graphic Abilities of the Idiot-Savant Artist," *Psychological Medicine* 17 (1987): 79–90. (트레퍼트는 〈백치천재〉라는 용어를 〈서번트 증후군〉으로 바꾸는 데 기여했다.) E. Winner, *Gifted Children: Myths and Realities* (New York: BasicBooks, 1996), ch. 5.

25. D. Silver et al., "Mastering Chess and Shogi by Self-Play with a General Reinforcement Learning Algorithm," *arXiv* (2017): 1712.01815.

26. 게리 마커스를 인터뷰도 하고, 그가 2017년 6월 7일 제네바의 공공선을 위한 AI 세계 정상회의AI for Good Global Summit에서 한 강연 동영상, 그의 논문과 글도 참조했다. "Deep Learning: A Critical Appraisal," *arXiv:* 1801.00631; "n Defense of Skepticism About Deep Learning," *Medium*, January 14, 2018; "Innateness, AlphaZero, and Artificial Intelligence," *arXiv:* 1801.05667.

27. 〈농담거리〉라는 혹평에서부터 원래의 호언장담에 좀 미치지 못하긴 하지만 실제로 가치 있는 일을 한다는 평에 이르기까지, 왓슨의 의료 분야 진출을 균형 잡힌 시각에서 서술한 문헌: D. H. Freedman, "A Reality Check for IBM's AI Ambitions," *MIT Technology Review*, June 27, 2017, online ed.

28. 이 종양학자는 비나이 프라사드Vinay Prasad다. 그는 이 말을 인터뷰 때 내게 했으며, 트위터에도 올렸다.

29. J. Ginsberg et al., "Detecting Influenza Epidemics Using Search Engine Query Data," *Nature* 457 (2009): 1012–14.

30. D. Butler, "When Google Got Flu Wrong," *Nature* 494 (2013): 155–56; D. Lazer et al., "The Parable of Google Flu: Traps in Big Data Analysis," *Science* 343 (2014): 1203–5.

31. C. Argyris, "Teaching Smart People How to Learn," *Harvard Business Review*, May–June 1991.

32. B. Schwartz, "Reinforcement-Induced Behavioral Stereotypy: How Not to Teach People to Discover Rules," *Journal of Experimental Psychology: General* 111, no. 1 (1982): 23–9.

33. E. Winner, "Child Prodigies and Adult Genius: A Weak Link," in *The Wiley Handbook of Genius*, ed. D. K. Simonton (Malden, MA: John Wiley & Sons, 2014).

34. 카너먼과 클라인의 「적대적 협동adversarial collaboration」 논문과 호가스의 *Educating Intuition* 외에 유용한 문헌: J. Shanteau, "Competence in Experts: The Role of Task Characteristics," *Organizational Behavior and Human Decision Processes* 53 (1992): 252–62.

35. Kahneman, *Thinking, Fast and Slow*.

36. P. A. Frensch and R. J. Sternberg, "Expertise and Intelligent Thinking: When Is It Worse Know Better?" in *Advances in the Psychology of Human Intelligence*, vol. 5, ed. R. J. Sternberg (New York: Psychology Press, 1989).

37. E. Dane, "Reconsidering the Trade-Off Between Expertise and Flexibility," *Academy of Management Review* 35, no. 4 (2010): 579–603. 전문가의 융통성과 경직성을 개괄한 문헌: P. J. Feltovich et al., "Issues of Expert Flexibility in Contexts Characterized by Complexity and Change," in *Expertise in Context*, ed. P. J. Feltovich et al. (Cambridge, MA: AAAI Press/MIT Press, 1997); and F. Gobet, *Understanding Expertise* (Basingstoke: Palgrave Macmillan, 2016).

38. R. Root-Bernstein et al., "Arts Foster Scientific Success: Avocations of Nobel, National Academy, Royal Society and Sigma Xi Members,"*Journal of Psychology of Science and Technology* 1, no. 2 (2008): 51–63; R. Root-Bernstein et al., "Correlations Between Avocations, Scientific Style, Work Habits, and Professional Impact of Scientists," *Creativity Research Journal* 8, no. 2 (1995): 115–37.

39. S. Ramón y Cajal, *Precepts and Counsels on Scientific Investigation* (Mountain View, CA: Pacific Press Publishing Association, 1951).

40. A. Rothenberg, *A Flight from Wonder: An Investigation of Scientific Creativity* (Oxford: Oxford University Press, 2015).

41. D. K. Simonton, "Creativity and Expertise: Creators Are Not Equivalent to Domain-Specific Experts!," in *The Science of Expertise*, ed. D. Hambrick et al. (New York: Routledge, 2017 [Kindle ebook]).

42. 스티브 잡스의 2005년 스탠퍼드 대학교 졸업식 연설. https://news.stanford.edu/2005/06/14/jobs-061505.

43. J. Horgan, "Claude Shannon: Tinkerer, Prankster, and Father of Information Theory," *IEEE Spectrum* 29, no. 4 (1992): 72–75. 섀넌을 더 깊이 살펴본 문헌: J. Soni and R. Goodman, *A Mind at Play* (New York: Simon & Schuster, 2017).

44. C. J. Connolly, "Transition Expertise: Cognitive Factors and Developmental Processes That Contribute to Repeated Successful Career Transitions Amongst Elite Athletes, Musicians and Business People"(PhD thesis, Brunel University, 2011).

2장: 사악한 세계는 어떻게 생겨났는가

1. R. D. Tuddenham, "Soldier Intelligence in World Wars I and II," *American Psychologist* 3, no. 2 (1948): 54 – 56.

2. J. R. Flynn, *Does Your Family Make You Smarter?* (Cambridge: Cambridge University Press, 2016), 85.

3. J. R. Flynn, *What Is Intelligence?* (Cambridge: Cambridge University Press, 2009).

4. J. R. Flynn, "The Mean IQ of Americans: Massive Gains 1932 to 1978," *Psychological Bulletin* 95, no. 1 (1984): 29 – 51; J. R. Flynn, "Massive IQ Gains in 14 Nations," *Psychological Bulletin* 101, no. 2 (1987): 171 – 91. 플린 효과와 그 반응을 탁월하게 개괄한 문헌: I. J. Deary, *Intelligence: A Very Short Introduction* (Oxford: Oxford University Press, 2001).

5. 플린과 인터뷰한 내용뿐 아니라, 그의 책들도 유용했다. 특히 *Are We Getting Smarter?* (Cambridge: Cambridge University Press, 2012)에 실린 수백 면의 부록이 그렇다.

6. M. C. Fox and A. L. Mitchum, "Knowledge-Based Theory of Rising Scores on 'Culture- Free'Tests," *Journal of Experimental Psychology* 142, no. 3 (2013): 979 – 1000.

7. O. Must et al., "Predicting the Flynn Effect Through Word Abstractness: Results from the National *Intelligence* Tests Support Flynn's Explanation," *Intelligence* 57 (2016): 7 – 14. 나는 2016년 러시아 상트페테르부르크에서 열린 국제지능연구협회(ISIR)의 연례 총회에서 이 연구 결과를 처음 접했다. ISIR은 내게 콘스턴스 홀든 기념 강연을 해달라고 초대했다. 나는 네 차례 신청한 끝에야 비자를 받을 수 있었다. 총회에서는 플린 효과 등을 둘러싸고 정중하지만 열띤 논쟁이 벌어졌고, 주변 경관도 매우 좋았다.

8. J. R. Flynn, *What Is Intelligence?*

9. E. Dutton et al., "The Negative Flynn Effect," *Intelligence* 59 (2016): 163 – 69. 그리고 수단의 추세는 플린의 *Are We Getting Smarter?* 참조.

10. 이 절의 내용은 주로 루리아의 탁월한 책을 토대로 했다. *Cognitive Development: Its Cultural and Social Foundations* (Cambridge, MA: Harvard University Press, 1976).

11. E. D. Homskaya, *Alexander Romanovich Luria: A Scientific Biography* (New York: Springer, 2001).

12. 플린의 책 *Does Your Family Make You Smarter?*와 다음 책의 22장 참조. R. J. Sternberg and S. B. Kaufman, eds., *The Cambridge Handbook of Intelligence* (Cambridge: Cambridge University Press, 2011).

13. 〈나무를 보는〉 현상을 다른 맥락에서 깊이 있게 파고든 사례는 다음 책의 〈약한 응집 일관성weak central coherence〉을 이야기한 절 참조. U. Frith, *Autism: Explaining the Enigma* (Malden, MA: Wiley-Blackwell, 2003).

14. S. Scribner, "Developmental Aspects of Categorized Recall in a West African Society," *Cognitive Psychology* 6 (1974): 475 - 94. 루리아의 발견을 확장한 연구를 더 상세히 다룬 문헌: M. Cole and S. Scribner, *Culture and Thought* (New York: John Wiley & Sons, 1974).

15. 구글 북스 엔그램 뷰어에서 〈퍼센트〉로 검색한 결과. J. B. Michel et al., "Quantitative Analysis of Culture Using Millions of Digitized Books," *Science* 331 (2011): 176 - 82.

16. Flynn, *Does Your Family Make You Smarter?*

17. S. Arbesman, *Overcomplicated* (New York: Portfolio, 2017), 158 - 60.

18. C. Schooler, "Environmental Complexity and the Flynn Effect," in *The Rising Curve,* ed. U. Neisser (Washington, DC: American Psychological Association, 1998). And see: A. Inkeles and D. H. Smith, *Becoming Modern: Individual Change in Six Developing Countries* (Cambridge, MA: Harvard University Press, 1974).

19. S. Pinker, *The Better Angels of our Nature* (New York: Penguin, 2011).

20. Flynn, *Are We Getting Smarter?*

21. Flynn, *How to Improve Your Mind* (Malden, MA: Wiley-Blackwell, 2012). 친절하게도 플린은 검사지와 해답지를 보내 주었다.

22. R. P. Larrick et al., "Teaching the Use of Cost-Benefit Reasoning in Everyday Life," *Psychological Science* 1, no. 6 (1990): 362 - 70; R. P. Larrick et al., "Who Uses the Cost-Benefit Rules of Choice?," *Organizational Behavior and Human Decision Processes* 56 (1993): 331 - 47. (각주에 적힌 호가스의 인용문은 그의 책 *Educating Intuition*, p. 222).

23. J. F. Voss et al., "Individual Differences in the Solving of Social Science Problems," in *Individual Differences in Cognition,* vol. 1, ed. R. F. Dillon and R. R. Schmeck (New York: Academic Press, 1983); D. R. Lehman et al., "The Effects of Graduate Training on Reasoning," *American Psychologist* 43, no. 6 (1988): 431 – 43.

24. "The College Core Curriculum," University of Chicago, https://college. uchicago.edu/academics/college-core-curriculum.

25. M. Nijhuis, "How to Call B.S. on Big Data: A Practical Guide," *The New Yorker,* June 3, 2017, online ed.

26. J. M. Wing, "Computational Thinking," *Communications of the ACM* 49, no. 3 (2006): 33 – 35.

27. B. Caplan, *The Case Against Education* (Princeton, NJ: Princeton University Press, 2018), 233 – 35.

28. J. R. Abel and R. Deitz, "Agglomeration and Job Matching among College Graduates," *Regional Science and Urban Economics* 51 (2015): 14 – 24.

29. A. J. Toynbee, *A Study of History,* vol. 12, *Reconsiderations* (Oxford: Oxford University Press, 1964), 42.

30. Center for Evidence- Based Medicine video, "Doug Altman — Scandal of Poor Medical Research," https://www.youtube.com/watch? v = ZwDNPldQO1Q.

31. 위의 Larrick과 Lehman의 연구 외에 다음 문헌도 참조. D. F. Halpern, "Teaching Critical Thinking for Transfer Across Domains," *American Psychologist* 53, no. 4 (1998): 449 – 55; W. Chang et al., "Developing Expert Political Judgment," *Judgment and Decision Making* 11, no. 5 (2016): 509 – 26.

32. "Case Studies: Bullshit in the Wild," Calling Bullshit, https://callingbullshit. org/case_ studies.html.

3장: 반복되는 일을 덜 할 때가 더 낫다

이 장의 인용문들은 더 폭이 넓겠지만 축약할 수밖에 없다. 제인 L. 발도프베르데스Jane L. Baldauf-Berdes는 오스페달레에서의 생활과 음악을 가장 폭넓게 연구했다. 그녀의 연구 중 일부는 *Women Musicians of Venice* (Oxford: Oxford University Press, 1996) 같은 책들에 실려 있다. 그녀는 간신히 그 책을 끝내자마자 암으로 세상을 떠났다. 죽는 날까지도 그녀는 연구에 매달렸다. 취재하는 과정에서 나는 그녀가 연구 자료를 듀크 대학교의 데이비드 M. 루벤스타인 희귀 도서 및 원고 도서관에 넘겼다는 것을 알았다. 도서관과 그 직원들 덕분에 나는 마흔여덟 개의 상자에 담긴 발도프베르데스의 연구 자료를 접할 수 있었다. 원본 서류의 번역본과 옛 악기의 사진부터 음악가 명단과, 다른 역사가들과 주고받은 서신까지 들어 있었다. 그녀가 이 주제에 얼마나 열정을 쏟았는지가 상자들에 고스란히 담겨 있었다. 그녀의 연구를 토대로 한 이 장에 실린 몇몇 세부사항은 처음으로 공개되는 것이라고 믿는다. 나는 좀 호기심을 가진 작가가 찾아와서 자신의 연구 자료를 이용했다는 사실에 그녀가 기뻐하기만을 바랄 뿐이다. 이 장을 제인 L. 발도프베르데스에게 바치고 싶다.

1. J. Kerman and G. Tomlinson, *Listen (Brief Fourth Edition)*. (Boston: Bedford/ St. Martin's, 2000), chaps. 7 and 9. (〈논란의 여지가 없는 대가〉로서의 비발디는 117면.)

2. 18세기 유럽 음악을 다룬 다음 문헌의 118 – 38면. 이 책은 당시의 음악에 관한 중요한 출처 역할을 한다. P. A. Scholes, ed., *Dr. Burney's Musical Tours in Europe*, vol. 1, *An Eighteenth-Century Musical Tour in France and Italy* (Oxford: Oxford University Press, 1959).

3. E. Selfridge- Field, "Music at the Pietà Before Vivaldi," *Early Music* 14, no. 3 (1986): 373 – 86; R. Thackray, "Music Education in Eighteenth Century Italy," reprint from *Studies in Music* 9 (1975): 1 – 7.

4. E. Arnold and J. Baldauf- Berdes, *Maddalena Lombardini Sirmen* (Lanham, MD: Scarecrow Press, 2002).

5. J. Spitzer and N. Zaslaw, *The Birth of the Orchestra* (Oxford: Oxford University Press, 2004), 175. Also: Scholes, ed., *Burney's Musical Tours in Europe*, vol. 1, 137.

6. A. Pugh, *Women in Music* (Cambridge: Cambridge University Press, 1991).

7. Hester L. Piozzi, *Autobiography, Letters and Literary Remains of Mrs. Piozzi* (*Thrale*) (Tredition Classics, 2012 [Kindle ebook]).

8. Arnold and Baldauf- Berdes, *Maddalena Lombardini Sirmen*.

9. 콜리의 글은 소식지 형태로 비평을 실은 (대체로 잊힌) 정기 간행물인 『팔라데 베네타*Pallade Veneta*』(1687)에 실렸다. 이 간행물을 가장 잘 설명한 문헌: E. Selfridge-Field, *Pallade Veneta: Writings on Music in Venetian Society, 1650– 1750* (Venice: Fondazione Levi, 1985).

10. J. L. Baldauf- Berdes, "Anna Maria della Pietà: The Woman Musician of Venice Personified," in *Cecilia Reclaimed*, ed. S. C. Cook and J. S. Tsou (Urbana: University of Illinois Press, 1994).

11. 이 내용은 또 하나의 놀라운 출처에서 나온다. 베네치아로 가서 피에타의 방대

한 기록을 샅샅이 훑는 것을 자신의 사명으로 삼은 영국의 전직 사진사이자 비발디 애호가인 미키 화이트Micky White가 원본 문서들을 스캔해서 편찬한 책이다. M. White, *Antonio Vivaldi: A Life in Documents (with CD-ROM)* (Florence: Olschki, 2013), 87.

12. Baldauf-Berdes, "Anna Maria della Pietà."

13. 루소는 독학으로 음악을 배웠다. 그의 인용문은 유명한 자서전인 『고백록*The Confessions*』에서 따왔다.

14. 이 익명의 시(1740년경)의 출처: R. Giazotto, *Vivaldi* (Turin: ERI, 1973).

15. Lady Anna Riggs Miller, *Letters from Italy Describing the Manners, Customs, Antiquities, Paintings, etc. of that Country in the Years MDCCLXX and MDCCLXXI*, vol. 2 (Printed for E. and C. Dilly, 1777), 360-61.

16. D. E. Kaley, "The Church of the Pietà" (Venice: International Fund for Monuments, 1980)

17. 발도프베르데스가 기록 조사를 통해 모은 많은 음악가와 악기 목록 중 하나에서 뽑았다. 듀크대 루벤스타인 도서관의 발도프베르데스 자료 상자 마흔여덟 개 중 1번 상자에 들어 있다.

18. Baldauf-Berdes, *Women Musicians of Venice* (Oxford: Oxford University Press, 1996).

19. Scholes, ed., *Burney's Musical Tours in Europe*, vol. 1.

20. Arnold and Baldauf-Berdes, *Maddalena Lombardini Sirmen*.

21. 피에타 명단에 실린 많은 고아 중 한 명이며, 미키 화이트는 「비발디의 여인들 Vivaldi's Women」이라는 BBC 4번 채널에서 방영된 영상에서 그녀를 상세히 소개한 바 있다.

22. R. Rolland, *A Musical Tour Through the Land of the Past* (New York: Henry Holt, 1922).

23. M. Pincherle, "Vivaldi and the 'Ospitali' of Venice," *Musical Quarterly* 24, no. 3 (1938): 300-312.

24. D. Arnold. "Venetian Motets and Their Singers," *Musical Times* 119 (1978): 319-21. (이 작품은 「환호하라, 기뻐하라Exsultate, jubilate」인데, 논문 저자는 이 작품을 모차르트 종교음악의 대표작으로 꼽고 있다.)

25. Arnold and Baldauf-Berdes, *Maddalena Lombardini Sirmen*.

26. 발도프베르데스는 1989년 글래디스 크리블 델마스 재단에 제출한 연구비 신청서에서 피글리에가 잊혀 간 양상을 연대순으로 적었다. 불행히도 그녀는 출간하려고 했던 시리즈를 끝낼 수가 없었다.

418

27. Baldauf- Berdes, "Anna Maria della Pietà."

28. G. J. Buelow, ed., *The Late Baroque Era* (Basingstoke: Macmillan, 1993).

29. R. Lane, "How to Choose a Musical Instrument for My Child," Upperbeachesmusic. com, January 5, 2017.

30. M. Steinberg, "Yo-Yo Ma on Intonation, Practice, and the Role of Music in Our Lives," *Strings*, September 17, 2015, online ed.

31. J. A. Sloboda et al., "The Role of Practice in the Development of Performing Musicians," *British Journal of Psychology* 87 (1996): 287 – 309. See also: G. E. McPherson et al., "Playing an Instrument," in *The Child as Musician*, ed. G. E. McPherson (Oxford: Oxford University Press, 2006) (〈가장 성공한 젊은 학습자들 중 일부는 다양한 악기들을 고루 접한 이들임이 드러났다.〉); and J. A. Sloboda and M. J. A. Howe, "Biographical Precursors of Musical Excellence," *Psychology of Music* 19 (1991): 3 – 21 (〈비범한 아이들은 평균적인 아이들보다 처음 고른 악기를 훨씬 덜 연습한 반면, 세 번째 악기는 평균적인 아이들보다 훨씬 더 많이 연습했다.〉)

32. S. A. O'Neill, "Developing a Young Musician's Growth Mindset," in *Music and the Mind*, ed. I. Deliège and J. W. Davidson (Oxford: Oxford University Press, 2011).

33. Sloboda and Howe, "Biographical Precursors of Musical Excellence."

34. A. Ivaldi, "Routes to Adolescent Musical Expertise," in *Music and the Mind*, ed. Deliège and Davidson.

35. P. Gorner, "Cecchini's Guitar Truly Classical," *Chicago Tribune*, July 13, 1968. (스터즈 터클Studs Terkel은 공연 전날 체키니를 인터뷰했다. 음악에 관한 그 환상적인 대화는 다음에서 찾아볼 수 있다. http://jackcecchini.com/Interviews. html.)

36. T. Teachout, *Duke: A Life of Duke Ellington* (New York: Gotham Books, 2013).

37. Kerman and Tomlinson, *Listen*, 394.

38. L. Flanagan, *Moonlight in Vermont: The Official Biography of Johnny Smith* (Anaheim Hills, CA: Centerstream, 2015).

39. F. M. Hall, *It's About Time: The Dave Brubeck Story*. (Fayetteville: University of Arkansas Press, 1996).

40. M. Dregni, *Django: The Life and Music of a Gypsy Legend* (Oxford: Oxford University Press, 2004 [Kindle ebook]). 장고의 삶을 매우 상세히 다룬 중요한

두 문헌: C. Delaunay, *Django Reinhardt* (New York: Da Capo, 1961) (뒤표지에 장고를 〈의심할 여지가 없이 세계에서 가장 중요한 기타리스트〉라는 『재즈의 탄생』의 저자 제임스 링컨 콜리어James Lincoln Collier의 추천사가 실려 있다); 그와 더불어 당대의 전설적인 음악가들을 상세히 다룬 『기타 플레이어*Guitar Player*』 장고 특별판(1976. 11).

41. 5장의 CD 전집인 「장고 라인하르트 — 거장의 음악 1928-1937: 기타 천재의 초기 작품Django Reinhardt — Musette to Maestro 1928-1937: The Early Work of a Guitar Genius」 (JSP Records, 2010)에는 다치기 전후에 젊은 라인하르트가 연주한 곡들도 들어 있다.

42. 시애틀 팝 문화 박물관의 선임 큐레이터 제이콥 맥머리Jacob McMurray는 박물관 영구 소장품에 이 앨범이 있다고 확인해 주었다.

43. "Django Reinhardt Clip Performing Live (1945)," YouTube, www.youtube. com/watch?v=aZ308aOOX04. (이 유튜브 동영상에는 날짜가 잘못 적혀 있다. 이 동영상은 1938년 단편영화 「Jazz 〈Hot〉」의 일부다.)

44. P. F. Berliner, *Thinking in Jazz* (Chicago: University of Chicago Press, 1994).

45. C. Kalb, "Who Is a Genius?," *National Geographic*, May 2017.

46. *Guitar Player*, November 1976.

47. Dregni, *Django*.

48. A. Midgette, "Concerto on the Fly: Can Classical Musicians Learn to Improvise," *Washington Post*, June 15, 2012, online ed.

49. S. Suzuki, *Nurtured by Love*, trans. W. Suzuki (Alfred Music, 1993 [Kindle ebook]).

50. J. S. Dacey, "Discriminating Characteristics of the Families of Highly Creative Adolescents," *Journal of Creative Behavior* 23, no. 4 (1989): 263-71. (그랜트는 그 연구를 소개하는 글을 썼다: "How to Raise a Creative Child. Step One: Back Off," *New York Times*, Jan. 30, 2016.)

4장: 빠른 학습과 느린 학습

1. 이 교실 수업 장면은 수학 과학 성취도 추이 변화 국제 비교 연구Trends in International Mathematics and Science Study(TIMSS)의 동영상, 녹취록, 분석 자료에서 따온 것이다. 구체적으로는 〈M-US2 변수 표현법M-US2 Writing Variable Expressions〉이라는 자료다.

2. 교사는 순간적으로 〈2〉라고 잘못 말했다. 혼동할까 봐 바로잡았다.

3. J. Hiebert et al., "Teaching Mathematics in Seven Countries," National Center

for Education Statistics, 2003, chap. 5.

4. E.R.A. Kuehnert et al. "Bansho: Visually Sequencing Mathematical Ideas,"
    Teaching Children Mathematics 24, no. 6 (2018): 362 – 69.

5. L. E. Richland et al., "Teaching the Conceptual Structure of Mathematics,"
    Educational Psychology 47, no. 3 (2012): 189 – 203.

6. N. Kornell and J. Metcalfe, "The Effects of Memory Retrieval, Errors and
    Feedback on Learning," in *Applying Science of Learning in Education,* V.A.
    Benassi et al., ed. (Society for the Teaching of Psychology, 2014); J. Metcalfe
    and N. Kornell, "Principles of Cognitive Science in Education," *Psychonomic
    Bulletin and Review* 14, no. 2 (2007): 225 – 29.

7. T. S. Eich et al., "The Hypercorrection Effect in Younger and Older Adults,"
    *Neuropsychology, Development and Cognition. Section B, Aging, Neuropsychology
    and Cognition 20*, no. 5 (2013): 511–21; J. Metcalfe et al., "Neural Correlates
    of People's Hypercorrection of Their False Beliefs," *Journal of Cognitive
    Neuroscience* 24, no. 7 (2012):1571– 83.

8. N. Kornell and H. S. Terrace, "The Generation Effect in Monkeys,"
    Psychological Science 18, no. 8 (2007): 682 – 85.

9. N. Kornell et al., "Retrieval Attempts Enhance Learning, but Retrieval Success
    (Versus Failure) Does Not Matter," *Journal of Experimental Psychology:
    Learning, Memory, and Cognition* 41, no. 1 (2015): 283 – 94.

10. H. P. Bahrick and E. Phelps, "Retention of Spanish Vocabulary over 8 Years,"
    Journal of Experimental Psychology: Learning, Memory, and Cognition 13,
    no. 2 (1987): 344 – 49.

11. L. L. Jacoby and W. H. Bartz, "Rehearsal and Transfer to LTM," *Journal of
    Verbal Learning and Verbal Behavior* 11 (1972): 561 – 65.

12. N. J. Cepeda et al., "Spacing Effects in Learning," *Psychological Science* 19,
    no. 11 (2008): 1095 – 1102.

13. H. Pashler et al., "Organizing Instruction and Study to Improve Student
    Learning," National Center for Education Research, 2007.

14. S. E. Carrell and J. E. West, "Does Professor Quality Matter?," *Journal of
    Political Economy* 118, no. 3 (2010): 409 – 32.

15. M. Braga et al., "Evaluating Students' Evaluations of Professors," *Economics
    of Education Review* 41 (2014): 71 – 88.

16. R. A. Bjork, "Institutional Impediments to Effective Training," in *Learning,*

Remembering, Believing: Enhancing Human Performance, ed. D. Druckman and R. A. Bjork (Washington, DC: National Academies Press, 1994), 295 – 306.

17. C. M. Clark and R. A. Bjork, "When and Why Introducing Difficulties and Errors Can Enhance Instruction," in *Applying the Science of Learning in Education*, ed. V. A. Benassi et al. (Society for the Teaching of Psychology, 2014 [ebook]).

18. C. Rampell, "Actually, Public Education is Getting Better, Not Worse," *Washington Post*, September 18, 2014.

19. G. Duncan and R. J. Murnane, *Restoring Opportunity* (Cambridge, MA: Harvard Education Press, 2014 [Kindle ebook]).

20. D. Rohrer and K. Taylor, "The Shuffling of Mathematics Problems Improves Learning," *Instructional Science* 35 (2007): 481 – 98.

21. M. S. Birnbaum et al., "Why Interleaving Enhances Inductive Learning," *Memory and Cognition* 41 (2013): 392 – 402.

22. C. L. Holladay and M.A. Quiñones, "Practice Variability and Transfer of Training," *Journal of Applied Psychology* 88, no. 6 (2003): 1094 – 1103.

23. N. Kornell and R. A. Bjork, "Learning Concepts and Categories: Is Spacing the 'Enemy of Induction'?," *Psychological Science* 19, no. 6 (2008): 585 – 92.

24. M. Bangert et al., "When Less of the Same Is More: Benefits of Variability of Practice in Pianists," *Proceedings of the International Symposium on Performance Science* (2013): 117 – 22.

25. 비요크는 다음 책에서 이 주장을 한다. Daniel Coyle's *The Talent Code* (New York: Bantam, 2009).

26. See, for example: M.T.H. Chi et al., "Categorization and Representation of Physics Problems by Experts and Novices," *Cognitive Science* 5, no. 2 (1981): 121 – 52; and J. F. Voss et al., "Individual Differences in the Solving of Social Science Problems," in *Individual Differences in Cognition*, vol. 1, ed. R. F. Dillon and R. R. Schmeck (New York: Academic Press, 1983).

27. D. Bailey et al., "Persistence and Fadeout in Impacts of Child and Adolescent Interventions," *Journal of Research on Educational Effectiveness* 10, no. 1 (2017): 7 – 39.

28. S. G. Paris, "Reinterpreting the Development of Reading Skills," *Reading Research Quarterly* 40, no. 2 (2005): 184 – 202.

5장: 경험 바깥의 사고

1. A. A. Martinez, "Giordano Bruno and the Heresy of Many Worlds," *Annals of Science* 73, no. 4 (2016): 345 – 74.

2. 케플러가 물려받은 세계관과 그의 비유 전환 과정을 탁월하게 다룬 문헌들: D. Gentner et al., "Analogical Reasoning and Conceptual Change: A Case Study of Johannes Kepler," *Journal of the Learning Sciences* 6, no. 1 (1997): 3 – 40; D. Gentner, "Analogy in Scientific Discovery: The Case of Johannes Kepler," in *Model- Based Reasoning: Science, Technology, Values,* ed. L. Magnani and N. J. Nersessian (New York: Kluwer Academic/ Plenum Publishers, 2002), 21 – 39; D. Gentner et al., "Analogy and Creativity in the Works of Johannes Kepler," in *Creative Thought: An Investigation of Conceptual Structures and Processes,* ed. T. B. Ward et al. (Washington, DC: American Psychological Association, 1997).

3. D. Gentner and A. B. Markman, "Structure Mapping in Analogy and Similarity," *American Psychologist* 52, no. 1 (1997): 45 – 56. 케플러는 자기에 관한 새로운 문헌도 읽었다. A. Caswell, "Lectures on Astronomy," *Smithsonian Lectures on Astronomy,* 1858 (British Museum collection).

4. J. Gleick, *Isaac Newton* (New York: Vintage, 2007).

5. A. Koestler, *The Sleepwalkers: A History of Man's Changing Vision of the Universe* (New York: Penguin Classics, 2017).

6. B. Vickers, "Analogy Versus Identity," in: *Occult and Scientific Mentalities in the Renaissance,* ed. B. Vickers (Cambridge: Cambridge University Press, 1984).

7. Gentner et al., "Analogy and Creativity in the Works of Johannes Kepler."; E. McMullin, "The Origins of the Field Concept in Physics," *Physics in Perspective* 4, no. 1 (2002): 13 – 39.

8. M. L. Gick and K. J. Holyoak, "Analogical Problem Solving," *Cognitive Psychology* 12 (1980): 306 – 55.

9. M. L. Gick and K. J. Holyoak, "Schema Induction and Analogical Transfer," *Cognitive Psychology* 15 (1983): 1 – 38.

10. T. Gilovich, "Seeing the Past in the Present: The Effect of Associations to Familiar Events on Judgments and Decisions," *Journal of Personality and Social Psychology* 40, no. 5 (1981): 797 – 808.

11. 카너먼의 이야기는 그의 저서에 실려 있다. *Thinking, Fast and Slow* (New

York: Farrar, Straus & Giroux, 2011). 내부 관점과 외부 관점에 관한 기본 사항
은 다음 문헌도 참조. D. Kahneman and D. Lovallo, "Timid Choices and Bold
Forecasts," *Management Science* 39, no. 1 (1993): 17 – 31.

12. D. Lovallo, C. Clarke, and C. Camerer, "Robust Analogizing and the Outside
View," *Strategic Management Journal* 33, no. 5 (2012): 496 – 512.

13. M. J. Mauboussin, *Think Twice: Harnessing the Power of Counterintuition*
(Boston: Harvard Business Review Press, 2009).

14. L. Van Boven and N. Epley, "The Unpacking Effect in Evaluative Judgments:
When the Whole Is Less Than the Sum of Its Parts," *Journal of Experimental
Social Psychology* 39 (2003): 263 – 69.

15. A. Tversky and D. J. Koehler, "Support Theory," *Psychological Review* 101,
no. 4 (1994): 547 – 67.

16. B. Flyvbjerg et al., "What Causes Cost Overrun in Transport Infrastructure
Projects?" *Transport Reviews* 24, no. 1 (2004): 3 – 18.

17. B. Flyvbjerg, "Curbing Optimism Bias and Strategic Misrepresentation in
Planning," *European Planning Studies* 16, no. 1 (2008): 3 – 21. The £1 billion
price tag: S. Brocklehurst, "Going off the Rails," *BBC Scotland,* May 30, 2014,
online ed.

18. Lovallo, Clarke, and Camerer, "Robust Analogizing and the Outside View."

19. T. Vanderbilt, "The Science Behind the Netflix Algorithms That Decide What
You'll Watch Next," Wired.com, August 7, 2013; and C. Burger, "Personalized
Recommendations at Netflix," Tastehit.com, February 23, 2016.

20. F. Dubin and D. Lovallo, "The Use and Misuse of Analogies in Business,"
Working Paper (Sydney: University of Sydney, 2008).

21. 이 그룹이 전시물 계획을 추진한 동기를 짧게 다룬 문헌: D. Gray, "A Gallery of
Metaphors," *Harvard Business Review,* September 2003.

22. B. M. Rottman et al., "Causal Systems Categories: Differences in Novice and
Expert Categorization of Causal Phenomena," *Cognitive Science* 36 (2012):
919 – 32.

23. M. T. H. Chi et al., "Categorization and Representation of Physics Problems
by Experts and Novices," *Cognitive Science* 5, no. 2 (1981): 121 – 52.

24. Koestler, *The Sleepwalkers.*

25. N. Morvillo, *Science and Religion: Understanding the Issues* (Malden, MA:
Wiley – Blackwell, 2010).

26. Koestler, *The Sleepwalkers*.

27. K. Dunbar, "What Scientific Thinking Reveals About the Nature of Cognition," in *Designing for Science,* ed. K. Crowley et al. (Mahwah, NJ: Lawrence Erlbaum Associates, 2001).

28. K. Dunbar, "How Scientists Really Reason," in *The Nature of Insight,* ed. R. J. Sternberg and J. E. Davidson (Cambridge, MA: MIT Press, 1995), 365–95.

6장: 그릿이 너무 많아서 문제

1. 반 고흐의 생애는 몇몇 문헌을 주로 참조했는데, 고흐가 주고받은 편지들도 거기에 들어 있다. 〈빈센트 반 고흐: 편지들〉이라는 놀라운 웹사이트(vangoghletters.org)에는 900통이 넘는(즉 남아 있는 것들) 편지들이 실려 있다. 반 고흐 미술관과 네덜란드 하위헌스 역사 연구소의 후원으로 만들어진 사이트다. 다른 놀라운 참조 자료가 없었더라면, 나는 어느 편지를 읽어야 할지 몰랐을 것이다. 스티븐 네이페 Steven Naifeh와 그레고리 화이트 스미스Gregory White Smith의 『화가 반 고흐 이전의 판 호흐*Van Gogh: The Life*』(New York: Random House, 2011)가 바로 그 책이다. 놀랍게도 네이페와 스미스는 문헌 출처들을 모아서 아예 따로 검색 가능한 데이터베이스까지 구축해 제공했다(vangoghbiography.com/notes.php). 대단히 유용했다. 그리고 도움이 된 책이 두 권 더 있다. N. Denekamp et al., *The Vincent van Gogh Atlas* (New Haven, CT: Yale University Press and the Van Gogh Museum, 2016); J. Hulsker, *The Complete Van Gogh* (New York: Harrison House/H. N. Abrams, 1984). 마지막으로 전시회 두 곳에서도 도움을 받았다. 시카고 미술관의 「반 고흐의 침실*Van Gogh's Bedrooms*」(2016) 전시회와 러시아 상트페테르부르크의 허미티지 미술관의 인상파와 후기 인상파 전시회였다.

2. Naifeh and Smith, *Van Gogh: The Life*.

3. 반 고흐가 동생 테오에게 보낸 편지, 1884년 6월.

4. Naifeh and Smith, *Van Gogh: The Life*.

5. 반 고흐가 동생 테오에게 보낸 편지, 1877년 9월.

6. Émile Zola, *Germinal,* trans. R. N. MacKenzie (Indianapolis: Hackett Publishing, 2011).

7. 반 고흐가 동생 테오에게 보낸 편지, 1880년 6월.

8. 반 고흐가 동생 테오에게 보낸 편지, 1880년 8월.

9. Naifeh and Smith, *Van Gogh: The Life*.

10. 반 고흐가 동생 테오에게 보낸 편지, 1882년 3월.

11. Naifeh and Smith, *Van Gogh: The Life*.

12. 반 고흐가 동생 테오에게 보낸 편지, 1882년 8월. 그날 반 고흐가 그린 그림은 「폭풍 속의 스헤베닝언 해변Beach at Scheveningen in Stormy Weather」이다. 이 그림은 2002년 반 고흐 미술관에서 도난당했다가 10여 년 뒤에 되찾았다.

13. The review, by G.- Albert Aurier, was titled "Les isolés: Vincent van Gogh."

14. 정확히는 39.84년이며, 온라인에서 찾아볼 수 있다. *Our World in Data* (ourworldindata.org).

15. *The Great Masters* (London: Quantum Publishing, 2003).

16. J. K. Rowling, text of speech, "The Fringe Benefits of Failure, and the Importance of Imagination," *Harvard Gazette,* June 5, 2008, online ed.

17. T. W. Schultz, "Resources for Higher Education," *Journal of Political Economy* 76, no. 3 (1968): 327 – 47.

18. O. Malamud, "Discovering One's Talent: Learning from Academic Specialization," *Industrial and Labor Relations* 64, no. 2 (2011): 375 – 405.

19. O. Malamud, "Breadth Versus Depth: The Timing of Specialization in Higher Education," *Labour* 24, no. 4 (2010): 359 – 90.

20. D. Lederman, "When to Specialize?," *Inside Higher Ed,* November 25, 2009.

21. Malamud, "Discovering One's Talent."

22. S. D. Levitt, "Heads or Tails: The Impact of a Coin Toss on Major Life Decisions and Subsequent Happiness," NBER Working Paper No. 22487 (2016).

23. Levitt, in the September 30, 2011, *Freakonomics Radio* program, "The Upside of Quitting."

24. C. K. Jackson, "Match Quality, Worker Productivity, and Worker Mobility: Direct Evidence from Teachers," *Review of Economics and Statistics* 95, no. 4 (2013): 1096 – 1116.

25. A. L. Duckworth et al., "Grit: Perseverance and Passion for Long-Term Goals," *Journal of Personality and Social Psychology* 92, no. 6 (2007): 1087 – 1101. (입문 강좌를 듣는 신입생은 총 1,223명이었으므로, 더크워스는 거의 모두를 조사한 셈이다.) 표 3은 웨스트포인트 사관학교, 스크립스 전미 철자 경연 대회, 아이비리그 학생들의 성적과 성인의 학력 수준 자료를 통해 그릿으로 설명되는 편차의 양을 잘 요약하고 있다. 더크워스는 저서 *Grit: The Power of Passion and Perseverance* (New York: Scribner, 2016)에서 자신의 연구를 쉽게 설명했다.

26. 그릿과 Whole Candidate Score를 예리하게 비평한 문헌: D. Engber, "Is 'Grit' Really the Key to Success?," *Slate,* 2016. 5. 8.

27. A. Duckworth, "Don't Grade Schools on Grit," *New York Times,* March 26, 2016.

28. Duckworth et al., "Grit: Perseverance and Passion for Long-Term Goals."

29. M. Randall, "New Cadets March Back from 'Beast Barracks' at West Point," *Times Herald- Record,* August 8, 2016.

30. R. A. Miller, "Job Matching and Occupational Choice," *Journal of Political Economy* 92, no. 6 (1984): 1086 – 1120.

31. S. Godin, *The Dip: A Little Book That Teaches You When to Quit (and When to Stick)* (New York: Portfolio, 2007 [Kindle ebook]).

32. G. Cheadle (Brig. Gen. USAF [Ret.]), "Retention of USMA Graduates on Active Duty," white paper for the USMA Association of Graduates, 2004.

33. 이 논문은 장교 양성과 보유를 논의한 연재물 여섯 편 중 하나다. C. Wardynski et al., "Towards a U.S. Army Officer Corps Strategy for Success: Retaining Talent," Strategic Studies Institute, 2010.

34. A. Tilghman, "At West Point, Millennial Cadets Say Rigid Military Career Tracks Are Outdated," *Military Times,* March 26, 2016.

35. D. Vergun, "Army Helping Cadets Match Talent to Branch Selection," *Army News Service,* March 21, 2017.

36. 자신의 그릿 점수를 남들의 점수와 비교할 수 있는 곳: https://angeladuckworth. com/grit-scale/.

37. S. Cohen, "Sasha Cohen: An Olympian's Guide to Retiring at 25," *New York Times,* February 24, 2018.

38. Gallup's *State of the Global Workplace* report, 2017.

7장: 자신의 가능한 자아와 놀기

1. 헤셀바인의 삶은 다양한 인터뷰 자료, 그녀의 책들, 그녀를 아는 사람들이 쓴 글에서 얻었다. 특히 그녀의 책 *My Life in Leadership* (San Francisco: Jossey-Bass, 2011)은 유용한 원천이었고, 〈의사이자 변호사이자 비행사〉라는 인용문의 출처다.

2. E. Edersheim, "The Woman Drucker Said Was the Best CEO in America," *Management Matters Network,* April 27, 2017.

3. J. A. Byrne, "Profiting from the Nonprofits," *Business Week,* March 26, 1990.

4. 빌 클린턴 대통령은 헤셀바인에게 훈장을 수여할 때, 상을 받으러 〈앞으로〉 나 오라고 장난스럽게 말했다. 그녀가 〈위〉와 〈아래〉 같은 위계적인 단어를 좋아하 지 않았기 때문이다.

5. *Good Morning America,* April 26, 2016.

6. Phil Knight, *Shoe Dog* (New York: Scribner, 2016).

7. 다윈의 생애에 관한 내용은 『찰스 다윈 자서전*The Autobiography of Charles Darwin*』을 참조했다. 주석이 달린 무료 판본을 볼 수 있는 곳: Darwin-online. org.uk.

8. 케임브리지 대학교의 다윈 서신 계획((www.darwinproject.ac.uk)에서 J. S. 헨 슬로 교수의 초청장(1831. 8. 24) 같은 풍부한 자료를 찾을 수 있다.

9. *The Autobiography of Charles Darwin.*

10. Bio at www.michaelcrichton.com.

11. J. Quoidbach, D. T. Gilbert, and T. D. Wilson, "The End of History Illusion," *Science* 339, no. 6115 (2013): 96–98.

12. B.W. Roberts et al., "Patterns of Mean-Level Change in Personality Traits Across the Life Course," *Psychological Bulletin* 132, no. 1 (2006): 1-25. See also: B. W. Roberts and D. Mroczek, "Personality Trait Change in Adulthood," *Current Directions in Psychological Science* 17, no. 1 (2009): 31–35. 일반 대중 을 위해 성격 연구를 탁월하게 개괄한 문헌(무료로 볼 수 있다): M. B. Donnellan, "Personality Stability and Change," in *Noba Textbook Series: Psychology,* ed. R. Biswas-Diener and E. Diener (Champaign, IL: DEF Publishers, 2018), nobaproject.com.

13. W. Mischel, *The Marshmallow Test* (New York: Little, Brown, 2014 [Kindle ebook]).

14. T. W. Watts et al., "Revisiting the Marshmallow Test," *Psychological Science* 29, no. 7 (2018): 1159–77.

15. 쇼다는 다른 상을 수상하는 자리에서도 그 점을 다시금 역설했다. 수상자 선정 을 알리는 워싱턴 대학교의 2015년 6월 2일자 보도 자료에는 이렇게 적혀 있었 다. 〈쇼다는 수상 소식에 기뻐하면서도 오랫동안 언론이 그 연구를 왜곡해 왔다 고 우려를 표명했다. 부모가 스스로 그 연구를 함으로써 자녀의 운명을 예측할 수 있다는 잘못된 개념을 퍼뜨려 왔다는 것이다.〉 쇼다는 이렇게 덧붙였다. 〈우 리가 밝혀낸 관계는 결코 완벽한 것이 아니다. 그리고 바뀔 여지가 많다.〉

16. Y. Shoda et al., eds., *Persons in Context: Building a Science of the Individual* (New York: Guilford Press, 2007 [Kindle ebook]).

17. T. Rose, *The End of Average: How We Succeed in a World That Values Sameness* (New York: HarperOne, 2016 [Kindle ebook]).

18. H. Ibarra, *Working Identity* (Boston: Harvard Business Review Press, 2003).

19. P. Capell, "Taking the Painless Path to a New Career," *Wall Street Journal Europe,* January 2, 2002.

20. "What You'll Wish You'd Known," www.paulgraham.com/hs.html.

21. W. Wallace, "Michelangelo: Separating Theory and Practice," in *Imitation, Representation and Printing in the Italian Renaissance,* ed. R. Eriksen and M. Malmanger (Pisa and Rome: Fabrizio Serra Editore, 2009).

22. *The Complete Poems of Michelangelo,* trans. J. F. Nims (Chicago: University of Chicago Press, 1998): poem 5 (painting); p. 8 (half unfinished).

23. "Haruki Murakami, The Art of Fiction No. 182," *The Paris Review,* 170 (2004).

24. H. Murakami, "The Moment I Became a Novelist," *Literary Hub,* June 25, 2015.

25. Bio at patrickrothfuss.com.

26. 마리암 미르자하니의 인터뷰 내용은 클레이 수학 연구소의 허락을 받아 인용했다. *Guardian,* 2014. 8. 12.

27. A. Myers and B. Carey, "Maryam Mirzakhani, Stanford Mathematician and Fields Medal Winner, Dies," *Stanford News,* July 15, 2007.

28. "A new beginning," Chrissiewellington.org, March 12, 2012.

29. H. Finster, as told to T. Patterson, *Howard Finster: Stranger from Another World* (New York: Abbeville Press, 1989).

8장: 외부인의 이점

1. K. R. Lakhani, "InnoCentive.com (A)," HBS No. 9-608-170, Harvard Business School Publishing, 2009. See also: S. Page, *The Difference* (Princeton, NJ: Princeton University Press, 2008).

2. T. Standage, *An Edible History of Humanity* (New York: Bloomsbury, 2009).

3. "Selected Innovation Prizes and Rewards Programs," Knowledge Ecology International, KEI Research Note, 2008: 1.

4. J. H. Collins, *The Story of Canned Foods* (New York: E. P. Dutton, 1924).

5. Standage, *An Edible History of Humanity.*

6. Cragin's presentation at *Collaborative Innovation: Public Sector Prizes,* June 12, 2012, Washington, D.C., The Case Foundation and The Joyce Foundation.

7. J. Travis, "Science by the Masses," *Science* 319, no. 5871 (2008): 1750–52.

8. C. Dean, "If You Have a Problem, Ask Everyone," *New York Times,* July 22, 2008. See also: L. Moise interview with K. Lakhani, "5 Questions with Dr. Karim Lakhani," *InnoCentive Innovation Blog,* Jul 25, 2008.

9. K. R. Lakhani et al., "Open Innovation and Organizational Boundaries," in A. Grandori, ed., *Handbook of Economic Organization* (Cheltenham: Edward Elgar, 2013).

10. S. Joni, "Stop Relying on Experts for Innovation: A Conversation with Karim Lakhani," *Forbes,* October 23, 2013, online ed.

11. Kaggle Team, "Profiling Top Kagglers: Bestfitting, Currently #1 in the World," No Free Hunch (official Kaggle blog), May 7, 2018.

12. Copy of University of Chicago Office of Public Relations memo (No. 62–583) for December 17, 1962.

13. D. R. Swanson, "On the Fragmentation of Knowledge, the Connection Explosion, and Assembling Other People's Ideas," *Bulletin of the American Society for Information Science and Technology* 27, no. 3 (2005): 12–14.

14. K. J. Boudreau et al., "Looking Across and Looking Beyond the Knowledge Frontier," *Management Science* 62, no. 10 (2016): 2765–83.

15. D. R. Swanson, "Migraine and Magnesium: Eleven Neglected Connections," *Perspectives in Biology and Medicine* 31, no. 4 (1988): 526–57.

16. L. Moise interview with K. Lakhani, "5 Questions with Dr. Karim Lakhani."

17. F. Deymeer et al., "Emery- Dreifuss Muscular Dystrophy with Unusual Features," *Muscle and Nerve* 16 (1993): 1359–65.

18. G. Bonne et al., "Mutations in the Gene Encoding Lamin A/ C Cause Autosomal Dominant Emery- Dreifuss Muscular Dystrophy," *Nature Genetics* 21, no. 3 (1999): 285–88.

9장: 시든 기술을 활용하는 수평적 사고

1. 닌텐도의 역사를 다룬 문헌 중 특히 중요한 것들: F. Gorges with I. Yamazaki, *The History of Nintendo,* vol. 1, *1889–1980* (Triel-sur-Seine: Pix'N Love, 2010). F. Gorges with I. Yamazaki, *The History of Nintendo,* vol. 2, *1980–1991* (Trielsur-Seine: Pix'N Love, 2012); E. Voskuil, *Before Mario: The Fantastic Toys from the Video Game Giant's Early Days* (Châtillon: Omaké Books, 2014); J. Parish, *Game Boy World 1989* (Norfolk, VA: CreateSpace, 2016); D.

Sheff, *Game Over: How Nintendo Conquered the World* (New York: Vintage, 2011).

2. 요코이의 인용문은 각주에 출처를 적었다.

3. Gorges with Yamazaki, *The History of Nintendo*, vol. 2, 1980 – 1991.

4. E. de Bono, *Lateral Thinking: Creativity Step by Step* (New York: HarperCollins, 2010).

5. 단순한 것들이 많은 요코이의 특허들은 발명의 역사를 보여 주는 보물 창고다. 이 특허(U.S. no. 4398804)를 비롯한 여러 특허들은 구글 특허Google Patents 에서 검색할 수 있다.

6. B. Edwards, "Happy 20th b-day, Game Boy," *Ars Technica*, April 21, 2009.

7. shmuplations.com (translation), "Console Gaming Then and Now: A Fascinating 1997 Interview with Nintendo's Legendary Gunpei Yokoi," techspot.com, July 10, 2015.

8. For an excellent description, see D. Pink, *Drive* (New York: Riverhead, 2011).

9. Before Mario에 실린 오카다 사토루의 서문.

10. IGN staff, "Okada on the Game Boy Advance," IGN.com, Sep. 13, 2000.

11. M. Kodama, *Knowledge Integration Dynamics* (Singapore: World Scientific): 211.

12. C. Christensen and S. C. Anthony, "What Should Sony Do Next?," *Forbes*, August 1, 2007, online ed.

13. F. Dyson, "Bird and Frogs," *Notices of the American Mathematical Society* 56, no. 2 (2009): 212 – 23. (다이슨은 수학 개구리일지는 몰라도, 탁월한 저술가임 에는 분명하다.)

14. M. F. Weber et al., "Giant Birefringent Optics in Multilayer Polymer Mirrors," *Science* 287 (2000): 2451 – 56; and R. F. Service, "Mirror Film Is the Fairest of Them All," *Science* 287 (2000): 2387 – 89.

15. R. Ahmed et al., "Morpho Butterfly- Inspired Optical Diffraction, Diffusion, and Bio-chemical Sensing," *RSC Advances* 8 (2018): 27111 – 18.

16. 오더커크의 강연. TEDxHHL, October 14, 2016.

17. W. F. Boh, R. Evaristo, and A. Ouderkirk, "Balancing Breadth and Depth of Expertise for Innovation: A 3M Story," *Research Policy* 43 (2013): 349 – 66.

18. 오더커크의 강연. TEDxHHL, October 14, 2016.

19. G. D. Glenn and R. L. Poole, *The Opera Houses of Iowa* (Ames: Iowa State University Press, 1993). 이 현상을 더 폭넓게 살펴본 문헌도 있다. R. H. Frank,

Luxury Fever (New York: The Free Press, 1999), ch. 3.

20. B. Jaruzelski et al., "Proven Paths to Innovation Success," *Strategy+Business*, winter 2014, issue 77 preprint.

21. E. Melero and N. Palomeras, "The Renaissance Man Is Not Dead! The Role of Generalists in Teams of Inventors," *Research Policy* 44 (2015): 154 – 67.

22. A. Taylor and H. R. Greve, "Superman or the Fantastic Four? Knowledge Combination and Experience in Innovative Teams," *Academy of Management Journal* 49, no. 4 (2006): 723 – 40.

23. C. L. Tilley, the Innocent: Fredric Wertham and the Falsifications That Helped Condemn Comics," *Information and Culture* 47, no. 4 (2012): 383 –413.

24. M. Maruthappu et al., "The Influence of Volume and Experience on Individual Surgical Performance: A Systematic Review," *Annals of Surgery* 261, no. 4 (2015): 642 –47; N. R. Sahni et al., "Surgeon Specialization and Operative Mortality in the United States: Retrospective Analysis," *BMJ* 354 (2016): i3571; A. Kurmann et al., "Impact of Team Familiarity in the Operating Room on Surgical Complications," *World Journal of Surgery* 38, no. 12 (2014): 3047 – 52; M. Maruthappu, "The Impact of Team Familiarity and Surgical Experience on Operative Efficiency," *Journal of the Royal Society of Medicine* 109, no. 4 (2016): 147 –53.

25. "A Review of Flightcrew– Involved Major Accidents of U.S. Air Carriers, 1978 Through 1990," National Transportation Safety Board, Safety Study NTSB/ SS-94/ 01, 1994.

26. A. Griffin, R. L. Price, and B. Vojak, *Serial Innovators: How Individuals Create and Deliver Breakthrough Innovations in Mature Firms* (Stanford, CA: Stanford Business Books, 2012 [Kindle ebook]).

27. D. K. Simonton, *Origins of Genius* (Oxford: Oxford University Press, 1999).

28. H. E. Gruber, *Darwin on Man: A Psychological Study of Scientific Creativity* (Chicago: University of Chicago Press, 1981).

29. T. Veak, "Exploring Darwin's Correspondence," *Archives of Natural History* 30, no. 1 (2003): 118 – 38.

30. H. E. Gruber, "The Evolving Systems Approach to Creative Work," *Creativity Research Journal* 1, no.1 (1988): 27 – 51.

31. R. Mead, "All About the Hamiltons," *The New Yorker,* February. 9, 2015.

10장: 전문성에 속다

1. 예일대 역사학자 폴 세이빈의 *The Bet* (New Haven, CT: Yale University Press, 2013)는 배경과 분석을 흥미롭게 보여 준다. 이 분석의 일부를 요약한 글도 있다. C. R. Sunstein, "The Battle of Two Hedgehogs," *New York Review of Books*, 2013. 12. 5.

2. P. Ehrlich, *Eco-Catastrophe!* (San Francisco: City Lights Books, 1969).

3. G. S. Morson and M. Schapiro, *Cents and Sensibility* (Princeton, NJ: Princeton University Press, 2017 [ebook]).

4. 본문에 실린 통계 자료(영양실조에 걸린 사람의 비율; 기근에 따른 사망률; 출생률; 인구 성장률)는 옥스퍼드 대학교 경제학자 맥스 로저Max Roser가 만든 놀라운 온라인 사이트(Our World in Data)에서 얻었다. 한 예로 1인당 하루 열량은 여기에 실려 있다. https://slides.ourworldindata.org/hunger-and-food-provision/#/kcalcapitaday-by-world-regions-mg-png.

5. United Nations, Department of Economic and Social Affairs, Population Division, "World Population Prospects: The 2017 Revision, Key Findings and Advance Tables," Working Paper No. ESA/P/WP/248.

6. P. R. Ehrlich and A. H. Ehrlich, *The Population Explosion* (New York: Simon & Schuster, 1990).

7. K. Kiel et al., "Luck or Skill? An Examination of the Ehrlich-Simon Bet," *Ecological Economics* 69, no. 7 (2010): 1365-67.

8. 테틀록은 저서를 통해서 자신의 연구 결과를 아주 상세하게(그리고 재치 있게) 설명한다. *Expert Political Judgment: How Good Is It? How Can We Know?* (Princeton, NJ: Princeton University Press, 2005).

9. Tetlock, *Expert Political Judgment*.

10. P. E. Tetlock et al., "Bringing Probability Judgments into Policy Debates via Forecasting Tournaments," *Science* 355 (2017): 481-83.

11. G. Gigerenzer, *Risk Savvy* (New York: Penguin, 2014).

12. J. Baron et al., "Reflective Thought and Actively Open-Minded Thinking," in *Individual Differences in Judgment and Decision Making*, ed. M. E. Toplak and J. A. Weller (New York: Routledge, 2017 [Kindle ebook]).

13. J. A. Frimer et al., "Liberals and Conservatives Are Similarly Motivated to Avoid Exposure to One Another's Opinions," *Journal of Experimental Social Psychology* 72 (2017): 1-12.

14. Online Privacy Foundation, "Irrational Thinking and the EU Referendum

Result" (2016).

15. D. Kahan et al., "Motivated Numeracy and Enlightened Self- Government," *Behavioural Public Policy* 1, no. 1 (2017): 54–86.

16. D. M. Kahan et al., "Science Curiosity and Political Information Processing," *Advances in Political Psychology* 38, no. 51 (2017): 179–99.

17. Baron et al., "Reflective Thought and Actively Open- Minded Thinking."

18. H. E. Gruber, *Darwin on Man: A Psychological Study of Scientific Creativity,* 127.

19. *The Autobiography of Charles Darwin.*

20. J. Browne, *Charles Darwin: A Biography,* vol. 1, *Voyaging* (New York: Alfred A. Knopf, 1995), 186.

21. 아인슈타인의 고슴도치 성향을 설명하는 많은 문헌 중 하나. Morson and Schapiro, *Cents and Sensibility.*

22. G. Mackie, "Einstein's Folly," *The Conversation,* November 29, 2015.

23. C. P. Snow, *The Physicists,* (London: Little, Brown and Co., 1981). 아인슈타인은 다음 책에서도 이 개념을 표현했다. H. Dukas and B. Hoffmann eds., *Albert Einstein, The Human Side: Glimpses from His Archives* (Princeton, NJ: Princeton University Press, 1979), 68.

24. W. Chang et al., "Developing Expert Political Judgment: The Impact of Training and Practice on Judgmental Accuracy in Geopolitical Forecasting Tournaments," *Judgment and Decision Making* 11, no. 5 (2016): 509–26.

11장: 친숙한 도구를 버리는 법 배우기

1. 맥스 베이즈만Max Bazerman 교수의 호의 덕분에 나는 2016년 10월에 이틀 동안 하버드 경영대에서 카터 레이싱 사례 연구를 지켜볼 수 있었다. 이 사례 연구는 1986년 잭 W. 브리테인Jack W. Brittain과 심 B. 시트킨Sim B. Sitkin이 만들었다.

2. F. Lighthall, "Launching the Space Shuttle Challenger: Disciplinary Deficiencies in the Analysis of Engineering Data," *IEEE Transactions on Engineering Management* 38, no. 1 (1991): 63–74.

3. R. P. Boisjoly et al. "Roger Boisjoly and the Challenger Disaster," *Journal of Business Ethics* 8, no. 4 (1989): 217–230. 뒤에 이어지는 증언은 대통령 위원회의 1986년 2월 25일 청문회 기록에서 따왔다.

4. J. M. Logsdon, "Was the Space Shuttle a Mistake?," *MIT Technology Review,*

July 6, 2011.

5. 이 장에서 인용한 대통령 청문회 기록은 다음 사이트 참조. https://history.nasa. gov/rogersrep/genindex.htm. 앨런 맥도널드도 저서에서 그 조사와 우주 왕복 선의 귀환을 흥미롭게 설명한다. *Truth, Lies, and O-Rings* (Gainesville: University Press of Florida, 2009).

6. 다이앤 본의 저서는 의사 결정에서 〈비정상의 정상화〉를 흥미진진하게 탐구하 고 있다. *The Challenger Launch Decision: Risky Technology, Culture, and Deviance at NASA* (Chicago: University of Chicago Press, 1996).

7. 현직 및 전직 나사 관리자들과 기술자들의 많은 배경 인터뷰들 — 특히 2017년 나사의 존슨 우주 센터를 방문했을 때 한 — 은 유용한 맥락을 제공했다. 나사가 운영하는 애펄 지식 서비스APPEL Knowledge Services도 극도로 유용하다. 나 사의 〈교훈 시스템Lessons Learned System〉과 연계되어 있는 엄청난 정보 창 고다.

8. K. E. Weick, "The Collapse of Sensemaking in Organizations: Gulch Disaster," *Administrative Science Quarterly* 38, no. 4 (1993): 52.; K. E. Weick, "Drop Your Tools: An Allegory for Organizational Studies," *Administrative Science Quarterly* 41, no. 2 (1996): 301 – 13; K. E. Weick, "Drop Your Tools: On Reconfiguring Management Education," *Journal of Management Education* 31, no. 1 (2007): 5 – 16.

9. R. C. Rothermel, "Mann Gulch Fire: A Race That Couldn't Be Won," Department of Agriculture, Forest Service, Intermountain Research Station, General Technical Report INT – 299, May 1993.

10. K. E. Weick, "Tool Retention and Fatalities in Wildland Fire Settings," in *Linking Expertise and Naturalistic Decision Making,* ed. E. Salas and G. A. Klein (New York: Psychology Press, 2001 [Kindle ebook]).

11. USDA, USDI, and USDC, *South Canyon Fire Investigation* (Report of the South Canyon Fire Accident Investigation Team), U.S. Government Printing Office, Region 8, Report 573 – 183, 1994.

12. Weick, "Tool Retention and Fatalities in Wildland Fire Settings."

13. Weick, "Drop Your Tools: An Allegory for Organizational Studies."

14. J. Orasanu and L. Martin, "Errors in Aviation Decision Making," *Proceedings of the HESSD '98* (Workshop on Human Error, Safety and System Development) (1998): 100 – 107; J. Orasanu et al., "Errors in Aviation Decision Making," Fourth Conference on Naturalistic Decision Making, 1998.

15. Weick, "Tool Retention and Fatalities in Wildland Fire Settings."

16. M. Kohut, "Interview with Bryan O'Connor," NASA's *ASK (Academy Sharing Knowledge)* magazine, issue 45 (January 2012).

17. transcript, Hearings of the Presidential Commission on the Space Shuttle Challenger Accident Vol. 4, February 25, 1986.

18. 제48 구조 비행대의 대원들은 가치를 따질 수 없는 배경 지식과 진술을 제공했다.

19. C. Grupen, *Introduction to Radiation Protection* (Berlin: Springer, 2010), 90. 섀퍼가 한 말의 전문은 다음 사이트에 실려 있다. https://yarchive.net/air/perfect_safety.html.

20. K. S. Cameron and S. J. Freeman, "Cultural Congruence, Strength, and Type: Relationships to Effectiveness," *Research in Organizational Change and Development* 5 (1991): 23 – 58.

21. K. S. Cameron and R. E. Quinn, *Diagnosing and Changing Organizational Culture,* 3rd Edition (San Francisco: Jossey-Bass, 2011).

22. S. V. Patil et al., "Accountability Systems and Group Norms: Balancing the Risks of Mindless Conformity and Reckless Deviation," *Journal of Behavioral Decision Making* 30 (2017): 282 – 303.

23. G. Kranz, *Failure Is Not an Option* (New York: Simon & Schuster, 2000). See also: M. Dunn, "Remaking NASA one step at a time," Associated Press, October 12, 2003.

24. S. J. Dick, ed., *NASA's First 50 Years* (Washington, DC: NASA, 2011 [ebook]). 폰 브라운의 주간 일지도 보관되어 있다. https://history.msfc.nasa.gov/vonbraun/vb_weekly_notes.html.

25. R. Launius, "Comments on a Very Effective Communications System: Marshall Space Flight Center's Monday Notes," *Roger Launius's Blog,* February 28, 2011.

26. Columbia Accident Investigation Board, "History as Cause: *Columbia and Challenger,*" in *Columbia Accident Investigation Board Report,* vol. 1, August 2003.

27. 스탠퍼드 대학교는 GP-B에 관한 많은 자료(전문 자료와 일반 대중을 위해 쓴 글)를 제공하고 있다(einstein.stanford.edu). 과학적으로 깊이 파고들고자 하는 독자에게는 『고전 및 양자 중력Classical and Quantum Gravity』의 GP-B 특별호(vol. 32, no. 22 [November 2015])를 추천한다.

28. T. Reichhardt, "Unstoppable Force," *Nature* 426 (2003): 380 – 81.

29. NASA Case Study, "The Gravity Probe B Launch Decisions," NASA, Academy of Program / Project and Engineering Leadership.

30. 제버던도 건강한 긴장을 이야기한 바 있다. R. Wright et al., eds., *NASA at 50: Interviews with NASA's Senior Leadership* (Washington, DC: NASA, 2012).

31. J. Overduin, "The Experimental Verdict on Spacetime from Gravity Probe B," in Vesselin Petkov, ed., *Space, Time, and Spacetime* (Berlin: Springer, 2010).

32. E.M. Anicich et al., "Hierarchical Cultural Values Predict Success and Mortality in High-Stakes Teams," *Proceedings of the National Academy of Sciences of the United States of America* 112, no. 5 (2015): 1338 – 43.

33. 에릭 토폴Eric Topol은 그 용어를 창안한 심장학자다(실제로 심근경색 환자라면 스텐트가 목숨을 구할 수 있다).

34. K. Stergiopoulos and D. L. Brown, "Initial Coronary Stent Implantation With Medical Therapy vs Medical Therapy Alone for Stable Coronary Artery Disease: Meta- analysis of Randomized Controlled Trials," *Archives of Internal Medicine* 172, no. 4 (2012): 312-19.

35. G. A. Lin et al., "Cardiologists' Use of Percutaneous Coronary Interventions for Stable Coronary Artery Disease," *Archives of Internal Medicine* 167, no. 15 (2007): 1604 – 09.

36. A. B. Jena et al., "Mortality and Treatment Patterns among Patients Hospitalized with Acute Cardiovascular Conditions during Dates of National Cardiology Meetings," *JAMA Internal Medicine* 175, no. 2 (2015): 237 – 44. See also: A. B. Jena et al., "Acute Myocardial Infarction during Dates of National Interventional Cardiology Meetings," *Journal of the American Heart Association* 7, no. 6 (2018): e008230.

37. R. F. Redberg, "Cardiac Patient Outcomes during National Cardiology Meetings," *JAMA Internal Medicine* 175, no. 2 (2015): 245.

38. R. Sihvonen et al., "Arthroscopic Partial Meniscectomy Versus Sham Surgery for a Degenerative Meniscal Tear," *New England Journal of Medicine* 369 (2013): 2515 – 24. 이 발견을 뒷받침하는 다른 몇몇 연구들은 다음 글에서 찾아볼 수 있다. D. Epstein, "When Evidence Says No, But Doctors Say Yes," *ProPublica,* February 22, 2017.

12장: 의도적인 아마추어

1. 스미시스는 공개되어 있는 노벨상 수상 강연에서 자신의 연구와 일지를 일부 다룬 바 있다. "Turning Pages" (2007. 12. 7). 노스캐롤라이나 대학교는 스미시스가 60여 년에 걸쳐 쓴 일지들을 디지털화하여 온라인으로 제공하고 있고, 스미시스 자신이 설명하고 해설한 음성 자료도 함께 제공한다(스미시스는 내게 토요일도 포함하여 늘 일지를 쓴다고 했다). 나는 인터뷰를 준비할 때 그 기록을 유용하게 썼다(smithies.lib.unc.edu/notebooks).

2. A. Clauset et al., "Data-Driven Predictions in the Science of Science," *Science* 355 (2017): 477 – 80.

3. P. McKenna, "Nobel Prize Goes to Modest Woman Who Beat Malaria for China," *New Scientist,* November 9, 2011, online ed.

4. 연금술사이자 약초학자인 갈홍(葛洪)은 4세기인 진나라 때 『포박자(抱朴子)』를 저술했다. 투유유는 노벨상 수상 강연에서 그 책을 배경으로 제시했다. "Artemisinin — A Gift from Traditional Chinese Medicine to the World" (2015. 12. 7). 그녀는 강연 때 자기 논문에 인용했던 그 책의 16세기 판본도 보여 주었다. Y. Tu, "The Discovery of Artemisinin (Qinghaosu) and Gifts from Chinese Medicine," *Nature Medicine* 17, no. 10 (2011): 1217 – 20.

5. Bhatt et al., "The Effect of Malaria Control on Plasmodium falciparum in Africa Between 2000 and 2015," *Nature* 526 (2015): 207 – 11.

6. G. Watts, "Obituary: Oliver Smithies," *Lancet* 389 (2017): 1004.

7. 가임의 발견 이야기는 쉽게 와닿는 제목의 노벨상 수상 강연에 잘 나와 있다. "Random Walk to Graphene" (2010. 12. 8). 특히 〈좀비 관리〉, 〈지루하기보다는 틀리는 편이 더 낫다〉, 〈스카치테이프의 전설〉이라는 탁월한 제목을 붙인 절들에 잘 나와 있다.

8. C. Lee et al., "Measurement of the Elastic Properties and Intrinsic Strength of Monolayer Graphene," *Science* 321 (2008): 385 – 8.

9. E. Lepore et al., "Spider Silk Reinforced by Graphene or Carbon Nanotubes," *2D Materials* 4, no. 3 (2017): 031013.

10. J. Colapinto, "Material Question," *The New Yorker,* December 2014, online ed.

11. *The Rise: Creativity, the Gift of Failure, and the Search for Mastery* (New York: Simon & Schuster, 2014).

12. "U. Manchester's Andre Geim: Sticking with Graphene — For Now," *ScienceWatch* newsletter interview, August 2008.

13. Lewis, *The Rise.*

14. 1978년에 막스 델브뤼크가 캐롤라인 하딩Carolyn Harding과 한 인터뷰. California Institute of Technology Oral History Project, 1979.

15. E. Pain, "Sharing a Nobel Prize at 36," *Science,* online ed. career profiles, February 25, 2011.

16. A. Casadevall, "Crisis in Biomedical Sciences: Time for Reform?," Johns Hopkins Bloomberg School of Public Health Dean's Lecture Series, February 21, 2017, www.youtube.com/watch?v=05Sk-3u90Jo. See also: F. C. Fang et al., "Misconduct Accounts for the Majority of Retracted Scientific Publications," *Proceedings of the National Academy of Sciences of the USA* 109, no. 42 (2012): 17028-33.

17. "Why High-Profile Journals Have More Retractions," *Nature,* online ed., September 17, 2014.

18. A. K. Manrai et al., "Medicine's Uncomfortable Relationship with Math," *JAMA Internal Medicine* 174, no. 6 (2014): 991-93.

19. A. Casadevall and F. C. Fang, "Specialized Science," *Infection and Immunity* 82, no. 4 (2014): 1355-60.

20. A. Bowen and A. Casadevall, "Increasing Disparities Between Resource Inputs and Outcome, as Measured by Certain Health Deliverables, in Biomedical Research," *Proceedings of the National Academy of Sciences of the USA* 112, no. 36 (2015): 11335-40.

21. J. Y. Ho and A. S. Hendi, "Recent Trends in Life Expectancy Across High Income Countries," *BMJ* (2018), 362:k2562.

22. R. Guimerà et al., "Team Assembly Mechanisms Determine Collaboration Network Structure and Team Performance," *Science* 308 (2005): 697-702.

23. "Dream Teams Thrive on Mix of Old and New Blood," *Northwestern Now,* May 3, 2005.

24. B. Uzzi and J. Spiro, "Collaboration and Creativity," *American Journal of Sociology* 111, no. 2 (2005): 447-504.

25. "Teaming Up to Drive Scientific Discovery," Brian Uzzi at TEDxNorthwesternU, June 2012.

26. C. Franzoni et al., "The Mover's Advantage: The Superior Performance of Migrant Scientists," *Economic Letters* 122, no. 1 (2014): 89-93; see also: A. M. Petersen, "Multiscale Impact of Researcher Mobility," *Journal of the Royal Society Interface* 15, no. 146 (2018): 20180580.

27. B. Uzzi et al., "Atypical Combinations and Scientific Impact," *Science* 342 (2013): 468 – 72.

28. D. K. Simonton, "Foreign Influence and National Achievement: The Impact of Open Milieus on Japanese Civilization," *Journal of Personality and Social Psychology* 72, no. 1 (1997): 86 – 94.

29. J. Wang et al., "Bias Against Novelty in Science," *Research Policy* 46, no. 8 (2017): 1416 – 36.

30. K. J. Boudreau et al., "Looking Across and Looking Beyond the Knowledge Frontier: Intellectual Distance, Novelty, and Resource Allocation in Science," *Management Science* 62, no. 10 (2016): 2765 – 83.

31. E. Dadachova et al., "Ionizing Radiation Changes the Electronic Properties of Melanin and Enhances the Growth of Melanized Fungi," *PLoS ONE* 2, no. 5 (2007): e457.

32. D. Epstein, "Senatorial Peer Review," *Inside Higher Ed,* May 3, 2006; D. Epstein, "Science Bill Advances," *Inside Higher Ed,* May 19, 2006. 흥미로운 점은 대개 예산 낭비가 있는지 매의 눈으로 감시하는 쪽인 뉴햄프셔 상원 의원 (그리고 공학 박사)인 존 서누누John Sununu는 그런 청문회에서 허치슨의 정반 대편에 서서 응용 가능성이 불분명한 연구에 지원을 하자고 주장했다. 〈경제적 이득을 안겨 준다는 것이 분명하다면, 굳이 지원할 필요가 없지요. 벤처 투자업 계가 있는 이유가 바로 그겁니다.〉

33. Clauset et al., "Data-Driven Predictions in the Science of Science."

34. M. Hornig et al., "Practice and Play in the Development of German Top-Level Professional Football Players," *European Journal of Sport Science* 16, no. 1 (2016): 96 – 105.

35. J. Gifford, *100 Great Business Leaders* (Singapore: Marshall Cavendish Business, 2013).

결론: 자신의 레인지를 확장하기

1. 에디슨의 특허를 포함하여 이 연구는 다음 문헌의 10장에 잘 설명되어 있다. S. B. Kaufman and C. Gregoire, *Wired to Create* (New York: Perigee, 2015). 〈popularity〉 점수를 토대로 셰익스피어의 희곡을 분석한 흥미로운 문헌도 있다. D. K. Simonton, "Popularity, Content, and Context in 37 Shakespeare Plays," *Poetics* 15 (1986): 493 – 510.

2. W. Osgerby, "Young British Artists," in *ART: The Whole Story,* ed. S. Farthing

(London: Thames & Hudson, 2010).

3. M. Simmons, "Forget the 10, 000-Hour Rule," *Medium,* October 26, 2017.

4. W. Moskalew et al., *Svetik: A Family Memoir of Sviatoslav Richter* (London: Toccata Press, 2015).

5. "My Amazing Journey — Steve Nash," NBA.com, 2007 – 08 Season Preview.

6. C. Pelling, *Plutarch and History* (Swansea: Classical Press of Wales, 2002).

7. Abrams v. United States, 250 U.S. 616 (1919) (홈스 반대 의견).

감사의 말

나는 책을 쓰는 일이 800미터 달리기와 비슷하다고 본다. 하는 동안에는 몹시 괴롭지만, 엄청난 노력을 쏟아부어서 끝까지 해내고 나면, 곧 돌아보면서 이렇게 말하게 된다. 「흠, 뭐 그리 나쁘지 않았어.」 그렇긴 해도 그 일을 다시금 해야 한다.

이 책을 쓰는 동안 온갖 좋은 일들이 일어났다. 예를 들어, 나는 엄청나게 많은 것을 배웠다. 또 어느 날 머리가 지끈거리고 있을 때 홍관조, 푸른어치, 찌르레기가 한 마리씩 내 창틀 근처에 출현했다. 조류계의 메이저리그 야구 팀이 결성된 것과 같다. 결코 일어날 법하지 않은 일이 벌어진 것이다.

먼저 리버헤드 출판사의 모든 분들께 감사를 드린다. 특히 담당 편집가인 코트니 영에게 고마움을 전한다. 처음에 이 집필 계획을 함께하기로 했을 때 코트니는 〈제가 선생님을 잘 몰라서 걱정이 좀 되긴 해요〉라는 투로 말해서 나도 좀 걱정이 되긴 했다. 〈헉!〉 하지만 그녀는 운동선수를 맡은 탁월한 코치처럼 일을 처리해 나갔다.

내게 스스로 알아서 폭넓게 활동할 여지를 주었고, 내가 2년 뒤에 아주 긴 원고를 들고 나타났을 때 내 기분에 맞춰 강약을 조절하면서 빠르게 자주 피드백을 하면서 내가 원고를 적절한 분량으로 줄이면서 다듬도록 도왔다. 이윽고 마감 시점이 다가왔을 때, 그녀는 피드백을 통해서 사악한 학습 환경을 좀 더 친절한 환경으로 만들었다(「좋아요, 마음에 들어요. 땅 요정이 주문을 외는 소리가 이제 좀 덜 들리는 것 같네요.」 과장된 묘사였을 수도 있는 대목을 수정했을 때 코트니가 한 말이다). 그녀는 나름의 레인지를 지니고 있다. 그리고 거의 공학자가 되었다.

내 저작권 대리인인 크리스 패리스램에게도 고맙다는 말을 전한다. 그는 235회 뉴욕시 마라톤을 완주했다. 그 점도 중요하지만, 더욱 중요한 점은 그가 작가들이 자유롭게 쓸 수 있도록 정성껏 돕는다는 것이다. 스포츠에 비유하자면, 저작권 대리인과 일할 때의 내 전략은 최고의 운동선수를 뽑은 뒤 거들떠보지 않는 것이었다.

에밀리 크리거와 드루 베일리를 비롯해 사실관계가 맞는지 확인하는 골치 아픈 과정에 참여한 모든 분들과 이미 내게 했던 이야기를 더 해달라고 졸라 대는 내게 시간을 내준(두 번, 또 세 번) 분들께도 감사드린다. 일본어 번역을 도와준 가와마타 마사하루와 타일러 워커에게도 인사를 전한다.

그리고 맬컴 글래드웰에게도 감사드린다. 우리는 〈1만 시간 대 스포츠 유전자〉라는 제목으로 MIT 슬로언 스포츠 분석학 총회 때 열린 토론회에서 처음 만났다(유튜브에서 찾아볼 수 있다). 토론은 길게 이어졌고, 나는 우리 둘 다 새로운 생각들을 품고서 헤어졌다고 생각한다. 다음 날 그는 인터벌 운동을 함께 하자고 초청했고, 그다음 날에도 그랬다. 함께 운동을 하면서 우리는 〈로저 대 타이거〉 개념을 놓고 이야기를 나누었다(몸을 푸는 동안에만). 그 토론 내용은 내 머릿속 어딘가에 틀어박혀 있다가, 내가 틸먼 스콜라 쪽과 일할 때 다시 떠올랐다. 그 토론회가 없었더라면 과연 그 주제를 다루겠다고 나섰을지 잘 모르겠다. 심리학자 하워드 그루버의 말이 떠오른다. 〈아이디어는 사실 사라지지 않는다. 유용할 때 다시 떠오른다.〉

이 책은 체계를 짠다는 측면에서 볼 때 내가 직면한 가장 큰 도전 과제였다. 정보를 어떻게 수집하고, 무엇을 포함시키고, 어디에다 배치할지를 고민하면서 숱한 나날을 보내야 했다. 그럴 때마다 인용문 하나가 계속 머릿속에 떠올랐다. 〈고릴라와 씨름하는 것과 좀 비슷하다. 자신이 지쳤을 때 그만두는 것이 아니라, 고릴라가 지쳤을 때 그만두어라.〉 평이 어떻든 간에, 나는 더 많은 정보를 얻기 위해서 계속 돌아보곤 했다는 점에 뿌듯함을 느낀다. 그리고 질문이 너무나 많기에 〈아, 내년에는 나올 거야〉라고 계속 미루는 답변에 수긍하고 나를 계속 지원해 준 친구들과 가족에게도 고맙다는 말을 전한다. 내가 좋아하는 일을 끝내고 싶지 않아서가 아니었다. 「왕좌의 게임」 팬이라면 다 이해하겠지만, 내가 집에서 늘 하는 말이 그것일 뿐이다. 〈다 썼을 때.〉 남동생 대니얼(4장에서 넣을 만한 것들을 두서없이 떠들었을 때 반드시 써야 한다고 열광적으로 반응한)과 여동생 차나(내 전작의 모든 판본을 샀을지도 모른다)도 고맙고, 미리 금지하기보다는 내가 엉뚱한 짓을 할 때까지 늘 지켜보곤 하셨던 부모님(마크와 이브)께 감사드린다. 그 덕분에 활기찬 샘플링 시기를 보낼 수 있었다. 또 〈안드레이 왕자〉에게도 감사한다. 이 책을 읽을 때면 당신은 자신을 가리킨다는 사실을 알아차릴 것이다. 그리고 질녀인 시갈리트 쿠팩스(맞다, 그 유명한 야구선수의 성과 같다) 엡스타인 파워와 그 부친인 아메야, 내 의욕과 열량에 기여한 안드레아와 존, 웨이스 가족과 그린 가족에게도 인사를 전한다. 틸먼 재단과 연결해 준 리즈 오혜린과 마이크 크리스먼, 클래스룸 챔피언스와 연결해 준 스티브 메슬러, 내가 과학 저술가가 되는 데 큰 역할을 한 고인이 된 친구 케빈 리처즈, 한밤중에 서점까지 함께 기꺼이 달려가 준 친구 해리 음방에게도 감사한다. 또 수영을 계속하라고 재촉해 댄 초크비트 가족에게도 고마움을 전한다.

토루 오카다, 앨리스, 나타샤 로스토바, 카투리나 K. 카투리안, 페터와 모나 쿰멜, 네이트 리버, 그베사, 베노 폰 아르힘볼디, 토니 웹스터, 소니의 형제, 토니 론먼, 토미와 닥과 모리스 3인조, 브레이던 채니, 스티븐 플로리다 등 내게 글쓰기를 가르치겠다고 고집한 다양한 인물들에게도 감사하고 싶다. 이름을 잊은 인물들도 있는데, 용서하시라.

지금 나는 마침내 복수를 한 뒤의 이니고 몬토야 같은 기분도 좀 든다. 이제 뭘 할 건데?? 하지만 나는 이 책을 쓰겠다고 취재에 들어가기 전에 〈이제 뭘 한 건데?〉라는 질문을 들었다면 느꼈을 것보다 지금 100만 배쯤 더 흥분되고 훨씬 덜 두렵다. 나는 전작에서 감사의 말을 엘리자베스에게 남기는 말로 끝냈다. 〈또 책을 쓴다면, 다시 아내에게 헌사할 것이다.〉 (그녀는 자신의 책을 나와 존 듀이 중에서 누구에게 헌사할지를 놓고 저울질하고 있었지만.) 이 두 번째 저서를 끝내면서, 나는 다시 또 책을 쓴다면 그때도 아내에게 헌사할 것이라고 말하는 편이 안전하리라고 생각한다.

옮긴이의 말

내 어릴 적 꿈은 줄곧 과학자였다. 물론 당시에 과학자란 아주 두루뭉술한 개념이었다. 으레 읽던 과학 소설에 나오는 과학과 관련한 온갖 일을 하는 사람을 뜻했다. 뭔가 있으면 분해하지 않고는 못 배겼고, 늘 이것저것 주워 와서 뭔가 만들었고, 여왕개미를 잡느라 또는 수정을 캐느라 땅을 파곤 했고, 밤에는 평상에 누워서 별자리와 별똥별을 보곤 하던 아이라면 으레 떠올리는 직업이었다. 물론 동네 아이들이 다 그랬다. 그런 것들도 놀이의 일부였으니까.

아무튼 그런 생각은 고등학교 때까지도 변하지 않았다. 그때까지도 내 희망은 과학자였다. 어떤 과학자냐고, 생물학자인지 물리학자인지 지구과학자인지 묻는 사람도 없었고, 내 자신도 그런 생각을 해본 적이 거의 없었던 듯하다. 그냥 과학자였다. 한마디로 막연한 개념이었다.

그런데 요즘 학교에서 보낸 서류에 자녀의 장래 희망을 쓰라는 칸을 볼 때면 좀 의아한 생각이 든다. 정말로 교육 당국에서 그렇게 요구하는지는 잘 모르겠지만, 학년이 올라갈수록 구체적으로 써야 한다는 주문이 따라붙는다. 초등학생 때에는 과학자라고 쓰고, 중학생 때에는 생물학자라고 쓰고, 고등학생 때에는 조류학자라고 써야 한다는 식이다. 실제로는 그보다 더 구체적으로 쓰라고 요구하는 듯도 하다.

대체 앞날이 어찌 될지 누가 안다고 그런 주문을 하는 것일까? 게다가 10년 뒤에는 기존 직업의 1/3이 사라질 것이라는 예측이 나올 만치 바쁘게 변하는 세상인데? 그런 주문은 1만 시간 법칙이 정말로 옳다고 굳게 믿을 때에야 나올 수 있는 것이 아닐까? 그런데 10년 뒤에 그 직업 자체가 사라지고 없다면, 어떻게 될까?

이 책은 바로 그 문제를 정면으로 다루고 있다. 저자는 남보다 일찍 한 가지를 택해서 열심히 그 일만 파고들어야 성공할 수 있다는 현대판 신화를 타파하고자 한다. 타이거 우즈처럼 일찍부터 영재성을 발휘한 분야만을 줄기차게 파고들면 된다고? 저자는 스포츠, 음악, 미술, 과학, 경영 등 다양한 분야의 자료와 연구 결과를 폭넓게 조사했다. 결과는 오늘날 많은 이들, 특히 조기 교육을 설파하는 모든 이들이 품고 있는 생각과 정반대였다. 타이거 우즈는 전형적인 사례가 아니라, 오히려 예외 사례였다. 삶에서 큰 성공을 거둔 이들은 대부분 어릴 때 폭넓게 다양한 활동을 하면서 다양한 분야를 접한 쪽이었다.

이 책은 그런 사람들의 사례를 폭넓게 소개한다. 조기 교육의 혜택을 받아서 자신보다 훨씬 더 앞서 있는 이들의 세계로 뛰어든 늦깎이들이 어떤 성취를 이루었는지를 잘 보여 준다. 아예 여기저기 무작정 부딪히면서 스스로 터득한 끝에 대가가 된 이들도 있다. 이 일을 얼마간 하다가 자신에게 맞지 않는다는 것을 알고 다시 다른 일을 하는 짓을 계속 되풀이하다가 뒤늦게 맞는 일을 찾아서 성공한 이들도 있다. 조기 교육 열광자들이 볼 때는 모두 인생 실패자들이다. 하지만 긴 인생에서 보면, 그들은 대중이 부러워하는 대성공을 거둔 이들이다.

이들의 사례는 폭넓은 경험이 인생에서 매우 중요하다는 점을 설득력 있게 보여 준다. 직업 군인으로 살다가 뒤늦게 공부를 다시 하려는 이들, 조기 퇴직하고 새 직업을 가져 볼까 고민하는 이들, 뭘 해도 자신에게 안 맞는다고 생각하는 이들, 일찍부터 진로를 정해서 파고든 또래들을 보면서 나는 이미 늦었구나 생각하는 이들에게 이 책은 희망을 준다. 그런 삶이야말로 올바른 것이라고 말이다.

저자는 미래에 뭘 할지를 미리 정해 놓고서 자신을 거기에 끼워 맞추려는 짓을 하지 말라고 권한다. 그저 현재에 충실하라고 말한다. 그럴 때 자연스럽게 열리는 길로 가라고 권한다. 영화 「죽은 시인의 사회」에서 키팅 선생님이 하는 말이자, 주부로 지내다가 쉰이 넘어서 첫 직장을 얻은 리더십의 대가 프랜시스 헤셀바인의 말이기도 하다.

그리고 저자는 말한다. 조기 교육과 1만 시간 훈련이라는 현대판 신화에 속지 말고, 과학자들이 내놓은 연구 결과를 믿으라고. 세상이 늘 똑같은 규칙에 맞추어서 똑같은 행동을 완벽해질 때까지 계속 갈고 닦으면 되는 골프나 체스와 비슷한 것이라면 그런 교육이 최선이겠지만, 안타깝게도 세상은 그렇지 않다고. 한치 앞을 내다볼 수 없는 것이 세상이라고. 게다가 10년 뒤에 어떤 직업이 사라지고 생겨날지 감조차 잡을 수 없는 시대에, 어느 쪽이 더 필요하겠느냐고. 사라질 가능성이 높은 직업을 향해 일찍부터 매진하는 것이 나을까, 아니면 폭넓은 경험을 쌓으면서 어떤 상황이 와도 대처할 능력을 갖추는 쪽이 나을까? 수명은 점점 늘고 있는데, 왠지 우리는 더욱 일찍부터 점점 더욱 좁은 칸막이 안에 자신을 집어넣으려고 애쓰는 듯이 보인다. 읽다 보면 이런 현실을 안타까워하는 저자의 심경에 저절로 동의할 수밖에 없을 것이다. 적어도 번역가라는 어릴 때 생각도 해본 적이 없는 길로 들어선 옮긴이의 입장에서 보면 그렇다.

찾아보기

옮긴이 **이한음** 서울대학교 생물학과를 졸업한 뒤 실험실을 배경으로
한 과학 소설 『해부의 목적』으로 1996년 『경향신문』 신춘문예에 당선됐
다. 전문적인 과학 지식과 인문적 사유가 조화된 번역으로 우리나라를
대표하는 과학 전문 번역가로 인정받고 있다. 케빈 켈리, 리처드 도킨
스, 에드워드 윌슨, 리처트 포티, 제임스 왓슨 등 저명한 과학자의 대표
작이 그의 손을 거쳐 갔다. 과학의 현재적 흐름을 발 빠르게 전달하기
위해 과학 전문 저술가로도 활동하고 있다. 저서로는 과학 소설집 『신
이 되고 싶은 컴퓨터』, 『DNA, 더블댄스에 빠지다』가 있으며, 옮긴 책으
로는 『인에비터블, 미래의 정체』, 『제2의 기계 시대』, 『복제양 돌리』, 『인
간 본성에 대하여』, 『쫓기는 동물들의 생애』, 『핀치의 부리』, 『DNA: 생
명의 비밀』, 『살아 있는 지구의 역사』, 『우리는 왜 잠을 자야 할까』 등이
있다. 『만들어진 신』으로 한국출판문화상 번역 부문을 수상했다.

늦깎이 천재들의 비밀

발행일   2020년 5월 10일 초판   1쇄
         2024년 5월 10일 초판 12쇄

지은이   데이비드 엡스타인
옮긴이   이한음
발행인   홍예빈 · 홍유진
발행처   주식회사 열린책들

경기도 파주시 문발로 253 파주출판도시
전화 031-955-4000   팩스 031-955-4004
홈페이지 www.openbooks.co.kr   이메일 humanity@openbooks.co.kr

Copyright (C) 주식회사 열린책들, 2020, *Printed in Korea.*
ISBN 978-89-329-2030-6 03300

이 도서의 국립중앙도서관 출판예정도서목록(CIP)은 서지정보유통지원시스템 홈페이지(http://seoji.nl.go.kr)와
국가자료공동목록시스템(http://www.nl.go.kr/kolisnet)에서 이용하실 수 있습니다.(CIP제어번호: CIP2020016361)